Bankrechtstag 2015

Schriftenreihe der Bankrechtlichen Vereinigung

Herausgegeben von
Christian Grüneberg
Mathias Habersack
Peter O. Mülbert
Arne Wittig

Band 37

Bankrechtstag 2015

DE GRUYTER

Zitierweise: *Autor* in: Bankrechtstag 2015

ISBN 978-3-11-046538-9
e-ISBN 978-3-11-046705-5

Library of Congress Cataloging-in-Publication Data
A CIP catalog record for this book has been applied for at the Library of Congress.

Bibliografische Information der Deutschen Nationalbibliothek
Die Deutsche Nationalbibliothek verzeichnet diese Publikation in der Deutschen Nationalbibliografie; detaillierte bibliografische Daten sind im Internet über http://dnb.dnb.de abrufbar.

Druck: Hubert & Co. GmbH & Co. KG, Göttingen
∞ Gedruckt auf säurefreiem Papier
Printed in Germany

www.degruyter.com

Vorwort

Der Bankrechtstag 2015 der Bankrechtlichen Vereinigung – Wissenschaftliche Gesellschaft für Bankrecht e.V. fand am 26. Juni 2015 in Frankfurt mit etwa 260 Teilnehmern statt.

Der Vormittag stand im Zeichen der Neuerungen des zum 10. Juli 2015 in Kraft getretenen Kleinanlegerschutzgesetzes und damit verwandter Neuregelungen. Zum Auftakt entfaltete *E. Gurlit* die neue Zuständigkeit der BaFin für den Verbraucherschutz, wobei sie unter Berücksichtigung rechtsstaatlicher und gewaltenteiliger Vorgaben zwar zu einer tendenziell restriktiven Konturierung dieser Befugnis gelangte, darin aber gleichwohl das Potential für eine echten Mehrwert schaffende Ergänzung des privatrechtlich geprägten Verbraucherschutzes erkannte. Sodann beschäftigte sich *G. Hirsch* mit einem prozeduralen Aspekt des privatrechtlichen Verbraucherschutzes, indem er den Regierungsentwurf eines Verbraucherstreitbeilegungsgesetzes – dieser dient der Umsetzung der Richtlinie über die alternative Beiligung verbraucherrechtlicher Streitigkeiten – vorstellte und Konsequenzen für die künftige Streitschlichtung in der Kreditwirtschaft aufzeigte. Im Anschluss beleuchtete *H. Bergmann* umfassend die neuen Vorschriften für einen verbesserten Anlegerschutz im Kleinanlegerschutzgesetz, die neben Verschärfungen im Vermögensanlagengesetz als Lehren aus dem Fall Prokon auch Regelungen beinhalten, die die künftige Umsetzung von Bestimmungen der MiFID II vorzeichnen oder mit Inkrafttreten der MiFIR teilweise wieder entfallen. Schließlich gab *N. Zirngibl* eine umfassende Einführung in das Crowdfunding, wobei er auch die unterschiedlichen aufsichtsrechtlichen Aspekte der verschiedenen Erscheinungsformen jeweils unter Berücksichtigung der Neuerungen durch das Kleinanlegerschutzgesetz vorstellte.

Der Nachmittag stand demgegenüber im Zeichen der Rechtsprechung. Zunächst ging *C. Herresthal* der Frage nach, inwieweit der bürgerlich-rechtlichen Prospekthaftung nach der fast flächendeckenden Einführung spezialgesetzlicher Prospekthaftungstatbestände noch Anwendungsbereiche verbleiben, wobei er zwar fortbestehende substantielle Anwendungsfelder erkannte, zugleich aber eine partielle Rekonfigurierung dieser von der Rechtsprechung entwirkelten Haftungsfigur in Anlehnung an die gesetzlich verfestigten Haftungstatbestände befürwortete. *P. Clouth* gab sodann einen umfassenden vertieften Überblick über die von der Rechtsprechung unter Führung des XI. Zivilsenats entwickelten Aufklärungs- und Beratungspflichten von Kreditinstituten bei Swaps: Grundsatzurteile des Senats aus jüngster Zeit sind einigen Fehlvorstellungen auf instanzgerichtlicher Ebene entgegengetreten, ohne freilich die Grundsatz- und Praxisprobleme dieser Rechtsprechungslinie vollständig zu entschärfen. Schließlich beschäftigte sich *M. Lehmann* mit den zivilrechtlichen Auswirkungen von Referenzwertmanipulationen und gelangte dabei auch unter Einbeziehung rechtsvergleichenden Materials zum Ergebnis, dass die etwa für den LIBOR und den EURIBOR bekannt gewordenen Manipulationsvorgänge nicht so sehr haftungsrechtliche Probleme aufwerfen als vielmehr grundsätzliche Fragen im Bereich des Wegfalls der Geschäftsgrundlage.

Die Drucklegung dieses Bandes wurde dankenswerter Weise von Dr. *Sandra Sandri*, Universität Mainz, vorbereitet; stud. jur. *Anna Heil*, Universität Mainz, hat das Stichwortverzeichnis erstellt.

Allen, die zum Gelingen des Bankrechtstages 2015 beigetragen haben, insbesondere Frau *Sylvia Mahler*, sei besonders gedankt.

Karlsruhe, München, Mainz, Essen — *Grünewald, Habersack, Mülbert, Wittig*
Im Oktober 2015

Inhalt

1. Abteilung

Univ.-Prof. Dr. Elke Gurlit, Universität Mainz

Verbraucherschutz und Institutsaufsicht

1 Zur Problemstellung

Der Verbraucher macht derzeit in der Finanzmarktregulierung eine steile Karriere. Seine Schutzbedürftigkeit insbesondere als Kreditnehmer ist zwar seit geraumer Zeit anerkannt[1]. Vor allem dem anlegenden Verbraucher wurde jedoch

1 Richtlinie 87/102/EWG vom 22.11.1986 zur Angleichung der Rechts- und Verwaltungsvorschriften der Mitgliedstaaten über den Verbraucherkredit, nunmehr Richtlinie 2008/48/EG vom 23.4.2008 über Verbraucherkredite, umgesetzt durch §§ 491 ff. BGB; aus jüngerer Zeit Richtlinie 2014/17/EU über Wohnimmobilienkredite für Verbraucher vom 4.2.2014; dazu *Rott*, BKR 2015, 8;

mit einer gewissen Skepsis begegnet, ist sein Handeln doch nicht konsumtiv, sondern investiv motiviert[2]. Auf europäischer Ebene sind indes seit einiger Zeit konzeptuelle Verschiebungen des Anlegerschutzmodells zu beobachten. Ein Anerkenntnis der verbraucherschützenden Relevanz des Aufsichtsrechts lag schon in der von der MiFID I geforderten[3] kollektivrechtlichen Durchsetzbarkeit der anlegerschützenden Wohlverhaltensregeln der §§ 31 ff. WpHG im Interesse des Verbraucherschutzes, die durch § 2 Abs. 2 Nr. 7 Unterlassungsklagengesetz (UKlaG) umgesetzt wurde. Vor allem aber bezeugen die Anforderungen der MiFID II an die Entwicklung eines zielmarktspezifischen Produktdesigns und die neuen aufsichtlichen Befugnisse zu Produktinterventionen[4] eine Abkehr vom Informationsparadigma und eine Hinwendung zu einem „harten Paternalismus", der Verbraucherschutzkonzepten näher steht als Anlegerschutzvorstellungen[5]: Die Rede ist von einer „Verbraucherrechtlichung" (*consumerisation*) des Anlegerschutzes[6].

Mit der Pflicht zur Aushändigung eines Produktinformationsblatts (§ 31 Abs. 3a WpHG)[7] und dem Gebot zur Anfertigung eines Beratungsprotokolls (§ 34 Abs. 2a WpHG)[8] finden sich auch in Deutschland eigenständige Ansätze zu einer materiellen Überformung des Anlegerschutzes. Sie bleiben zwar dem Informationsmodell verhaftet, gehen indes maßgeblich auf entsprechende Impulse des für Verbraucherschutz zuständigen Ministeriums zurück[9]. Dessen Einfluss-

Bülow, WM 2015, 1309.

2 *K.-R. Wagner*, BKR 2003, 649; *Armbrüster*, ZIP 2006, 406; *Mülbert*, ZHR 177 (2013), 160, 180; s.a. *Edelmann*, in: Assmann/Schütze (Hrsg.), Handbuch des Kapitalanlagerechts, 4. Aufl. 2015, § 2 Rn. 5 ff. – Ausdruck der Skepsis ist Art. 2 Abs. 2 lit. h Richtlinie 2008/48/EG, der Darlehensverträge zur Finanzierung des Kaufs von Finanzinstrumenten vom Schutzregime ausnimmt; modifiziert umgesetzt in § 358 Abs. 5 BGB; zu Fernabsatzverträgen § 312g Abs. 2 Satz 1 Nr. 8 BGB.

3 Art 52 Abs. 2 Richtlinie 2004/39/EG vom 21.4.2004 über Märkte für Finanzinstrumente (MiFID I), jetzt Art. 74 Abs. 2 Richtlinie 2014/65/EU vom 15.5.2014 (MiFID II).

4 Art. 9 Abs. 3 lit. b, Art. 16 Abs. 3, Art. 24 Abs. 2 MiFID II betr. Produktdesign; durch Art. 3 des Kleinanlegerschutzgesetzes umgesetzt in § 33 Abs. 3b-d WpHG, der allerdings erst zum 3.1.2017 in Kraft tritt; Art. 69 Abs. 2 lit. s und t i.V.m. Art. 42 der Verordnung (EU) Nr. 600/2014 vom 15.5.2014 über Märkte für Finanzinstrumente (MiFIR) betr. Produktinterventionen, vorzeitig umgesetzt in § 4b WpHG; krit. zur vorfristigen Umsetzung *Möllers/Kastl*, NZG 2015, 849, 853.

5 *Cherednychenko*, European Review of Contract Law 10 (2014), 476, 484 f.; *Moloney*, EBOR 13 (2012), 169, 181 ff.; s.a. *Mülbert*, ZHR 177 (2013), 160, 198 ff.

6 *Moloney*, EBOR 13 (2012), 169, 177.

7 Eingeführt durch das Gesetz zur Stärkung des Anlegerschutzes vom 5.4.2011, BGBl. I S. 538, geändert S. 2481; s.a. § 5a WpDVerOV; dazu *Preuße/Schmidt*, BKR 2011, 265.

8 Eingeführt durch das Gesetz zur Neuregelung der Rechtsverhältnisse bei Schuldverschreibungen vom 31.7.2009, BGBl. I S. 2512; s.a. § 14 Abs. 6 WpDVerOV; dazu *Pfeifer*, BKR 2009, 485.

9 Zur Stärkung der verbraucherrechtlichen Agenda im Kapitalmarktrecht durch mitwirkende Zuständigkeiten des für Verbraucherschutz zuständigen Ministeriums *Buck-Heeb*, ZHR 176

nahme ist es auch geschuldet, dass der Verbraucherschutz in jüngerer Zeit vor allem als institutionell zu lösende Aufgabe gesehen wird: Zum Jahr 2013 wurde das Finanzdienstleistungsaufsichtsgesetz um das Instrument einer Verbraucherbeschwerde (§ 4a FinDAG) bereichert und der BaFin ein Verbraucherbeirat (§ 8b FinDAG) zur Seite gestellt[10]. In Umsetzung des Koalitionsvertrages[11], zusätzlich befeuert von der Prokon-Insolvenz, wurde nunmehr mit dem im Juli 2015 in Kraft getretenen Kleinanlegerschutzgesetz[12] die BaFin in § 4 Abs. 1a FinDAG auf das Ziel des kollektiven Verbraucherschutzes verpflichtet und ihr eine hierauf gerichtete Anordnungsbefugnis eingeräumt.

§ 4 Abs. 1a FinDAG steht im Zentrum der folgenden Überlegungen. Zunächst soll der Versuch unternommen werden, die Rolle des kollektiven Verbraucherschutzes im Konzert der Ziele der Bankenaufsicht zu bestimmen (2). Als Instrument zur Zielerreichung verdient die neue Befugnis der BaFin, bei festgestellten Verstößen gegen Verbraucherschutzvorschriften Anordnungen zu treffen, eine vertiefte Analyse (3). Mit ihr übernimmt die BaFin künftig eine besondere Funktion im Geflecht der Rechtsdurchsetzungsmechanismen des finanziellen Verbraucherschutzes, die es zu umreißen gilt (4), bevor der Beitrag mit einem kurzen Resümee schließt (5).

2 Kollektiver Verbraucherschutz als Ziel der Bankenaufsicht

Mit der Zielbestimmung in § 4 Abs. 1a Satz 1 FinDAG soll laut Entwurfsbegründung „klargestellt“ werden, dass die Bundesanstalt in allen Aufsichtsbereichen auch dem kollektiven Verbraucherschutz verpflichtet ist[13]. Ob allerdings eine entsprechende Zielrichtung auch schon zuvor bestand oder aber der Gesetzgeber die Rechtslage verändert hat[14], ist durchaus klärungsbedürftig.

(2012), 67, 76 ff. m.w.N.; *Mülbert*, ZHR 177 (2013), 160, 180 f.

10 Im Rahmen von Art. 2 des Gesetzes zur Stärkung der deutschen Finanzaufsicht vom 28.11.2012, BGBl. I S. 2369.

11 Koalitionsvertrag zwischen CDU, CSU und SPD für die 18. Legislaturperiode, 2013, S. 63.

12 Art. 1 des Kleinanlegerschutzgesetzes vom 3.7.2015, BGBl. I S. 1114.

13 Begr. des RegE, BT-Drs. 18/3994, S. 36.

14 Noch Ende 2012 äußerte die Bundesregierung, Verbraucherschutz sei kein unmittelbares Aufsichtsziel, sondern mittelbar durch die Gewährleistung des Solvenzschutzes zu bewirken, Gegenäußerung der BReg zur Stellungnahme des BR zum RegE des Gesetzes zur Stärkung der deutschen Finanzaufsicht, BT-Drs. 17/10252 zu Nr. 5 in Reaktion auf den Vorschlag des BR, in § 4

2.1 Verbraucherschutz in der Systematik der Aufsichtsziele

2.1.1 Anlegerschutz und Verbraucherschutz

Die Finanzmarktaufsichtsgesetze sind bislang durch die doppelte Zielrichtung auf den Funktions- und den Anlegerschutz[15] geprägt. Sind Schutzadressaten der Bankenaufsicht die Kunden in ihrer Rolle als Sparer und Einleger, so wird mit der Gruppe der sog. Privatkunden mit § 31a WpHG in Umsetzung der MiFID I[16] das Leitbild des Anlegers ausgeformt[17], an dem sich das informatorische Pflichtenregime der Institute ausrichtet. Die Figur des Privatkunden liegt indessen quer zum zivilrechtlichen Verbraucherbegriff in § 13 BGB. So fallen unter die Gruppe der Privatkunden auch juristische Personen, die grundsätzlich[18] nicht den Verbraucherbegriff erfüllen. Auch schließen überwiegend gewerbliche Zwecke[19] zwar die Einordnung als Verbraucher, nicht hingegen diejenige als Privatkunde aus: Der Verbraucher ist zwar ein Unterfall des Privatkunden, aber bislang kein eigenständiger Schutzadressat der Finanzmarktaufsicht[20].

Abs. 1 FinDAG als Aufsichtsziel die Berücksichtigung der kollektiven Belange der Kunden aufzunehmen, BT-Drs. 17/10040, S. 24.

15 Allgemein *Thiele*, Finanzaufsicht, 2014, S. 91 ff.; für die Bankenaufsicht *Ohler*, in: Ehlers/Fehling/Pünder (Hrsg.), Besonderes Verwaltungsrecht Bd. 1, 3. Aufl. 2012, § 32 Rn. 13 ff.; *Fischer*, in: Boos/Fischer/Schulte-Mattler, KWG, 4. Aufl. 2012, Einführung Rn. 120 ff.; für die Wertpapierhandelsaufsicht *Schwark*, in: Schwark/Zimmer (Hrsg.), Kapitalmarktrechtskommentar, 4. Aufl. 2010, Vorb. §§ 31 ff. WpHG Rn. 11; Finanzausschuss, BT-Drs. 12/7918, S. 87. Eine Sonderrolle nimmt die Versicherungsaufsicht ein. Art. 27, 28 der Solvency II-Richtlinie 2009/137/EG vom 25.11.2009 nennen als Hauptziel den Schutz der Versicherten und Begünstigten von Versicherungsleistungen, daneben die Finanzstabilität sowie faire und stabile Märkte, s.a. § 294 Abs. 1 VAG i.d.F. des Gesetzes zur Modernisierung der Finanzaufsicht über Versicherungen vom 1.4.2015, BGBl. I S. 434.

16 Art. 4 Abs. 1 Nr. 11 und 12 i.V.m. Anhang II, Art. 19 ff., Art. 24 Abs. 2 MiFID I, die allerdings den Begriff des Kleinanlegers (*retail investor*) verwendet; s.a. die Durchführungsrichtlinie 2006/73/EG vom 10.8.2006; nunmehr Art. 4 Nr. 10 und 11, Art. 30 Abs. 2 MiFID II.

17 In jüngerer Zeit brachte das AIFM-Umsetzungsgesetz die weitere Kategorie der semiprofessionellen Anleger in das Kapitalanlagegesetzbuch (KAGB), dazu *Schubert/Schuhmann*, BKR 2015, 45, 47 f.

18 Zu den Voraussetzungen der Einbeziehung einer Außen-GbR in den Verbraucherbegriff des § 13 BGB s. BGHZ 149, 80, 82; krit. dazu *Mülbert*, WM 2004, 905, 910; *K.-R. Wagner*, BKR 2003, 649, 651; *Micklitz/Purnhagen*, in: MünchKomm, 7. Aufl. 2015, § 13 BGB Rn. 20.

19 Art. 2d der Fernabsatzrichtlinie 2002/65/EG vom 23.9.2002 als zugrunde liegender europarechtlicher Norm liegt ein engeres Verständnis zugrunde, das auch Rechtsgeschäfte im Rahmen unselbständiger Berufstätigkeit vom Verbraucherbegriff ausschließt.

20 Ausführlicher dazu *Buck-Heeb*, ZHR 176 (2012), 66, 69 ff., 75 f.

Während dieser formal-begriffliche Befund eindeutig ist, fällt eine materielle Bewertung schwerer. Wenn für ein Anknüpfen des Anlegerschutzes an verbraucherrechtliche Vorstellungen ins Feld geführt wird, der Rückzug des Staates aus den sozialen Sicherungssystemen habe das Anlegerpublikum um geschäftsunkundige und deshalb besonders schutzbedürftige Kreise erweitert[21], so liegt dem die Annahme zugrunde, der Anlegerschutz und der Verbraucherschutz seien durch divergierende, aber jeweils einheitliche Leitbilder geprägt. Indes finden sich in den gesetzlichen Regelungen zum Anlegerschutz ebenso unterschiedliche Vorstellungen vom Wissenshorizont des Anlegers[22] wie im Verbraucherschutzrecht, das die rollensoziologische Verbrauchereigenschaft sukzessive um kontextabhängige und situative Schutzmaßstäbe ergänzt hat[23]. Die Vielfalt wird noch erhöht durch Divergenzen von nationalen und europäischen Leitbildern[24].

Als Sollensvorstellungen geben Leitbilder zudem keine Auskunft über das reale Entscheidungsverhalten von Personen, das nach jüngeren kognitions- und verhaltenswissenschaftlichen Erkenntnissen durch vielfache Irrationalitäten geprägt ist[25]. Sie können durch die normative Ausgestaltung typisierender Leitbilder noch verstärkt werden[26]. Es bedürfte nach alledem empirisch fundierter Analysen, um zu ermitteln, inwieweit Verbraucher Schutzbedürfnisse haben, die nicht vom Pflichtenregime des Anlegerschutzrechts befriedigt werden.

Angesichts dieses Befundes überrascht es nicht, dass die Einführung einer Verbraucherbeschwerde im Jahr 2013 nicht an ein normativ verfestigtes Ziel der Aufsichtstätigkeit der BaFin anknüpfen konnte. Sie wurde behelfsmäßig wahl-

---

21 *Moloney*, EBOR 13 (2012), 169, 172 ff.; ausdrücklich gegen eine Gleichsetzung *Mülbert*, ZHR 177 (2013), 160, 180 f.; *Reifner*, VuR 2011, 410, 412.

22 Siehe die Analysen zu den Leitbildern im WpHG und im Prospektrecht bei *Buck-Heeb*, ZHR 176 (2012), 66, 87 ff.; *Mülbert*, ZHR 177 (2013), 160, 178 f.

23 *Micklitz*, Gutachten A zum 69. DJT, 2012, A 39 ff., 108 ff. zu den Leitbildern des vertrauenden, verletzlichen und des verantwortlichen Verbrauchers; *Micklitz/Purnhagen* (Fn. 18), vor § 13 BGB Rn. 39 ff. zum Konzept des strukturell unterlegenen Verbrauchers, Rn. 42 ff. zum situativ schutzbedürftigen Verbraucher.

24 *Micklitz/Purnhagen* (Fn. 18), vor § 13 BGB Rn. 63 f. zum europäischen Konzept des selbstverantwortlichen Verbrauchers; zur erforderlichen Angleichung des vom BGH im Prospektrecht zugrunde gelegten Leitbildes an europarechtliche Konzeptionen *Möllers/Steinberger*, NZG 2015, 329 betr. BGH NZG 2015, 20; zuvor schon *Mülbert*, ZHR 177 (2013), 160, 179 betr. BGH WM 2012, 2147.

25 Monographisch *Klöhn*, Kapitalmarkt, Spekulation und Behavioral Finance, 2006; zusammenfassend *Mülbert*, ZHR 177 (2013), 160, 169 ff. m.w.N.

26 Dies wird verbreitet angenommen für den aus der Ausgestaltung des Informationsmodells resultierenden *information overload*, dazu *Klöhn* (Fn. 25), S. 80 ff.; *Ben-Shahar/C. Schneider*, More than you wanted to know – The failure of mandated disclosure, 2014.

weise auf § 6 Abs. 2 KWG[27] oder auf das allgemeine Petitionsrecht nach Art. 17 GG[28] gestützt: Der Gesetzgeber hat mit der Aufnahme des kollektiven Verbraucherschutzes als Aufsichtsziel nicht eine bloße Klarstellung getroffen, sondern für die zuvor getroffenen Regelungen erst ein kompetenzielles Fundament geschaffen.

2.1.2 Verbraucherschutz als Ziel des europäischen Aufsichtsrechts

Eine Verbraucherschutzorientierung der BaFin mag durch die unionalen Tendenzen zu einer *consumerisation* des Anlegerschutzes befördert worden sein. Indes enthalten die zentralen Basisrechtsakte des Finanzmarktaufsichtsrecht wie CRD IV und CRR oder MiFID II und MiFIR keine Zielbestimmung zum Verbraucherschutz, sondern verwenden in ihren Erwägungsgründen den klassischen Dualismus von Funktions- und Anlegerschutz[29]. Im Einheitlichen Aufsichtsmechanismus als Grundpfeiler der Bankenunion ist nach dem ausdrücklichen Willen des Europäischen Gesetzgebers der Verbraucherschutz von der Zuständigkeit der EZB ausgenommen[30].

Dass auf unionaler Ebene gleichwohl nicht nur an einer Veränderung des Anlegerleitbildes gearbeitet, sondern der Zielkanon des Aufsichtsrechts um den Verbraucherschutz erweitert wird, kommt hingegen in den Errichtungsstatuten der Europäischen Aufsichtsbehörden (ESAs) zum Ausdruck. Sie sind manda-

---

27 *Ohler*, in: Ehlers/Fehling/Pünder (Fn. 15), § 32 Rn. 13; so wohl auch bislang das Verständnis der BaFin, s. BaFin-Journal Oktober 2011, S. 4; Anerkennung des Verbraucherschutzes als Aufsichtsziel ohne Begründung in VG Frankfurt am Main, Urt. v. 29.10.2009 – 1 K 704/09.F – Rn. 43 (juris).

28 *Keßler*, in: Keßler/Micklitz/Reich (Hrsg.), Institutionelle Finanzmarktaufsicht und Verbraucherschutz, 2010, S. 11, 31; s.a. *Dreher*, VersR 2013, 401, 409; hierauf verweist auch die BaFin auf ihrer Homepage, www.bafin.de/DE/Verbraucher; ablehnend zu dieser Praxis *Schäfer*, in: Boos/Fischer/Schulte-Mattler (Fn. 15), § 6 Rn. 41.

29 Erwägungsgrund 7 der Verordnung (EU) Nr. 575/2013 vom 26.6.2013 über Aufsichtsanforderungen an Kreditinstitute und Wertpapierfirmen (CRR); Erwägungsgrund 164 der MiFID II.

30 Erwägungsgrund 28 f. der Verordnung (EU) Nr. 1024 vom 15.10.2013 zur Übertragung besonderer Aufgaben im Zusammenhang mit der Aufsicht über Kreditinstitute auf die Europäische Zentralbank (SSM-VO) mit dem Hinweis, die EZB arbeite mit den zuständigen nationalen Behörden zur Gewährleistung eines hohen Verbraucherschutzniveaus zusammen; s.a. Art. 1 Unterabs. 5 SSM-VO; zumindest missverständlich deshalb die Aussage in Begr. des RegE, BT-Drs. 18/3994, S. 36, die BaFin sei „insbesondere im Rahmen des einheitlichen Aufsichtsmechanismus" dem kollektiven Verbraucherschutz verpflichtet.

tiert, einen Beitrag zur Verbesserung des Verbraucherschutzes zu leisten[31]. Zur Zielerreichung werden ihnen eine Fülle von Aufgaben und Befugnissen zugewiesen[32], die im Rahmen der finanzmarktrechtlichen Basisrechtsakte wahrzunehmen sind[33]. Wenn teilweise angenommen wird, die Agenturen könnten nur insoweit mit verbraucherschützender Zielrichtung tätig werden, wie ein derartiges Ziel auch den Basisrechtsakten zugrunde liegt[34], wird aber ein zu enges Verständnis zugrunde gelegt. Entscheidend ist allein, dass die Europäischen Aufsichtsbehörden die durch die Handlungsprogramme der Aufsichtsgesetze gesetzten Grenzen achten[35] – die Zielrichtung ihrer Tätigkeit wandert dann gleichsam mit. Mit dem Ziel des Verbraucherschutzes erlassene Leitlinien oder Empfehlungen der Europäischen Aufsichtsbehörden „infizieren" sodann sowohl die Aufsichtstätigkeit der Bundesanstalt[36] als auch diejenige der EZB[37]. Die spinnenartige Netzwerkstruktur des Europäischen Systems der Finanzmarktaufsicht (ESFS)[38] sorgt für eine unionsweite Ausbreitung der Verbraucherschutzorientie-

---

31 Art. 1 Abs. 5 Unterabs. 1 lit. f EBA-Verordnung (EU) Nr. 1093/2010 vom 24.11.2010; s.a. Art. 1 Abs. 5 Unterabs. 1 lit. f ESMA-Verordnung (EU) Nr. 1095/2010 vom 24.11.2010; Art. 1 Abs. 6 Unterabs. 1 lit. f EIOPA-Verordnung (EU) Nr. 1094/2010 vom 24.11.2010.

32 Art. 9 ESA-VO; die Europäischen Aufsichtsbehörden können nach Art. 9 Abs. 3 bei einer ernsthafter Bedrohung der Aufsichtsziele auch ohne spezielle Gestattung Warnungen herausgeben. Vorläufige Verbote und Beschränkungen von bestimmten Finanztätigkeiten stehen nach Art. 9 Abs. 5 Unterabs. 1 unter dem Vorbehalt ausdrücklicher Gestattung durch einen Basisrechtsakt; derartige Befugnisse finden sich etwa in Art. 28 Verordnung (EU) Nr. 236/2012 vom 4.3.2012 über Leerverkäufe; Art. 40 MiFIR zu Produktinterventionen durch die ESMA, Art. 41 MiFIR zu Produktinterventionen durch die EBA. Sämtliche dort genannten Aufgaben und Befugnisse können mit dem Ziel des Verbraucherschutzes wahrgenommen werden, s.a. Erwägungsgrund 50 EBA-VO; *Dreher*, VersR 2013, 401, 402; unterschätzt von *Buck-Heeb*, ZHR 176 (2012), 66, 81 f.

33 Art. 1 Abs. 2 ESA-VO.

34 So *Dreher*, VersR 2013, 401, 404 f. betr. EIOPA.

35 Dies wird bezweifelt für den Erlass der auf Art. 16 EIOPA-VO gestützten Leitlinien zum Beschwerdemanagement durch Versicherungsunternehmen, *Sasserath-Alberti/Hartig*, VersR 2012, 524, 531 f.; *Dreher*, VersR 2013, 401, 407 f.; durch das Joint Committee wurden gleichwohl im Mai 2014 entsprechende Leitlinien für ESMA und EBA verabschiedet (JC/2014/43).

36 *Dreher*, VersR 2013, 401, 404; ähnlich *Ohler*, in: Ehlers/Fehling/Pünder (Fn 15), § 32 Rn. 13, der diese Wirkung allerdings vor allem mit Art. 9 ESA-VO verbindet; zur Wirkungsweise von Empfehlungen und Leitlinien *Gurlit*, ZHR 177 (2013), 862, 875 ff.; *Michel*, Institutionelles Gleichgewicht und EU-Agenturen, 2015, S. 238 ff. – Die ESA-Leitlinien zum Beschwerdemanagement (Fn. 35) wurden von der BaFin mit dem Rundschreiben 3/2013 (VA) vom 20.9.2013 und einer Sammelverfügung vom selben Tag implementiert.

37 So wohl auch *Ohler*, Bankenaufsicht und Geldpolitik in der Währungsunion, 2015, § 5 Rn. 117; die EZB unterliegt bei Empfehlungen und Leitlinien der ESAs gleichermaßen wie die nationalen Aufsichtsbehörden dem *comply or explain*-Mechanismus, s. Art. 4 Abs. 3 Unterabs. 2 SSM-VO.

38 Erwägungsgründe 8 und 9 der EBA-VO verwenden die Netzwerkmetapher; Behördennetzrung der Aufsicht. Insoweit erscheint die Aufnahme des Verbraucherschutzes als Aufsichtsziel in § 4 Abs. 1a Satz 1 FinDAG nur konsequent[39].

2.1.3 Stellung des Verbraucherschutzes in der Zieltrias

Es bleibt die Frage, welchen Stellenwert der Verbraucherschutz in der nunmehrigen Zieltrias einnimmt. Schon für das Verhältnis von Funktionsschutz und kollektiven Anlegerschutz ist umstritten, ob dem Anlegerschutz ein eigenständiger Wert zukommt oder sich seine Bedeutung in einer dienenden Rolle für den Funktionsschutz erschöpft[40]. Da der Beitrag des Verbraucherschutzes zum Funktionsschutz jedenfalls nicht über den Beitrag hinausgeht, den der Anlegerschutz leistet, könnte im Verbraucherschutz ein eigenständiges, gleichrangiges Aufsichtsziel zu sehen sein. Dagegen könnte indes die Gesetzesformulierung sprechen, mit der die BaFin „auch" auf den kollektiven Verbraucherschutz verpflichtet wird.

Dem Wunsch des Bundesrates nach einer gesetzlichen Klarstellung der Gleichrangigkeit des Verbraucherschutzes mit den weiteren Aufsichtszielen[41] ist die Bundesregierung nicht nachgekommen. Mit den Worten, der Verzicht auf eine ausdrückliche Klarstellung erlaube es, „in jedem Einzelfall eine ausgewogene und praxisgerechte Lösung zu finden"[42], werden denkbare Zielkonflikte allerdings mehr beschwiegen als angesprochen. Dabei geht es nicht allein um das Ver-

---

werke können die Kooperation gleichgeordneter Akteure organisieren, aber auch – wie im Falle des ESFS – hierarchische Elemente aufweisen, s.a. Thiele, Finanzaufsicht, S. 517 f.

39 Begr. des RegE, BT-Drs. 18/3994, S. 37 verweist ausdrücklich auf das ESFS und die Befugnisse der Europäischen Aufsichtsbehörden nach Art. 9 der ESA-VO.

40 Für einen allein dienenden kollektiven Anlegerschutz *Assmann*, ZBB 1989, 49, 61; *Thiele*, Finanzaufsicht, S. 97 f.; für einen vom Funktionsschutz unabhängigen Anlegerschutz *Koller*, in: Assmann/Schneider (Hrsg.), WpHG, 6. Aufl. 2012, § 31 Rn. 3; *Höhns*, Die Aufsicht über Finanzdienstleister, 2002, S. 54 ff.; für die Möglichkeit eines sowohl instrumentell auf den Funktionsschutz bezogenen als auch auf Gerechtigkeitserwägungen beruhenden überschießenden Anlegerschutz *Mülbert*, ZHR 177 (2013), 160, 171 ff.

41 Stellungnahme des BR zum RegE, BT-Drs. 18/3994, Anlage 3, S. 75 Nr. 18a; so auch die Forderung des Verbraucherzentrale Bundesverbandes, Stellungnahme, Januar 2016, S. 3.

42 Gegenäußerung der BReg, BT-Drs. 18/3994, S. 82. – Im vertikalen Verhältnis zur EU entstehen keine weiteren Bruchlinien: Nach Art. 6 lit. e CRD IV müssen die Mitgliedstaaten zwar sicherstellen, dass die den zuständigen Behörden übertragenen nationalen Mandate diese nicht daran hindern, ihre Aufgaben als Mitglieder der EBA wahrzunehmen. Da aber die EBA ebenfalls auf den Verbraucherschutz verpflichtet ist, ist insoweit nicht von divergierenden Zielen auszugehen.

hältnis von Funktionsschutz und Verbraucherschutz[43]. Vielmehr sind auch Konflikte zwischen Anleger- und Verbraucherschutzbelangen angesichts divergenter Schutzleitbilder denkbar[44]. Sie kommen jedoch nur zum Ausbruch, wenn der aufsichtsrechtliche Instrumentenkasten entsprechende Differenzierungen gestattet. Damit entscheidet vor allem die neue Befugnisnorm der BaFin zur Durchsetzung des Verbraucherschutzes über seine künftige Stellung in der Institutsaufsicht[45].

2.2 Das Verbraucherkollektiv als Zielmaßstab

2.2.1 Ausschluss subjektiv-öffentlicher Rechte auf bankaufsichtliches Einschreiten

Zielmaßstab des Verbraucherschutzes ist nach dem ausdrücklichen Wortlaut des § 4 Abs. 1a Satz 1 FinDAG die Gesamtheit der Verbraucher. Mit der Beibehaltung von § 4 Abs. 4 FinDAG steht fest, dass weder Anleger noch Verbraucher ein subjektiv-öffentliches Recht auf bankaufsichtliches Einschreiten besitzen[46]. Wenn die Entwurfsbegründung darauf verweist, dies entspreche „bewährter Aufsichtspraxis"[47], wird euphemistisch verdeckt, dass es der Bundestag selbst war, der in Reaktion auf das Wetterstein- und das Herstatt-Urteil des Bundesgerichtshofs[48] die individualschützende Natur der Aufsichtsnormen durch die alleinige Verpflichtung der Aufsichtstätigkeit auf das öffentliche Interesse beseitigt hat[49].

2.2.2 Ausschluss der Amtshaftung

Die Verpflichtung der Bundesanstalt allein auf das öffentliche Interesse war und ist indessen vor allem fiskalisch motiviert, da sie den Drittbezug der Amtspflichten

43 So aber Begr. des RegE eines Gesetzes zur Stärkung der deutschen Finanzmarktaufsicht, BT-Drs. 17/10040, S. 1, 13, die indes Beeinträchtigungen für den Funktionsschutz vornehmlich mit einem subjektiv-öffentlichen Verbraucherschutz verbindet.

44 *Dreher*, VersR 2013, 401, 411 betr. das Verhältnis von Versicherten- und Verbraucherschutz.

45 Siehe dazu sogleich die Ausführungen unter 3.

46 BVerwG BKR 2011, 208 Rn. 14 ff.; VG Frankfurt a.M. NJW 2011, 2747.

47 Begr. des RegE, BT-Drs. 18/3994, S. 37.

48 BGHZ 74, 144, 148 ff. – Wetterstein; 75, 120, 122 f. – Herstatt.

49 Zunächst durch § 6 Abs. 3 KWG a.F., dazu Begr. des RegE, BT-Drs. 10/1441, S. 20; nunmehr bereichsübergreifend durch § 4 Abs. 4 FinDAG; s.a. § 4 Abs. 2 WpÜG; § 3 Abs. 3 BörsG.

der BaFin ausschließt. Die legislative Beseitigung von Amtshaftungsansprüchen Dritter[50] steht in einem Spannungsverhältnis zur jüngeren Schutzpflichtendogmatik des BVerfG. Denn zur Sicherung der vermögenswerten Rechte von Anlegern und Versicherungsnehmern muss der Gesetzgeber Schutzmaßnahmen ergreifen, um das strukturelle Ungleichgewicht zwischen Finanzdienstleistungsunternehmen und ihren Kunden durch eine Finanzmarktaufsicht zu kompensieren, die auch die Stellung des Einzelnen berücksichtigt[51].

Europarechtlich ist allerdings die Amtshaftung gegenüber Anlegern für rechtswidriges Aufsichtshandeln der nationalen Aufsichtsbehörden nicht gefordert, wie dies der EuGH jedenfalls für das Anlegerentschädigungsrecht klargestellt hat[52]. Im Einheitlichen Aufsichtsmechanismus ist ebenfalls die Konzeption einer nur im öffentlichen Interesse tätigen Aufsicht verankert worden[53]. Schließlich wird auch im ESFS, das letztlich für die Einspeisung des Verbraucherschutzes in die Finanzmarktaufsicht verantwortlich ist, der Verbraucherschutz gerade als Element des öffentlichen Interesses verstanden[54]. Die den Europäischen Aufsichtsbehörden zur Verfügung stehenden Maßnahmen sind allesamt auf die kollektive Dimension des Verbraucherschutzes ausgerichtet. Deshalb bestehen auch gegenüber den europäischen Akteuren keine außervertraglichen Ansprüche von Verbrauchern oder Anlegern nach Art. 340 AEUV[55].

---

50 Der amtshaftungsrechtliche Schutz der Institute bleibt hiervon unberührt, s. BGHZ 162, 49; OLG Frankfurt BeckRS 2006, 10074.

51 Für die Versicherungsaufsicht BVerfGE 114, 1, 43 ff. – Bestandsübertragung; BVerfGE 114, 73, 97 ff. – Überschussbeteiligung; amtshaftungsrechtliche Konsequenzen erwägend *Gurlit*, in: v. Münch/Kunig (Hrsg.), GG Bd. 1, 6. Aufl. 2012, Art. 34 Rn. 26; *Ruffert*, NJW 2009, 2093, 2095, der zusätzlich sozialstaatliche Gebote aktiviert; *Höfling*, 67. DJT, 2010, Gutachten F, F 42; ähnlich *Calliess*, VVDStRL 71 (2012), 113, 139 f.; frühzeitig *Schenke/Ruthig*, NJW 1994, 2324, 2326 f.; die Verfassungsmäßigkeit des Amtshaftungsausschlusses bejahen *Böhme*, Staatshaftung für fehlerhafte Bankenaufsicht nach deutschem und europäischem Recht, 2009, S. 24 ff.; *Binder*, WM 2005, 1781; *Ohler*, in: Ehlers/Fehling/Pünder (Fn. 15), § 32 Rn. 14; *Mülbert*, ZHR 177 (2013), 160, 176 f.; s.a. BGHZ 162, 49, 60 ff.

52 EuGH Slg. 2004, I-9425, Rn. 25 ff., 33 ff. – Paul u.a.; dies verallgemeinernd BVerwG BKR 2011, 208 Rn. 20; für eine andere Beurteilung jedenfalls der MiFID I *Purnhagen/Verbruggen*, in: Keßler/Micklitz/Reich (Fn. 28), S. 173, 237 ff.

53 Erwägungsgründe 68, 71, 73, Art. 19 Abs. 1, Art. 26 Abs. 1 SSM-VO; s.a. *Ohler*, Bankenaufsicht (Fn. 37), § 5 Rn. 111.

54 Art. 1 Abs. 5 Unterabs. 1 lit. f EBA-VO; Art. 1 Abs. 5 Unterabs. 1 lit. f ESMA-VO; Art. 1 Abs. 6 Unterabs. 1 lit. f EIOPA-VO; s.a. *Dreher*, VersR 2013, 401, 409 betr. EIOPA.

55 *Ohler*, Bankenaufsicht (Fn. 37), § 5 Rn. 111.

3 § 4 Abs. 1a Satz 2 FinDAG als Instrument der Zielverwirklichung

Können weder Verbraucher noch Anleger subjektivrechtlich ein Tätigwerden der Bundesanstalt verlangen, so kommt im Aufsichtsrecht einerseits partizipatorischen und informatorischen Instrumenten des Verbraucherschutzes erhebliches Gewicht zu[56]. Vor allem aber gerät die objektivrechtliche Befugnis der BaFin nach § 4 Abs. 1a Satz 2 FinDAG in den Blick.

Der Gesetzgeber hat § 4 Abs. 1a Satz 2 FinDAG in Gestalt einer Missstandsklausel als zusätzliche Befugnisnorm der BaFin konzipiert. Einen Missstand definiert § 4 Abs. 1a Satz 3 FinDAG als einen erheblichen, dauerhaften oder wiederholten Verstoß gegen ein Verbraucherschutzgesetz. Da die BaFin aber auch insoweit „innerhalb ihres gesetzlichen Auftrags" handelt (§ 4 Abs. 1a Satz 1 FinDAG), soll mit dieser Erweiterung keine Ausdehnung des behördlichen Aufsichtsprogramms verbunden sein. Vielmehr soll die Bundesanstalt nur einschreiten können, wenn sie „im Rahmen" ihrer fachgesetzlich geregelten Tätigkeit Verstöße gegen verbraucherschützende Rechtsvorschriften feststellt[57]. Allerdings fragt sich, wann der BaFin kompetenzgemäß derartige Feststellungen gelingen können.

3.1 Verstoß gegen ein Verbraucherschutzgesetz als Eingriffstatbestand

3.1.1 Maßstäbe für die Bestimmung von Verbraucherschutzgesetzen

In Anlehnung an die Begründung zu § 2 Abs. 1 UKlaG versteht die Begründung des Regierungsentwurfs unter einem Verbraucherschutzgesetz Vorschriften, die dem Schutz der Verbraucher dienen, was wiederum der Fall sein soll, soweit der Verbraucherschutz keine nur untergeordnete Bedeutung hat oder die Verbraucher nur reflexhaft von einer Norm geschützt werden. Nicht erforderlich ist hingegen, dass die maßgeblichen Vorschriften allein auf den Verbraucherschutz zielen[58].

---

56 *Möllers/Kastl*, NZG 2015, 849, 855 messen der neuen Befugnisnorm keine praktische Bedeutung zu und sehen Verbesserungspotenzial vor allem in über das Informationsfreiheitsgesetz des Bundes (IFG) hinausgehenden Informationsrechten der Verbraucher; zur Anwendung des IFG auf die BaFin *Gurlit*, NZG 2014, 1161.

57 Begr. des RegE, BT-Drs. 18/3994, S. 36.

58 Begr. des RegE eines Gesetzes über Fernabsatzverträge und andere Fragen der Verbraucher-

Die Grenzziehung zwischen Gesetzen, die auch dem Verbraucherschutz dienen, und solchen, die nur reflexhaft eine Berücksichtigung von Verbraucherinteressen ermöglichen, ist allerdings unklar[59]. Insbesondere ist fraglich, ob für die Qualifizierung als verbraucherschützende Norm über die intendierte Einbeziehung von Verbrauchern hinaus die Personen gerade in ihrer Eigenschaft als Verbraucher Schutzadressaten der Vorschrift sein müssen[60]. Aktuelle Vorstellungen des Gesetzgebers legen ein großzügigeres Verständnis nahe. So will es der Gesetzentwurf zur Einbeziehung von Datenschutzverstößen in den Katalog des § 2 Abs. 2 UKlaG für die verbraucherschützende Natur von Datenschutzvorschriften genügen lassen, dass diese auf Verbraucherdaten anwendbar sind – unabhängig davon, ob die Normen auch für natürliche Personen außerhalb ihrer Verbrauchereigenschaft gelten[61].

3.1.2 Öffentlich-rechtliche Verbraucherschutzgesetze

Verbraucherschützende Vorschriften können nach den Vorstellungen des Regierungsentwurfs nicht nur zivilrechtlicher, sondern auch öffentlich-rechtlicher Natur sein[62]. Der Verweis auf öffentlich-rechtliche Verbraucherschutzvorschriften liegt schon deshalb nahe, weil die Bundesanstalt das Vollzugsmandat für das öffentlich-rechtliche Aufsichtsrecht besitzt. Da der Gesetzgeber allerdings unter Verweis auf § 4 Abs. 4 FinDAG weiterhin die Einordnung bankenaufsichtlicher Normen als subjektiv-öffentliche Rechte verneint, ist offenbar an Vorschriften gedacht, die die Verbraucher schützen sollen, ohne ihnen zugleich individuell durchsetzbare Rechte zu gewähren.

---

rechte, BT-Drs. 14/2658, S. 53; s.a. Begr. des RegE, BT-Drs. 18/3994, S. 37.

59 Kritisch zu dieser Grenzziehung *Micklitz*, in: MünchKomm ZPO, 4. Aufl. 2013, § 2 UKlaG Rn. 40.

60 So *Köhler*, in: Köhler/Bornkamm, UWG, 33. Aufl. 2015, § 2 UKlaG Rn. 2; OLG Frankfurt GRUR 2005, 785, 786: §§ 3a, 4 BDSG sind keine verbraucherschützenden Vorschriften, weil sie dem Schutz des informationellen Selbstbestimmungsrechts dienen, das allen Personen und nicht nur Verbrauchern zukommt; a.A. *Micklitz*, in: MünchKomm ZPO, § 2 UKlaG Rn. 39.

61 Begr. des RegE eines Gesetzes zur Verbesserung der zivilrechtlichen Durchsetzung von verbraucherschützenden Vorschriften des Datenschutzrechts, BT-Drs. 18/4631, S. 23; schon die Begr. des RegE zu § 22 AGBG a.F. (= §§ 1, 2 UKlaG), BT-Drs. 14/2658, S. 53 nannte § 6 TDG a.F. (= § 5 TMG) als Beispiel für eine verbraucherschützende Vorschrift, obwohl die Norm alle Telemediennutzer adressiert; s.a. *Micklitz*, in: MünchKomm ZPO, § 2 UKlaG Rn. 39.

62 Begr. des RegE, BT-Drs. 18/3994, S. 37.

Weil die von der BaFin vollzogenen Aufsichtsgesetze durchweg nicht an die Verbrauchereigenschaft anknüpfen, sondern den Privatkunden zum Schutzadressaten haben, sind öffentlich-rechtliche Verbraucherschutzvorschriften nur dann denkbar, wenn Anforderungen des öffentlichen Aufsichtsrechts wie insbesondere §§ 31 ff. WpHG[63] neben einer anlegerschützenden Zielrichtung auch eine Ausrichtung auf den kollektiven Verbraucherschutz entnommen wird. Die europarechtlich gebotene Einordnung der Wohlverhaltenspflichten als Verbraucherschutzgesetz nach § 2 Abs. 2 Nr. 7 UKlaG[64] legt einen Gleichlauf nahe. Sie kann jedoch die Qualifizierung im Rahmen des nicht europarechtlich geforderten § 4 Abs. 1a FinDAG nicht determinieren. Für den Charakter insbesondere der §§ 31 ff. WpHG als Verbraucherschutzgesetz spricht gleichwohl, dass mit dem neuen Aufsichtsziel in § 4 Abs. 1a Satz 1 FinDAG die Verbraucher als gesondertes Teilkollektiv der Privatkunden sichtbar werden.

Nach Auffassung der Bundesregierung scheidet die für den finanziellen Kundenschutz bedeutsame Preisangabenverordnung (PAngV), deren Beachtung von den Behörden der Länder überwacht wird, als für die BaFin maßgebliche Verbraucherschutzvorschrift aus[65]. Diese Annahme bedarf allerdings der Differenzierung: Zwar wäre die Feststellung von Verstößen durch die Bundesanstalt ein Übergriff in die Kompetenzen eines anderen Verwaltungsträgers. Dies schließt

63 Ungeachtet der Auseinandersetzung um die zivilrechtliche Bedeutung der Wohlverhaltenspflichten ist ihr Charakter als öffentlich-rechtliche Aufsichtsnormen unbestritten, s. nur BGH NZG 2013, 1226 Rn. 16; BGHZ 191, 119 Rn. 47; BGH WM 2011, 2261 Rn. 50; BGH NZG 2009, 354 Rn. 12; *Schwark*, in: Schwark/Zimmer (Fn. 15), vor §§ 31 ff. WpHG Rn. 14 f.; ausführlich *Dieckmann*, AcP 213 (2013), 1, 20 ff.; dies entspricht auch dem Ansatz des FRUG, s. Begr. des RegE, BT-Drs. 16/4028, S. 53, 65; BT-Drs. 16/4899, S. 12.

64 Dass § 2 Abs. 2 Nr. 7 UKlaG nach seinem Wortlaut nur die das Verhältnis zwischen Finanzdienstleistungsunternehmen und Kunden regelnden Normen einbezieht, bewirkt keine Beschränkung. Der deutsche Gesetzgeber wollte hiermit allein solche Vorschriften von der kollektivrechtlichen Durchsetzung vor den Zivilgerichten ausnehmen, die Befugnisse der BaFin begründen, s. BT-Drs. 16/4028, S. 100. Das sind etwa §§ 35, 38 Abs. 2 – 4 WpHG.

65 §§ 6 ff. PAngV; s.a. Begr. des RegE, BT-Drs. 18/3994, S. 37. Hierbei handelt es sich um einen Dauerbrenner rechtspolitischer Diskussion: Den Vorschlag des BR in der Stellungnahme zum RegE, BT-Drs. 18/3994, Anlage 3, S. 75 Nr. 28c, der BaFin die Vollzugszuständigkeit nach der PAngV für die von ihr beaufsichtigten Institute zu übertragen, hat die BReg ein weiteres Mal abgelehnt, Gegenäußerung der BReg, BT-Drs. 18/3994, S. 82. Einen entsprechenden Vorschlag des BR anlässlich der Verabschiedung des Gesetzes zur Stärkung der deutschen Finanzaufsicht (BT-Drs. 17/10040, S. 26 Nr. 9) hat die BReg abgelehnt, weil die BaFin „in der Fläche" für eine Kontrolle nicht ausreichend vertreten sei, Gegenäußerung der BReg, BT-Drs. 17/10252, S. 3; zuvor schon BR-Drs. 328/12; BT-Drs. 17/8648; s.a. die Diskussion um das EG-Verbraucherschutzdurchsetzungsgesetz in BT-Drs. 16/2930 mit einem entsprechenden Vorschlag des BR (S. 28) und der Ablehnung durch die BReg (S. 31).

jedoch nicht generell aufsichtsrechtliche Maßnahmen der BaFin aus, die an entsprechende Feststellungen der zuständigen Landesbehörden anknüpfen. Denn die PAngV sieht kein abschließendes, „finanzmarktaufsichtsfestes" Eingriffsinstrumentarium mit Sperrwirkung für die Bundesanstalt vor.

3.1.3 Zivilrechtliche Verbraucherschutzgesetze

Steht bei öffentlich-rechtlichen Vorschriften die Qualifikation als Verbraucherschutzgesetz in Frage, so finden sich im Zivilrecht von den Regelungen über den Verbraucherkredit bis zu den Vorschriften über den Fernabsatz von Finanzdienstleistungen an Verbraucher zahlreiche Regelungen überwiegend europäischer Provenienz, deren verbraucherschützender Charakter unbestritten ist. Auch wirkt nicht die Zuständigkeit einer anderen Behörde befugnisausschließend. Allerdings entscheiden sowohl bei individueller als auch bei kollektiver Rechtsdurchsetzung die Zivilgerichte über die Verletzung von Verbraucherschutzgesetzen: In Frage steht die Kompetenz der BaFin, tatbestandsauslösend einen Verstoß gegen zivilrechtliche Normen festzustellen.

Die Funktionenordnung des Grundgesetzes ist nicht erst berührt, wenn Zivilgerichte Verwaltungsakte erlassen oder die BaFin Recht spricht[66]. Vielmehr soll die Unterscheidung der Gewalten auch gewährleisten, dass staatliche Entscheidungen von den Organen getroffen werden, die nach ihrer Organisation, Zusammensetzung, Funktion und Verfahrensweise über die besten Voraussetzungen für die jeweilige Sachentscheidung verfügen[67]. Die Rechtsordnung muss deshalb Mechanismen bereitstellen, die im Verhältnis der Gewalten zueinander die jeweiligen Entscheidungsräume sichern. Die Rechtskraftwirkung zivilgerichtlicher Urteile gewährleistet ihre Beachtlichkeit für die Verwaltung. Umgekehrt begründen die besonderen Funktionsleistungen der Exekutive beim Vollzug öffentlich-rechtlicher Gesetze die Tatbestandswirkung von Verwaltungsakten im Zivilprozess[68].

---

66 Art. 20 Abs. 2 GG selbst hat keine eigenständige Zuweisungsfunktion, *Schnapp*, in: v. Münch/Kunig, GG Bd. 1, Art. 20 Rn. 58. Das Rechtsprechungsmonopol der Gerichte ergibt sich aus Art. 92 GG.

67 BVerfGE 68, 1, 86; zuvor schon *Schmidt-Aßmann*, GedS Martens, 1987, S. 249, 263 f.

68 BGHZ 73, 114, 116 f.; 158, 19; BGH NVwZ-RR 2008, 154, 156; im Wettbewerbsrecht ist anerkannt, dass ein durch Verwaltungsakt erlaubtes Verhalten nicht unlauter sein kann, s. BGHZ 163, 265; LG Hamburg PharmR 2014, 253; im Streit um die „Tagesschau App" wurde von OLG Köln ZUM 2014, 247 eine Tatbestandswirkung auslösende Gestattung bejaht, von BGH, Urt. v. 30.4.2015 – I ZR 13/14 – hingegen verneint; im Amtshaftungsprozess wird für die Tatbestandswir-

Auf verfassungsrechtlich anerkannte Funktionsleistungen kann sich die Verwaltung indes nicht berufen, wenn sie zivilrechtliche Feststellungen trifft. Soweit die Entwurfsbegründung einen Missstand darin sieht, dass ein Institut eine einschlägige Entscheidung des Bundesgerichtshofs nicht beachtet[69], ist die behördliche Feststellung eines Verstoßes gegen verbraucherschützende Vorschriften gleichwohl in der Regel unproblematisch. Denn ungeachtet ihrer inter partes-Wirkung sind höchstrichterliche Urteile über die Unzulässigkeit der Verwendung von AGB[70] oder über Verstöße gegen verbraucherschützende Vorschriften regelmäßig derart eindeutig tenoriert, dass insoweit die Bundesanstalt keine eigenständigen zivilrechtlichen Prüfungen anstellt, sondern bloß nachvollziehend aufsichtliche Konsequenzen zieht.

Die weitere Annahme des Entwurfsbegründung, die Bundesanstalt könne bei systematischen und gewichtigen Verstößen auch dann einschreiten, wenn in absehbarer Zeit kein klärendes höchstrichterliches Urteil zu erwarten sei[71], lässt sich zwar unter Aufbietung aller verfügbaren Koordinierungsmechanismen ohne Verstoß gegen das Gebot einer funktionsgerechten Zuordnung verwirklichen. Sie unterschlägt aber die Folgekosten insbesondere für den Rechtsschutz:

Im Fall einer vom betroffenen Institut angestrengten Anfechtungsklage gegen eine auf Verbraucherrechtsverstöße gestützte Verfügung der BaFin kann sich das Verwaltungsgericht den behördlichen Feststellungen nur insoweit kompetenzgemäß widmen, wie es sie allein als Vorfrage ansieht, deren Beantwortung nicht an der Rechtskraftwirkung partizipiert[72]. Für die Behandlung als Hauptfrage fehlt

---

kung von Verwaltungsakten unter Verweis auf die besonderen Verfahrensgarantien des gerichtlichen Verfahrens zusätzlich deren rechtskräftige verwaltungsgerichtliche Bestätigung verlangt, s. BGHZ 9, 129, 132 f.; 112, 363, 365; 113, 17, 20; 117, 159; 127, 223, 225; 178, 51, 55.

69 Begr. des RegE, BT-Drs. 18/3994, S. 36.

70 Siehe für Verbandsklagen die Sonderregelung in § 9 UKlaG betr. die Urteilsformel; beispielhaft zu Klagen nach §§ 1, 3 Abs. 1 Satz 1 Nr. 1 UKlaG BGHZ 201, 168 – Bearbeitungsentgelt in Privatdarlehens-AGB; s.a. § 11 UKlaG zur über die Rechtskraftwirkung hinaus gehenden Breitenwirkung des Urteils.

71 Begr. des RegE, BT-Drs. 18/3994, S. 36; möglicherweise fühlte sich der Gesetzgeber ermuntert durch literarische Beiträge, die der Aufgabennorm des § 6 Abs. 2 KWG recht sorglos entnehmen, ein zu beseitigender Missstand könne auch in einem Verstoß gegen zivilrechtliche Vorschriften liegen, so *Schäfer*, in: Boos/Fischer/Schulte-Mattler (Fn. 15), § 6 Rn. 40 mit der Einschränkung, dies gelte nur für nachhaltige Verstöße mit vermögensrechtlichen Folgen; s.a. *Ohler*, in: Ehlers/Fehling/Pünder (Fn. 15), § 32 Rn. 11 mit dem caveat, der Verstoß müsse Rückwirkungen auf die Aufsichtsziele haben.

72 § 17 Abs. 2 GVG hat hieran nichts geändert; Vorfragen sind keine Klagegründe im Sinne der Vorschrift. – Die Vorfragenkompetenz über rechtswegfremde Fragen ist unbestritten, s. nur BVerfGE 42, 103, 116 f.; BVerwGE 51, 101, 110; BGHZ 16, 124, 127; s.a. *Ehlers*, in: Schoch/Schneider/

es einerseits an der Rechtswegzuständigkeit der Verwaltungsgerichte[73], während andererseits den Zivilgerichten im Fall der Verweisung keine Kompetenz zur Aufhebung des Verwaltungsakts zuwächst. Will hingegen eine Kundin, ermuntert durch die Verfügung der BaFin, gegen das betroffene Institut zivilrechtliche Ansprüche geltend machen, so wird sie vermutlich damit konfrontiert werden, dass das Zivilgericht den behördlichen Feststellungen eine Tatbestandswirkung verwehrt[74]. Für den Rechtsschutz aller Betroffenen entsteht infolgedessen eine *lose-lose*-Situation. Sollte das Verwaltungsgericht seine Kompetenzgrenzen ausdehnen, droht zusätzlich ein Jurisdiktionskonflikt. Der BaFin ist deshalb von einem Einschreiten abzuraten, wenn die Annahme eines Verstoßes gegen verbraucherschützende Vorschriften nicht durch ein höchstrichterliches Urteil gedeckt ist.

3.2 Klärungsinteresse

Rätsel wirft die weitere Voraussetzung des § 4 Abs. 1a Satz 2 FinDAG auf, eine generelle Klärung müsse im Interesse des Verbraucherschutzes geboten erscheinen. Hiermit wird eine Formulierung aus der Entwurfsbegründung zu § 2 Abs. 1 UKlaG aufgegriffen[75]. Das dort als Anspruchsvoraussetzung für einen Unterlassungsanspruch fungierende Gebot[76] wandelt sich im Kontext des § 4 Abs. 1a Satz 2 FinDAG zu einer zusätzlichen Eingriffsvoraussetzung.

Dem Wunsch des Bundesrates, auf diese dem Aufsichtsrecht bislang nicht bekannte Eingriffsschwelle zu verzichten[77], ist die Bundesregierung nicht nachgekommen. Sie sieht allerdings in dem Gebot weniger eine weitere tatbestandliche Voraussetzung, sondern eine zusätzliche Betonung der alleinigen Verpflich-

Bier (Hrsg.), VwGO, 27. EL 10/2014, § 17 GVG Rn. 32, § 40 VwGO Rn. 221.

73 Dies hat den Gesetzgeber dazu veranlasst, verwaltungsrechtliche Streitigkeiten um die behördliche Untersagung grenzüberschreitender zivilrechtlicher Verbraucherschutzverstöße nach § 13 Abs. 4 EG-Verbraucherschutzdurchsetzungsgesetz (VSchDG) den Zivilgerichten zuzuweisen, s. BT-Drs. 16/2930, S. 16, 24.

74 Die Tatbestandswirkung eines Verwaltungsakts ist beschränkt auf den Entscheidungssatz; sie umfasst nicht die Entscheidungsgründe, Vorfragen und präjudizielle Rechtsverhältnisse, BGHZ 158, 19, 22.

75 Begr. des RegE, BT-Drs. 14/2658, S. 53; aufgegriffen in der Begr. des RegE eines Gesetzes zur Verbesserung der zivilrechtlichen Durchsetzung von verbraucherschützenden Vorschriften des Datenschutzrechts, BT-Drs. 18/4631, S. 12.

76 *Micklitz*, in: MünchKomm ZPO, § 2 UKlaG Rn. 15 ff. sieht hierin in Parallele zu § 8 UWG das Erfordernis einer Wiederholungsgefahr.

77 Stellungnahme des BR zum RegE, BT-Drs. 18/3994, Anlage 3, S. 63.

tung auf einen kollektiven Verbraucherschutz[78]. In Anbetracht des eindeutigen § 4 Abs. 1a Satz 1 FinDAG hätte es zu diesem Zweck des Halbsatzes nicht bedurft. Auch ist nicht recht ersichtlich, in welchen Fällen es trotz des Vorliegens eines erheblichen, dauerhaften oder wiederholten Verstoßes gegen Verbraucherschutzgesetze an einem Klärungsinteresse fehlen könnte[79]. Die Normierung des Gebots eines generellen Klärungsinteresses ist im besten Fall bedeutungslos, im schlechtesten Fall lädt sie zu Missdeutungen ein[80].

3.3 Rechtsfolge: Geeignete und erforderliche Anordnungen

§ 4 Abs. 1a Satz 2 FinDAG gewährt der BaFin Entschließungs- und Auswahlermessen, alle Anordnungen zu treffen, die geeignet und erforderlich sind, um verbraucherschutzrelevante Missstände zu verhindern oder zu beseitigen. Welche Maßnahmen hierfür in Betracht kommen, erläutert die Entwurfsbegründung nicht.

3.3.1 Urteilsäquivalente Untersagungsverfügungen?

Schon die Anforderungen an eine funktionsgerechte Zuordnung sprechen gegen eine Befugnis der BaFin, den Verstoß gegen zivilrechtliche Verbraucherschutzvorschriften zu verbieten und sich durch die Anordnung der sofortigen Vollziehbarkeit und Androhung der Vollstreckung einen urteilsäquivalenten Titel zu verschaffen. Normativer Ausdruck ist der im Polizeirecht ausdrücklich angeordnete Vorrang der Durchsetzung des Privatrechts durch die ordentlichen Gerichte[81], der die Ordnungsbehörden auf vorläufige Maßnahmen zur Rechtssicherung beschränkt. Die Rechtsdurchsetzung muss den Gerichten vorbehalten bleiben[82].

---

78 Gegenäußerung der BReg., BT-Drs. 18/3994, Anlage 4, S. 79.
79 So auch Stellungnahme des BR zum RegE, BT-Drs. 18/3994, Anlage 3, S. 63.
80 In der Stellungnahme des BR zum RegE, BT-Drs. 18/3994, Anlage 3, S. 63 wird die Befürchtung geäußert, in Auseinandersetzungen um Anordnungen der BaFin könnte diese Voraussetzung zum Streitpunkt werden. Umgekehrt wäre indes auch denkbar, dass die BaFin aus dem Klärungsinteresse eine normative Aufforderung ableitet, gegen mutmaßliche Verstöße auch ohne Absicherung durch ein höchstrichterliches Urteil vorzugehen.
81 Siehe z.B. § 1 Abs. 3 POG Rh-Pf; nach Auffassung von *Schenke*, Polizei- und Ordnungsrecht, 8. Aufl. 2013, Rn. 54, würde dieser Grundsatz auch ohne ausdrückliche normative Verankerung gelten; ausführlicher *Schoch*, Jura 2013, 468.
82 VGH BW VBlBW 2011, 102; Beispiel bei *Schenke*, Polizei- und Ordnungsrecht, Rn. 54: Die

Dieser Vorrang wäre schon dann beeinträchtigt, wenn die BaFin eine nur vorläufige Untersagung ausspricht[83].

Eine Bestätigung findet die Orientierung an polizeirechtlichen Grundsätzen darin, dass auch die prozessualen Koordinierungsmechanismen auf eine Erstzuständigkeit der Zivilgerichtsbarkeit verweisen: Im Verwaltungsrechtsstreit um eine urteilsähnliche Untersagungsverfügung lässt sich nämlich die zivilrechtliche Beurteilung keinesfalls als inzidente Vorfrage behandeln, weshalb das Verwaltungsgericht den Rechtsstreit umstandslos an das Zivilgericht verweisen müsste. Das EG-Verbraucherschutzdurchsetzungsgesetz hat deshalb für den Streit um die Rechtmäßigkeit von Untersagungsverfügungen gegen grenzüberschreitende Verstöße gegen Verbraucherschutzgesetze konsequent die Beschwerde zur ordentlichen Gerichtsbarkeit eröffnet[84].

3.3.2 Anordnungen nach den fachgesetzlichen Eingriffsnormen

Allerdings deutet schon der Wortlaut des § 4 Abs. 1a Satz 2 FinDAG darauf hin, dass urteilsähnliche Untersagungsverfügungen vom Gesetzgeber auch nicht intendiert sind. Wenn die Norm fordert, geeignete und erforderliche Maßnahmen zu treffen, um die Missstände, die in Rechtsverstößen liegen, zu beseitigen und für die Zukunft zu verhindern, so wird damit die BaFin auf ihr eigenes fachgesetzliches Handlungsprogramm verwiesen. Hierfür sprechen auch teleologische Überlegungen: Würde nämlich die Bundesanstalt mit einer Untersagungsverfügung Regelungen treffen, die in ihrem Inhalt einem zivilgerichtlichen Urteil entsprechen, so wäre für den Verbraucherschutz nicht viel gewonnen. Mit dem Gebrauch ihres fachgesetzlichen Instrumentariums kann hingegen ein Mehrwert für den kollektiven Verbraucherschutz erzielt werden[85]. So könnte der erhebli-

Polizei ist zur Adressfeststellung befugt, wenn der Gläubiger auf der Straße unverhofft seinem flüchtigen Schuldner begegnet; schon die Sicherung von Beweismitteln liegt außerhalb der polizeilichen Zuständigkeit.

83 Hierdurch würde ein gesetzlich nicht vorgesehener vorläufiger Rechtsschutz entstehen; auch die Gewährung vorläufigen Rechtsschutzes liegt in der Zuständigkeit der ordentlichen Gerichte.

84 13 Abs. 4 VSchDG; s. Begr. des RegE, BT-Drs. 16/2930, S. 16, 24, die darauf verweist, dass hier die Hauptfrage durch die zivilrechtliche Beurteilung gebildet wird. Durch die Anordnung der Subsidiarität der Befugnisse nach § 5 VSchDG gegenüber spezialgesetzlichen Vorschriften in § 1 Abs. 3 VSchDG wurde zusätzlich dafür gesorgt, dass insbesondere die BaFin von vornherein nicht Verbotsverfügungen betr. zivilrechtliche Praktiken erlassen muss, BT-Drs. 16/2930, S. 19 f.

85 Andere Einschätzung bei *Möllers/Kastl*, NZG 2015, 849, 855, die in der Befugnis eine „Schaufenstervorschrift" sehen, die „nur Placebocharakter" habe.

che, dauerhafte oder wiederholte Verstoß gegen Verbraucherschutzgesetze Indiz für eine mangelnde Geschäftsorganisation (§ 25a KWG), im schlimmsten Fall für eine fehlende Zuverlässigkeit oder Eignung der Geschäftsleitung (§§ 33 Abs. 1 S. 1 Nr. 2 und 4 KWG) sein.

Die Verknüpfung der Anordnungsbefugnis nach § 4 Abs. 1a Satz 2 FinDAG mit dem fachgesetzlichen Instrumentarium ist aber ihrerseits nicht unproblematisch. Denn hierdurch entstehen Kombinationsnormen des öffentlichen Rechts, für die eine hinreichend bestimmte Vorzeichnung durch den Gesetzgeber fehlt. Neben einer Missachtung des Gesetzesvorbehalts droht eine Verletzung des ehernen polizeirechtlichen Grundsatzes, dass die – regelmäßig strengeren – tatbestandlichen Voraussetzungen und Rechtsfolgen der Spezialermächtigungen nicht durch Rückgriff auf Generalklauseln unterlaufen werden dürfen[86].

Deshalb dürfen die Spezialermächtigungen des Finanzmarktaufsichtsrechts nur genutzt werden, wenn auch deren Voraussetzungen vorliegen. So könnte in festgestellten Verstößen gegen Verbraucherschutzvorschriften ein Anlass für eine Institutsprüfung liegen[87]. Unproblematisch ist der Rückgriff auf solche Ermächtigungen, die selbst „tatbestandslos“ sind bzw. die Grundlage für die Konkretisierung gesetzesunmittelbarer Pflichten bilden. Hierzu gehört § 25a Abs. 2 Satz 2 KWG, der zur institutsspezifischen Konkretisierung der gesetzlichen Anforderungen befugt. Bei Verstößen gegen öffentlich-rechtliche Verbraucherschutzvorschriften wie §§ 31 ff. WpHG bilden vorbehaltlich der besonderen Eingriffsermächtigungen des 6. Abschnitts[88] die Befugnisse nach § 4 WpHG die Grundlage zur Durchsetzung der gesetzlichen Verhaltenspflichten[89]. In beiden Fällen wirkt die Erfüllung des Tatbestands des § 4 Abs. 1a FinDAG ermessensleitend[90]. Nur

---

86 Für den Vorrang der Spezialermächtigungen ist die Eröffnung des Anwendungsbereichs maßgeblich, nicht das Vorliegen der tatbestandlichen Voraussetzungen; dazu *Schenke*, Polizei- und Ordnungsrecht, Rn. 38; *Schoch*, in: ders. (Hrsg.), Besonderes Verwaltungsrecht, 15. Aufl. 2013, 2. Kap. Rn. 95 ff.

87 § 44 Abs. 1 S. 2 KWG, § 35 WpHG; Prüfungsanlass können Hinweise auf eine mangelnde Ordnungsgemäßheit der Geschäfte wie etwa Kundenbeschwerden sein, HessVGH WM 2010, 1745; *Braun*, in: Boos/Fischer/Schulte-Mattler (Fn. 15), § 44 Rn. 39 ff.; anlasslose Routineprüfungen sind nur ermessensgerecht, wenn sie einem gleichheitssichernden Konzept folgen, VG Frankfurt, Urt.v. 29.10.2009 – 1 K 4182/08 –, BeckRS 2010, 46455.

88 §§ 35 Abs. 1 und 2, 36 Abs. 3, 36a Abs. 2 und § 36b Abs. 1 WpHG.

89 Innerhalb von § 4 WpHG gilt der Vorrang der spezielleren Ermächtigungen z.B. nach § 4 Abs. 3a WpHG vor der Generalklausel in § 4 Abs. 2 Satz 1 WpHG.

90 Gegen eine zwingende Ermessensreduzierung auf Null spricht allerdings, dass sowohl die Bezugsnorm des § 4 Abs. 1a Satz 2 FinDAG als auch die fachgesetzlichen bezogenen Normen des § 25a Abs. 2 Satz 2 KWG und die wertpapierhandelsrechtlichen Eingriffsnormen der Behörde Entschließungs- und Auswahlermessen gewähren.

diese Verzahnung der verbraucherschutzbezogenen Anordnungsbefugnis mit den fachgesetzlichen Normen sichert eine Integration des kollektiven Verbraucherschutzes in das Aufsichtsrecht bei gleichzeitiger Wahrung rechtsstaatlicher Anforderungen.

4 Die BaFin im System des Verbraucher(rechts)schutzes

Mit der Befugnis, auf festgestellte Verstöße gegen verbraucherschützende Vorschriften mit den Instrumenten des öffentlich-rechtlichen Aufsichtsrechts zu reagieren, wird die BaFin zu einem Akteur der Durchsetzung des Verbraucherschutzes. Hierin zeigt sich nicht nur, dass der Verbraucherschutz kein exklusives Terrain des Privatrechts und zivilprozessualer Durchsetzungsmechanismen ist[91]. Vielmehr ist die Beteiligung der BaFin ein weiterer Baustein im System des Verbraucherschutzes, das einerseits durch eine besondere Verkoppelung von Privatrecht und öffentlichem Recht und andererseits durch ein Nebeneinander individueller und kollektiver Durchsetzungsmechanismen gekennzeichnet ist.

4.1 Öffentliches Recht und Privatrecht als wechselseitige Auffangordnungen

Das Öffentliche Recht und das Privatrecht sind durch das Prinzip der Einheit der Rechtsordnung miteinander verbunden. Die Großmetapher verdeckt in ihrer Negativwendung als Widerspruchsfreiheit der Teilrechtsordnungen[92], dass das Privatrecht und das Öffentliche Recht als staatliches Recht gemeinsam den Schutz- und Bewirkungsauftrag des Rechts realisieren sollen[93]. Dabei stehen die Teilrechtsordnungen in einem Ergänzungsverhältnis und bringen ihre jeweiligen Funktionsleistungen ein. Defizite in einem Teilsystem können durch Leistungen

---

91 Zu den europarechtlich induzierten Tendenzen einer administrativen Durchsetzung des (privatrechtlichen) Verbraucherschutzes nachdrücklich *Micklitz*, European Review of Private Law 23 (2015), 491, 505 ff.; *Czerednychenko*, European Review of Contract Law 10 (2014), 476, 479 ff.

92 BVerfGE 98, 83, 97; 98, 106, 118 f.; 98, 265, 301; BVerfG NJW 2005, 2603, 2606; als methodisches Prinzip entwickelt von *Engisch*, Die Einheit der Rechtsordnung, unveränderter Nachdruck 1987 der Ausgabe von 1935.

93 Zum Schutz- und Bewirkungsauftrag *Schmidt-Aßmann*, Das allgemeine Verwaltungsrecht als Ordnungsidee, 2. Aufl. 2004, 1. Kap. Rn. 30.

des jeweils anderen Teils ausgeglichen werden. *Hoffmann-Riem* hatte diese Wechselbezüglichkeit in die einprägsame Formel vom Öffentlichen Recht und Privatrecht als wechselseitigen Auffangordnungen gekleidet[94].

Paradigmatischer Anwendungsfall einer Auffangleistung des Zivilrechts ist die Bond-Judikatur des Bundesgerichtshofs. Dass der Bundesgerichtshof es ablehnt, den öffentlich-rechtlichen Wohlverhaltenspflichten der § 31 ff. WpHG den Charakter eines Schutzgesetzes i.S.v. § 823 Abs. 2 BGB zuzusprechen[95] und den Vorschriften auch keine unmittelbare schuldrechtliche Relevanz zubilligt[96], verhindert zwar einen Gleichlauf öffentlich-rechtlicher und zivilrechtlicher Anforderungen[97]. Mit der Konstruktion der aus einem Beratungsvertrag folgenden anleger- und objektgerechten Aufklärungs- und Beratungspflichten[98] besteht allerdings ein individueller Rechtsdurchsetzungsmechanismus für den Anlegerschutz, den das öffentliche Recht für die Wohlverhaltenspflichten wegen ihrer fehlenden Anerkennung als subjektiv-öffentliche Rechte (§ 4 Abs. 4 FinDAG) nicht zur Verfügung stellt. In der Sache sorgt der gerichtliche Bezugsmaßstab des Aufklärungs- und Beratungsbedarfs des konkreten Anlegers für ein Schutzniveau, das den öffentlich-rechtlichen Standards mindestens ebenbürtig ist[99].

In ähnlicher Weise könnte umgekehrt die neue Anordnungsbefugnis der BaFin einen sinnvollen Beitrag zur Ergänzung des zivilrechtlichen Verbraucherschutzrechts liefern. Insbesondere das im Verbandsklagewesen angelegte Modell einer bloßen Negativkontrolle setzt weder Anreize noch liefert es Hinweise zur

---

94 *Hoffmann-Riem*, DVBl. 1994, 1381, 1386 f.; *ders.*, AöR 119 (1994), 590, 609 ff.; s.a. *Schmidt-Aßmann*, Ordnungsidee (Fn. 93), 6. Kap. Rn. 28 ff.

95 BGH NZG 2013, 1226 Rn. 23 f. – Lehman; noch offengelassen in BGHZ 170, 226 Rn. 17; zu Begründungsdivergenzen *Harnos*, BKR 2014, 1, 5.

96 BGHZ 170, 226 Rn. 18; BGH NZG 2013, 1226 Rn. 20; hiermit steht die deutsche Rechtsprechung nicht allein, rechtsvergleichend *Cherednychenko*, European Review of Contract Law 10 (2014), 476, 486 ff.

97 Krit. deshalb *Harnos*, BKR 2014, 1, 5; *Dieckmann*, AcP 213 (2013), 1, 15 ff., 29 ff.; *Herresthal*, ZBB 2012, 89, 102 ff.; *Köndgen*, JZ 2012, 260, 261. In der Sache identische Maßstäbe des Zivilrechts und des Öffentlichen Rechts nimmt hingegen *Brenncke*, ZBB 2014, 366, 377 ff. an.

98 BGHZ 123, 126, 128 f. – Bond; BGH NJW-RR 2007, 621 Rn. 10; BGHZ 189, 13 Rn. 19 f.; BGH NZG 2013, 591 Rn. 11; BGH WM 2015, 1273 Rn. 23; krit. zur Annahme eines konkludent geschlossenen Vertrages *Mülbert*, ZHR 177 (2013), 160, 175.

99 Zur Aufklärungspflicht über Rückvergütungen BGHZ 170, 226 Rn. 20 ff.; 191, 119 Rn. 38 ff.; BGH NJW 2012, 2427; BGH NJW-RR 2013, 98; BGHZ 201, 310; zu Aufklärungspflichten über das Anlageobjekt BGHZ 189, 13 Rn. 28 ff.– CMS Spread Ladder Swap; die Spread Ladder Swap-Kriterien werden verbreitet als funktionales Äquivalent eines Vertriebsverbots für komplexe Produkte an Kleinanleger eingestuft, *Koch*, BKR 2012, 485, 490 ff.; *Buck-Heeb*, ZHR 176 (2012), 66, 93; *Mülbert*, ZHR 177 (2013), 160, 200.

künftigen Vermeidung von Verstößen[100]. Mit dem Einsatz des fachgesetzlichen Instrumentariums wie etwa Anordnungen zur Geschäftsorganisation nach § 25a KWG kann die BaFin auf festgestellte Verbraucherrechtsverstöße gestaltend reagieren mit dem Ziel, durch organisatorische Maßnahmen in der Zukunft Verstöße durch das Finanzinstitut zu verhindern.

4.2 Zivilprozessuale und behördliche Durchsetzungsmechanismen

Eine besondere Form des Ergänzungsverhältnisses von öffentlichem Recht und Privatrecht sind scheinbar widersprüchliche institutionelle Regelungsmuster für die Durchsetzung des Verbraucherschutzes: Um Öffentliches Recht wird zivilprozessual gestritten, privates Recht wird behördlicher Durchsetzung anvertraut.

Für die zivilprozessuale Durchsetzung öffentlich-rechtlicher Normen steht § 2 Abs. 2 Nr. 7 UKlaG, der Verbänden die Durchsetzung der Wohlverhaltensregeln der §§ 31 ff. WpHG ermöglicht. Gegen einen Regimewechsel auch für Individualklagen hat sich der Bundesgerichtshof hingegen mit Blick auf §§ 31 ff. WpHG mit der Erwägung verwahrt, die unionalen Vorgaben erforderten keine privatrechtliche Durchsetzung[101].

Die Instrumentalisierung von Verbänden zur Durchsetzung auch öffentlich-rechtlicher Gebote ist insoweit lückenfüllend, als Einzelnen ein Rechtsschutz nicht oder nur unter erschwerten Bedingungen zur Verfügung steht. Sie dient dem öffentlichen Interesse an der realen Wirksamkeit des Rechts. Die Eröffnung des Rechtswegs zu den ordentlichen Gerichten erfüllt hingegen nicht zwingend Auffangfunktionen: Rechtskonstruktiv wären auch Verbandsklagerechte denkbar, die auf ein bankaufsichtliches Einschreiten gerichtet und verwaltungsprozessual durchsetzbar sind[102].

---

100 *Micklitz*, in: MünchKomm ZPO, vor UKlaG Rn. 43 ff.

101 BGH NZG 2013, 1226 Rn. 26 – Lehman, auch unter Verweis auf den Rechtsschutz nach § 2 Abs. 2 Nr. 7 UKlaG (Rn. 31); *Grigoleit*, ZHR 177 (2013), 264, 273 ff.; *Ellenberger*, FS Nobbe 2009, S. 523, 534 ff.; *Schwark*, in: Schwark/Zimmer (Fn. 15), vor §§ 31 ff. Rn. 14; bestätigt durch EuGH NZG 2013, 786 Rn. 57 – Genil 48. Es ist davon auszugehen, dass auch unter dem Regime der MiFID II ein zivilrechtlicher Rechtsschutz nicht gefordert ist, vielmehr die Wohlverhaltensanforderungen allein durch aufsichtliche Maßnahmen und Verwaltungssanktionen durchgesetzt werden dürfen, so auch *Cherednychenko*, European Review of Contract Law 10 (2014), 473, 481 f.

102 Siehe nur die im öffentlichen Umweltrecht bestehenden Verbandsklagebefugnisse nach § 64 BNatSchG und § 3 UmwRG.

Mit der Beteiligung von Behörden an der Durchsetzung des zivilrechtlichen Verbraucherschutzrechts, wie sie durch § 4 Abs. 1a FinDAG ins Werk gesetzt wurde, wird an europäische Regelungsstrategien angeknüpft, für die besonders nachdrücklich das EG-Verbraucherschutzdurchsetzungsgesetz steht[103]. Allerdings machte der Gesetzgeber dort von einer unionalen Öffnungsklausel Gebrauch und verschaffte den Behörden die Möglichkeit, statt des Erlasses von Untersagungsverfügungen anerkannte Verbraucherschutzverbände vertraglich mit der grenzüberschreitenden Rechtsdurchsetzung zu betrauen[104]. Die fabelhafte Konstruktion führt nicht etwa zu einer Re-Privatisierung der Rechtsdurchsetzung[105], sondern macht die Verbände zu Verwaltungshelfern[106].

Beide Formen der Verschränkung der Teilrechtsordnungen führen indes zu Friktionen, die funktionssichernde Vorkehrungen erforderlich machen[107]. Für die Konstellation der zivilprozessualen Durchsetzung öffentlich-rechtlicher Gebote hat der Gesetzgeber teilweise die Anhörung von Behörden durch das Gericht vorgesehen, um die exekutiven Vollzugskompetenzen zu wahren[108]. Dies kann aber nicht ausschließen, dass die maßgeblichen Normen von den ordentlichen Gerichten und den Verwaltungsgerichten unterschiedlich ausgelegt werden[109]. Im umgekehrten Fall einer behördlichen Durchsetzung zivilrechtlicher Normen sorgen allein Beschränkungen der Tatbestandswirkung, darüber hinaus ggf.

---

103 Dieses wird von Begr. des RegE, BT-Drs. 18/3994, S. 37 auch als Vorbild genannt, allerdings ohne Hinweis auf die dort getroffenen Modifikationen, s. Fn. 104.

104 § 7 VSchDG in Konkretisierung von Art. 4 Abs. 2 S. 2 i.V.m. Art. 8 Abs. 3 der VO 2006/2004 schafft im Verbund mit § 4a UKlaG die Voraussetzung zur Beauftragung von Verbraucherschutzverbänden; s. dazu die Erwägungen in Begr. des RegE eines VSchDG, BT-Drs. 16/2930, S. 15 f., 20 ff.; insoweit ist der Hinweis in Begr. des RegE eines Kleinanlegerschutzgesetzes, BT-Drs. 18/3994, S. 37, § 4 Abs. 1a FinDAG füge sich in das System von §§ 2,4 VSchDG ein, zumindest missverständlich.

105 *Micklitz*, in: Münch KommZPO vor UKlaG Rn. 46 bezeichnet die Rechtsdurchsetzung durch Behörden als Verstaatlichung.

106 Begr. des RegE, BT-Drs. 16/2930, S. 22.

107 Siehe dazu auch *Schmidt-Aßmann*, in: Hoffmann-Riem/Schmidt-Aßmann (Hrsg.), Öffentliches Recht und Privatrecht als wechselseitige Auffangordnungen, 1996, S. 7, 30 ff.

108 Nach § 8 Abs. 2 UKlaG ist die BaFin anzuhören, wenn Gegenstand der Klage Allgemeine Versicherungsbedingungen oder nach dem Bausparkassengesetz oder dem KAGB genehmigungsbedürftige AGB sind; ein Anhörungsrecht ist indessen nicht für den Fall eines geltend gemachten Verstoßes gegen §§ 31 ff. WpHG im Fall einer Klage nach § 2 Abs. 2 Nr. 7 UKlaG vorgesehen. Der RegE eines Gesetzes zur Verbesserung der zivilrechtlichen Durchsetzung von verbraucherschützenden Vorschriften des Datenschutzrechts, BT-Drs. 18/4631, sieht als neuen § 12a UKlaG die Anhörung der zuständigen Datenschutzbehörde durch das Gericht vor.

109 So entschied KG Berlin K&R 2014, 280, dass auf *Facebook* deutsches Datenschutzrecht Anwendung findet, was OVG Sch-H NJW 2013, 1977 zuvor verneint hatte.

Begrenzungen der Rechtskraftwirkung verwaltungsgerichtlicher Entscheidungen für die Sicherung der Entscheidungszuständigkeit der Zivilgerichtsbarkeit. Wie dargelegt, zeitigen diese Ausgleichsstrategien aber nachteilige Folgen für die Effektivität des Rechtsschutzes[110].

4.3 Individueller und kollektiver Verbraucherschutz

Während das Privatrecht mit einer Vielzahl individueller und kollektiver Rechtsbehelfe glänzen kann, hat das öffentlich-rechtliche Aufsichtsrecht nur das Verbraucherkollektiv zum Schutzadressaten. In der Folge stehen in § 2 Abs. 2 UKlaG auch nur kollektive Rechtsdurchsetzungsmechanismen für – wenige – aufsichtsrechtliche Vorschriften zur Verfügung.

Dass Anleger und Verbraucher wegen der alleinigen Verpflichtung der Bundesanstalt auf das öffentliche Interesse als Kläger ausfallen, hat in Kombination mit der notorischen Gerichtsscheue der beaufsichtigten Institute dazu geführt, dass das deutsche finanzmarktaufsichtsrechtliche *case law* sehr schmal ist[111]. Mit den Gerichten fehlt ein entscheidender Akteur für die dogmatische Entfaltung des Finanzmarktaufsichtsrechts[112]. Es bedürfte allerdings noch weiterer Überlegungen, ob dadurch nicht nur die verwaltungsrechtliche Systembildung, sondern auch der Verbraucherschutz leidet. So könnte daran gedacht werden, weitere verbraucherrelevante Aufsichtsnormen wie insbesondere die Prospektpflichten[113] dem Verbandsklagesystem des UKlaG zu unterstellen. Zur Vermeidung von Konflikten mit der Vollzugszuständigkeit der BaFin sollten für diesen Fall behördliche Beteiligungsrechte vorgesehen werden.

110 Dazu oben 3.1.3.

111 Hinzu kommt, dass die Bundesanstalt vielfach zunächst mit bloßen Beanstandungen reagiert und gravierende Maßnahmen wie Abberufungsverlangen von Geschäftsführern ggf. informell erledigt werden, s. etwa Jahresbericht der BaFin 2014, S. 198 ff.

112 Eine offene Frage ist, ob sich unter Geltung des SSM jedenfalls für den Großbankensektor eine andere Streitkultur durchsetzen wird.

113 Siehe nur die aus der Ergänzung von § 1 VermAnlG durch Art. 2 des Kleinanlegerschutzgesetzes folgende Erweiterung der Prospektpflicht nach § 6 VermAnlG für Produkte des Grauen Kapitalmarkts.

5 Schlussbemerkung

Die Zuständigkeit der BaFin für den Verbraucherschutz ist neu, aber keine Revolution. Sie schließt vielmehr an europäische Entwicklungen an und ist letztlich Konsequenz der Verbundstruktur der europäischen Institutsaufsicht. Freilich gelten rechtsstaatliche und gewaltenteilige Vorgaben für den Gebrauch der neuen Befugnis der Bundesanstalt. Werden sie beachtet, so könnte es gelingen, den bislang privatrechtlich geprägten Verbraucherschutz mit der Aufsichtstätigkeit in einer Weise zu verzahnen, die einen echten Mehrwert bringt.

Prof. Dr. Günter Hirsch, PräsBGH a. D.,
Versicherungsombudsmann, Berlin

Streitschlichtung in der Kreditwirtschaft nach Umsetzung der AS-Richtlinie

1 Die AS-Richtlinie[1]

1.1 Grundsätzliche Vorbemerkung

Im Mai 2013 wurden die Richtlinie der EU über alternative Streitbeilegung in Verbraucherstreitigkeiten (AS-RL) und die EU-Verordnung über Online-Streitbeile-

1 Zum Teil wird an Stelle der in der deutschen Fassung der Richtlinie verwendeten Abkürzung

gung (OS-Verordnung) beschlossen.[2] Beide Rechtsakte greifen Forderungen des Europäischen Rates von 2011 nach prioritären Maßnahmen zur Neubelebung des Binnenmarktes auf und stützen sich auf umfangreiche Vorarbeiten sowie eine öffentliche Konsultation 2011.[3]

Vor dem Hintergrund der jahrzehntelangen Entstehungsgeschichte erstaunt, dass die AS-RL erst nach ihrer Verabschiedung auf grundsätzliche Kritik von Vertretern der deutschen Prozessrechtswissenschaft stieß.[4] Die zum Teil massiven Einwendungen richten sich insbesondere gegen die Verpflichtung, für Verbraucher einen lückenlosen und flächendeckenden Zugang zur außergerichtlichen Streitbeilegung einzurichten. Sie kommen insoweit zu spät, als im Zuge der notwendigen Umsetzung der AS-RL nur noch in Einzelfragen der Ausgestaltung dieses Rechtsbehelfs rechtspolitischer Spielraum besteht. Deshalb soll auf diese Bedenken nicht weiter eingegangen werden. Angemerkt sei lediglich, dass die Kritik mitunter schon deshalb auf Sand gebaut ist, weil sie die empirischen Erfahrungen, die Verfahrensregeln und die Praxis der seit Jahrzehnten bereits tätigen Streitschlichtung nicht zur Kenntnis nimmt.[5]

---

der außergerichtlichen Streitbeilegung mit „AS" auch das Akronym „ADR" (Alternative Dispute Resolution) verwendet.

2 Richtlinie 2013/11/EU des Europäischen Parlaments und des Rates vom 21. Mai 2013 über alternative Beilegung verbraucherrechtlicher Streitigkeiten und zur Änderung der Verordnung (EG) Nr. 2006/2004 und der Richtlinie 2009/22/EG (L165/63) (Richtlinie über alternative Streitbeilegung in Verbraucherangelegenheiten); Verordnung (EU) Nr. 524/3013 des Europäischen Parlaments und des Rates vom 21. Mai 2013 über die Online-Beilegung verbraucherrechtlicher Streitigkeiten und zur Änderung der Verordnung (EG) Nr. 2006/2004 über die Richtlinie 2009/22/EG (L 165/1) (Verordnung über Online-Streitbeilegung in Verbraucherangelegenheiten).

3 Siehe etwa Empfehlungen der Kommission 98/257/EG vom 30. 3. 1998 (L 115/ 31) sowie 2001/310/EG vom 4. 3. 2001 (L 109/ 56); Grünbuch der Kommission zur alternativen Streitbeilegung im Zivil- und Handelsrecht von 2002. Zu der Bestandsaufnahme und dem Maßnahmepaket der EU auf dem Gebiet der außergerichtlichen Streitbeilegung in Verbraucherangelegenheiten *E.Isermann/Ch. Berlin*, VuR 2012, 47.

4 Siehe etwa *H. Eidenmüller/M. Engel*, ZIP 2013, 1704/1707; *H. Roth*, JZ 2013, S. 637; ders. DRiZ 2015, 24; hierzu *G. Hirsch*, NJW 2013, S. 2088 sowie FS für *E. Lorenz*, 2014, S. 159; vgl. auch *M. Engel*, NJW 2015,1633; *Ch. Wolf*, NJW 2015, 1656.

5 *Ch. Wolf* (aaO, S. 1660) etwa vergleicht die „Erfolgsquote" des Versicherungsombudsmanns mit derjenigen von Klagen zum Amtsgericht. Dass viele Beschwerden zum Ombudsmann lediglich Verständnis- und nicht Rechtsfragen betreffen, die nach entsprechenden Erläuterungen zwar zur Zufriedenheit des Beschwerdeführers geklärt sind, statistisch jedoch nicht als erfolgreiche Beschwerden zählen und im Übrigen als Klagen von vorneherein unzulässig gewesen wären, bleibt unberücksichtigt. Siehe hierzu auch *G. Hirsch*, FS für *E. Lorenz*, 2014, S. 162 f.

1.2 Rechtspolitische Begründung

Die Etablierung eines neuen alternativen Rechtsschutzsystems ist von weitreichender rechtspolitischer und gesellschaftlicher Bedeutung.[6] Sie wird kompetenzrechtlich damit begründet, dass es der Vollendung des Binnenmarktes sowie einem hohen Verbraucherschutzniveau dient, den Verbrauchern für grenzüberschreitende und inländische Streitigkeiten aus Kauf- und Dienstleistungsverträgen einen einfachen, effizienten und kostengünstigen Zugang zur außergerichtlichen Streitbeilegung zu eröffnen.[7] Es wird geschätzt, dass den Verbrauchern in der Union ein Schaden von 50 Mrd. Euro dadurch entsteht, dass sie ihre Rechte nicht durchsetzen, und dass die Unternehmen Umsatzverluste in Milliardenhöhe durch gestörte Kundenbeziehungen erleiden.[8] Die Richtlinie verweist zur Notwendigkeit eines alternativen Zugangs zum Recht außerdem darauf, dass es in einigen Mitgliedstaaten „einen beträchtlichen Rückstand an anhängigen Gerichtsverfahren gibt, wodurch Unionsbürgern das Recht auf einen fairen Prozess innerhalb einer angemessenen Frist vorenthalten wird."[9] Dieser Grund gilt ersichtlich nicht für Deutschland.

Die Verordnung über die Online-Beilegung verbraucherrechtlicher Streitigkeiten ergänzt die AS-RL durch die Errichtung einer interaktiven Website bei der Kommission („Plattform zur Online-Streitbeilegung") als zentrale Anlaufstelle für Verbraucher. Diese können dort auf elektronischem Wege Beschwerden aus (grenzüberschreitenden oder innerstaatlichen) Online-Verträgen einlegen, die aufbereitet und an die zuständige Streitbeilegungsstelle weitergeleitet werden.[10]

---

6 Siehe hierzu insb. *G. Hirsch*, FS. für *E. Lorenz*, S. 159 ff.

7 Der Bundesrat äußerte Bedenken gegen die Kompetenz der EU, die AS bei innerstaatlichen Sachverhalten zu regeln (BR-Drucks. 772/11 (Beschluss)).

8 Nachweis bei *E. Isermann/Ch. Berlin*, VuR 2012, 47.

9 Erwägungsgrund 15.

10 Siehe zu den Einzelheiten die Durchführungsverordnung (EU) 2015/1051 der Kommission vom 1. Juli 2015 über die Modalitäten für die Ausübung der Funktionen der Plattform zur Online-Streitbeilegung, über die Modalitäten des elektronischen Beschwerdeformulars und die Modalitäten der Zusammenarbeit der Kontaktstellen gemäß der Verordnung (EU) Nr. 524/2013 des Europäischen Parlaments und des Rates über die Online-Beilegung verbraucherrechtlicher Streitigkeiten (ABl. L 171/1 vom 2.7.2015).

1.3 Konkurrenz für den gerichtlichen Rechtsschutz?

Aus eigener Erkenntnis als Versicherungsombudsmann mit inzwischen über 130.000 Beschwerden ist festzustellen, dass die AS-Verfahren in aller Regel nicht in Konkurrenz stehen zum traditionellen Rechtsschutzverfahren vor den Gerichten, sondern den Rechtsweg komplettieren. „Eine zunächst streitige Problemlage durch eine einverständliche Lösung zu bewältigen, ist auch in einem Rechtsstaat grundsätzlich vorzugswürdig gegenüber einer richterlichen Streitentscheidung.“[11] Dieser Aussage des Bundesverfassungsgerichts ist an sich nichts mehr hinzuzufügen. Der Weg zu den Gerichten ist für bestimmte Konstellationen (insbesondere bei hohen Streitwerten, Fragen von rechtsgrundsätzlicher Bedeutung und Beweisbedürftigkeit) alternativlos, für andere Streitigkeiten jedoch nur die zweitbeste Lösung. Gerichtsverfahren sind streng formalisiert, kostenträchtig und dauern zum Teil erhebliche Zeit, insbesondere wenn der Instanzenzug ausgeschöpft wird. Der Durchschnittsbürger scheut deshalb häufig den Gang zu den Gerichten. Gerichtsverfahren folgen Beweis- und Prozessregeln, die nur von Juristen beherrscht werden, ihr Ausgang erscheint deshalb nicht nur dem Laien kaum vorhersehbar. Eine aktuelle Allensbach-Umfrage belegt diese „Gerichtsphobie“: Nur jeder fünfte Bürger würde es bei Streitigkeiten auf jeden Fall auf einen Prozess ankommen lassen. 32 Prozent würden selbst dann einen Prozess vermeiden und nachgeben, wenn sie überzeugt sind, im Recht zu sein. Erst ab einem Streitwert von 1.950 Euro ginge eine Mehrheit zu Gericht.[12]

Die AS kann die Gerichte in gewissem Umfang entlasten, auch wenn dies weder ihr unmittelbares Ziel noch ihre Aufgabe ist. Sie hat spezifische Vorteile im Vergleich zum gerichtlichen Verfahren, bleibt jedoch andererseits zum Teil deutlich hinter dessen Möglichkeiten zurück. Sie komplettiert den gerichtlichen Rechtsschutz, indem sie den Verbrauchern einen alternativen Rechtsbehelf zur Verfügung stellt, dessen intendierte Leistung nicht die Entscheidung über Recht und Unrecht ist, sondern die Schlichtung einer gestörten Kundenbeziehung. Dies wird im Regierungsentwurf eines Verbraucherstreitbeilegungsgesetzes (E-VSBG) besonders betont (hierzu näher unter 2). Deshalb ist der Vorschlag zur gütlichen Beilegung der Streitigkeit nach § 19 E-VSBG das zentrale verfahrensbeendigende Instrument des Streitmittlers. Die außergerichtliche Streitschlichtung ist also keine „Paralleljustiz“[13], sondern ein komplementäres Streitbeilegungsverfahren, das der strukturellen Asymmetrie Rechnung trägt, die zwischen Verbraucher und

11 BVerfG, B. v. 14.2.2007, 1 BvR 1351/01.

12 Roland-Rechtsreport 2014, S. 34, 36.

13 Zu entsprechenden Befürchtungen *B. Limperg*, NJW-Editorial 15/ 2015.

Unternehmen besteht. Sie ersetzt nicht den Weg zu den Gerichten, sondern eröffnet einen andersartigen Zugang zum Recht.

1.4 Verrechtlichung der alternativen Streitbeilegung

Mit dem VSBG wird die verfassungsrechtliche Garantie des gerichtlichen Rechtsschutzes für Verbraucher ergänzt um eine gesetzliche Garantie eines außergerichtlichen Rechtsbehelfs. Damit wird dem materiellen Verbraucherschutzrecht ein spezifisches verfahrensrechtliches Instrument zur Seite gestellt. In Anbetracht der Bedeutung, die die außergerichtliche Streitbeilegung heute schon hat und die mit deren Ausbau noch deutlich steigen wird, erscheint es rechtsstaatlich geboten, dass sie nicht länger ein außerrechtliches Verfahren ist, sondern mit der anstehenden Reglementierung Teil des allgemeinen Rechtsschutzsystems wird.[14]

Die Verrechtlichung führt zwangsläufig zu einer Bürokratisierung der Verbraucherschlichtung. Der E-VSBG enthält, wie auch die AS-RL, eine Fülle von Unterrichtungs-, Melde-, Berichts-, Datenschutz- und Kooperationspflichten für die AS-Stellen, die Mitgliedstaaten und die Unternehmen.

2 Das Verbraucherstreitbeilegungsgesetz

2.1 Grundansatz der Umsetzung der AS-RL

Die Frist zur Umsetzung der AS-RL in den Mitgliedsaaten (9. Juli 2015) ist zwar bereits überschritten, seit dem 22. Juni 2015 liegt jedoch der Regierungsentwurf des „Gesetzes zur Umsetzung der AS-RL sowie zur Durchführung der Verordnung über Online-Streitbeilegung in Verbraucherangelegenheiten“ (im Folgenden: RL-Umsetzungsgesetz) vor. Artikel 1 dieses Gesetzes enthält den Entwurf eines Verbraucherstreitbeilegungsgesetzes (E-VSBG).

Die AS-RL nimmt eine Mindestharmonisierung vor, lässt somit begrenzte Spielräume für verschärfte nationale Regelungen. Der Grundansatz des E-VSBG ist die Eins-zu-eins-Umsetzung der AS-RL. Über die Mindestanforderungen an die Verbraucherstreitbeilegungsstellen und das Verfahren geht der Entwurf nur hinaus, soweit dies zur Sicherstellung eines höheren Maßes an Verbraucherschutz sachgerecht erscheint. Der gebotene flächendeckende Zugang zur Schlich-

14 Siehe etwa Erwägungsgründe 5, 8, 10 zur AS-RL.

tung soll in erster Linie durch branchenspezifische private Schlichtungsstellen – wie sie insbesondere für Finanzdienstleistungen bereits bestehen – sichergestellt werden (diese stehen im Mittelpunkt der folgenden Ausführungen). Daneben („nachrangig“, „subsidiär“) wird es behördliche Verbraucherschlichtungsstellen geben. Dann noch bestehende Lücken im Schlichtungsangebot sollen durch ergänzende Universalschlichtungsstellen auf Landesebene[15] gefüllt werden.

2.2 Definition und Zuständigkeit der Verbraucherschlichtungsstellen

Nach § 2 Abs. 1 E-VSBG handelt es sich um eine Verbraucherschlichtungsstelle im Sinne des Gesetzes, wenn die Einrichtung Verfahren zur außergerichtlichen Beilegung von Streitigkeiten durchführt, „an denen Verbraucher oder Unternehmer als Antragsteller oder Antragsgegner beteiligt sind“. Erfasst werden also Streitigkeiten von Verbrauchern gegen Unternehmer (C2B), Unternehmern gegen Verbraucher (B2C), Verbrauchern gegen Verbraucher (C2C) oder Unternehmern gegen Unternehmer (B2B). Diese weite Begriffsbestimmung ist im Zusammenhang mit der Zuständigkeitsregelung des § 4 Abs. 1 E-VSBG zu sehen. Hiernach muss eine Verbraucherschlichtungsstelle auf jeden Fall für Beschwerden von Verbrauchern gegen Unternehmen aus einem oder über einen Verbrauchervertrag nach § 310 Abs. 3 BGB zuständig sein. Sie verliert diese Eigenschaft nicht, wenn sie darüber hinaus auch für die übrigen von § 2 Abs. 1 E-VSBG erfassten Streitigkeiten angerufen werden kann.

Der E-VSBG geht mit der Anknüpfung des Anwendungsbereichs an alle Arten von Verbraucherverträgen – zu Recht – insoweit über die AS-RL hinaus, als diese nur für Kauf- und Dienstleitungsverträge gilt.

In Zukunft ist die Bezeichnung „Verbraucherschlichtungsstelle“ unter Bußgelddrohung den nach dem Gesetz anerkannten, beauftragten oder eingerichteten Einrichtungen (§ 2 Abs. 2, § 41 E-VSBG) vorbehalten.

2.3 Träger der Schlichtungsstelle

Kontrovers diskutiert werden die Anforderungen an die organisatorische Struktur der Schlichtungsstelle. So setzte sich etwa der *Verbraucherzentrale Bundesverband* (vzbv) dafür ein, dass der Träger einer privaten Verbraucherschlichtungs-

15 Dies stieß auf Ablehnung des Bundesrats (BR-Drucks. 258/15 (Beschluss)).

stelle institutionell unabhängig sein müsse und verwies dabei auf das Modell des Versicherungsombudsmanns, dessen Träger ein eingetragener Verein ist.[16]

Der Gesetzentwurf folgte den Vorgaben der Richtlinie, nach denen keine institutionell unabhängige Trägerschaft gefordert wird. Nach § 3 Satz 1 E-VSBG muss der Träger einer privaten Verbraucherschlichtungsstelle allerdings ein Verband sein. Es kann sich dabei um einen unabhängigen Verein oder eine Stiftung handeln, aber auch um einen Verband, der die Interessen von Unternehmern oder Verbrauchern vertritt. Ist ein Interessenverband Träger, muss die Unabhängigkeit der Einrichtung durch bestimmte Maßnahmen abgesichert sein. Hierzu gehört insbesondere, dass die Schlichtungsstelle über einen vom Haushalt des Verbandes getrennten, zweckgebundenen und ausreichenden Haushalt verfügt (so § 3 Satz 2 E-VSBG) und dass bestimmte, für die Struktur und Arbeitsweise besonders wesentliche Weichenstellungen unter Beteiligung des Verbandes der jeweiligen Marktgegenseite getroffen werden (§ 9 Abs. 1 E-VSBG).

2.4 Streitmittler

Bei der Frage, wie die Kompetenz und die Unabhängigkeit der Streitmittler abgesichert werden kann, entscheidet sich, ob die außergerichtliche Streitbeilegung das Vertrauen gewinnt, das zur Erreichung der Ziele des Gesetzes unabdingbar ist. Deshalb müssen die abstrakt-generellen Vorgaben der Richtlinie (Art. 6 Abs. 1: „erforderliches Fachwissen", „unabhängig und unparteilich") durch entsprechende Regelungen des Gesetzes sowie im Anerkennungsverfahren praktisch wirksam umgesetzt werden. Darüber hinaus ist insbesondere die kritische Begleitung der Beschwerdepraxis durch die Verbraucherschutzorganisationen, die Medien und die Öffentlichkeit geboten.

Streitig diskutiert wird, ob das VSBG über die Anforderungen der AS-RL an die fachliche Kompetenz des Streitmittlers (Art. 6 Abs. 1 a: „ein allgemeines Rechtsverständnis") hinausgehen und eine juristische Ausbildung fordern soll.[17] Gegen diese Forderung spricht bereits die Tatsache, dass nach dem Mediationsgesetz an einen Mediator keine derartige juristische Qualifikationsanforderung gestellt wird. Da aber eine Verbraucherschlichtungsstelle sich darauf beschränken kann,

---

16 *vzbv*, Verbraucherschutz und Finanzmarktregulierung, 2010, S. 27; Stellungnahme des *vzbv* zum RL-Umsetzungsgesetz vom 21.1.2015, S. 3.

17 So fordern insbesondere *H. Eidenmüller/M. Engel*, aaO, S.1709, *B. Limperg*, aaO, der *Deutsche Richterbund*, Stellungnahme 2/15 sowie der *vzbv*, Stellungnahme vom 21.1.2015 zum E-VSBG, einen Juristenvorbehalt für Schlichter.

eine Schlichtung in Form einer Mediation anzubieten, käme man zu dem kaum zu begründenden Ergebnis, dass nach dem Mediationsgesetz Nichtjuristen jede Art von Mediation durchführen können, mit Ausnahme der Verbraucher-Mediation. Hinzu kommt, dass die außergerichtliche Streitbeilegung in erster Linie der Schlichtung dient (siehe § 19 E-VSBG), nicht der streitigen Entscheidung von Rechtsfragen. Gegen ein Juristenmonopol bei den Streitmittlern spricht des Weiteren, dass Befürchtungen, die Schlichtung entwickle sich zu einer „Schattenjustiz", befördert würden, wenn der Verbraucher vor die Wahl gestellt würde, ob er einen Richter oder einen Schlichter mit der „Befähigung zum Richteramt" anrufen will. Insbesondere aber sind je nach dem Beschwerdegegenstand und der Zuständigkeit des Schlichters unterschiedliche Anforderungen an dessen Fachkunde zu stellen. Lediglich dann, wenn der Streitmittler an den Maßstab von Recht und Gesetz gebunden ist und auf dieser Grundlage verbindlich entscheiden kann[18], sollte er zwingend Volljurist sein. Dies könnte bei Bedarf im Anerkennungsverfahren gefordert werden.

Der Streitmittler ist persönlich verantwortlich für die unparteiische und faire Verhandlungsführung (§ 6 Abs. 1 Satz 1 E-VSBG). Er trifft die Entscheidungen über Verfahrensschritte wie etwa die Ablehnung eines Verfahrens (siehe dazu unter 2.7) sowie über den Inhalt etwaiger formeller Schlichtungsvorschläge. Er kann sich von weisungsgebundenen Mitarbeitern, die in seinem Auftrag und unter seiner fachlichen Verantwortung handeln, unterstützen lassen.[19]

Gibt es in einer Schlichtungsstelle nur einen Streitmittler, muss ein Vertreter bestellt werden, für den die gleichen persönlichen und fachlichen Voraussetzungen gelten wie für den Streitmittler.

2.5 Recht auf Zugang zum Gerichtssystem

Die von der AS-RL eröffnete Möglichkeit, Schlichtungsverfahren zuzulassen, die dem Verbraucher eine verbindliche Lösung auferlegen, wird im E-VSBG unterbunden (§ 5 Abs. 2 E-VSBG). Der Verbraucher kann also während oder nach einem AS-Verfahren seine Ansprüche einschränkungslos gerichtlich geltend machen. Hat er allerdings einen Schlichtungsvorschlag angenommen, ist er (in den Grenzen von § 779 ZPO) vertraglich verpflichtet, diesen zu befolgen. Hierauf muss ihn die

18 So etwa der Ombudsmann der privaten Banken und der Versicherungsombudsmann.
19 Begründung zu § 6 Abs. 1; der Versicherungsombudsmann etwa wird von 15 Versicherungskaufleuten und 21 auf bestimmte Versicherungssparten spezialisierten Juristen unterstützt.

Schlichtungsstelle bei der Übermittlung eines Schlichtungsvorschlages nach § 19 Abs. 3 E-VSBG hinweisen.

Dagegen kann dem Streitmittler die Kompetenz eingeräumt werde, eine den Unternehmer bindende Entscheidung zu treffen.[20] § 19 Abs. 4 E-VSBG konstruiert dies dergestalt, dass der Streitmittler einen Schlichtungsvorschlag unterbreitet, dem sich der Unternehmer „bereits vorab unterworfen hat". Der Unternehmer kann also dem Streitmittler im konkreten Beschwerdefall oder allgemein die Befugnis einräumen, gegen ihn verbindlich zu entscheiden. Beim Ombudsmann der privaten Banken unterwerfen sich die Banken, die ihre Teilnahme am Beschwerdeverfahren erklärt haben, einer Entscheidung des Ombudsmanns bis zum Beschwerdewert von 10.000 Euro; beim Versicherungsombudsmann gehen die Mitglieder des Trägervereins eine entsprechende satzungsrechtliche Verpflichtung ein.

Entscheidet der Ombudsmann verbindlich gegen ein Unternehmen, stellt sich die Frage, ob und unter welchen Voraussetzungen sich dieses mit dem Hinweis, die Entscheidung sei falsch, der Bindung entziehen kann. Nach § 5 Abs. 2 der Satzung des Trägervereins des Versicherungsombudsmanns unterwerfen sich die Unternehmen seinen Entscheidungen „im Rahmen der Verfahrensordnung". Dies bedeutet, dass die Verpflichtung, einer bindenden Entscheidung nachzukommen, immer dann, aber auch nur dann infrage gestellt werden kann, wenn sie auf einem Verstoß gegen eine Vorschrift der Verfahrensordnung beruht.[21] Dies ist insbesondere der Fall bei Verstößen gegen Verfahrensgrundrechte. Insoweit sei auch 15 Abs. 3 E-VSBG erwähnt, der das Recht einer Partei, das Streitbeilegungsverfahren bei Vorliegen eines erheblichen Verfahrensmangels zu beenden, festschreibt.

2.6 Prinzip der Freiwilligkeit

In der Diskussion der AS-RL nahm die Frage breiten Raum ein, ob die Unternehmen zur Teilnahme an der außergerichtlichen Streitbeilegung verpflichtet werden sollten. Das Ergebnis war, keine derartige Pflicht festzuschreiben, dies jedoch den Mitgliedstaaten zu gestatten. „Um jedoch sicherzustellen, dass Verbraucher Zugang zu Rechtsbehelfen haben und nicht verpflichtet sind, auf ihre Ansprüche

---

20 Nach der AS-RL: „eine Lösung aufzuerlegen".

21 So mit näherer Begründung *E. Lorenz*, VersR 2004, 541/547; siehe auch *Th.v. Hippel*, Der Ombudsmann im Bank- und Versicherungswesen, 2000, S. 106 ff.

zu verzichten, sollten Unternehmer soweit wie möglich ermutigt werden, an AS-Verfahren teilzunehmen.“[22]

Der E-VSBG verankert das Prinzip der Freiwilligkeit auch für die Unternehmen mit der Begründung, dass die einvernehmliche Streitbeilegung ihre Grundlage in der Parteiautonomie finde und eine Beteiligungspflicht das System der einvernehmlichen Streitbeilegung in Deutschland in seiner Rechtsnatur grundlegend verändern würde. Deshalb ist nach § 15 Abs. 2 E-VSBG das Verfahren zu beenden, wenn der Antragsgegner erklärt, dass er an diesem nicht teilnehmen oder es nicht fortsetzen will, es sei denn er ist durch Rechtsvorschriften, Satzungen oder vertragliche Abreden zur Teilnahme verpflichtet. Dies bedeutet, dass sich Unternehmen – vorbehaltlich der genannten Teilnahmepflichten – einem laufenden Schlichtungsverfahren auch dann noch entziehen können, wenn sie sich auf dieses eingelassen haben. Damit greift der Gesetzentwurf die Aufforderung der Richtlinie, auf eine Teilnahme der Unternehmer an Schlichtungsverfahren hinzuwirken, nicht auf, sondern lässt es ausdrücklich zu, dass Unternehmen, denen ein für sie nachteiliger Schlichtungsvorschlag unterbreitet oder eine zusprechende Entscheidung angekündigt wird, ohne Begründung das Verfahren beenden können. Dies erscheint weder nach der AS-RL geboten noch sachgerecht.

Kritisch äußerte sich insbesondere der *vzbv* dazu, dass die Teilnahme der Unternehmen an einem Schlichtungsverfahren einschränkungslos freiwillig sein soll.[23] Sollte sich zeigen, dass die Freiwilligkeit eine merkliche Schwächung der verbraucherschützenden Funktion der außergerichtlichen Streitbeilegung zur Folge hat, etwa weil sich ganze Branchen diesem Verfahren verweigern, sollte überlegt werden, die Unternehmen, die ihre Vertragsbeziehungen zum Kunden durch Allgemeine Geschäftsbedingungen regeln, gesetzlich zur Teilnahme zu verpflichten. Eine solche Verpflichtung besteht derzeit bereits für Energiewirtschaftsunternehmen (§ 111b EnWirtschG) sowie für Fluglinien (§ 57a LuftVerkG).

Manche befürchten, dass Unternehmen ihre Kunden durch AGB verpflichten könnten, vor Erhebung einer Klage ein AS-Verfahren durchzuführen, und fordern, in das Gesetz ein entsprechendes Verbot aufzunehmen.[24] Dass diese Gefahr besteht, ist jedoch zu bezweifeln.

---

22 Erwägungsgrund 49.

23 Stellungnahme zum Entwurf eines Verbraucherstreitbeilegungsgesetzes vom 23.1.2015.

24 *H. Eidenmüller/M. Engel*, aaO, S. 1707; nach BGH, NJW-RR 2009, S. 637 sowie EuGH (18.3.2010, C-317/08) ist es zulässig, in AGB den Zugang zu Gericht temporär einzuschränken.

2.7 Ablehnung eines AS-Verfahrens

Der Zugang der Verbraucher zur außergerichtlichen Streitbeilegung darf nur unter bestimmten Voraussetzungen beschränkt werden.[25] § 14 E-VSBG enthält einen geschlossenen Katalog von Gründen, aus denen die Durchführung eines Schlichtungsverfahrens abzulehnen ist (z.B. fehlende Zuständigkeit) oder die in die Verfahrensordnung als Ablehnungsgründe aufgenommen werden können (z.B. keine Aussicht auf Erfolg). Findet aus einem dieser Gründe kein Verfahren vor der privaten Streitschlichtungsstelle statt, kann auch nicht die Universalschlichtungsstelle angerufen werden.

Ein dogmatisch und praktisch besonders bedeutsamer fakultativer Grund, die Durchführung eines Verfahrens abzulehnen, liegt vor, wenn die Bewertung der Streitigkeit eine grundsätzliche Rechtsfrage aufwirft. Insoweit greift der Entwurf mit § 14 Abs. 2 Ziff. 5b eine Regelung auf, die sich in den Verfahrensordnungen sowohl des Ombudsmanns der privaten Banken als auch des Versicherungsombudsmanns findet.[26] Allerdings setzt die Ablehnung nach dem Entwurf voraus, dass die Befassung mit der rechtsgrundsätzlichen Frage „den effektiven Betrieb der Verbraucherschlichtungsstelle ernsthaft beeinträchtigen" würde. Dies ist zwar keinesfalls bei jeder ungeklärten Frage von rechtsgrundsätzlicher Bedeutung der Fall. Man kann jedoch davon ausgehen, dass sich Streitmittler bei einem Konflikt über die Auslegung einer rechtsgrundsätzlichen Frage, der nicht einvernehmlich beigelegt werden kann, in aller Regel einer verbindlichen Entscheidung enthalten.

2.8 Beweisschwierigkeiten

Das außergerichtliche Streitbeilegungsverfahren ist ein vereinfachtes, in aller Regel schriftliches Verfahren, in dem keine Beweise, außer dem Urkundenbeweis, erhoben werden.[27] Der E-VSBG geht davon aus, dass der Streitmittler grundsätzlich keine Amtsermittlung zu betreiben hat; sein Schlichtungsvorschlag bzw.

---

25 Begrenzt eine Schlichtungsstelle den Zugang über die gesetzlich zulässigen Ablehnungsgründe hinaus, kann die zuständige Behörde deren Anerkennung verweigern (§ 24 E-VSBG). Eine begrenzte Anerkennung, verbunden mit der Zuständigkeit der Universalstreitbeilegungsstelle für die ausgeschlossenen Beschwerden, kommt wohl nicht in Betracht.

26 Die Befürchtung von *H. Roth* (aaO, S. 644), die AS könnte dem BGH seine revisionsrechtliche Funktion, Fragen von rechtsgrundsätzlicher Bedeutung zu klären, entziehen und damit gegen die Verfassungsgarantie des gesetzlichen Richters (Art. 95 GG) verstoßen, geht somit ins Leere.

27 Siehe auch Begründung zu § 17.

seine Entscheidung beruhen „auf der Grundlage der Darlegung der Parteien".[28] Die Verfahrensordnung kann allerdings vorsehen, dass die Streitigkeit mit den Parteien mündlich erörtert wird (§ 17 Abs. 2 E-VSBG)[29]; die Teilnahme an einer mündlichen Erörterung ist den Parteien freigestellt.

Dem vereinfachten schriftlichen Verfahren sind Beweisschwierigkeiten systemimmanent. Stehen sich etwa widersprechende Aussagen eines Versicherungs- oder Finanzvermittlers und des Kunden zum Inhalt des Beratungsgesprächs gegenüber, stößt der Streitmittler häufig an die Grenzen seiner Aufklärungsmöglichkeiten. Dann bietet sich in der Regel ein Schlichtungsvorschlag an. Wird dieser abgelehnt, stellt sich für die Streitmittler, die die Kompetenz haben, verbindlich zu entscheiden (wie etwa der Ombudsmann der privaten Banken und der Versicherungsombudsmann), die Frage, ob sie das Verfahren damit beenden können. Wären sie gezwungen, trotz ihrer begrenzten Aufklärungsmöglichkeiten zu entscheiden, müssten sie ihrer Entscheidung die Beweislastverteilung zugrunde legen. Dies erscheint jedoch mit den Grundsätzen eines vereinfachten Streitbeilegungsverfahrens kaum vereinbar. Die Verteilung der Beweislast ist eine pauschalierte Risikozuweisung und orientiert sich nicht an der materiellen Gerechtigkeit. Sie sollte erst dann zur Grundlage einer Entscheidung gemacht werden, wenn alle Beweismöglichkeiten ausgeschöpft sind. Die Begrenzung der Beweismöglichkeiten im Schlichtungsverfahren steht somit einer Entscheidung nach Beweislast grundsätzlich entgegen. Deshalb beendet der Versicherungsombudsmann in einer *non-liquet* Situation, in der keine gütliche Einigung zustande kommt, das Verfahren in aller Regel mit dem Hinweis, dass die erforderliche Beweiserhebung nur bei Gericht möglich ist.[30]

2.9 Rechtsorientierung des Verfahrens[31]

Die AS-RL nennt als Grundlagen, auf die sich die Streitbeilegung stützen kann, beispielhaft Rechtsvorschriften, Billigkeitserwägungen und Verhaltenskodizes

---

28 Begründung zu § 19 Abs. 1 E-VSBG.

29 Nach Ziff. 4. (4) der Verfahrensordnung des Ombudsmanns der privaten Banken kann dieser die Parteien mündlich anhören (was in der Praxis allerdings so gut wie nie geschieht); die Verfahrensordnung des Versicherungsombudsmanns lässt lediglich den Urkundenbeweis zu (§ 7 Abs. 6 Satz 2).

30 Die Begründung zu § 14 Abs. 2 Ziff. 5 E-VSBG nennt als Regelbeispiel für die Ablehnung der Durchführung eines Verfahrens, dass die Streitigkeit wegen komplexer Tatsachenfeststellungen mit Beweisaufnahme besser vor Gericht gelöst werden kann.

31 Siehe hierzu auch *G. Hirsch*, ZKM 2015,141/142.

(Art 7 Abs. 1 Buchst. i) AS-RL). Dieser offene Regelungskatalog ist dem Umstand geschuldet, dass ganz unterschiedliche Verfahren mit unterschiedlichen Arten der Verfahrensbeendigung die Anforderungen an eine richtlinienkonforme außergerichtliche Streitbeilegung erfüllen. Es kann sich um ein Mediationsverfahren handeln, um Vergleichsbemühungen, einen Lösungsvorschlag bis hin zu einer verbindlichen Entscheidung. Je nach Gestaltung des Verfahrens können die das Verfahren und dessen Abschluss regierenden Grundlagen verschieden sein – bei einem Mediationsverfahren etwa wäre eine Verpflichtung des Streitmittlers, auf eine dem Gesetz entsprechende Lösung hinzuwirken, geradezu systemwidrig.[32]

Der E-VSBG bestimmt in § 19 Abs. 1 für den Vorschlag zur gütlichen Beilegung der Streitigkeit („Schlichtungsvorschlag", „Schlichtung in engeren Sinne"), dass dieser „am geltenden Recht ausgerichtet" sein und insbesondere die „zwingenden Verbraucherschutzgesetze beachten" soll. Die Begründung verdeutlicht, dass sich ein Schlichtungsvorschlag zwar „an der Sach- und Rechtslage orientieren" muss, der Schlichter dabei jedoch nicht in derselben Weise rechtlich gebunden ist wie ein Richter. Auch aus der Pflicht nach § 19 Abs. 3 E-VSBG, die Parteien mit der Übermittlung des Schlichtungsvorschlages darüber zu unterrichten, dass dieser von dem Ergebnis eines gerichtlichen Verfahrens abweichen kann, folgt, dass der Schlichter Lösungsvorschlägen nicht ausschließlich Recht und Gesetz zugrunde legen muss, sondern auch „weiche" Kriterien (insbesondere Billigkeits- und Kulanzerwägungen) einbeziehen kann.[33]

Kann ein Streitmittler verbindlich gegen ein Unternehmen entscheiden, gelten diese rechtlichen Maßstäbe gleichermaßen, da nach der Konstruktion des § 19 Abs. 4 E-VSBG in diesem Fall auch ein Schlichtungsvorschlag vorliegt, dem sich das Unternehmen allerdings bereits vorab unterworfen hat.[34] Dem entspricht Ziff. 4. (4) Satz 4 der Verfahrensordnung des Ombudsmanns der privaten Banken, der regelt, dass ein Schlichtungsspruch auf der Grundlage der gesetzlichen Bestimmungen unter Berücksichtigung von Billigkeitserwägungen ergeht. Für den Versicherungsombudsmann gilt insoweit (zulässigerweise) ein strengerer Maßstab: Die Verfahrensordnung legt in § 9 Satz 1 fest, dass Grundlage einer Entscheidung ausschließlich „Recht und Gesetz" sind.

32 Siehe *R. Greger/H. Unberath,*Mediationsgesetz 2012, § 1 Rn. 35; *G. Wagner,* ZKM 2013, 104/105.

33 So etwa auch *Ch. Berlin,* Alternative Streitbeilegung in Verbraucherkonflikten, 2014, S.333; vgl. auch *J. Hayungs,* ZKM 2013, 86/90; *N. Pelzer,* ZKM 2015, 43/45.

34 Nach Art. 11 AS-RL muss sich eine „dem Verbraucher auferlegte Lösung" auf Recht und Gesetz stützen. Der E-VSBG enthält keine entsprechende Regelung, da eine für den Verbraucher verbindliche Entscheidung im AS-Verfahren untersagt ist.

2.10 Verfahrensdauer

Nach § 20 E-VSBG ist das Beschwerdeverfahren binnen 90 Tagen abzuschließen. Die Frist beginnt mit Eingang der vollständigen Beschwerdeakte; dieser ist gegeben, sobald die Schlichtungsstelle keine weiteren Unterlagen und Informationen mehr benötigt. In der Regel ist die Beschwerdeakte vollständig, wenn die Parteien Gelegenheit zur Stellungnahme hatten (§ 20 Absatz 1 Satz 2). Für diese Stellungnahmen sieht § 17 Abs. 1 Satz 2 E-VSBG eine (verlängerbare) Regelfrist von drei Wochen vor. Liegen diese Stellungnahmen vor, ist nach dem Gesetz davon auszugehen, dass die Beschwerde reif für einen Schlichtungsvorschlag oder eine sonstige Erledigung ist.

Die Parteien sind vom Eingang der vollständigen Beschwerdeakte und damit vom Beginn der 90-Tage-Frist zu informieren. Dies bedeutet, dass dieser Zeitpunkt aktenkundig zu machen ist. Stellt sich später im Verlauf der Aktenbearbeitung heraus, dass noch Unterlagen oder Stellungnahmen der Parteien fehlen, erweist sich also die Regelannahme des § 20 Abs. 1 Satz 2 E-VSBG nachträglich als falsch, kann der Zeitpunkt des Eingangs der vollständigen Beschwerdeakte korrigiert werden; auch hiervon sind die Parteien in Kenntnis zu setzen.

Die Frist von 90 Tagen kann bei besonders schwierigen Streitigkeiten oder mit Zustimmung der Parteien verlängert werden. Mehrfache Fristverlängerungen verbietet der Entwurf nicht. Über die Verlängerung der Frist sind die Parteien zu unterrichten.

2.11 Informationspflichten der AS-Stelle gegenüber der Öffentlichkeit

Nach § 10 E-VSBG muss die Schlichtungsstelle auf ihrer Website umfassende Informationen über ihre Institution bereithalten: Verfahrensordnung, Kontaktdaten, Tätigkeitsbericht, Streitmittler, Anerkennung als Verbraucherschlichtungsstelle, Verfahrensablauf, Kosten des Verfahrens. Sie hat jährlich einen Tätigkeitsbericht zu veröffentlichen (§ 34 Abs. 1 E-VSBG), der der Transparenz der Beschwerdebearbeitung sowie der Öffentlichkeitsarbeit der Schlichtungsstelle dient und u. a. Ausführungen zu etwaigen Fehlentwicklungen in der Branche enthält.

Alle zwei Jahre erstellt die Schlichtungsstelle einen Evaluationsbericht mit einer umfassenden Darstellung und Bewertung ihrer Tätigkeit (§ 34 Abs. 2 E-VSBG). Dieser Bericht dient der zuständigen Behörde zur Wahrnehmung ihrer Aufsichtsaufgaben sowie zur Erstellung des Verbraucherschlichtungsberichts nach § 35 E-VSBG. Beide Berichte sollen insbesondere Geschäftspraktiken aufzeigen, die auffällig häufig Anlass für Beschwerden geben (§ 34 Abs. 3 E-VSBG).

Auch wenn der Evaluationsbericht nicht für die Öffentlichkeit bestimmt ist, bestehen wohl keine Bedenken dagegen, den jährlichen Tätigkeitsbericht so zu gestalten, dass er zugleich die Anforderungen an den zweijährigen Evaluationsbericht erfüllt.

Schließlich kann jede für die Durchsetzung von Verbraucherrechten zuständige Behörde (etwa die BaFin) bei der Schlichtungsstelle eine aktuelle Auskunft zu Geschäftspraktiken anfordern, die auffällig häufig Anlass für Beschwerden geben (§ 34 Abs. 4 E-VSBG iVm § 2 EG-Verbraucherschutzdurchsetzungsgesetz).

Die Einzelheiten dieser Informations- und Berichtspflichten werden in einer Rechtsverordnung nach § 42 Abs. 1 Ziff. 3 E-VSBG festgelegt.[35]

2.12 Unterrichtungspflichten der AS-Stelle gegenüber den Parteien

Der Entwurf sieht vielfache Unterrichtungspflichten der Schlichtungsstellen vor, die die Transparenz und die Rechtsstaatlichkeit des Verfahrens sicherstellen sollen. Insbesondere müssen die Parteien nach Eingang der Beschwerde über ihre im einzelnen aufgeführten Verfahrensrechte sowie den Ablauf und die Rechtsnatur des Verfahrens unterrichtet werden (§ 16 E-VSBG). Unterbreitet der Streitmittler einen Schlichtungsvorschlag, sind die Parteien nach § 19 Abs. 3 E-VSBG darüber zu informieren, dass sie, wenn sie den Vorschlag annehmen, der anderen Partei gegenüber vertraglich daran gebunden sind, dass der Vorschlag von dem Ergebnis einer gerichtlichen Entscheidung abweichen kann, dass es ihnen freisteht, den Vorschlag abzulehnen und ihren Anspruch gerichtlich geltend zu machen. Nach § 20 E-VSBG sind die Parteien vom Eingang der vollständigen Beschwerdeakte sowie von jeder Verlängerung der 90-Tage-Frist zu unterrichten (siehe oben).

2.13 Informationspflichten der Unternehmen

Den Unternehmen erlegt das Gesetz allgemeine Informationspflichten sowie eine Informationspflicht im Streitfall auf. Nach § 36 E-VSBG müssen Unternehmen, die eine Webseite unterhalten oder AGB verwenden, darüber informieren, ob sie bereit oder verpflichtet sind, an einem AS-Verfahren vor einer Verbrau-

35 Siehe den BMJV-Entwurf der Verbraucherstreitbeilegungs-Informationspflichtenverordnung vom 10.11.2014.

cherschlichtungsstelle teilzunehmen sowie, falls sie dies bejahen, um welche Schlichtungsstelle es sich handelt. Ausgenommen von dieser Informationspflicht sind Unternehmen, die zehn oder weniger Personen beschäftigen.

Konnte eine Streitigkeit mit einem Verbraucher nicht im Rahmen der unternehmensinternen Beschwerdebearbeitung beigelegt werden, muss der Unternehmer auf die zuständige Verbraucherschlichtungsstelle hinweisen und mitteilen, ob er zur Teilnahme an einem Schlichtungsverfahren bereit oder verpflichtet ist (§ 37 E-VSBG).

2.14 Anerkennung

In Zukunft dürfen sich Institutionen, die außergerichtliche Streitbeilegung betreiben, nur noch dann als Verbraucherschlichtungsstelle bezeichnen, wenn sie nach dem VSBG oder aufgrund anderer Rechtsvorschriften anerkannt, beauftragt oder eingerichtet sind (§ 2 Abs. 2 E-VSBG). Private Verbraucherschlichtungsstellen können auf Antrag anerkannt werden, wenn sie die organisatorischen und fachlichen Voraussetzungen des VSBG erfüllen, auf Dauer angelegt sind und ihre Finanzierung tragfähig erscheint (§ 24 E-VSBG). Mit der Anerkennung wird die Institution in die Liste der anerkannten Verbraucherschlichtungsstellen aufgenommen. Damit ist sie zugleich anerkannte Schlichtungsstelle für die obligatorische Streitschlichtung nach Landesrecht (§ 15a Abs. 3 Satz 1 EGZPO i. d. Fassung von Art. 4 des RL-Umsetzungsgesetzes). Nicht anerkannte private Schlichtungsstellen können weiterhin außergerichtliche Streitbeilegung betreiben.

Anerkennungsbehörde für den Ombudsmann der privaten Banken sowie für den Versicherungsombudsmann ist jeweils das Bundesamt der Justiz (Art. 7 Ziff. 3 sowie Art. 14 Ziff. 1 RL-Umsetzungsgesetz).

Das RL-Umsetzungsgesetz enthält Regelungen für die Überleitung von privaten Schlichtungsstellen in anerkannte Verbraucherschlichtungsstellen. Hiernach gilt der Ombudsmann der privaten Banken noch zwölf Monate nach Verkündung des RL-Umsetzungsgesetzes als anerkannte Verbraucherschlichtungsstelle (Art. 7 Ziff. 4 RL-Umsetzungsgesetz); der Versicherungsombudsmann kann seine Tätigkeit nach Art. 23 Abs. 2 RL-Umsetzungsgesetz noch sechs Monate nach Verkündung des Gesetzes auf der derzeitigen Rechtsgrundlage fortsetzen.

3 Schlussbemerkung

Der Aufbau und Unterhalt einer flächendeckenden Infrastruktur an außergerichtlichen Schlichtungsstellen führt nach den Schätzungen des Gesetzentwurfs zu jährlichen Kosten für die Wirtschaft von etwa 25 Mio. Euro. Die derzeit etwa 60.000 Verbraucherbeschwerden jährlich werden sich nach Schätzungen verdoppeln. Ein Blick nach Großbritannien zeigt allerdings, welches Schlichtungspotential allein im Bereich der Finanzdienstleistungen besteht: Der *Financial Ombudsman Service* erhielt im letzten Berichtsjahr[36] 2,36 Mio. Anfragen und Beschwerden, in 512.167 neuen Fällen wurde ein Schlichtungsverfahren eingeleitet, über 480.000 Beschwerden wurden durch Mediation, Empfehlungen und Adjudikationen erledigt, in etwa 31.000 Fällen entschied der Ombudsmann als oberste Beschwerdeinstanz.

Bank- und Versicherungsprodukte („Finanzdienstleistungen") zeichnen sich dadurch aus, dass sie aus dem Wirtschafts- und dem Alltagsleben nicht mehr wegzudenken, also geradezu Produkte der „Daseinsvorsorge" sind, als juristische Konstrukte aber abstrakt und für die Verbraucher im Detail nicht verständlich sind. Schließen Verbraucher derartige Verträge, besteht zwischen den Vertragsparteien ein Machtgefälle. Im AS-Verfahren soll dieses Ungleichgewicht ausgeglichen und die Beilegung von Konflikten auf Augenhöhe erreicht werden. Der Bankenverband griff diese Idee bereits vor über 20 Jahren auf und bot seinen Kunden die Möglichkeit einer außergerichtlichen Streitbeilegung; die Versicherungswirtschaft folgte dem vor fast 15 Jahren. Dass jetzt ein flächendeckender und lückenloser Zugang der Verbraucher zum Recht außerhalb des Rechtswegs zu den Gerichten entsteht, war seinerzeit nicht abzusehen. Es besteht kein Grund für die Sorge, dass damit der gerichtliche Rechtsschutz an Bedeutung verliert. Beide Zugänge zum Recht haben für spezifische Konfliktsituationen ihre Berechtigung und ergänzen sich zu einem insgesamt verbesserten Schutz der Verbraucher.

---

36 Annual review 2013/2014 des *Financial Ombudsman Service*.

Dr. Henning Bergmann, Leiter Kapitalmarktrecht DSGV, Berlin

Anlegerschutz im Kleinanlegerschutzgesetz

Ein Überblick zu den Änderungen im Vermögensanlagengesetz, zur Einführung der Produktintervention und des Produktfreigabeverfahrens (Product Governance)[1]

1 Das Manuskript beruht auf dem Stand vom September 2015.

1 Hintergrund und Einordnung

1.1 Entwicklung der Anlegerschutzregulierung

Mit „Anlegerschutzregulierung in Permanenz" – oder einfach „Regulierungsorkan" – in Folge der Finanzkrise können wohl die letzten Jahre nationaler Gesetzgebung im Bereich des Kapitalmarktrechts beschrieben werden: Nach dem Schuldverschreibungsgesetz im Jahr 2009,[2] das unter anderem das „Beratungsprotokoll" einführte, folgten im Jahr 2011 das Anlegerschutz- und Funktionsverbesserungs-

2 Gesetz über Schuldverschreibungen aus Gesamtemissionen (Schuldverschreibungsgesetz – SchVG) vom 31. Juli 2009, BGBl. I S. 2512.

gesetz[3] sowie das Gesetz zur Novellierung des Finanzanlagenvermittler- und Vermögensanlagenrechts[4] und im Jahr 2013 das Kapitalanlagegesetzbuch[5] sowie das Honoraranlageberatungsgesetz.[6] Für die Praxis von großer Bedeutung sind ferner die Mindestanforderungen an die Compliance-Funktion und die weiteren Verhaltens-, Organisations- und Transparenzpflichten nach §§ 31 ff. WpHG für Wertpapierdienstleistungsunternehmen (MaComp)[7] der Bundesanstalt für Finanzdienstleistungsaufsicht (BaFin), die im Juni 2010 eingeführt wurden und seither regelmäßig ergänzt worden sind.

Das überwiegend am 10. Juli 2015 in Kraft getretene Kleinanlegerschutzgesetz[8] wird voraussichtlich einen vorläufigen Endpunkt dieser Entwicklung nationaler Gesetzgebung darstellen – wobei mit der Vorwegnahme von Regelungen der überarbeiteten Finanzmarktrichtlinie MiFID (MiFID II)[9] und der Finanzmarktverordnung MiFIR[10] bereits die „Überleitung" zur nächsten, nunmehr vom europäischen Recht geprägten, nächsten Anlegerschutzregulierungsetappe vorgenommen wird. Auch der europäische Normgeber war in den letzten Jahren im Bereich des Anlegerschutzes – neben der MiFID II – aktiv: Dies reicht über die mehrfache Überarbeitung der Investmentfondsrichtlinie OGAW/UCITS,[11] die Einführung der Richtlinie über alternative Fondsmanager (AIFM)[12] bis zur Revision

3 Gesetz zur Stärkung des Anlegerschutzes und Verbesserung der Funktionsfähigkeit des Kapitalmarkts (Anlegerschutz- und Funktionsverbesserungsgesetz) vom 5. April 2011, BGBl. I 2011, S. 538.

4 Gesetz zur Novellierung des Finanzanlagenvermittler- und Vermögensanlagenrechts vom 6. Dezember 2011, BGBl. I 2011, 2481.

5 Kapitalanlagegesetzbuch (KAGB) vom 4. Juli 2013, BGBl. I S. 1981.

6 Gesetz zur Förderung und Regulierung einer Honorarberatung über Finanzinstrumente (Honoraranlageberatungsgesetz) vom 15. Juli 2013, BGBI. I S. 2390.

7 Rundschreiben 4/2010 (WA) – MaComp, Geschäftszeichen WA 31-Wp 2002-2009/0010, Bonn/Frankfurt a. M., 7. Juni 2010, zuletzt geändert am 7. August 2014, abrufbar unter www.bafin.de.

8 Kleinanlegerschutzgesetz vom 3. Juli 2015, BGBl. I S. 1114.

9 Richtlinie 2014/65/EU des Europäischen Parlaments und des Rates vom 15. Mai 2014 über Märkte für Finanzinstrumente sowie zur Änderung der Richtlinien 2002/92/EG und 2011/61/EU, EU Abl. 2014 L 173, S. 349 ff.

10 Verordnung (EU) Nr. 600/2014 des Europäischen Parlaments und des Rates vom 15. Mai 2014 über Märkte für Finanzinstrumente und zur Änderung der Verordnung (EU) Nr. 648/2012, EU Abl. 2014 L 173, S. 84 ff.

11 Richtlinie 2009/65/EG des Europäischen Parlaments und des Rates vom 13. Juli 2009 zur Koordinierung der Rechts- und Verwaltungsvorschriften betreffend bestimmte Organismen für gemeinsame Anlagen in Wertpapieren (OGAW), EU Abl. 2009, L 302, S. 32 ff.

12 Richtlinie 2011/61/EU des Europäischen Parlaments und des Rates vom 8. Juni 2011 über die Verwalter alternativer Investmentfonds und zur Änderung der Richtlinien 2003/41/EG und 2009/65/EG und der Verordnungen (EG) Nr. 1060/2009 und (EU) Nr. 1095/2010, EU Abl. 2011 L 174.

der Prospektrichtlinie[13]. Zu erwähnen ist ferner die Etablierung der Europäischen Aufsichtsbehörden zum 1. Januar 2011, die wiederum, neben der Mitwirkung an der Normgebung auf *Level II* bei delegierten Rechtsakten und technischen Standards, mit neuen Instrumenten wie *Guidelines* die Aufsichtspraxis prägen und das Regulierungsnetz noch enger spannen.

Parallel mit der MiFID wird schließlich die PRIIPS-Verordnung[14] in Kraft treten, die ein neues europäisches Regime für Informationsblätter aufstellen wird.

Am Horizont erscheint auf europäischer Ebene schließlich die nach dem Willen der EU-Kommission bis 2019 zu realisierende „Kapitalmarktunion“[15], die auch Regelungen zum Anlegerschutz umfassen wird.

1.2 „Anlass“ für das Kleinanlegerschutzgesetz

Konkreter „Anlass“ für das Kleinanlegerschutzgesetz war insbesondere der Zusammenbruch des Unternehmens PROKON im Jahr 2014, das Genussrechte ausgegeben hatte und diese, auch aufgrund der Werbung zum Beispiel in öffentlichen Verkehrsmitteln, bei einer Vielzahl von Privatanlegern[16] mit hohen Renditeversprechen platziert hatte. Aufgrund des damit verbundenen Schadens für Anleger, aber auch der Vermögensverluste in anderen Fällen im Bereich des sogenannten „grauen Kapitalmarkts“, sollen mit dem Kleinanlegerschutzgesetz Regelungslücken geschlossen werden und insbesondere die Transparenz von

---

13 Richtlinie 2010/73/EU des Europäischen Parlaments und des Rates vom 24. November 2010 zur Änderung der Richtlinie 2003/71/EG betreffend den Prospekt, der beim öffentlichen Angebot von Wertpapieren oder bei deren Zulassung zum Handel zu veröffentlichen ist, und der Richtlinie 2004/109/EG zur Harmonisierung der Transparenzanforderungen in Bezug auf Informationen über Emittenten, deren Wertpapiere zum Handel auf einem geregelten Markt zugelassen sind, EU Abl. 2010 L 327, S. 1 ff.

14 Verordnung (EU) Nr. 1286/2014 des Europäischen Parlaments und des Rates vom 26. November 2014 über Basisinformationsblätter für verpackte Anlageprodukte für Kleinanleger und Versicherungsanlageprodukte (PRIIP), EU Abl. 2014, L 352, S.1 ff.

15 Siehe dazu das Grünbuch der EU-Kommission; „Schaffung einer Kapitalmarktunion“, COM(2015) 63 final vom 18. Februar 2015.

16 Genannt werden 75.000 Anleger mit einem Volumen von 1,4 Mrd. Euro, siehe nur Frankfurter Allgemeine Sonntagszeitung vom 7. Juni 2015, S. 29. Das Insolvenzverfahren über PROKON ist zum 31. Juli 2015 aufgehoben worden, die Gesellschaft ist in eine Genossenschaft umgewandelt worden, siehe Beschluss des Amtsgerichts Itzehoe vom 29. Juli 2015, Az. 28 IE 1/14 P, abrufbar unter www.insolvenzbekanntmachungen.de.

Vermögensanlagen erhöht werden.[17] Hinzuweisen ist darauf, dass die „PROKON Genussrechte" sich nicht im vollkommen unregulierten Bereich bewegten: So wurden für die Emissionen Verkaufsprospekte erstellt.[18]

Ferner wird der kollektive Verbraucherschutz als Aufsichtsziel der BaFin ver ankert.

Schließlich werden – ohne dass dies aus tatsächlichen Entwicklungen veranlasst gewesen wäre – einzelne Regelungen der MiFID II/MiFIR vorgezogen, und zwar die Ausdehnung des Anwendungsbereichs des Wertpapierhandelsgesetzes auf strukturierte Einlagen, die Einführung der Produktinverventionsrechte für die BaFin und das Produktfreigabeverfahren (*Product Governance*). Damit zieht der nationale Gesetzgeber zum dritten Mal – nach dem Hochfrequenzhandelsgesetz[19] und dem Honoraranlageberatungsgesetz[20] – Regelungen der MiFID II/MiFIR vor.

1.3 Regelungsbereiche des Kleinanlegerschutzgesetzes

Das Kleinanlegerschutzgesetz lässt sich somit in drei wesentliche Regelungsbereiche – mit Überschneidungen beziehungsweise Übergängen – unterteilen:

1. Produktregulierung und Prospektpflichten im Vermögensanlagengesetz mit einem erweiterten Anwendungsbereich und detaillierteren Vorgaben, einer Mindestlaufzeit von 24 Monaten, verschärfter Rechnungslegung und Regulierung der Werbung, wobei Ausnahmen für Schwarmfinanzierungen (*Crowdfunding*) sowie soziale und gemeinnützige Projekte (§§ 2a-2c VermAnlG) vorgesehen sind.
2. Erweiterte Befugnisse der BaFin bei der Prospektprüfung, der Verankerung des kollektiven Verbraucherschutzes und – in vorzeitiger Anwendung der MiFID – die Einführung von Interventionsrechten der Aufsicht.
3. Die weitere Vorziehung der MiFID durch Ausdehnung des Anwendungsbereiches des Wertpapierhandelsgesetz auf strukturierte Einlagen sowie die

17 Vgl. Regierungsbegründung zum Entwurf eines Kleinanlegerschutzgesetzes, BT-Drucksache 18/3994 vom 11. Februar 2015, S. 1, 28.

18 Die Regierungsbegründung zum Entwurf eines Kleinanlegerschutzgesetzes (Fn. 17), S. 1, spricht insofern auch von Produkten, die nur der eingeschränkten Aufsicht durch die Bundesanstalt für Finanzdienstleistungsaufsicht unterlagen.

19 Gesetz zur Vermeidung von Gefahren und Missbräuchen im Hochfrequenzhandel (Hochfrequenzhandelsgesetz) vom 7. Mai 2013, BGBl. I S. 1162.

20 Siehe Fn. 6.

Einführung von Produktfreigabe-/Produktgenehmigungsverfahren (*Product Governance*).

1.4 Gesetzgebungsverfahren Kleinanlegerschutzgesetz

Als zeitnahe politische Reaktion auf Unternehmenszusammenbrüche im „grauen Kapitalmarkt“ veröffentlichten das Bundesministerium der Finanzen und das Bundesministerium der Justiz und für Verbraucherschutz am 22. Mai 2014 zunächst ein „Maßnahmenpaket zur Verbesserung des Schutzes von Kleinanlegern“[21], das dann im Referentenentwurf eines Kleinanlegerschutzgesetzes der Ministerien vom 28. Juli 2014 konkretisiert wurde. Dieser mündete dann in den Regierungsentwurf vom 10. November 2014.[22] Das Gesetz wurde am 23. April 2015 vom Bundestag – nach vorhergehender Beschlussfassung im Finanzausschuss[23] – verabschiedet. Der Bundesrat entschied am 12. Juni 2015, den Vermittlungsausschuss nicht anzurufen,[24] so dass das Kleinanlegerschutzgesetz am 9. Juli 2015 verkündet wurde und überwiegend am 10. Juli 2015 in Kraft trat.

Zur untergesetzlichen Konkretisierung hat das Bundesministerium der Finanzen am 18. Juni 2015 Referentenentwürfe von drei Rechtsverordnungen zum Vermögensanlagengesetz und ein Auslegungsschreiben zum *Crowd Lending* konsultiert.

2 Produktregulierung/Prospektpflichten (Vermögensanlagengesetz)

Kernbereich des Kleinanlegerschutzgesetzes sind die Erweiterungen und Verschärfungen des Vermögensanlagengesetzes VermAnlG. Einheitliche Regelungen für Kapitalanlagen werden damit nicht geschaffen, vielmehr gelten je nach Produkt und Vertrieb unterschiedliche Vorgaben und Aufsichten.[25]

---

21 Abrufbar unter www.bmf.bund.de.

22 Regierungsbegründung zum Entwurf eines Kleinanlegerschutzgesetzes (Fn. 17), S. 37.

23 BT-Drucksache 18/4708 vom 22. April 2015.

24 BR-Drucksache 226/15 vom 12. Juni 2015.

25 Kritisch zum Beispiel im Hinblick auf das hinter dem Kapitalanlagegesetzbuch zurückbleibende Schutzniveau des Vermögensanlagengesetzes auch: *Heisterhagen/Conreder*, DStR 2015, 1929 (1933 f.).

2.1 Ausdehnung des Begriffs der Vermögensanlagen

Das Ziel des Kleinanlegerschutzgesetzes, Regulierungslücken zu schließen, wird insbesondere mit der Ausweitung des Begriffs der Vermögensanlagen verfolgt: Dezidiert werden nunmehr nach § 1 Abs. 2 Nr. 3 und 4 VermAnlG auch partiarische Darlehen und Nachrangdarlehen[26] erfasst.

Partiarische Darlehen sehen als Entgelt keinen fest vereinbarten Zinssatz, sondern eine Beteiligung am Gewinn eines Unternehmens vor. Damit liegen Ähnlichkeiten zur stillen Gesellschaft vor, mit der aber weitergehend ein gemeinsamer Zweck verfolgt werden soll. Mit der Aufnahme der partiarischen Darlehen treten nunmehr keine Abgrenzungsschwierigkeiten zur stillen Gesellschaft, die bereits vor der Novellierung von § 1 Abs. 1 Nr. 1 VermAnlG erfasst wurde, auf.[27]

Ferner wird in § 1 Abs. 2 Nr. 7 VermAnlG ein Auffangtatbestand geschaffen, in dem auch sonstige Anlagen, insbesondere solche, die einen Anspruch auf Verzinsung und Rückzahlung gewähren, erfasst werden – sofern kein Einlagengeschäft nach § 1 Abs. 1 Satz 2 KWG betrieben wird. Damit soll eine „lückenlose" Erfassung der Anbieter sichergestellt werden.[28]

Insgesamt ergibt sich somit folgende Systematik der regulatorischen Erfassung von Kapitalanlageprodukten:

- Einlagen durch das Kreditwesengesetz (KWG),
- Wertpapiere durch das Wertpapierprospektgesetz (WpPG),
- Investmentvermögen – einschließlich „geschlossener Fonds" – durch das Kapitalanlagegesetzbuch (KAGB)
- und die übrigen Vermögensanlagen durch das VermAnlG, das also eine Quasi-Auffangfunktion übernimmt.

Ausdrücklich erfasst werden sollen damit auch „Direktinvestments" in Sachgüter (zum Beispiel Container oder Rohstoffe), falls eine jährliche Verzinsung und ein Rückerwerb zugesagt werden.[29]

---

26 Kritisch zur Wirksamkeit von Rangrücktritten *Bitter*, ZIP 2015, 345 (348 ff.), der auf Basis seiner Auffassung keinen Regelungsbedarf im Kleinanlegerschutzgesetz sieht.

27 Vgl. zu der praktischen schwierigen Unterscheidung auch *Bader*, WM 2014, 2249 (2252); *Fett*, KSzW 02.2015, 139 (140).

28 Kritisch dazu *Graf zu Solms-Laubach/Mihova*, DStR 2015, 1872 (1876), die vom Wortlaut her auch die Darlehensaufnahme erfasst ansehen, dann aber zu Recht eine entsprechende gesetzgeberische Intention ablehnen; indes eine Klarstellung für wünschenswert erachten.

29 Regierungsbegründung zum Entwurf eines Kleinanlegerschutzgesetzes (Fn. 17), S. 39.

Dieser hinsichtlich des Produkts sehr weit gezogene Anwendungsbereich des Vermögensanlagengesetzes wird nur durch die Art des Angebots begrenzt: Voraussetzung bleibt, dass ein öffentliches Angebot (§ 1 Abs. 1 VermAnlG) vorliegen muss.

Damit sollen insbesondere auch Schuldscheindarlehen nicht in den Anwendungsbereich fallen, sofern diese nicht einem breiten Anlegerkreis öffentlich angeboten werden.[30]

2.2 Ausnahmeregelungen unter anderem für Schwarmfinanzierungen (Crowdfunding), soziale und gemeinnützige Projekte

Intensiv im Gesetzgebungsverfahren erörtert worden sind die Erleichterungen für Schwarmfinanzierungen (*Crowdfunding*) und weitere soziale und gemeinnützige Projekte. Mit der Ausweitung auf partiarische Darlehen fallen nunmehr auch typische *Crowdfunding*-Gestaltungen grundsätzlich in den Anwendungsbereich des Vermögensanlagengesetzes.[31]

Die Regelung steht somit im Spannungsfeld, zum einen flexible beziehungsweise „moderne" Investitionsformen wie das *Crowdfunding*[32] nicht unmöglich zu machen – und auf der anderen Seite einen angemessenen Anlegerschutz bei den durchaus möglichen sehr risikobehafteten Anlagen beizubehalten.

2.2.1 Voraussetzungen für die Ausnahme

§ 2a VermAnlG sieht nunmehr zur Auflösung dieses Spannungsfeldes eine Kombination von verschiedenen Ansätzen vor:

- die Vermögensanlagen eines Anbieters dürfen maximal 2,5 Millionen Euro betragen (der Regierungsentwurf sah noch eine Million Euro vor),
- der Vertrieb erfolgt durch Anlageberatung oder Anlagevermittlung über eine Internet-Dienstleistungsplattform und

30 Regierungsbegründung zum Entwurf eines Kleinanlegerschutzgesetzes (Fn. 17), S. 39 f.

31 Vgl. *Bader*, WM 2014, 2249; *Bjotzek/Mocker*, BKR 2015, 358 (359); *Fett*, KSzW 02.2015, 139 (140).

32 Siehe zur tatsächlichen Entwicklung des *Crowd Investing* in Deutschland: *Herr/Bantleon*, DStR 2015, 532 ff.

- der Anleger investiert maximal 1.000 Euro oder bis zu 10.000 Euro bei frei verfügbarem Vermögen von 100.000 Euro oder entsprechendem zweifachen durchschnittlichen Nettoeinkommen.

Neben der Umfangsbegrenzung soll somit zum einen durch den „regulierten" Vertrieb eine Sicherheitslinie eingezogen werden und zum anderen wird mit der Begrenzung beim Anleger eine Art „Spielgeldgedanke" eingeführt. Letzter Ansatz ist dem Kapitalanlagerecht im Übrigen fremd und überzeugt somit systematisch nicht – es ist aber abzuwarten, wie sich diese Regelung praktisch bewährt. § 2a Abs. 3 VermAnlG bezieht sich dabei auf die Vermögensanlagen eines Emittenten: Der Anleger kann somit seinen „Spielgeldeinsatz" durch Auswahl verschiedener Emittenten beliebig erhöhen.[33]

Weitere Befreiungen werden für soziale und gemeinnützige Projekte und Religionsgemeinschaften in § 2b und § 2c VermAnlG vorgesehen, wenn der Verkaufspreis 2,5 Millionen Euro nicht übersteigt und der Sollzins begrenzt wird.

2.2.2 Einführung eines Widerrufsrechtes

Als quasi „Ausgleich" für die Befreiungen von der Prospektpflicht wird die Einführung eines Widerrufsrechtes für alle Ausnahmen von 14 Tagen in § 2d VermAnlG vorgesehen. Fraglich ist der Sinn und Zweck dieser Regelung: Das Widerrufsrecht soll eine möglicherweise reduzierte Entscheidungsgrundlage aufgrund eingeschränkter Informationen des Anlegers kompensieren.[34] Ein Widerrufs- oder Rücktrittsrecht soll grundsätzlich vor einer voreiligen Entscheidung bewahren. Dies würde dann aber unabhängig davon gelten, ob ein Prospekt erstellt worden ist oder nicht. Das Widerrufsrecht kann die fehlende Information durch den Prospekt – oder die wohl entscheidendere damit verbundene Haftung für den Prospektinhalt – indes nicht ersetzen. Der Fall liegt hier anders als zum Beispiel beim Rücktrittsrecht des § 34 Abs. 2a WpHG: Hier wird, in bestimmten Fällen, ein Rücktrittsrecht eingeräumt, damit der Anleger das ihm nach Geschäftsabschluss zur Verfügung gestellte Beratungsprotokoll prüfen kann.

---

33 *Heisterhagen/Conreder*, DStR 2015, 1929 (1934) halten die Schwellenwerte für zu niedrig, da das Engagement von Ankerinvestoren beeinträchtigt werden könnte.

34 Beschlussempfehlung und Bericht des Finanzausschusses, BT-Drucksache 18/4708 vom 22. April 2015, S. 65.

2.2.3 Information des Anlegers über das Vermögensanlagen-Informationsblatt

§ 2a Abs. 1 und § 2b Abs. 1 VermAnlG nehmen – anders als § 2c VermAnlG – § 13 VermAnlG nicht aus, so dass auch bei Nutzung der Ausnahme ein Vermögensanlagen-Informationsblatt zu erstellen ist. Auch wurde auf die noch im Regierungsentwurf vorgesehene Bagatellschwelle von 250 Euro verzichtet, da nunmehr eine elektronische Bereitstellung möglich ist.[35]

Festzustellen ist, dass sich damit das Informationsblatt vom Prospektregime loslöst – worauf § 13 Abs. 3a VermAnlG mit einer besonderen Hinweispflicht reagiert. Auch das Haftungsregime wird in § 22 Abs. 1a VermAnlG entsprechend angepasst: Der Anbieter muss lediglich haften, wenn die im Vermögensanlagen-Informationsblatt gemachten Angaben irreführend oder unrichtig sind.

Ein möglicher Anspruch des Anlegers wird damit konsequenterweise eingeschränkt. Nicht zu verkennen ist allerdings, dass der Anbieter – aber auch der eingeschaltete beratende Vermittler – keine Möglichkeit hat, auf den Verkaufsprospekt und die dortige vollständige Darstellung der Risiken zu verweisen. Die Inanspruchnahme aufgrund anderer zivilrechtlicher Vorgaben dürfte darüber hinaus auch nicht ausgeschlossen[36] sein und § 22 VermAnlG insofern diese Vorgaben nicht verdrängen.[37]

2.2.4 Überprüfung bis Ende 2016 und europäische Entwicklung

Bei aller Kritik im Einzelnen dürfte der Gesetzgeber insgesamt mit der Ausnahmeregelung des *Crowdfunding* einen vernünftigen Mittelweg beschritten haben, der versucht, eine Balance zwischen Anlegerschutz und Ermöglichung innovativer Finanzierungen zu halten. Die tatsächliche Entwicklung – auch der Ausfälle – wird dabei intensiv zu beobachten sein.[38] Festzustellen ist, dass die alternativen Finanzierungsalternativen des *Crowd Investing/Funding* derzeit öffentlich positiv

---

35 Beschlussempfehlung und Bericht des Finanzausschusses, BT-Drucksache 18/4708 vom 22. April 2015, S. 64.

36 Sehr kritisch *Bader*, WM 2014, 2249 (2254 ff.), der auf die möglicherweise eingreifende bürgerlich-rechtliche Prospekthaftung verweist, die auch bei Nutzung der Ausnahme nach § 2 VermAnlG für bereit gestellte Informationen eingreifen könnte. *Bader* schlägt stattdessen vor, die Prospektanforderungen spezifischer anzupassen.

37 *Bujotzek/Mocker*, BKR 2015, 358 (359 f.).

38 *Herr/Bantleon*, DStR 2015, 532 (539).

wahrgenommen werden, das sich dies aber – wie das Beispiel Mittelstandsanleihen zeigt – auch schnell wieder ändern kann.[39]

Die Ausnahmeregelungen sollen bis Ende 2016 überprüft werden.[40] Dies erscheint nicht zuletzt sinnvoll im Hinblick darauf, dass auch auf europäischer Ebene die Behandlung des *Crowdfunding* intensiv diskutiert wird – so hat die Europäische Wertpapier- und Marktaufsichtsbehörde ESMA im Dezember 2014 eine *Opinion*[41] und einen *Advice*[42] zum *Crowdfunding* veröffentlicht. Auch die EU-Kommission hat eine Konsultation durchgeführt und eine Expertengruppe eingesetzt.[43]

Schließlich wird im Rahmen der europäischen Diskussionen über die „Kapitalmarktunion" das Thema *Crowdfunding* als alternative Finanzierungsmöglichkeit adressiert.[44]

2.2.5 Partielle Ausnahme für Vertrieb an Genossenschaftsmitglieder

Eine weitere Ausnahme wird für Genossenschaften in § 2 Abs. 1 Nr. 1a VermAnlG vorgesehen, soweit diese partiarische Darlehen, Nachrangdarlehen und sonstige Anlagen ausschließlich ihren Mitgliedern anbieten und für den Vertrieb keine erfolgsabhängige Vergütung gezahlt wird. Der letzte Zusatz wurde noch vom Finanzausschuss eingefügt und soll Missbräuche verhindern, wobei eine regelmäßige Tätigkeit für den Vertrieb der Vermögensanlagen damit verbunden sein muss und daher Werbeaktionen sowie Provisionen für andere Produkte nicht ausgeschlossen sein sollen.[45]

---

39 *Herr/Bantleon*, DStR 2015, 532 (539).

40 Regierungsbegründung zum Entwurf eines Kleinanlegerschutzgesetzes (Fn. 17), S. 35.

41 *Opinion – Investment-based crowdfunding* vom 18. Dezember 2014, ESMA/2014/1378, abrufbar unter www.esma.europa.eu.

42 *Advice – Investment-based crowdfunding* vom 18. Dezember 2014, ESMA/2014/1560, abrufbar unter www.esma.europa.eu.

43 *Bujotzek/Mocker*, BKR 2015, 358 (360 f.).

44 Siehe das Grünbuch der EU-Kommission, Fn. 15.

45 Beschlussempfehlung und Bericht des Finanzausschusses, BT-Drucksache 18/4708 vom 22. April 2015, S. 63.

2.3 Verschärfte Anforderungen an Vermögensanlagen

2.3.1 Laufzeit von Vermögensanlagen, keine Nachschusspflicht

Zur Vermeidung von Fristeninkongruenzen wird in § 5a VermAnlG für Vermögensanlagen eine Laufzeit von mindestens 24 Monaten und eine ordentliche Kündigungsfrist von sechs Monaten – der Regierungsentwurf enthielt noch zwölf Monate – vorgesehen. Damit soll zum einen der Anbieter geschützt werden, damit er eine stabile Finanzierungsgrundlage erhält und zum anderen der Anleger gewarnt werden, dass seine Vermögensanlage eine unternehmerische Investition von gewisser Dauer ist.[46] Fraglich ist, ob dieser Eingriff in die Privatautonomie der Vertragspartner erforderlich ist[47] und ob damit – gerade angesichts des weiten Anwendungsbereichs – nicht ungewollt kurzfristige Finanzierungen erschwert werden könnten.

Ferner dürfen gemäß § 5b VermAnlG öffentlich angebotene Vermögensanlagen keine Nachschusspflicht vorsehen.

Die Information der Anleger soll des Weiteren durch Mitteilungspflichten auch nach Beendigung des öffentlichen Angebots verbessert werden (§ 11a VermAnlG).

2.3.2 Ergänzende Anforderungen an den Verkaufsprospekt und Veröffentlichungspflichten

Die bestehenden Informationspflichten über die Verkaufsprospekte werden in der Vermögensanlagen-Verkaufsprospektverordnung erweitert.[48] Die Gültigkeit der Verkaufsprospekte wird gemäß § 8 VermAnlG auf ein Jahr beschränkt, um die Aktualität der Angaben im Verkaufsprospekt direkt – nicht nur über Nachträge – sicherzustellen und somit auch die Prüfungsmöglichkeiten der BaFin zu erweitern.[49]

Neu eingeführt wird mit § 11a Abs. 1 VermAnlG auch eine Informationspflicht des Anbieters nach Ende des öffentlichen Angebots bis zur vollständigen Tilgung der Vermögensanlage: Der Emittent muss jede Tatsache veröffentlichen, die geeignet ist, seine Fähigkeit zur Erfüllung seiner Verpflichtungen gegenüber dem

46 Regierungsbegründung zum Entwurf eines Kleinanlegerschutzgesetzes (Fn. 17), S. 42.
47 Kritisch auch *Fett*, KSzW 02.2015, 139 (143).
48 Dazu im Einzelnen *Bußalb/Vogel*, WM 2015, 1785 ff.
49 Regierungsbegründung zum Entwurf eines Kleinanlegerschutzgesetzes (Fn. 17), S. 43 f.

Anleger erheblich zu beeinträchtigen. Der Emittent muss diese Angaben gemäß § 11a Abs. 3 VermAnlG veröffentlichen und nach § 11a Abs. 2 VermAnlG der BaFin mitteilen, die diese wiederum spätestens am dritten Werktag nach Eingang auf ihrer Internetseite bekannt zu machen hat.

Ausnahmen oder eine Verschiebung der Veröffentlichung sind, anders als bei der Pflicht zur Ad-hoc Publizität nach § 15 WpHG, nicht vorgesehen. Die Veröffentlichung könnte in Krisensituationen aber eine Rettung des Emittenten erschweren, da nicht auszuschließen ist, dass eine medienwirksame Veröffentlichung breite Reaktionen von Gläubigern auslöst.[50]

2.3.3 Vermögensanlagen-Informationsblatt mit Warnhinweis

Für das Vermögensanlagen-Informationsblatt (VIB) werden erweiterte Angaben (§ 13 VermAnlG), unter anderem zur Anlegergruppe (Zielmarkt),[51] vorgesehen. Ferner muss gemäß § 13 Abs. 6 VermAnlG auf der ersten Seite des Vermögensanlagen-Informationsblattes der Warnhinweis

> „Der Erwerb dieser Vermögensanlage ist mit erheblichen Risiken verbunden und kann zum vollständigen Verlust des eingesetzten Kapitals führen."

drucktechnisch hervorgehoben werden. Dieser gesetzgeberisch exakt vorgegebene, allgemeine Hinweis, der an die Formulierungen bei Arzneimitteln erinnert,[52] dürfte ein Novum im Kapitalanlagebereich darstellen – er findet weder bei den Informationsblättern für Finanzinstrumente nach § 31 Abs. 3a WpHG noch den wesentlichen Anlegerinformationen für Investmentvermögen gemäß §§ 164, 268 KAGB eine Entsprechung. Praktisch wird die Frage sein, ob der Anleger ihm die richtige Bedeutung zumessen wird. Um zu verhindern, dass der Warnhinweis beim Anleger untergeht, sieht der Gesetzgeber darüber hinaus vor, dass der Anleger gemäß § 15 Abs. 3 VermAnlG die Kenntnisnahme des Warnhinweises grundsätzlich durch eine Unterschrift zu bestätigen hat. Praktischen Gegebenheiten Rechnung tragend, wurde im parlamentarischen Verfahren noch § 15 Abs. 4 VermAnlG ergänzt, der bei Einsatz von Fernkommunikationsmitteln eine der Unterschriftsleistung gleichwertige Bestätigung zulässt, die vorliegt, wenn der

---

50 *Fett*, KSzW 02.2015, 139 (144).

51 Siehe zum Produktfreigabeverfahren (*Product* Governance)/Zielmarkt unter 4.

52 Vgl. *Fett*, KszW 02.2015, 139 (145).

Anleger eine eigenständige Texteingabe vornimmt, die zweifelsfrei seine Identität erkennen lässt.

Während somit für Finanzinstrumente nach WpHG differenzierende Regelungen gelten, sieht der Gesetzgeber bei Vermögensanlagen mit dem Warnhinweis eine sehr pauschale Herangehensweise vor. Im Falle einer zivilrechtlichen Inanspruchnahme durch den Anleger wegen fehlerhafter Beratung oder Information werden sich Anbieter oder Vertreiber von Vermögensanlagen wohl zukünftig regelmäßig auf die Unterzeichnung des Warnhinweises durch den Anleger berufen.

2.3.4 Werbung für Vermögensanlagen

Im Gesetzgebungsverfahren sehr umstritten waren die Regelungen zur Werbung für Vermögensanlagen. Der Regierungsentwurf sah in § 12 Abs. 1 VermAnlG-E[53] noch eine Beschränkung der Werbemedien vor, die – aufgrund der Erfahrungen im Fall PROKON – insbesondere die Werbung im öffentlichen Raum beziehungsweise Verkehrsmitteln ausschließen sollte.[54] So sollte die Werbung grundsätzlich nur in der Presse oder in sonstigen Medien, wenn deren Schwerpunkt zumindest gelegentlich auch auf der Darstellung von wirtschaftlichen Sachverhalten liegt und sie im Zusammenhang mit einer solchen Darstellung platziert wird, erfolgen dürfen. Die daran geübte heftige Kritik wurde aufgegriffen und die Regelung entschärft; § 12 Abs. 1 VermAnlG sieht nunmehr lediglich vor, dass der Anbieter auf die wesentlichen Merkmale der Vermögensanlage und auf den Verkaufsprospekt hinweist. Ergänzt wird dies gemäß § 12 Abs. 2 VermAnlG durch die zwingende Aufnahme des soeben unter 2.3.3 dargestellten Warnhinweises.

Auch hinsichtlich der Werbung geht der Gesetzgeber bei Vermögensanlagen damit deutlich „grober" vor als bei Finanzinstrumenten, für die die Vorgaben aus § 31 Abs. 2 WpHG und § 4 WpDVerOV[55] deutlich ausdifferenzierter sind.

Deutlich ausgeweitet werden die Befugnisse der BaFin zur Untersagung von Werbung in § 16 Abs. 1 VermAnlG im Falle von Missständen, wobei Art. 16 Abs. 1 Satz 2 VermAnlG einen Beispielkatalog enthält: So kann die Werbung untersagt werden, wenn die nach § 12 VermAnlG vorgesehenen Hinweise nicht enthalten sind (§ 16 Abs. 1 Satz 2 Nummern 1-3 VermAnlG). Die BaFin kann aber weiterge-

53 Regierungsbegründung zum Entwurf eines Kleinanlegerschutzgesetzes (Fn. 17).

54 Vgl. *Buck-Heeb*, NJW 2015, 2535 (2539).

55 In der aufsichtlichen Praxis sogar noch weiter ausgeformt durch die Mindestanforderungen an Compliance et al. der BaFin, siehe Fn. 7.

hend eine Werbung auch untersagen, wenn mit der Sicherheit der Vermögensanlage geworben wird, obwohl die Rückzahlung nicht oder nicht vollständig gesichert ist oder mit Angaben zu Kosten, Rendite und Ertrag geworben wird, durch die irreführend der Anschein eines besonders günstigen Angebots entsteht (§ 16 Abs. 1 Satz 2 Nummern 4-5 VermAnlG).[56] Schließlich wird in § 16 Abs. 1 Satz 2 Nr. 6 VermAnlG die Formulierung des § 16 Abs. 1 VermAnlG a. F. fortgeführt, nach der die Werbung untersagt werden kann, wenn sie geeignet ist, über den Umfang der Prospektprüfung irrezuführen.

Ein Einschreiten liegt nach § 16 Abs. 1 VermAnlG im Ermessen der BaFin. Es dürfte allerdings naheliegen, regelmäßig bei Erfüllung eines Beispieltatbestandes nach § 16 Abs. 1 Satz 2 VermAnlG eine Ermessensreduzierung auf Null anzunehmen, so dass die BaFin einschreiten muss.[57]

2.3.5 Erweiterte Rechte für die BaFin

Die Rechte der BaFin bei der Prüfung der Verkaufsprospekte werden schließlich erweitert: So soll die BaFin gemäß § 8 Abs. 1 VermAnlG bei der Prüfung der Kohärenz auch untersuchen, ob für das laufende und das folgende Geschäftsjahr die Vermögens-, Finanz- und Ertragslage des Emittenten, die Geschäftsaussichten sowie die Auswirkungen auf die Fähigkeit zur Bedienung der Verpflichtungen im Verkaufsprospekt widerspruchsfrei dargestellt werden. Der BaFin wird damit – bei einem weiten Ermessen – ein Ansatzpunkt gegeben, intensiver zu prüfen, stärker Geschäftsmodelle zu beleuchten und gegebenenfalls über die Kohärenzprüfung hinaus einzugreifen.[58] Die Annahme, dass daraus eine Pflicht der BaFin zur „materiellen Prüfung des angebotenen Finanzproduktes" resultiere,[59] dürfte aber zu weitgehend sein, vielmehr verbleibt es bei der Prüfung auf Widersprüche.[60]

Gleichwohl eröffnen die erweiterten Prüfungsrechte neue Wege für die BaFin, die auch in der Praxis mutmaßlich einfacher zu bestreiten sein werden, als mit dem Interventionsrecht[61] ein direktes Verbot auszusprechen.

---

56 Dazu ausführlich *Bußalb/Vogel*, WM 2015, 1733 (1740).

57 So *Bußalb/Vogel*, WM 2015, 1733 (1740).

58 Vgl. *Fett*, KSzW 02.2015, 139 (143 f.), der von einem „scharfen Schwert" spricht.

59 So *Jesch/Siemko*, BB 2014, 2570 (2571).

60 Ablehnend auch *Buck-Heeb*, NJW 2015, 2535 (2537) und *Bußalb/Vogel*, WM 2015, 1733 (1738), die keine Pflicht zur Prüfung der Funktionsfähigkeit des Geschäftsmodells oder der Solvenz des Emittenten annehmen.

61 Dazu unter 3.2.

In eine ähnliche Richtung geht die Erweiterung des § 15a VermAnlG, nach dem die BaFin zusätzliche Angaben im Prospekt verlangen kann, wenn dies zum Schutz des Publikums geboten erscheint.

Die BaFin kann ferner gemäß § 24 Abs. 5 VermAnlG die Prüfung der Rechnungslegung anordnen, soweit Anhaltspunkte für einen Verstoß gegen Rechnungslegungsvorschriften vorliegen. Die Regelung ist teilweise an § 37o WpHG orientiert.[62]

Schließlich kann die BaFin Maßnahmen gegen Emittenten unter Abwägung der betroffenen Interessen zur Verhinderung oder Beseitigung von Missständen auf ihrer Internetseite veröffentlichen (§ 26b VermAnlG).[63]

2.4 Mittelbare Regelung des Vertriebs

Die Regelungen des Kleinanlegerschutzgesetzes setzen damit grundsätzlich beim Produkt/Anbieter an. Über die Ausweitung des Begriffs der Vermögensanlage wird aber auch der Vertrieb erfasst:

- Für Kredit- und Finanzdienstleistungsinstitute über § 2 Abs. 2b WpHG und
- für Finanzanlagenvermittler durch § 34f GewO.

Die bestehenden Unterschiede bei der Regulierung und Beaufsichtigung des Vertriebs werden aufrechterhalten: Während Kreditinstitute und Finanzdienstleistungsinstitute durch die BaFin beaufsichtigt werden, verbleibt es bei der Aufsicht der Finanzanlagenvermittler durch die Gewerbeaufsichtsämter oder die Industrie- und Handelskammern. Der Forderung des Bundesrates nach einer einheitlichen Aufsicht durch die BaFin[64] wurde (abermals) nicht Rechnung getragen. Die Bundesregierung verweist darauf, dass die Regelungen erst seit kurzer Zeit in Kraft seien und die Entwicklungen sowie die Aufgabenverteilungen zwischen BaFin und Gewerbeaufsichtsbehörden von der Bundesregierung beobachtet werden.[65]

---

62 Siehe im Einzelnen dazu *Bußalb/Vogel*, WM 2015, 1733 (1740 ff.).

63 Siehe zur Veröffentlichung auch unter 3.2.4.

64 Stellungnahme des Bundesrates zum Entwurf eines Kleinanlegerschutzgesetzes, BT-Drucksache 18/3994 vom 11. Februar 2015, S. 63.

65 Gegenäußerung der Bundesregierung zur Stellungnahme des Bundesrates zum Entwurf eines Kleinanlegerschutzgesetzes, BT-Drucksache 18/3994, S. 82.

3 Befugnisse/Interventionsregime der Aufsicht

3.1 Ausweitung auf den kollektiven Verbraucherschutz

Der mit dem Kleinanlegerschutzgesetz eingeführte § 4 Abs. 1 Finanzdienstleistungsaufsichtsgesetz (FinDAG) sieht vor, dass die BaFin innerhalb ihres gesetzlichen Auftrages auch dem Schutz der kollektiven Verbraucherinteressen verpflichtet ist. Damit wird national nachvollzogen, was auf EU-Ebene bereits gilt: Den europäischen Aufsichtsbehörden (EBA, ESMA und EIOPA) wurde der Verbraucherschutz bereits explizit als Aufgabe vorgeschrieben.[66] Ferner wird damit eine seit mehreren Jahren laufende Diskussion über die aufsichtlichen Befugnisse gesetzgeberisch aufgegriffen und eine Vorgabe aus dem Koalitionsvertrag umgesetzt. In diesem Kontext ist auch auf den „Finanzmarktwächter" hinzuweisen, der die BaFin auf Fehlentwicklungen am Markt hinweisen soll.[67]

Konkret erhält die BaFin die Befugnis, alle Anordnungen zu treffen, die geeignet und erforderlich sind, um verbraucherschützende Missstände zu verhindern oder zu beseitigen. Damit soll in allen Aufsichtsbereichen der BaFin die Einhaltung sowohl öffentlich-rechtlicher als auch zivilrechtlicher verbraucherschützender Vorschriften ermöglicht werden. Eine Norm soll dem Verbraucherschutz dienen, wenn Verbraucherschutz ihr eigentlicher Zweck ist, er darf nicht nur untergeordnete Bedeutung haben oder zufällige Nebenwirkung sein.[68]

Die Regierungsbegründung[69] betont dabei zum einen, dass kein individueller Anspruch von Verbrauchern auf Einschreiten der BaFin besteht. Die BaFin soll aber zum anderen auch einschreiten können, wenn sie „Kenntnis von systematischen und gewichtigen Verstößen gegen verbraucherschützende Rechtsvorschriften erhält und in absehbarer Zeit kein höchstrichterliches Urteil zu erwarten ist". Wenn dies – bei einer weiten Auslegung – so verstanden würde, dass die BaFin auch die Einhaltung zivilrechtlicher Vorschriften überwachen soll,[70] würde die Aufsichtsbehörde somit faktisch als „Ersatz-BGH" tätig werden können. Dies

---

66 Vgl. nur Art. 1 Abs. 5 f) und Art. 9 der Verordnung (EU) Nr. 1095/2010 des Europäischen Parlaments und des Rates vom 24. November 2010 zur Errichtung einer Europäischen Aufsichtsbehörde (Europäische Wertpapier-und Marktaufsichtsbehörde), zur Änderung des Beschlusses Nr. 716/2009/EG und zur Aufhebung des Beschlusses 2009/77/EG der Kommission.

67 Dazu *Kelber*, VuR 2015, 281 (282), der davon spricht, dass das Kleinanlegerschutzgesetz die „Marktwächterfunktion" flankiere.

68 Regierungsbegründung zum Entwurf eines Kleinanlegerschutzgesetzes (Fn. 17), S. 37.

69 Regierungsbegründung zum Entwurf eines Kleinanlegerschutzgesetzes (Fn. 17), S. 36 f.

70 *Buck-Heeb*, NJW 2015, 2535 (2540).

führte zu einer Verwischung der Trennlinien zwischen Exekutive und Judikative. Unternehmen müssten dann – falls sie gegen eine Anordnung der BaFin vorgehen wollen – in zivilrechtlichen Fragen zunächst den Verwaltungsrechtsweg bestreiten.[71] Sehr fraglich ist auch die Situation, falls die BaFin einen Sachverhalt anders beurteilt als später der BGH? Richtigerweise betont in diesem Zusammenhang der Finanzausschuss in seiner Beschlussempfehlung daher nochmal,[72] dass die Verpflichtung ausschließlich im öffentlichen Interesse bestehe und nicht zur Durchsetzung individueller Rechtsansprüche diene.

3.2 Produktinterventionsrechte der Aufsicht

In Vorwegnahme der europäischen Vorgaben aus Art. 40 ff. der MiFIR hat das Kleinanlegerschutzgesetz in § 4b WpHG Produktinterventionsrechte für die BaFin vorgesehen, etwaige Konkretisierungen auf *Level II* der europäischen Regelungen sollen im Wege der Auslegung herangezogen werden.[73]

3.2.1 Reichweite der Befugnis und Voraussetzungen

Die BaFin kann somit ein Verbot oder eine Beschränkung der Vermarktung, des Vertriebs oder des Verkaufs von bestimmten Finanzinstrumenten vorsehen. Voraussetzungen sind gemäß § 4b Abs. 2 WpHG, dass erhebliche Bedenken für den Anlegerschutz oder Gefahren für das ordnungsgemäße Funktionieren und die Integrität der Finanzmärkte oder bei Derivaten negative Auswirkungen auf den Preisbildungsmechanismus bestehen, wobei die Verhältnismäßigkeit betont wird.

In diesen Regelungen zeigt sich ein neues, stärker paternalistisches Verständnis des Gesetzgebers.[74] Die Aufklärung des Anlegers wird als nicht mehr ausreichend betrachtet: Vom „klassischen“ Anlegerschutzansatz mit dem Ausgleich von Informationsasymmetrien wird insofern Abstand genommen. Würde die Produktintervention als neuer anlegerschützender Regelungsmechanismus gesehen, liefe es wohl auf eine grundlegende Beschränkung von Produkten

71 Vgl. auch *Fett*, KSzW 02.2015, 139.

72 BT-Drucksache 18/4708, S. 58.

73 Regierungsbegründung zum Entwurf eines Kleinanlegerschutzgesetzes (Fn. 17), S. 53, spricht von „zügiger Erweiterung des Anlegerschutzes“.

74 So auch *Klingenbrunn*, WM 2015, 316 (320).

hinaus.[75] Die Funktion könnte aber auch in einer Flankierung des Maßnahmenkatalogs der Aufsicht gesehen werden, die nur in Ausnahmefällen praktische Bedeutung erlangt.

3.2.2 Erfassung von strukturierten Einlagen

Die Interventionsrechte der BaFin beziehen sich auch auf strukturierte Einlagen, die zu diesem Zweck – in Vorwegnahme der Regelung aus Art. 4 Abs. 1 Nr. 43 MiFID II – in § 2 Abs. 11 WpHG nunmehr definiert werden. Strukturierte Einlagen sind dadurch gekennzeichnet, dass die Zahlung von Zinsen oder einer Prämie zum Beispiel an einen Index, ein Finanzinstrument, eine Ware oder einen Wechselkurs gekoppelt wird. Variabel verzinsliche Einlagen, die unmittelbar an einen Zinsindex gekoppelt sind, stellen aber keine strukturierten Einlagen dar.

In Deutschland sind entsprechende Gestaltungen in der Form von Einlagen aber kaum üblich, vielmehr sind sie als „Zertifikate" in der Struktur von Schuldverschreibungen anzutreffen. Praktisch dürfte somit die Ausdehnung des Anwendungsbereichs der „strukturierten Einlagen" von geringer Bedeutung sein.

3.2.3 Adressatenkreis

Der Adressatenkreis des Produktinterventionsrechtes ist nicht beschränkt auf Wertpapierdienstleistungsunternehmen und soll auch Direktvertrieb und Finanzvermittler erfassen.[76]

Explizit werden auch Vermögensanlagen von § 4b WpHG erfasst; dies wird in § 18 Abs. 2 VermAnlG nochmals klargestellt. Angesichts der weiten Formulierungen von § 4b Abs. 1 Nr. 2 WpHG, nach der die BaFin eine bestimmte Form der Finanztätigkeit oder Finanzpraxis verbieten oder beschränken kann, kann die BaFin somit auch die Tätigkeit von Finanzanlagenvermittlern einschränken beziehungsweise untersagen.[77] Eine ausdrückliche „Subsidiarität" der BaFin wird – anders als zum Beispiel in Art. 40 Abs. 2 MiFIR – auch nicht angeordnet. Die BaFin verfügt in diesem Bereich, obwohl sie selbst nicht direkt die Aufsicht

---

75 *Mülbert*, ZHR 177 (2013), 160 (201 f.) spricht insofern von einem notwendigen „numerus clausus" der zulässigen Finanzinstrumente.

76 Regierungsbegründung zum Entwurf eines Kleinanlegerschutzgesetzes (Fn. 17), S. 53.

77 Auch wenn die Zuständigkeiten der Gewerbeaufsichtsämter nach der Regierungsbegründung zum Entwurf eines Kleinanlegerschutzgesetzes (Fn. 17), S. 53, unberührt bleiben sollen.

– die bei den Gewerbeaufsichtsämtern beziehungsweise Industrie- und Handelskammern liegt – ausübt, somit „auf zweiter Ebene" über die Produktintervention Eingriffsmöglichkeiten auch bei Finanzanlagenvermittlern.

Eine Intervention soll dabei durch Allgemeinverfügung erfolgen und damit auch einen unbestimmten Adressatenkreis erreichen können. Bei konkreten Marktteilnehmern soll aber gegebenenfalls zur Wahrung der Verhältnismäßigkeit auch ein individueller Verwaltungsakt geboten sein.[78]

3.2.4 Veröffentlichung durch die BaFin auf der Internetseite

Die BaFin hat Maßnahmen der Produktintervention auf ihrer Internetseite zu veröffentlichen (§ 4b Abs. 4 WpHG).

Während bei einem allgemeinen Produktverbot eine Veröffentlichung zur Information aller Beteiligten geradezu notwendig erscheint, begegnet die Weite des § 4b Abs. 4 WpHG indes Bedenken, da nach dem Wortlaut auch jedes, gegebenenfalls individuell ausgesprochene, Verbot, zu veröffentlichen ist. Die zu erwartende negative Aufnahme eines solchen Verbotes im Markt dürfte dazu führen, dass Anbieter tunlichst eine Entscheidung der BaFin vermeiden und vor Abschluss eines Verfahrens der Auffassung der BaFin folgen.[79]

Dies korrespondiert in gewissem Maße mit der Regelung in § 26b VermAnlG und dem bereits mit dem Anlegerschutzverbesserungsgesetz eingeführten § 34d Abs. 4 WpHG, die aber zumindest noch Raum für Interessenabwägung lassen.

Diese nicht unkritisch zu bewertenden *Name and Shame*-Regelungen[80] entsprechen dem Ansatz einer Vielzahl europäischer Regulierungen, mit dem das Ziel besserer Rechtsdurchsetzung verfolgt werden soll. In der Sache handelt es sich primär um eine Sanktion[81] und kann insofern neben der Maßnahme selbst sowie einem etwaigen Bußgeld als „doppelte Bestrafung" angesehen werden.[82]

MiFID II und MiFIR sehen darüber hinaus weitergehende Maßnahmen und Regelungen zur Veröffentlichung aller von den nationalen Aufsichtsbehörden verhängten Sanktionen (Art. 69 ff. MiFID II) sowie eine europaweite Harmonisierung und Anhebung der Bußgeldrahmen (Art. 70 MiFID II) vor.

---

78 Regierungsbegründung zum Entwurf eines Kleinanlegerschutzgesetzes (Fn. 17), S. 53.

79 Ähnlich auch die Erwartung von *Fett*, KSzW 02.2015, 139 (146) zu § 26b VermAnlG.

80 Kritisch *Schmieszek/Langner*, WM 2014, 1893 (1894 ff.) im Hinblick auf Verfassungs- und EU-Recht.

81 *Schmieszek/Langner*, WM 2014, 1893 (1901).

82 *Fett*, KSzW 02.2015, 139 (145).

3.2.5 Zivilrechtliche Folgen?

Die Produktinterventionsrechte der BaFin sind naturgemäß aufsichtsrechtlicher Natur. Zivilrechtliche Folgen werden durch das Kleinanlegerschutzgesetz dementsprechend nicht normiert.

Zunächst dürften entsprechende Entscheidungen der BaFin – und auch zukünftig der ESMA – nicht als Verbotsgesetze im Sinne des § 134 BGB, mit der Folge einer Vertragsnichtigkeit, zu betrachten sein, da es sich um Einzelakte handelt.[83]

Auch dürfte ein Schadenersatzanspruch von Kunden aus § 823 Abs. 2 BGB wegen eines Verstoßes gegen ein Schutzgesetz ausscheiden, da kein individueller Anlegerschutz bezweckt wird.[84]

Ansprüche des Anlegers dürften sich bei der Anlageberatung im Falle eines bestehenden Produktverbotes aber regelmäßig aus einer Verletzung des Beratungsvertrages ergeben. Sofern ein Auskunftsvertrag zwischen Bank und Kunde zustande gekommen ist, dürfte auch auf ein bestehendes Produktverbot hinzuweisen sein.

Fraglich ist, ob diese Aufklärungspflicht auch gilt, wenn ein Produktverbot wieder aufgehoben wurde. Dies dürfte aber nicht pauschal zu beantworten, sondern davon abhängig sein, ob im Einzelfall noch eine Relevanz für die konkrete Anlageberatung besteht.[85]

3.2.6 Neue Herausforderung für die Aufsicht

Die Produktinterventionsrechte sollen als Erfahrung der Finanzkrise die unmittelbare Kontrolle durch die Aufsicht rechtfertigen. Den Vorschriften kommt somit eine hohe „politische Bedeutung" zu. Die BaFin wird durch die neuen Befugnisse in eine nicht einfache Position gebracht: Es wird von ihr einerseits erwartet werden, dass sie von ihren neuen Möglichkeiten Gebrauch macht und „unseriöse" Angebote vom Markt nimmt. Diese werden aber nicht immer leicht zu erkennen sein. Andererseits ist nicht zu verkennen, dass die Aufsicht sich im Falle eines später als unzulässig erkannten Produktverbotes Haftungsrisiken aus-

83 Detailliert auch zum europäischen Recht mit einem Vergleich zur Behandlung bei Verstößen gegen das Beihilfegebot *Klingenbrunn*, WM 2015, 316 (321 ff.).

84 So auch im Ergebnis *Klingenbrunn*, WM 2015, 316 (323), der allerdings empfiehlt, eine Schutzgesetzeigenschaft gesetzlich einzuführen.

85 Anders *Klingenbrunn*, WM 2015, 316 (324), der hier für eine Aufklärungspflicht plädiert.

setzen kann. Dies kann gegebenenfalls zu einer eingeschränkten Nutzung durch Aufsichtsbehörden führen.

Eindeutig ist, dass mit den Interventionsrechten die Position der BaFin deutlich gestärkt wird. Faktisch entfalten die Interventionsrechte – auch über die verpflichtende Veröffentlichung entsprechender Entscheidungen – ein erhebliches Drohpotential für betroffene Anbieter oder vertreibende Unternehmen.

Es wird aber abzuwarten bleiben, inwieweit die BaFin vom Produktinterventionsrecht Gebrauch machen wird; es ist nicht auszuschließen, dass die Praxis in den anderen europäischen Ländern und zukünftig der ESMA hier eine bedeutende Rolle spielen wird.[86]

4 Produktfreigabeverfahren (Product Governance)

Das Kleinanlegerschutzgesetz zieht das in Art. 16 Abs. 3 und Art. 24 Abs. 2 MiFID II[87] vorgesehene Produktfreigabeverfahren (*Product Governance*) national in § 33 Abs. 3b-3d WpHG vor. Das Kleinanlegerschutzgesetz stimmt dabei weitestgehend mit Art. 16 und Art. 24 MiFID II überein.

Die Regelungen werden aber, anders als im Referentenentwurf vorgesehen,[88] erst – wie die MiFID II – ab dem 3. Januar 2017 in Kraft treten. Wenn der Gesetzgeber schon auf das Vorziehen nicht ganz verzichten mag,[89] so ist das spätere Inkrafttreten zu begrüßen, da angesichts noch nicht feststehender Regelungen auf EU-Ebene und der erheblichen Änderungserfordernisse immense praktische Probleme hätten auftreten können. So besteht nunmehr die Möglichkeit, auf die anstehenden Konkretisierungen (*Level II*) auf europäischer Ebene zu reagieren.

Die für die Ausformung auf *Level II* vorgesehenen delegierten Rechtsakte der EU-Kommission sind noch nicht verabschiedet worden. Die ESMA hat in ihren Vorschlägen an die EU-Kommission vom Dezember 2014[90] sehr weitgehende Vorschriften vorgeschlagen, die über *Level I* – und die Regelungen des Kleinanleger-

---

86 So hat die englische Finanzaufsicht *Financial Conduct Authority* (FCA) den Vertrieb von *Contingent convertible instruments* („CoCo bonds") an Privatanleger mit Wirkung vom 1. Oktober 2014 eingeschränkt: *Restrictions in relation to the retail distribution of contingent convertible instruments, published 05/08/2014*, abrufbar unter www.fca.org.uk. Die BaFin hat hingegen in einem Artikel im BaFin-Journal Oktober 2014, S. 9 ff., auf die Risiken hingewiesen.

87 Siehe Fn. 9.

88 Siehe Fn. 21.

89 Kritisch auch *Fett*, KSzW 02.2015, 139 (146).

90 Siehe dazu den *Final Report, ESMA's Technical Advice to the Commission on MiFID II and MiFIR, ESMA/2014/1569, 19.12.2014*, abrufbar unter www.esma.europa.eu.

schutzgesetzes – deutlich hinausgehen. Es ist davon auszugehen, dass die EU-Kommission diesem Ansatz folgen wird.

4.1 Grundzüge

Das Produktfreigabeverfahren (*Product Governance*) führt neue aufsichtsrechtliche Regeln mit erheblicher Bedeutung für das Wertpapiergeschäft und das Zusammenspiel zwischen Emittenten und vertreibenden Stellen ein. Jedes Unternehmen soll demnach bereits im Vorfeld des Vertriebs eines Finanzinstruments dafür Sorge tragen, dass das Produkt nur einer solchen Kundengruppe angeboten wird, zu deren Bedürfnissen es passt.

Gemäß § 33 Abs. 3b Satz 1 WpHG müssen Wertpapierdienstleistungsunternehmen, die Finanzinstrumente zum Verkauf konzipieren (Emittenten und sonstige Produktentwickler), ein Produktfreigabeverfahren etablieren. Jedes einzelne Finanzinstrument muss dieses Verfahren durchlaufen, bevor es an Endkunden vertrieben werden darf. Entscheidendes Element dieses Verfahrens ist die Zielmarktbestimmung (§ 33 Abs. 3b Satz 2-4 WpHG). Ein Produktentwickler muss mit ihr festlegen, für welche Gruppe von Kunden das Finanzinstrument bestimmt ist. Anschließend muss er diese Zielmarktbestimmungen regelmäßig überprüfen (§ 33 Abs. 3c WpHG). Die Pflicht zur Zielmarktbestimmung trifft den Emittenten beziehungsweise Produktentwickler. Dieser muss die Informationen an das vertreibende Wertpapierdienstleistungsunternehmen weitergeben (§ 33 Abs. 3d WpHG; dies entspricht Art. 16 Abs. 3 Unterabs. 5 MiFID II).

Wertpapierdienstleistungsunternehmen mit unmittelbarem Kundenkontakt (Distributoren) haben durch angemessene Vorkehrungen dafür Sorge zu tragen, dass sie die Merkmale des von einem Produktentwickler bestimmten Zielmarkts verstehen (§ 33 Abs. 3d Satz 2 WpHG). Hierzu muss der Emittent/Produktentwickler dem Distributor Informationen bereitstellen (§ 33 Abs. 3d Satz 1 WpHG). Auf dieser Basis muss ein Distributor beurteilen, ob das Produkt den Bedürfnissen einer seiner Kundengruppen entspricht (Art. 24 Abs. 2 Unterabs. 2 MiFID II).

4.2 Anwendungsbereich

Die Regelungen zum Produktgenehmigungsverfahren finden grundsätzlich Anwendung, wenn ein Wertpapierdienstleistungsunternehmen Produkte anbietet oder empfiehlt (so Art. 24 Abs. 2 Unterabs. 2 MiFID II) beziehungsweise zum Verkauf konzipiert (§ 33 Abs. 3b WpHG). Damit wird nicht eindeutig geregelt, welche Dienstleistungen (Anlageberatung, beratungsfreies Geschäft, *Execution-only*) erfasst werden sollen.

Bei ihren Vorschlägen für die delegierten Rechtsakte auf *Level II* hat die ESMA allerdings einen weiten Anwendungsbereich vorgesehen: So soll das Produktfreigabeverfahren – einschließlich der Definition des Zielmarkts – nach Vorstellungen der ESMA sowohl bei allen relevanten Wertpapierdienstleistungen (also auch im *Execution-only* und beratungsfreien Geschäft) als auch beim Vertrieb von Produkten auf dem Primär- und Sekundärmarkt zu bestimmen sein, wobei der Verhältnismäßigkeitsgrundsatz gelten soll.[91]

ESMA sieht grundsätzlich alle Produkte im Anwendungsbereich (auch Aktien und „einfache" Anleihen); hält hier aber eine abstraktere Angabe des Zielmarkts für möglich.

4.3 Pflichtenkreis des Emittenten/Zielmarktbestimmung

4.3.1 Überblick

Die vom Produktentwickler zu leistende Zielmarktbestimmung ist durch folgende grundlegende Struktur geprägt: Ein Zielmarkt besteht aus einer Gruppe von Endkunden einer bestimmten Kundengattung (Art. 16 Abs. 3 MiFID II). Die Zielmarktbestimmung ist unabhängig von der Geeignetheitsprüfung/Angemessenheitsprüfung[92] nach § 31 Abs. 4, 4a und 5 WpHG.[93] Ein Finanzinstrument muss den Bedürfnissen, Eigenschaften und Zielen seines Zielmarkts (§ 33 Abs. 3c Satz 2 WpHG) entsprechen, die Risiken des Produkts müssen vom Zielmarkt getragen werden können (Art. 16 Abs. 3 MiFID II).

Bei der Zielmarktbestimmung sollen der Anlagehorizont des Kunden (§ 33 Abs. 3b Satz 3 WpHG) berücksichtigt werden und alle relevanten Risiken, insbesondere das Verlust-, Ausfall- und Wertschwankungsrisiko (§ 33 Abs. 3b Satz 4 WpHG) bewertet werden. Ferner muss die Vertriebsstrategie dem Zielmarkt entsprechen (§ 33 Abs. 3b Satz 5 WpHG, Art. 16 Abs. 3 Unterabs. 3 MiFID II).

Der Produktentwickler muss ferner die Finanzinstrumente regelmäßig überprüfen und Ereignisse mit wesentlichem Einfluss auf das potentielle Risiko für

---

91 ESMA, *Final Report: ESMA's Technical Advice to the Commission on MiFID II and MiFIR, ESMA/2014/1569, 19.12.2014* (abrufbar unter www.esma.europa.eu), S. 61.

92 Fraglich daher *Brenncke*, WM 2015, 1173 (1174 ff.), der eine Parallele zur Explorationspflicht in der Anlageberatung und für die Zielmarktbestimmung eine „typisierte" Betrachtung vorschlägt.

93 Erwägungsgrund 71 MiFID II.

den Zielmarkt berücksichtigen und beurteilen, ob Zielmarkt und Vertriebsstrategie noch geeignet sind. (§ 33 Abs. 3c WpHG, Art. 16 Abs. 3 Unterabs. 4 MiFID).

4.3.2 Konkrete Vorgaben für die Zielmarktbestimmung

Zusammen mit den sehr detaillierten Vorschlägen der ESMA, nach denen der festgelegte Zielmarkt hinreichend granular abgegrenzt sein muss,[94] ergeben sich dann folgende konkrete Vorgaben, die ein Finanzinstrument erfüllen muss, um den Bedürfnissen, Eigenschaften und Zielen des Zielmarkts zu entsprechen:

- Das Finanzinstrument muss in seinem Risiko/Chance-Profil mit dem Zielmarkt übereinstimmen, wobei alle relevanten Risiken, insbesondere das Verlust-, Ausfall- und Wertschwankungsrisiko (§ 33 Abs. 3b Satz 4 WpHG) zu bewerten sind.
- Es muss dem Anlagehorizont des Zielmarkts entsprechen (§ 33 Abs. 3b Satz 3 WpHG).
- Die Struktur muss dem Kunden nutzen und nicht ein Geschäftsmodell verfolgen, das Erträge auf Grundlage von schlechten Ergebnissen für die Kunden erzielt.
- Die mit dem Finanzinstrument verbundenen Kosten und Gebühren müssen den Bedürfnissen, Eigenschaften und Zielen des Zielmarkts entsprechen.
- Die Kosten- und Gebührenstruktur darf nicht der Ertragserwartung des Kunden entgegen laufen, etwa wenn Kosten und Gebühren einen erwarteten Steuervorteil aufheben.
- Die Kostenstruktur muss transparent sein, insbesondere darf sie nicht die Kosten verschleiern oder unverständlich kompliziert sein.
- Schließlich muss die Vertriebsstrategie dem Zielmarkt entsprechen.

4.3.3 Szenarioanalyse/Stresstest

Nach den Vorschlägen der ESMA[95] wird der Produktentwickler zu einer Art „Stresstest“ verpflichtet. Er muss das Produkt einer Szenarioanalyse unterziehen, bei der das Risiko einer negativen Entwicklung des Produkts bewertet wird

94 ESMA Technical Advice on MiFID II and MiFIR, 19.12.2014 (Fn. 91), S. 55 ff.
95 ESMA Technical Advice on MiFID II and MiFIR, 19.12.2014 (Fn. 91), S. 55 ff.

und die Umstände bestimmt werden, unter denen eine solche Entwicklung eintreten kann. Als Beispiele für negative Umstände werden genannt:

- Das Marktumfeld verschlechtert sich.
- Das Emittentenausfallrisiko des Produktentwicklers oder eines an der Entwicklung beteiligten Dritten realisiert sich.
- Das Finanzinstrument erweist sich als unwirtschaftlich.
- Die Nachfrage nach dem Finanzinstrument ist höher als erwartet, so dass die Ressourcen des Produktentwicklers und/oder der Markt des Basiswertes belastet werden.

4.3.4 Umgang mit Interessenkonflikten

Die ESMA[96] schlägt ferner vor, dass der Produktentwickler außerdem auf Dauer wirksame Vorkehrungen für angemessene Maßnahmen treffen muss, damit die Produktentwicklung den Anforderungen an den Umgang mit Interessenkonflikten entspricht (inklusive den Anforderungen an Vergütungen). Hierzu wird gefordert, dass die Produktgestaltung mit ihren Merkmalen

- nicht nachteilig für die Kunden wirken darf und
- es dem Produktentwickler nicht ermöglichen darf, eigene Risiken aus dem Basiswert zu reduzieren.

Mögliche Interessenkonflikte sind zu analysieren und Gefahren für die Marktintegrität zu berücksichtigen. Insbesondere ist zu bewerten, ob das Finanzinstrument dazu führen kann, dass Kunden benachteiligt werden, weil sie ein Verlustrisiko (*Exposure*) erwerben, dem ein gegenläufiges Risiko des Entwicklers gegenübersteht.

4.3.5 Weitere organisatorische Vorkehrungen

Der Produktentwickler soll zudem nach den Vorstellungen der ESMA[97] sicherstellen, dass

96 ESMA Technical Advice on MiFID II and MiFIR, 19.12.2014 (Fn. 91), S. 55 ff.
97 ESMA Technical Advice on MiFID II and MiFIR, 19.12.2014 (Fn. 91), S. 55 ff.

- die relevanten, an der Entwicklung eines Finanzinstruments beteiligten Mitarbeiter die notwendigen Kenntnisse und Erfahrungen haben, um das Produkt und seine Risiken zu verstehen,
- die Geschäftsleitung eine effektive Kontrolle über den Produktfreigabe- und Produktgenehmigungsprozess besitzt und
- die Berichte der Compliance-Funktion an die Geschäftsleitung systematisch Informationen über die entwickelten Finanzinstrumente und die damit verbundene Vertriebsstrategie enthalten. Auf Anforderung sind diese Berichte der zuständigen Aufsichtsbehörde zu übergeben.

4.3.6 Überwachungsprozess

Auch hinsichtlich der laufenden Überwachung schlägt die ESMA[98] weitgehende Anforderungen vor:

Die Compliance-Funktion eines Produktentwicklers muss die Entwicklung und regelmäßige Überprüfung der *Product Governance* überwachen. Außerdem sind die von dem Produktentwickler auf den Markt gebrachten Finanzinstrumente regelmäßig zu überprüfen. Dabei ist zu bewerten, ob ein Finanzinstrument

- nach wie vor den Bedürfnissen, Eigenschaften und Zielen des Zielmarkts entspricht,
- ob es tatsächlich auf dem festgelegten Zielmarkt angeboten wird, oder ob es Kunden erreicht, deren Bedürfnissen, Eigenschaften und Zielen es nicht entspricht und
- ob es so funktioniert wie vorgesehen.

Ein Produktentwickler muss festlegen, wie häufig Finanzinstrumente zu überprüfen sind. Relevante Faktoren sind zu berücksichtigen, vor allem die Komplexität des Produkts oder der innovative Charakter der mit ihm verfolgten Strategie.

Der Produktentwickler muss wichtige Ereignisse bestimmen, die das Risiko oder die Ertragserwartung beeinflussen können, wie etwa

- das Überschreiten einer Verlustschwelle des Finanzinstruments,
- die Änderung der Solvenz von Emittenten, deren Wertpapiere oder Garantien die Performance des Finanzinstruments beeinflussen können.

---

98 ESMA Technical Advice on MiFID II and MiFIR, 19.12.2014 (Fn. 91), S. 55 ff.

Sollte ein solches Ereignis eintreten, so muss ein Produktentwickler angemessene Maßnahmen ergreifen, etwa

- die Information von eigenen Kunden und Distributoren,
- eine Änderung im Produktgenehmigungsprozess,
- ein Verzicht auf eine weitere Emission des Finanzinstruments,
- eine Änderung des Finanzinstruments, um unfaire Vertragsbedingungen zu vermeiden,
- eine Überprüfung der Angemessenheit der Vertriebswege, wenn ein Finanzinstrument nicht wie geplant vertrieben wird,
- eine Änderung des Vertriebsprozesses in Absprache mit einem Distributor,
- eine Kündigung der Vertragsbeziehung zu einem Distributor,
- eine Unterrichtung der zuständigen Aufsichtsbehörde.

Vor einer weiteren oder erneuten Emission eines Finanzinstruments müssen Produktentwickler bewerten, ob ihnen Ereignisse bekannt geworden sind, die das Risiko für Anleger erheblich beeinflussen können.

4.4 Zusammenspiel mit dem Vertrieb

Der Emittent muss Vertreibern alle sachgerechten Informationen zum Finanzinstrument und Produktfreigabeverfahren zur Verfügung stellen (§ 33 Abs. 3d Satz 1 WpHG). Das vertreibende Wertpapierdienstleistungsunternehmen muss über Vorkehrungen verfügen, um sich entsprechende Informationen zu verschaffen und Merkmale und Zielmarkt zu verstehen (§ 33 Abs. 3d Satz 2 WpHG).

Das nationale Gesetz sieht insofern – in Übereinstimmung mit Art. 24 Abs. 2 MiFID II – keine spezifischen Anforderungen für die vertreibende Stelle vor.

4.4.1 Eigenständige Zielmarktbestimmung?

Die Ausführungen der ESMA könnten allerdings so verstanden werden, dass sie deutlich über die Bestimmungen des *Level I* hinausgehen: So soll das vertreibende Unternehmen unter Berücksichtigung der Angaben des Emittenten einen konkreten (eigenständigen) Zielmarkt für seine Kunden bestimmen.[99] Eine wei-

99 ESMA Technical Advice on MiFID II and MiFIR, 19.12.2014 (Fn. 91), S. 52: "Distributors should use the manufacturer's more general target market assessment together with existing informa-

tergehende Zielmarktbestimmung auf der Ebene des Distributors ist in MiFID II *Level I* aber gerade nicht vorgesehen: Art. 24 Abs. 2 MiFID II führt aus, dass der Zielmarkt zu „berücksichtigen" ist und verweist ausdrücklich auf den vom Emittenten nach Art. 16 Abs. 3 MiFID II erstellten Zielmarkt. Im eigentlichen Textvorschlag für die delegierten Rechtsakte der ESMA findet sich dann auch nicht die Forderung einer eigenständigen Zielmarktbestimmung klar wieder.[100]

Sofern eine Zielmarktbestimmung durch den Emittenten vorliegt, erscheint eine eigenständige Definition eines Zielmarkts durch den Distributor auch nicht sinnvoll, denn höhere Erkenntnisse zum Produkt werden bei diesem nicht vorliegen. Richtigerweise sollten die Bestimmungen vielmehr – auch im Hinblick auf den klaren *Level I*-Wortlaut – so ausgelegt werden, dass der Distributor die Erkenntnisse aus der Zielmarktbestimmung bei seiner Vertriebsstrategie und Vertriebspraxis sowie bei der Geeignetheits- und Angemessenheitsprüfung berücksichtigt. In Art. 24 Abs. 2 MiFID ist somit konzeptionell angelegt, dass der Zielmarkt eine Einschätzung des Emittenten darstellt, die der Distributor zu berücksichtigen hat. Das vertreibende Wertpapierdienstleistungsunternehmen muss hingegen aber keinen neuen, eigenen Zielmarkt bestimmen. Dies setzt der deutsche Gesetzgeber im Kleinanlegerschutzgesetz auch in § 33 Abs. 3d WpHG konsequent um: Das konzipierende Wertpapierdienstleistungsunternehmen muss nach Satz 1 unter anderem die Information über den Zielmarkt zur Verfügung stellen. Nach Satz 2 muss das vertreibende Wertpapierdienstleistungsunternehmen über Vorkehrungen verfügen, um sich die Information über den Zielmarkt zu verschaffen und den Zielmarkt zu verstehen. Das Gesetz sieht somit nur eine Zielmarktbestimmung (durch den Emittenten) vor, die auch vom vertreibenden Wertpapierdienstleistungsunternehmen nur „verstanden", aber nicht überprüft werden muss. Dies kann selbstverständlich dazu führen, dass tatsächlich der Vertrieb anders erfolgt, als der Emittent sich dies vorstellt.

Die Bestimmung eines Zielmarktes ist daher weitaus überzeugender und auch praxisgerechter, als von unterschiedlichen Zielmarktbestimmungen von

tion on their clients to identify their own target market for a product, that is the group of clients to whom they are effectively going to offer the product through the provision of their services."

100 ESMA Technical Advice on MiFID II and MiFIR, 19.12.2014 (Fn. 91), S. 60: "When investment products are manufactured by investment firms that fall under the MiFID scope, distributors shall obtain information to gain the necessary understanding and knowledge of the products they intend to offer in order to ensure that these products will be distributed in accordance with the needs, characteristics and objectives of the identified target market. When the manufacturer is an investment firm under MiFID, this obligation shall be considered as complementary to the duty of manufacturers of making information on products available to distributors."

Emittent und Distributor auszugehen.[101] Würde der Distributor zu einer eigenständigen Zielmarktbestimmung verpflichtet, verwischen auch die Grenzen zur Geeignetheits- und Angemessenheitsprüfung,[102] die sich ja gerade auf den individuellen Kunden beziehen. Wünschenswert wäre aber eine klarstellende Formulierung im delegierten Rechtsakt.

Bei Zusammenfallen von Konzeption und Vertrieb kann nach der ESMA in jedem Fall eine einheitliche Zielmarktbestimmung erfolgen.[103]

4.4.2 Pflicht zur Informationsbeschaffung

Nach den Vorschlägen der ESMA soll der Distributor sehr weitgehenden Pflichten unterliegen, wenn der Produktentwickler nicht dem WpHG/der MiFID unterliegt:[104] Er soll sich angemessene und verlässliche Informationen über das Produkt aus öffentlicher Quelle und/oder vom Produktentwickler besorgen. Öffentlich verfügbare Informationen sind akzeptabel, wenn sie eindeutig und zuverlässig erstellt sind, um gesetzlichen Anforderungen wie den Offenlegungspflichten der Prospekt- oder Transparenzrichtlinie zu genügen.

Die Pflicht zur Beschaffung von Informationen gilt für den Vertrieb von Produkten auf dem Primär- und Sekundärmarkt. Ihr Umfang unterliegt dem Verhältnismäßigkeitsgrundsatz. Sie variiert, je nachdem wie viel Informationen öffentlich zugänglich sind und wie komplex das Produkt strukturiert ist.

Wenn solche Informationen nicht oder nicht in akzeptabler Weise öffentlich zugänglich sind, muss der Distributor mit dem Produktentwickler oder dessen Vertreter eine Vereinbarung schließen, um von ihm die relevanten Informationen zu erhalten.

Diese Anforderungen stellen Distributoren vor erhebliche Herausforderungen. Sofern es nicht gelingt, den außerhalb des Anwendungsbereichs fallenden Emittenten dazu zu bewegen, einen Zielmarkt zu definieren, wird der Pflichtenkanon für ein Wertpapierdienstleistungsunternehmen stark angehoben: Die

---

101 Anders *Brenncke*, WM 2015, 1174 (1175, 1176), der auf unterschiedliche Vorgaben für Produkthersteller und Distributoren verweist und darauf abstellt, dass der Distributor den Zielmarkt genauer an den bestehenden Kundeninteressen ausrichten könne. Dies ist aber – wie dargestellt – keine Frage einer eigenständigen Zielmarktbestimmung, sondern der Vertriebsstrategie und Vertriebspraxis. *Brenncke* will dann auch bei reinen Ausführungsgeschäften auf eine Zielmarktbestimmung verzichten.

102 Die nach Erwägungsgrund 71 der MiFID II getrennt zu betrachten sind.

103 ESMA Technical Advice on MiFID II and MiFIR, 19.12.2014 (Fn. 91), S. 52.

104 ESMA Technical Advice on MiFID II and MiFIR, 19.12.2014 (Fn. 91), S. 60 f.

ESMA scheint zu verlangen, dass ein Distributor dann einen Wertpapierprospekt analysiert, um einen Zielmarkt zu bestimmen. Diesen Aufwand – und eine mögliche Haftung – dürfte ein Wertpapierdienstleistungsunternehmen nur auf sich nehmen, wenn ein Produkt häufig vertrieben wird. Das heißt dann aber in der Konsequenz, dass regulatorisch ein klarer Anreiz gesetzt wird, hier eine enge Produktpalette aufzustellen.

Darüber hinaus ist es schwer vorstellbar, dass im Bereich des beratungsfreien Geschäfts, der ja nach den Vorstellungen der ESMA auch erfasst sein soll, für jedes einzelne Produkt Zielmarktbestimmungen durch Distributoren vorgenommen werden.

4.4.3 Allgemeinere Zielmarktbestimmung?

In ihren Vorschlägen sieht die ESMA aber auch vor, für einfachere Produkte eine allgemeine Zielmarktbestimmung vorzunehmen.[105] Dies könnte eine Möglichkeit eröffnen, um einer Einschränkung des Produktangebotes zu begegnen, da die vorgeschlagene Bestimmung eines Zielmarkts als *Mass Retail Market* auch von Distributoren vorgenommen werden könnte.

4.4.4 Vertrieb außerhalb des Zielmarktes zulässig

Der Wortlaut des Kleinanlegerschutzes bestimmt – wie auch die MiFID – lediglich, dass die Zielmarktbestimmung beim Vertrieb zu berücksichtigen ist. Ein Verbot des Vertriebs außerhalb des Zielmarktes wird aber nicht vorgesehen.[106] Auch die Vorschläge der ESMA gehen offenbar davon aus, dass ein Erwerb des Kunden außerhalb des Zielmarkts möglich ist.[107] Dies ist – gerade im beratungsfreien Geschäft – auch konsequent, da bei der dort vorgesehenen Angemessenheitsprüfung ein Wertpapierdienstleistungsunternehmen den Kunden zwar darauf hinzuweisen hat (§ 31 Abs. 5 WpHG), wenn es zu der Auffassung gelangt,

105 ESMA *Technical Advice on MiFID II and MiFIR*, 19.12.2014 (Fn. 91), S. 51 "For simpler, more mainstream investments, such as ordinary shares, it is likely that the target market will be identified with less detail. In many cases, it is understood that such products can be considered to be compatible with the mass retail market."

106 So auch *Brenncke*, WM 2015, 173 (1179).

107 ESMA *Technical Advice on MiFID II and MiFIR*, 19.12.2014 (Fn. 91), S. 55.

dass das Finanzinstrument nicht angemessen ist, das Geschäft aber gleichwohl durchgeführt werden kann.

4.4.5 Pflichten beim Distributor

Nach den Vorschlägen der ESMA[108] hat der Distributor ferner sicherzustellen, dass die relevanten Mitarbeiter die notwendigen Kenntnisse und Erfahrungen haben, um das zu vertreibende Produkt einschließlich seiner Risiken ebenso wie den Zielmarkt mit seinen Bedürfnissen, Eigenschaften und Zielen zu verstehen.

Die Geschäftsleitung muss eine effektive Kontrolle über den Produktüberwachungsprozess ausüben, um zu entscheiden, welche Produkte und Dienstleistungen an einem Zielmarkt vertrieben werden und die Berichte der Compliance-Funktion an die Geschäftsleitung systematisch Informationen über die vertriebenen Produkte und Dienstleistungen enthalten.

Bei Vertriebsketten sieht ESMA eine Letztverantwortlichkeit der vertreibenden Stelle vor.

4.4.6 Rückmeldung an den Emittenten

Nicht in *Level I* vorgesehen ist ferner auch die von ESMA vorgeschlagene Rückmeldung und Informationsweitergabe der vertreibenden Stelle an Hersteller/ Emittenten.[109]

Nach Auffassung ESMAs sollen zwischen Produktentwickler und Distributor Informationen ausgetauscht werden. Ein Distributor muss dem Produktentwickler Informationen über seine Verkäufe und – soweit angemessen – über sein Produkt-Monitoring übermitteln, um das Monitoring des Produktentwicklers zu unterstützen. ESMA nennt beispielhaft folgende Inhalte für solche Mitteilungen:

- Informationen darüber, in welchem Umfang das Finanzinstrument außerhalb des vom Produktenwickler festgelegten Zielmarktes verkauft wurde.
- Aggregierte Angaben über die Art des Anlegers, an den das Produkt vertrieben wurde.
- Informationen über Beschwerden im Zusammenhang mit dem Produkt.

108 ESMA *Technical Advice on MiFID II and MiFIR*, 19.12.2014 (Fn. 91), S. 59 ff.
109 ESMA *Technical Advice on MiFID II and MiFIR*, 19.12.2014 (Fn. 91), S. 54, 60.

– Ein durch den Produktanbieter angeregtes Feedback ausgewählter Kunden zu dem Produkt.

Auch diese Anforderungen sind sehr weitgehend und scheinen eine Verbindung zwischen Distributor und Emittent vorauszusetzen, die aber keineswegs stets gegeben ist.

Ausgehend von der Intention der Rückmeldungen, dem Produktentwickler eine angemessene Überprüfung des Zielmarkts zu ermöglichen, sollten die ESMA-Vorschläge so ausgelegt werden, dass nachhaltige und häufige Abweichungen vom Zielmarkt zu melden sind.

4.5 Verordnungsermächtigung

§ 33 Abs. 4 WpHG sieht eine Ermächtigung zur Konkretisierung in einer Verordnung vor. Damit können die europäischen Vorgaben berücksichtigt werden. Inwiefern diese genutzt werden wird, dürfte maßgeblich davon abhängen, ob die delegierten Rechtsakte als Richtlinie oder als Verordnung erlassen werden. Im letzten Fall dürfte kaum noch Raum für eine untergesetzliche nationale Konkretisierung bestehen.

4.6 Angabe im Informationsblatt

Der Zielmarkt ist gemäß § 5 Abs. 1 Satz 2 Nr. 3a WpDVerOV im Informationsblatt nach § 31 Abs. 3a WpHG anzugeben. Dies entspricht der Regelung zum Vermögensanlagen-Informationsblatt.

Eine entsprechende Pflicht zur direkten Information des Kunden über den Zielmarkt sieht die MiFID II selbst nicht vor. Art. 24 Abs. 4 b) MiFID II, der die Kundeninformationen normiert, spricht lediglich davon, dass der Zielmarkt zu berücksichtigen sei. Die MiFID scheint daher eher den Distributor als Adressaten zu sehen.

Sinnvoll erscheint, dass in den europäischen Vorgaben für die wesentlichen Anlegerinformationen (UCITS)[110] und zukünftig für das Basisinformationsblatt (PRIIPS)[111] jedenfalls die Möglichkeit bereit gestellt wird, über den Zielmarkt zu informieren.

110 Siehe Fn. 11.
111 Siehe Fn. 14.

4.7 Bewertung: Product Governance als besondere Herausforderung

Während die grundsätzliche Zielsetzung der *Product Governance*, potenzielle Risiken für Anleger oder Marktintegrität bereits frühzeitig zu vermeiden oder zu reduzieren, sehr begrüßenswert ist, sind jedoch insbesondere die zu erwartenden *Level II*Regelungen mit den erheblichen Detaillierungen und teilweise überschießenden Tendenzen kritisch zu bewerten. Es ist zu befürchten, dass die delegierten Rechtsakte weit über die *Level I*-Vorgaben hinausgehen werden.

Die Regelung des Verhältnisses Emittent und Vertrieb ist ein Novum mit erheblichem Auswirkungspotential: Eine zu weitgehende und schwer praktikable Anforderung kann zu einer erheblichen Reduzierung des Produktangebots für den Kunden führen.[112] Die Regelungen begünstigen in der Tendenz Situationen einer engen Verbindung von vertreibender Stelle und Emittent, die aber keineswegs immer besteht. Dies gilt insbesondere vor dem Hintergrund eines weiten Anwendungsbereiches auch im beratungsfreien Geschäft und Sekundärmarkt.

Anerkannte und verlässliche Kriterien für eine einheitliche zweifelsfreie Bildung von Zielgruppen existieren bislang nicht. Das Verhältnis zur Angemessenheits- und Geeignetheitsprüfung ist fraglich und auch eine Harmonisierung mit anderen Regulierungen – insbesondere PRIIPS[113] und UCITS[114] – wurde leider nicht ausreichend vorgenommen.

5 Fazit und Ausblick: Quo vadis Anlegerschutz?

Insgesamt erscheint der „Lückenschluss“ im Vermögensanlagengesetz konsequent – die Frage der Wirksamkeit für den Anleger muss sich jetzt in der Praxis beweisen. Das Kleinanlegerschutzgesetz zeigt das Spannungsfeld zwischen Anlegerschutz und Ermöglichung „innovativer“ Anlageformen (insbesondere beim *Crowdfunding*).

Die Ausweitung der Informationspflichten liegt in der Linie des „traditionellen“ Anlegerschutzkonzeptes. Die im Vermögensanlagenrecht vorgenommene Intensivierung der „Kurzinformationen“ – „Informationsblätter“, die bei Nutzung der Ausnahmebestimmungen auch das einzige vorgegebene Informationsinstru-

---

112 Ebenso *Jesch/Siemko*, BB 2014, 2570 (2571).
113 Siehe Fn. 14.
114 Siehe Fn. 11.

ment darstellen, dürften für Anleger grundsätzlich hilfreich und wirksam sein. Hier wird auch das Bild eines „mündigen“ Anlegers aufrechterhalten.

Ein Paradigmenwechsel zeigt sich hingegen mit den „Produktinterventionsrechten“ – die Information soll nicht mehr ausreichen, vielmehr wird ein paternalistischer Ansatz – und damit ein anderes Anlegerleitbild[115], nämlich das eines Anlegers, der zwingend vor Produkten geschützt werden muss, – verfolgt.

Die Interventionsrechte laden bei der Aufsicht eine hohe Verantwortung ab und dürften diese in der praktischen Handhabung vor große Herausforderungen stellen.

„Der ungeduldige nationale Gesetzgeber“ zieht abermals Regelungen der MiFID vor. Die *Product Governance* mit der Definition eines Zielmarktes als neuer Ansatz mit Verantwortlichkeiten insbesondere beim Emittenten, aber auch bei den Distributoren, stellt die Praxis vor enorme Herausforderungen; gerade auch, weil in den delegierten Rechtsakten nach den Vorschlägen der ESMA hier weit über die *Level I*-Vorgaben und das Kleinanlegerschutzgesetz hinausgehende Anforderungen zu erwarten sind. Es besteht die Gefahr, dass die Überspannung der Pflichten zu einer Reduzierung des Produktangebotes führen könnte.

Die Anlegerschutzregulierungen der vergangenen Jahre haben ein enorm dichtes Geflecht geschaffen, das durch die sehr detaillierten Regelungen der MiFID II noch engmaschiger wird. Dies birgt die Gefahr eines Rückzugs aus der Anlageberatung in sich, was nicht im Sinne eines wohlverstandenen Anlegerschutzes liegen dürfte.

Die Anlegerschutzregulierungen sollten daher auf Konsistenz und Effizienz überprüft werden: Wurden die Regulierungsziele erreicht? Hat sich die Information für den Anleger verbessert oder ist nur ein *Information Overload* entstanden?[116] Sind unerwünschte Nebenwirkungen aufgetreten?

Dies gilt sowohl für die nationale als auch die europäische Ebene. Es wird zu überprüfen sein, ob sich die unterschiedlichen, am Produkt ansetzenden Regulierungen von KAGB und VermAnlG bewähren oder doch auf die teilweise geforderte Vereinheitlichung hingewirkt werden sollte. In jedem Fall würde eine vollständige Aufsicht durch die BaFin Aufsichtspraktiken vereinheitlichen können. Bei den Interventionsrechten nach § 4b WpHG setzt der Gesetzgeber hier zumindest einen Anfang, da sie bei allen Produkten gleichermaßen angewandt werden können.

115 Vgl. *Klingenbrunn*, WM 2015, 316 ff.
116 Vgl. *Buck-Heeb*, NJW 2015, 2535 (2541).

Dr. Nikolas Zirngibl, Rechtsanwalt, München[1]

Crowdfunding

Markt, Modelle und Rahmenbedingungen[2]

1 Der Autor ist Partner im Münchener Büro der internationalen Rechtsanwaltssozietät Hogan Lovells International LLP. Er ist Partner und Mitglied der Praxisgruppe Corporate/M&A und ist schwerpunktmäßig in den Bereichen Mergers & Acquisitions, Private Equity, Venture Capital, Energy- und Immobilientransaktionen, Restrukturierung und der allgemeinen gesellschaftsrechtlichen Beratung tätig.

2 Der Beitrag beruht auf einem Vortrag des Autors auf dem Bankrechtstag 2015 der Bankrechtlichen Vereinigung – Wissenschaftliche Gesellschaft für Bankrecht e.V. am 26. Juni 2015 in Frankfurt am Main.

1 Einführung in das Crowdfunding

1.1 Erscheinungsformen und Beteiligte

Crowdfunding ist der Oberbegriff für verschiedene Formen der Schwarmfinanzierung. Auch wenn heute das *Crowdfunding* landläufig als weiteres Internet-Phänomen[3] empfunden wird, so ist die Idee gleichwohl nicht neu: So hat bereits im Jahr 1885 die New Yorker Bevölkerung nach einem Spendenaufruf des Herausgebers der *The New York World*, *Josef Pulitzer*, die Baukosten für den Sockel der Freiheitsstatue in Höhe von gut US$ 100.000 aufgebracht, wobei sich der Spendenbetrag aus über 120.000 Kleinstspenden zusammensetzte.[4] Auch Barack Obama hat sich in seinem Präsidentschaftswahlkampf im Jahr 2008 des *Crowdfunding* bedient:[5] Die hohen Wahlkampfkosten der Präsidentschaftskandidaten wurden traditionell von wenigen, reichen Großspendern finanziert. Obama hingegen nutzte seine Popularität in der breiten Bevölkerung dazu, Wahlkampfmittel in Höhe von insgesamt über US$ 750 Millionen einzuwerben, wobei sich 80% der Spenden aus Beträgen von durchschnittlich US$ 86 und von über 3 Millionen Spendern zusammensetzten. Auch dieses Beispiel zeigt die Grundidee einer Schwarmfinanzierung:[6] eine Vielzahl von Menschen erbringt mit jeweils kleinen Beiträgen einen großen Gesamt-Finanzierungsbeitrag.

Beim *Crowdfunding* kann der Fokus auf sozialen, karitativen oder ökologischen Aspekten oder einer Gegenleistung (eher) ideeller, nicht-finanzieller Art liegen (sog. altruistisches oder hedonistisches *Crowdfunding*).[7] In diese Kategorie fallen das sog. Spenden- oder Schenkungsmodell (*Donation Model*), bei welchem der Geldgeber keine Gegenleistung erhält. Bei dem Belohnungs- (*Reward Model*) oder Subskriptionsmodell (*Subscription Model*) erhält der Geldgeber hingegen eine Gegenleistung, bei einer Filmfinanzierung[8] etwa in Form einer Erwähnung im Filmabspann oder bei der Finanzierung einer Produktentwicklung durch Erwerb des späteren Produkts.

---

3 *Möllers/Kastl*, NZG 2015, 849; *Schmitt/Doetsch*, BB 2013, 1451.

4 http://www.crowdfunding.de/portfolio-items/statue-of-liberty-new-york/.

5 http://crowdexpert.com/articles/crowdfunding-in-politics/.

6 *Herr/Bantleon*, DStR 2015, 532; *Schmitt/Doetsch*, BB 2013, 1451.

7 *Herr/Bantleon*, DStR 2015, 532.

8 *Leuering/Rubner*, NJW-Spezial 2012, 463; *Schmitt/Doetsch*, BB 2013, 1451; *Klöhn/Hornuf*, ZBB 2012, 237, 239; *Roth*, GWR 2015, 244. Ein prominentes Beispiel einer Filmfinanzierung war die Kinoproduktion zur Fernsehserie Stromberg: Im Dezember 2011 startete der Produzent einen *Crowdfunding*-Aufruf. Bereits nach einer Woche konnte auf diese Weise der Finanzierungsbeitrag von über EUR 1 Million aufgebracht werden.

Wird dem Geldgeber eine vertragliche Gegenleistung finanzieller Art zugesagt, steht die Gewinnerzielung im Vordergrund (sog. *Crowdinvesting*). Beim *Lending Model* erfolgt der Finanzierungbeitrag in Form von Fremdkapital, beim *Equity Model* in Form von Eigenkapital. Auch verschiedene hybride Modelle sind denkbar.[9]

An einem *Crowdfunding* sind typischerweise drei Gruppen[10] beteiligt: Geldnehmer können beispielsweise Projekt-Initiatoren oder Unternehmen sein. Geldgeber sind die sog. *Crowdfunder*, also die Investoren. Intermediär zwischen Geldnehmer und Geldgeber ist eine Plattform, die die Administration und die Vermarktung des *Crowdinvesting* sowie die Kommunikation zwischen den Beteiligten übernimmt.[11]

1.2 Crowdinvesting als Finanzierungsform für Start-ups

Im Finanzierungsbereich von Start-ups wird zwischen der Anschubfinanzierung (sog. *Seed Phase*), der Frühphasenfinanzierung (sog. *Early Stage*) und der Wachstumsfinanzierung (sog. *Later Stage* oder *Growth Financing*) unterschieden. In der *Seed Phase* muss ein Unternehmen die Gründungs- und Anlaufkosten abdecken, in der *Early Stage Phase* die Produktentwicklung und den Markteintritt und in der *Later Stage Phase* das weitere Wachstum und die Skalierung des Geschäftsmodells finanzieren. Je fortgeschrittener ein Geschäftsmodell ist, desto geringer ist üblicherweise das Risiko für Investoren und desto mehr Finanzierungsmittel stehen Unternehmen zur Verfügung. Gerade im Bereich der *Seed Phase*, sind Finanzierungsmittel dünn gesäht:[12] Neben eigenen Mitteln der Gründer finanzieren oft nur *Family & Friends* die Anlaufkosten, nur wenigen Start-ups gelingt es, Geldmittel von sog. *Business Angels* einzuwerben. Venture Capital-Investoren investieren typischerweise erst im *Early Stage*-Bereich. Diese Finanzierungslücke nach der Unternehmensgründung bezeichnet man auch als *Early Stage Gap*.[13]

Crowdinvesting ist geeignet, diese Finanzierungslücke zu schließen: Die *Crowdfunder* sind eher als Business Angels und Venture Capital-Investoren bereit,

---

9 Siehe unten Ziffer 2.1.

10 *Leuering/Rubner*, NJW-Spezial 2012, 463.

11 *Herr/Bantleon*, DStR 2015, 532, 533

12 Fehlender Reifegrad für VC-Finanzierung: *Weitnauer*, GWR 2015, 309.

13 *Herr/Bantleon*, DStR 2015, 532; *Schmitt/Doetsch*, BB 2013, 1451, 1452.

zu einer günstigen Bewertung des Unternehmens kleine Finanzierungsbeiträge zu leisten und Start-ups über die Anschubphase zu helfen.[14]

Crowdinvesting und Venture Capital sind dabei in verschiedenen Kombinationen denkbar: Zum einen kann eine Venture Capital-Finanzierung in einer späteren Phase in ein Unternehmen erfolgen, welches bereits ein *Crowdinvesting* erhalten hat.[15] Aber auch der umgekehrte Fall ist denkbar. Auch ein bereits Venture Capital finanziertes Unternehmen kann einen späteren Finanzierungsbedarf durch ein *Crowdinvesting* abdecken.[16]

2 Crowdfunding in Deutschland

2.1 Crowdfunding – Crowdlending – Crowdinvesting

Den *Crowdfunding*-Bereich[17] dominieren internationale Plattformen wie *Kickstarter*[18] oder *Indigogo*[19]. Seit der Gründung im Jahr 2009 hat *Kickstarter* Finanzierungsmittel von über US$ 1 Milliarde vermittelt, alleine im Jahr 2014 überstiegen die Mittel US$ 500 Millionen, verteilt auf mehr als 22.000 Projekte.[20] Auf Deutschland entfiel dabei immerhin ein Anteil von US$ 13 Millionen, der von ca. 63.000 Unterstützern aufgebracht wurde.[21] Deutsche Plattformen haben einen vergleichsweise geringen Marktanteil in diesem Segment.[22]

Crowdlending[23] stellt das größte Segment im Crowdfinanzierungsbereich dar und verzeichnet auch das stärkste Wachstum: Im Jahr 2014 wurden in

---

14 *Herr/Bantleon*, DStR 2015, 532, 539; *Schmitt/Doetsch*, BB 2013, 1451, 1452.

15 Der Venture Capital-Investor der Deutsche Telekom AG, T-Venture, hat beispielsweise dem Start-up Smarchive eine Finanzierung gewährt, nachdem Smarchive zuvor eine *Crowdfunding* über Seedmatch erhalten hatte.

16 Im umgekehrten Fall hat das Start-up Lottohelden nach vorheriger VC-Finanzierung durch T-Venture eine Anschlussfinanzierung in Form eines *Crowdfunding* bei Seedmatch aufgenommen.

17 Der Begriff *Crowdfunding* wird hier im Weiteren für die Schwarmfinanzierung ohne finanzielle Gegenleistung verwendet, in Abgrenzung zu den Modellen mit finanzieller Gegenleistung *Crowdinvesting* und *Crowdlending*.

18 www.kickstarter.com.

19 www.indigogo.com.

20 Greg Kumparak in techcrunch, 2 März 2014; fuer-gruender.de, Crowdfinanzierung, Ausgabe 3/2015, 30. Juni 2015, S. 2.

21 fuer-gruender.de, Crowdfinanzierung, Ausgabe 3/2015, 30. Juni 2015, S. 2.

22 fuer-gruender.de, Crowdfinanzierung, Ausgabe 3/2015, 30. Juni 2015, S. 2.

23 Vgl. zur rechtlichen Ausgestaltung unten Ziffern 2.2 und 2.4.

Deutschland Finanzierungsmittel in Höhe von ca. EUR 35 Millionen vermittelt, und im ersten Halbjahr 2015 dieser Betrag bereits mehr als verdoppelt (EUR 74,2 Millionen).[24] Die Plattform *auxmoney* soll dabei einen Marktanteil von über 80% haben.[25]

Im Jahr 2011 haben sich die ersten *Crowdinvesting*-Plattformen in Deutschland etabliert. Mehr als 30 Plattformen suchten einen Zugang zu diesem Segment, mehrere sind bereits wieder verschwunden.[26] Bis Ende 2014 wurden ca. 160 Finanzierungen im Eigenkapital- oder hybriden Finanzierungsbereich vermittelt, mit einem Gesamtinvestment von ca. EUR 36 Millionen.[27] Start-ups haben dabei etwa 60% der Mittel erhalten, 30% flossen in Immobilien und ein geringer Anteil in sonstige, z.B. ökologische Projekte.[28] Die einzelnen Projekte verzeichnen dabei steigende Finanzierungsvolumina, während der Finanzierungsbetrag pro Projekt im Jahr 2013 noch bei durchschnittlich EUR 213.000 lag, wurden im ersten Halbjahr 2015 durchschnittlich bereits rund EUR 370.000 in jedes Projekt investiert.[29]

2.2 Rechtliche Ausgestaltung

Im *Crowdinvesting*-Bereich unterscheidet man Eigenkapitalmodelle sowie hybride Finanzierungsformen. Echte Eigenkapitalbeteiligungen bietet die Plattform Bergfürst[30] an. Über Bergfürst können Unternehmen Eigenkapital einwerben, die Unternehmensbeteiligungen können über die Handelsplattform von Bergfürst gehandelt werden.

Im Bereich der hybriden Finanzierungsinstrumente werden Stille Beteiligungen, Genussrechte und Partiarische Darlehen angeboten.[31] Bis zur Einführung des Kleinanlegerschutzgesetzes unterfielen lediglich Stille Beteiligungen und Genussscheine dem Anwendungsbereich des VermAnlG, nicht hingegen Partiarische Darlehen (vgl. § 1 Abs. 2 VermAnlG a.F.). Verschiedene Plattformen, die zunächst Stille Beteiligungen oder Genussscheine angeboten haben, haben ihre Modelle später auf Partiarische Darlehen umgestellt, um auch bei Finanzierungen von über EUR 100.000 nicht der Prospektpflicht des VermAnlG zu unterfal-

24 fuer-gruender.de, Crowdfinanzierung, Ausgabe 3/2015, 30. Juni 2015, S. 1.
25 fuer-gruender.de, Crowdfinanzierung, Ausgabe 3/2015, 30. Juni 2015, S. 1.
26 fuer-gruender.de, Crowdfinanzierung, Ausgabe 3/2015, 30. Juni 2015, S. 4.
27 fuer-gruender.de, Crowdfinanzierung, Ausgabe 2/2015, 31. März 2015, S. 2.
28 fuer-gruender.de, Crowdfinanzierung, Ausgabe 3/2015, 30. Juni 2015, S. 5.
29 fuer-gruender.de, Crowdfinanzierung, Ausgabe 3/2015, 30. Juni 2015, S. 6.
30 www.bergfuerst.com.
31 *Herr/Bantleon*, DStR 2015, 532, 533.

len.[32] Das Partiarische Darlehen ist ein Darlehen i.S. von § 488 BGB, welches dem Darlehensgeber eine vom Unternehmenserfolg abhängige Verzinsung gewährt. Eine Verlustbeteiligung ist ausgeschlossen.[33] Die Abgrenzung der hybriden Finanzierungsinstrumente ist im Einzelnen schwierig[34], und ihre unterschiedliche Behandlung war einer der Hauptkritikpunkte am VermAnlG, der die Änderungen des Kleinanlegerschutzgesetzes veranlasste.

Crowdlending stellt Fremdkapital in Form von Darlehen dar. Die Ausgestaltung ist im Einzelnen aber komplex und kann auch Factoring-Elemente beinhalten, siehe sogleich Ziffer 2.4.

2.3 Ablauf eines Crowdinvesting

Ein *Crowdinvesting* lässt sich typischerweise in vier Phasen[35] einteilen. In der **Vorbereitungsphase** prüft der Projektinitiator zunächst, ob sich sein Projekt für eine *Crowdinvesting* eignet. Zum einen muss das Projekt einfach zu erklären sein und sich so für die Ansprache der breiten Masse der Internet-User eignen.[36] Eine komplizierte Technologie, deren Mehrwert sich dem *Crowdfunder* nicht auf Anhieb erschließt, eignet sich nicht für ein *Crowdinvesting*.[37] Zum anderen muss der Initiator bedenken, dass das Projekt mit der Vermarktung eine unkontrollierbare Öffentlichkeit erlangt.[38] Diese Öffentlichkeit birgt das Risiko, dass die Geschäftsidee von Nachahmern kopiert wird.[39] Kommt der Initiator nach diesen Überlegungen zum Schluss, dass sich sein Projekt für ein *Crowdinvesting* eignet, bereitet er für die Investoren-Ansprache verschiedene Marketingmaterialien (etwa einen Imagefilm und einen Business Plan) auf.

32 *Nietsch/Eberle*, DB 2014, 2575; *Bujotzek/Mocker*, BKR 2015, 358, 359; die Plattform Seedmatch hat zum 29. November 2012 das Beteiligungsmodell von Stillen Beteiligungen auf Partiarische Darlehen umgestellt, www.seedmatch.de/faq.

33 *K. Schmidt*, in: Münchner Kommentar zum HGB, 3. Aufl. 2012, § 230 HGB Rd. 60 mwN in Fn. 201.

34 *Nietsch/Eberle*, DB 2014, 1788, 1793; *Herr/Bantleon*, DStR 2015, 532, 534; *Bujotzek/Mocker*, BKR 2015, 358, 359.

35 Ähnlich *Herr/Bantleon*, DStR 2015, 532, 533; *Schmitt/Doetsch*, BB 2013, 1451 unterscheiden die Auswahl- und die Investitionsphase.

36 *Herr/Bantleon*, DStR 2015, 532, 533; *Hahn/Naumann*, in: Hahn, Finanzierung und Besteuerung von Start-up Unternehmen, 2014, 174.

37 Herr/Bantleon, DStR 2015, 532, 539.

38 *Schmitt/Doetsch*, BB 2013, 1451, 1452; *Weitnauer* weist auch auf das Risiko anonymer Investoren hin („mögliche Stimmungsmache"), *Weitnauer*, GWR 2015, 309, 310.

39 *Herr/Bantleon*, DStR 2015, 532, 539.

In der nächsten Phase (sog. **Auswahlphase**) tritt er an eine *Crowdfunding*-Plattform heran und bewirbt sich um ein Investment. Die *Crowdfunding*-Plattform wird das Geschäftsmodell und die Vermarktungsunterlagen einer kursorischen Prüfung unterziehen und mit dem Initiator verproben.[40] Der Plattformanbieter hat naturgemäß ein Interesse daran, dass möglichst erfolgreiche Projekte über seine Plattform angeboten werden, eine belastbare Qualitätskontrolle ist mit dieser Vorprüfung aber nicht verbunden, was den Crowdinvestoren auch bewusst sein muss. Initiator und Plattform legen dann eine sog. Funding-Schwelle und ein sog. Funding-Limit fest.[41] Die Funding-Schwelle stellt den Mindest-Investmentbetrag dar. Wird dieser nicht eingeworben, kommt das Crowdinvestment insgesamt nicht zustande. Das Funding-Limit stellt den Höchstbetrag dar, der über die Plattform eingeworben werden soll.

Die **Finanzierungsphase** beginnt mit der Freischaltung des Projekts auf der Plattform. Crowdfunder und Initiator schließen – aufschiebend bedingt auf das Erreichen der Funding-Schwelle – Beteiligungsverträge ab. Dabei gilt bei den meisten Plattformen ein *first come first served*-Prinzip.[42] Die Crowdfunder zahlen den jeweiligen Finanzierungsbetrag auf ein Treuhandkonto der Plattform ein. Die Finanzierungsphase endet entweder vorzeitig durch Erreichen des Funding-Limit oder durch Zeitablauf.[43]

Nach einer erfolgreichen Finanzierung werden die eingesammelten Finanzierungsbeiträge abzüglich der Provision für die Plattform an den Projektinitiator ausgekehrt.[44] Damit beginnt die **Projekt- oder Beteiligungsphase**. Den Projektinitiator treffen je nach vertraglicher Ausgestaltung verschiedene laufende Informationspflichten.[45] Die Finanzierung endet im Idealfall mit Rückzahlung nach Zeitablauf oder Kündigung (ggf. auch im Rahmen eines erfolgreichen Unternehmensverkaufs) oder – leider häufig – mit Scheitern des Projekts und ggf. Insolvenz des finanzierten Unternehmens.

Auch die vertraglichen Beziehungen der *Crowdfunder* zu der Plattform sind stark vom jeweiligen Geschäftsmodell der Plattformen abhängig. So wird die Frage nach möglichen Schutzinstrumenten der *Crowdfunder* vom Einzelfall abhängen, auch wenn es sich regelmäßig um eine Anlagevermittlung handelt.[46]

---

40 *Schmitt/Doetsch*, BB 2013, 1451, 1452; Für Seedmatch: www.seedmatch.de/faq.

41 *Herr/Bantleon*, DStR 2015, 532, 533; *Schmitt/Doetsch*, BB 2013, 1451, 1453.

42 *Herr/Bantleon*, DStR 2015, 532, 533; für Seedmatch: www.seedmatch.de/faq; für Companisto: www.companisto.com/de/faq.

43 *Herr/Bantleon*, DStR 2015, 532, 533.

44 *Schmitt/Doetsch*, BB 2013, 1451, 1453.

45 *Herr/Bantleon*, DStR 2015, 532, 533.

46 Vgl. *Meschkowski/Wilhelmi*, BB 2013, 1411. 1413.

Klassischerweise ist eine Anlagevermittlung durch einen Auskunftsvertrag des Investors mit dem Vermittler verbunden.[47] So legt z.B. Seedmatch in den Allgemeinen Geschäftsbedingungen ausdrücklich fest, dass ein Auskunfts- oder Beratungsvertrag gerade nicht zustande kommt.[48]

2.4 Ablauf eines Crowdlending

Die rechtliche Ausgestaltung des *Crowdlending* weicht in der Finanzierungsphase und Beteiligungsphase vom *Crowdinvesting* ab: Zunächst stellt der Darlehensnehmer sein Darlehensbegehren auf die Plattform ein. Das Darlehen wird dabei zunächst von einer Bank gewährt, welche das Darlehen über die *Crowd* refinanziert.

Die Crowdinvestoren können über die Plattform kleine Tranchen des Darlehens zeichnen. Rechtstechnisch geben sie dabei ein Angebot zum Abschluss eines Forderungskaufvertrags gegenüber der darlehensgebenden Bank ab und überweisen ihren Darlehensbetrag als Kaufpreis an die Bank.[49] Erreichen die Angebote der Crowdinvestoren den Darlehensmindestbetrag, kommt das *Crowdlending* wirksam zustande. Die Bank schließt sodann mit dem Darlehensnehmer einen Darlehensvertrag ab und zahlt das Darlehen (wiederum abzüglich der Provision für die Plattform und der Bank) an den Darlehensnehmer aus. Gleichzeitig nimmt die Bank die Forderungskaufverträge der Crowdinvestoren an, womit sich das gesamte wirtschaftliche Ausfallrisiko auf die Crowdinvestoren verlagert. Die weitere Abwicklung und Verwaltung erfolgt typischerweise über die Bank, sie nimmt Raten- und Zinszahlungen des Darlehensnehmers entgegen und leitet diese an die Crowd-Investoren weiter.

---

47 *Nobbe/Zahrte* in: Münchener Kommentar zum HGB, 3. Aufl. 2014, Bd. 6, Anlageberatung, Rn. 326.

48 Ziff. 7.2 S. 2 der Allgemeinen Geschäftsbedingungen von Seedmatch: www.seedmatch.de/agb;

49 *Heisterhaten/Conreder*, DStR 2015, 1929, 1930.

3 Regulierung nach dem Kleinanlegerschutzgesetz

3.1 Regulierungsbereiche

Erst das Kleinanlegerschutzgesetz hat eine ausdrückliche Regulierung für *Crowdfunding* eingeführt. Zuvor unterlag das *Crowdfunding* lediglich den allgemeinen Regelungen des Bank- und Kapitalmarktrechts sowie des Gewerberechts.[50]

3.1.1 Besonderes Bedürfnis für Regulierung

Crowdfunding ist eine Finanzierungsform im sog. Grauen Kapitalmarkt. In der Vergangenheit haben verschiedene Anbieter die Freiheiten einer unzureichenden Regulierung zulasten der Anleger in betrügerischer Weise ausgenutzt.

Für eine Regulierung des *Crowdfunding* besteht dabei durchaus ein besonderes Bedürfnis: Die Anlage über die Internet-Plattformen ist mit ein paar Mausclicks erledigt, die Hemmschwelle bei kleinen Investmentbeträgen entsprechend niedrig. In den seltensten Fällen wird sich der *Crowdfunder* intensiv mit der Anlage auseinandersetzen. Umso wichtiger erscheint es, dass der Anlegerschutz gewährleistet wird, ohne den *Crowdfunding*-Markt mit einer Überregulierung zu sehr einzuschränken.[51]

3.1.2 Erlaubnis- und Prospektpflichten

Wegen der vielfältigen Geschäftsmodelle verbietet sich eine pauschale Bewertung der Erlaubnis- und Prospektpflichten für das *Crowdfunding*. Auch die BaFin betont, dass das jeweilige Geschäftsmodell einer Einzelfallprüfung hinsichtlich etwaiger Erlaubnis- und Prospektpflichte zu unterziehen ist.[52]

Grundsätzlich können sich **Erlaubnispflichten** nach § 32 Abs. 1 KWG, insbesondere in Form der Finanzdienstleistungstatbestände Anlagevermittlung,

50 *Herr/Bantleon*, DStR 2015, 532, 534.

51 *Weitnauer*, GWR 2015, 309: Der mit der Regulierung verbundene Zeit- und Kostenaufwand muss mit dem Beteiligungsangebot im Verhältnis stehen.

52 *Müller-Schmale*, BaFin, Crowdfunding: Aufsichtsrechtliche Pflichten und Verantwortung des Anlegers, 2. Juni 2014.

Anlageberatung und Betrieb eines multilateralen Handelssystems nach § 1 Abs. 1a KGW, ergeben. Im Anwendungsbereich des VermAnlG können aufgrund der Bereichsausnahme in § 2 Abs. 6 Nr. 8e KWG Erlaubnispflichten nach der GewO relevant sein, insbesondere die Tatbestände des Maklers gemäß § 34c GewO und des Finanzanlagenvermittlers nach § 34f GewO. Schließlich sind Erlaubnispflichten nach dem ZAG oder dem KAGB denkbar.[53]

Prospektpflichten können sich für die *Crowdfunding*-Modelle aus § 3 Abs. 1 WpPG oder § 6 VermAnlG ergeben.

3.1.3 Crowdfunding

Soweit bei dem *Crowdfunding* der Sponsoring-, Spenden- oder Belohnungscharakter im Vordergrund steht und eine Gegenleistung vertraglich nicht garantiert wird, liegt kein Finanzinstrument i.S. von § 1 Abs. 11 KWG und keine Vermögensanlage i.S. des § 1 Abs. 2 VermAnlG vor, so dass diese Form des *Crowdinvesting* in Deutschland weder erlaubnis- noch prospektpflichtig ist.[54] Dies erklärt auch, warum in diesem Segment die internationalen Plattformen *Kickstarter* und *Indigogo* den deutschen Markt dominieren können.

3.1.4 Crowdinvesting

Beim *Crowdinvesting* kommt es auf die konkrete Ausgestaltung an. Die Aktienhandelsplattform Bergfürst stellt ein Finanzdienstleistungsunternehmen i.S. von § 1 Abs. 1a KGW dar, das über eine Erlaubnis nach § 32 Abs. 1 KWG verfügt. Die Emission von Aktien über die Bergfürst-Plattform ist auch prospektpflichtig nach § 3 Abs. 1 WpPG. Entsprechend hoch ist der Aufwand für eine Emission über die Plattform Bergfürst. Wegen der hohen Emissionskosten dürfte sich eine Finanzierung erst ab einem höheren einstelligen Millionenbetrag rechnen – wahrscheinlich auch ein Grund dafür, weshalb sich das Finanzierungsmodell bislang nicht durchsetzen konnte.

Die meisten Anbieter hybrider Finanzierungsinstrumente dürften eine Finanzdienstleistung in Form der Anlagevermittlung (§ 1 Abs. 1a Satz 2 Nr. 1 KWG) betreiben. Soweit sich die Plattform aber nicht das Eigentum an Geldern oder

53 *Müller-Schmale*, BaFin, Crowdfunding: Aufsichtsrechtliche Pflichten und Verantwortung des Anlegers, 2. Juni 2014.

54 *Begner*, BaFin, Crowdfunding im Lichte des Aufsichtsrechts, 5. September 2012.

Anteilen von Kunden verschafft, sondern diese Zahlungsdienstleistung über eine Bank abwickelt, greift für diese Vermögensanlagen im Anwendungsbereich des VermAnlG die Bereichsausnahme von § 2 Abs. 6 Nr. 8e KWG, wodurch eine Erlaubnispflicht nach § 32 Abs. 1 KWG entfällt. Gleichwohl bleiben die Plattform als Makler nach § 34c GewO oder Finanzanlagenvermittler nach § 34f GewO erlaubnispflichtig.[55]

Ob die hybriden Finanzierungsinstrumente im Anwendungsbereich des VermAnlG prospektpflichtig waren oder nicht, hing bis zum Inkrafttreten des Kleinanlegerschutzgesetzes davon ab, ob die *De-Minimis*-Schwelle des § 2 Nr. 3b VermAnlG überschritten war. Das Kleinanlegerschutzgesetz hat in § 2a VermAnlG ein eigenes Regelungsregime für Schwarmfinanzierungen geschaffen, welche neben der De-Minimis-Schwelle zusätzliche Erleichterungen für Crowdinvestments schafft.

3.1.5 Crowdlending

Die reine Vermittlung von Krediten bedarf keiner Erlaubnis der BaFin nach § 32 Abs. 1 KWG, einschlägig ist jedoch die Erlaubnispflicht des Maklers nach § 34c GewO.

Zu beachten ist allerdings, dass für die Nutzer der *Crowlending*-Plattform ebenfalls bankaufsichtsrechtliche Erlaubnispflichten greifen können: Sofern die Darlehensgeber *Crowdlending* gewerbsmäßig oder in einem Umfang betreiben, dass dieses Geschäft einen in kaufmännischer Weise eingerichteten Geschäftsbetrieb erfordert, kann damit der Finanzdienstleistungstatbestand des Kreditgeschäfts nach § 1 Abs. 1 Satz 2 Nr. 2 KWG erfüllt sein. Denkbar ist auch ein erlaubnispflichtiges Factoring nach § 1 Abs. 1a Satz 2 Nr. 9 KWG.

Die Kreditaufnahme kann unter gleichen Voraussetzungen als Einlagengeschäft gemäß § 1 Absatz 1 Satz 2 Nr. 1 KWG zu qualifizieren sein, was die Tätigkeit des Kreditnehmers erlaubnispflichtig werden lässt.

55 Seedmatch verfügt beispielsweise nach eigenen Angaben gem. Ziff 3.1 der Allgemeinen Geschäftsbedingungen über eine Erlaubnis nach § 34f GewO.

3.2 Kleinanlegerschutzgesetz

Das Kleinanlegerschutzgesetz[56] ist am 10. Juli 2015 in Kraft getreten. Es beruht auf dem Aktionsplan der Bundesregierung zum Verbraucherschutz im Finanzmarkt vom 22. Mai 2014, welchen die Bundesregierung in Reaktion auf Schadensfälle im Grauen Kapitalmarkt, insbesondere die aufsehenerregende Prokon-Insolvenz[57], erstellte. Das Kleinanlegerschutzgesetz soll den Anleger- und Verbraucherschutz durch zusätzliche Informations- und Transparenzpflichten und erweiterte Aufsichtsregelungen stärken.[58] Für *Crowdinvesting* relevant ist das Kleinanlegerschutzgesetz insbesondere hinsichtlich der Erweiterung des Anwendungsbereichs des VermAnlG, geänderte Prospekterfordernisse für *Crowdinvestments* und geänderte Anforderungen an die Vertriebsdokumentation.

3.3 Erweiterung des Anwendungsbereichs des VermAnlG

Nach dem Kleinanlegerschutzgesetz unterfallen auch Partiarische Darlehen und Nachrangdarlehen dem Anwendungsbereich des VermAnlG, s. § 1 Abs. 2 Nr. 3 und 4 VermAnlG. Die bislang wenig nachvollziehbare unterschiedliche Behandlung von Stillen Beteiligungen, Genussscheinen und Partiarischen Darlehen wurde damit aufgegeben.[59] § 1 Abs. 2 Nr. 7 VermAnlG erweitert den Anwendungsbereich allgemein auf „sonstige Anlagen, die einen Anspruch auf Verzinsung und Rückzahlung gewähren oder im Austausch für die zeitweise Überlassung von Geld einen vermögenswerten auf Barausgleich gerichteten Anspruch vermitteln“ und führt damit einen Auffangtatbestand ein, um Umgehungen zu verhindern.[60] Die Anlage darf nicht als Einlagengeschäft i.S. des § 1 Abs. 1 Satz 2 Nr. 1 KWG zu qualifizieren sein, für diese gilt der Vorrang des KWG.

Crowdlending soll weiterhin nicht vom Anwendungsbereich des VermAnlG erfasst sein.[61]

---

56 BGBl. I 2015, 1114.

57 *Heisterhaten/Conreder*, DStR 2015, 1929f; *Möllers/Kastl*, NZG 2015, 849; *Weitnauer*, GWR 2015, 309.

58 *Buck-Heeb*, NJW 2015, 2535; *Heisterhaten/Conreder*, DStR 2015, 1929; *Möllers/Kastl*, NZG 2015, 849; *Roth*, GWR 2015, 243.

59 *Heisterhaten/Conreder*, DStR 2015, 1929; *Bujotzek/Mocker*, BKR 2015, 358; *Möllers/Kastl*, NZG 2015, 849, 850; *Roth*, GWR 2015, 243, 244; *Weitnauer*, GWR 2015, 309.

60 *Buck-Heeb*, NJW 2015, 2535.

61 *Buck-Heeb*, NJW 2015, 2535; *Heisterhaten/Conreder*, DStR 2015, 1929; Begr. RegE, BT-Drs. 18/3994, 39.

3.4 Ausnahmen für Crowdinvestments

Unter der schönen Überschrift „Befreiungen für Schwarmfinanzierungen“ führt § 2a VermAnlG umfassende Ausnahmen für *Crowdinvesting*-Formen ein: Die Ausnahmen gelten lediglich für Partiarische Darlehen, Nachrangdarlehen und den Finanzierungformen des Auffangtatbestands nach § 1 Abs. 2 Nr. 7 VermAnlG und nur, soweit der Verkaufspreis sämtlicher von einem Emittenten angebotenen Vermögensanlagen EUR 2,5 Millionen nicht übersteigt. Im Gesetzgebungsverfahren war hier noch eine Schwelle von EUR 1 Million vorgesehen, die als unnötige Beschränkung des *Crowdinvesting*-Marktes scharf kritisiert wurde.[62]

Weiterhin gelten die Ausnahmen für das *Crowdinvesting* nur für Vermögensanlagen, die ausschließlich im Wege der Anlageberatung oder Anlagevermittlung über eine Internet-Dienstleistungsplattform vermittelt werden, die prüfen muss, ob der Gesamtbetrag der von einem Anleger erworbenen Vermögensanlagen desselben Emittenten bestimmte Schwellen nicht übersteigt (§ 2a Abs. 3 VermAnlG). Ein Anleger darf demnach nur einen Betrag von über EUR 1.000 investieren, wenn – nach einer entsprechenden Selbstauskunft – (i) das freie Vermögen des Anlegers entweder über EUR 100.000 beträgt, oder (ii) die Anlage nicht das Zweifache des monatlichen Nettoeinkommens des Anlegers übersteigt, in beiden Ausnahmen jeweils allerdings höchstens EUR 10.000.[63] Für Kapitalgesellschaften gilt diese Beschränkung nicht, was Business Angels, die über Kapitalgesellschaften investieren, größere Anlagen über *Crowdinvesting*-Plattformen erlaubt.[64] Dies trägt der größeren Professionalität dieser Anleger Rechnung.

Da die Plattformen in jedem Fall als Anlageberater oder Anlagevermittler tätig sein müssen, benötigen sie entweder einer Erlaubnis als Finanzdienstleistungsunternehmen nach dem KWG oder als Finanzanlagevermittler nach der GewO.[65]

Für öffentliche Angebote gelten die Erleichterungen nach § 2a VermAnlG nicht.

Soweit die Voraussetzungen für die Ausnahmetatbestände nach § 2a VermAnlG erfüllt sind, sind für die Emission zunächst keine Verkaufsprospekte i.S. von §§ 6 ff. VermAnlG zu erstellen, was den finanziellen und zeitlichen

62 *Möllers/Kastl*, NZG 2015, 849, 850; *Heisterhaten/Conreder*, DStR 2015, 1929, 1934; *Bujotzek/Mocker*, BKR 2015, 358, 359; *Rodin*, Private Equity International 4/2015, 12, 14 mit dem Vorschlag, die Schwelle wie in Großbritannien oder Italien auf EUR 5 Millionen anzuheben.

63 Kritisch zu diesen Schwellen: *Heisterhaten/Conreder*, DStR 2015, 1929, 1934.

64 Kritisch im Hinblick auf die Einschränkung auf Kapitalgesellschaften *Bujotzek/Mocker*, BKR 2015, 358, 359.

65 *Möllers/Kastl*, NZG 2015, 849, 850.

Aufwand für ein *Crowdinvesting* maßgeblich reduziert. Des Weiteren gilt die neue Laufzeitregelung nach § 5a VermAnlG nicht.

Die schon bislang geltende *De Minimis*-Schwelle nach § 2 Abs. 1 Nr. 3 VermAnlG gilt weiterhin, mit der Folge, dass das VermAnlG weitgehend keine Anwendung findet, wenn die von einem Emittenten innerhalb von 12 Monaten angebotenen Anlagen EUR 100.000 nicht übersteigen. Diese Regelung ist gegenüber § 2a VermAnlG vorrangig.

3.5 Mindestlaufzeit und Kündigungsfrist

§ 5a VermAnlG führt für Vermögensanlagen eine neue Mindestlaufzeit von 24 Monaten sowie eine ordentliche Kündigungsfrist von mindestens sechs Monaten ein.[66] Die Mindestlaufzeit soll vor allem dem Emittenten Planungssicherheit für seine Finanzierung gewähren und gleichzeitig den Anleger warnen, dass über die Anlage nicht kurzfristig disponiert werden kann.[67]

3.6 Werbung, Warnhinweise und Widerrufsrecht

Im Gesetzgebungsverfahren war noch vorgesehen, Werbung für Vermögensanlagen i.S. des VermAnlG vollständig zu unterbieten.[68] Dieses Verbot konnte sich nicht durchsetzen.[69] Auch die im weiteren Gesetzgebungsverfahren vorgesehene weitgehende Regulierung der Werbung und Beschränkung auf Medien, deren Schwerpunkt auf der Darstellung von wirtschaftlichen Sachverhalten liegt,[70] wurde aufgegeben.[71] Gesetz geworden ist eine Regulierung, welche Werbung zwar uneingeschränkt zulässt, aber einen Warnhinweis erfordert, der auf die erheblichen Risiken und den möglichen Verlust des eingesetzten Vermögens hinweist, § 12 Abs. 2 Satz 1 VermAnlG. Eine Erleichterung sieht § 12 Abs. 2 Satz 2 VermAnlG für Werbung in elektronischen Medien (insbesondere bei Bannerwerbung) vor, die weniger als 210 Schriftzeichen enthält. Dann genügt ein als

---

66 Begrüßend *Möllers/Kastl*, NZG 2015, 849, 851.
67 *Roth*, GWR 2015, 243, 245.
68 *Buck-Heeb*, NJW 2015, 2535, 2539.
69 Begr. RegE, BT-Drs. 18/3994, 45; *Buck-Heeb*, NJW 2015, 2535, 2539.
70 S. § 12 Abs. 1 Satz 1 Nr. 2 VermAnlG-E.
71 *Heisterhaten/Conreder*, DStR 2015, 1929, 1931; *Bujotzek/Mocker*, BKR 2015, 358, 359; *Möllers/Kastl*, NZG 2015, 849, 853.

Warnhinweis bezeichneter Link auf den eigentlichen Risikohinweis auf einer gesonderten Internetseite.

Soweit die Anlage keinen Verkaufsprospekt erfordert, soll zusätzliche Transparenz und Information des Anlegers durch ein geändertes Vermögensanlage-Informationsblatt (VIB) erfolgen.[72] Die erforderlichen Inhaltsangaben auf dem VIB wurden erweitert, insbesondere um Angaben zum Verschuldungsgrad des Emittenten sowie Angaben zur Laufzeit und den Kündigungsfristen der Vermögensanlage, s. § 13 Abs. 2 Satz 2 Nr. 2b und 2c VermAnlG. Das VIB muss nach § 13 Abs. 6 VermAnlG nunmehr auf der ersten Seite ebenfalls einen drucktechnisch hervorgehobenen Warnhinweis enthalten: „Der Erwerb dieser Vermögensanlage ist mit erheblichen Risiken verbunden und kann zum vollständigen Verlust des eingesetzten Vermögens führen." An den grundsätzlich begrüßten erweiterten Informationspflichten wird aber auch kritisiert, dass durchaus fraglich ist, ob der Höchstumfang von drei Seiten[73] überhaupt noch sinnvoll eingehalten werden könne.[74]

Der Anleger muss die Kenntnisnahme des Warnhinweises auf dem VIB durch seine Unterschrift bestätigen und an den Anbieter übersenden, s. § 15 Abs. 4 VermAnlG. Nach Kritik an dieser Regelung für online vermittelte Finanzierungen als Medienbruch[75], wurde für Online-Plattformen folgende Erleichterung in das Gesetz aufgenommen: Die Kenntnisnahme von dem Warnhinweis ist in einer der Unterschriftsleistung gleichwertigen Art und Weise zu bestätigen, durch eigenständige Texteingabe, die zweifelsfrei die Identität des Anlegers erkennen lässt.

§ 4d VermAnlG räumt dem Anleger das Recht ein, die – nach § 2a VermAnlG nicht prospektpflichtige – Anlage binnen einer Frist von 14 Tagen nach Abschluss zu widerrufen, sofern der Anleger ordnungsgemäß über das Widerrufsrecht belehrt wurde. Das Widerrufsrecht trägt dem Umstand Rechnung, dass der Anleger keinen Prospekt mit umfassenden Informationen über die Anlage erhalten hat.[76]

---

72 Die im Gesetzgebungsverfahren noch vorgesehene Bagatell-Ausnahme für Investments unter EUR 250 hat sich ebenfalls nicht durchgesetzt.

73 S. § 13 Abs. 2 Satz 1 VermAnlG.

74 *Buck-Heeb*, NJW 2015, 2535. 2538; *Möllers/Kastl*, NZG 2015, 849, 852.

75 *Möllers/Kastl*, NZG 2015, 849, 852.

76 *Roth*, GWR 2015, 243, 245.

3.7 Bewertung

Das Kleinanlegerschutzgesetz wagt den schwierigen Spagat zwischen einer notwendigen Regulierung des *Crowdinvesting*-Bereichs als Teil des Grauen Kapitalmarktes und der Erkenntnis, dass dieses Marktsegment keine Regulierung verträgt, die für die Beteiligten mit einem hohen finanziellen oder zeitlichen Aufwand verbunden ist. Entsprechend hat sich der Gesetzgeber dazu durchgerungen, den herkömmlichen Beteiligungsformen des *Crowdinvesting* Stille Beteiligung und Partiarisches Darlehen weitgehende Freiheiten zu belassen. Die grundsätzliche Erweiterung des Anwendungsbereichs des VermAnlG auf Partiarische Darlehen und Nachrangdarlehen wird sogleich dadurch aufgeweicht, dass Emissionen eines Emittenten bis zu EUR 2,5 Millionen dann nicht prospektpflichtig sind, wenn die Höchstbeträge des einzelnen Anlegers beachtet werden. Immerhin nimmt diese Regelung in Kauf, dass der einzelne Anleger in einem einzelnen Investment ein zweifaches Nettoeinkommen auf das Spiel setzt – im Übrigen in keinster Weise für multiple Investments beschränkt. Als Anlegerschutz müssen das Vermögensanlage-Informationsblatt mit seinem ausdrücklichen Warnhinweis und die Bestätigung des Anlegers über dessen Kenntnisnahme genügen. Im Ergebnis vertraut diese Regulierung sehr stark auf den verständigen Anleger, der nach entsprechendem Risikohinweis selbst entscheiden soll, welches Risiko er eingeht. Im Ergebnis scheint der Spagat geglückt, die Neuregelungen sind aus Sicht des *Crowdinvesting*-Marktes durchaus zu begrüßen. Die Regulierung lässt dem Markt genügend Luft zum Atmen, auch wenn sie voraussetzt, dass die Anleger hiermit umzugehen wissen.

4 Ausblick

Das Phänomen *Crowdfunding* wird keine vorübergehende Erscheinung bleiben, sondern als Finanzierungsform weiter an Attraktivität gewinnen. Für den *Crowdfunding*-Bereich dürften sich die internationalen Plattformen gegenüber nationalen Start-ups durchsetzen und diese mittelfristig weitgehend verdrängen. Für den *Crowdinvesting*-Bereich ist durchaus zu erwarten, dass dieser mit dem Rückenwind des Kleinanlegerschutzgesetzes wieder stärker als zuletzt wächst. Durch die größeren Volumina kann *Crowdinvesting* auch für Early- und Later Stage-Finanzierungen von Start-ups eine spannende Finanzierungsmöglichkeit darstellen, was auch den Wettbewerb für Venture Capital-Finanzierungen beleben und sich auf die Bewertungen von Start-ups auswirken könnte. Schließlich ist zu erwarten, dass der *Crowdlending*-Markt weiter am schnellsten wächst. Das Potential, privaten Darlehensnehmern auf einfache, unkomplizierte und schnelle Weise Zugang zu Fremdkapital zu verschaffen, ist riesig.

2. Abteilung

Univ.-Prof. Dr. Carsten Herresthal, Universität Regensburg

Aktuelle Entwicklungen der (v.a. bürgerlich-rechtlichen) Prospekthaftung

1 Einleitung

Die Prospekthaftung setzt sich im Wesentlichen aus den spezialgesetzlichen Regeln der Prospekthaftung und der sog. bürgerlich-rechtlichen Prospekthaftung im engeren und im weiteren Sinn zusammen.[1] Angesichts der ganz erheblichen Ausweitung der spezialgesetzlichen Prospekthaftung in der jüngeren Zeit, u.a. im KAGB und VermAnlG, wird mittlerweile vielfach vertreten, dass die bürgerlich-rechtliche Prospekthaftung i.e.S. in der Folge auf einen marginalen Restanwendungsbereich beschränkt ist, sofern ihr überhaupt noch eine Bedeutung zugesprochen wird.[2] Zweifelsohne hat die bürgerlich-rechtliche Prospekthaftung i.e.S. einen erheblichen Bedeutungsverlust aufgrund der flächendeckenden spezialgesetzlichen Prospekthaftungsregeln erfahren. Ebenso deutlich ist aber, dass sie zunächst die (auch höchstrichterliche) Rechtsprechung weiterhin prägen wird und zudem die über sie gewonnenen dogmatischen Erkenntnisse in großem Umfang auch für die spezialgesetzliche Prospekthaftung von Bedeutung sein werden.[3] Eine genaue Analyse des verbleibenden Restanwendungsbereichs der bürgerlich-rechtlichen Prospekthaftung i.e.S. zeigt indes, dass deren Bedeutung

---

1 Zu Details unten 3. (bürgerlich-rechtliche Prospekthaftung) und 4. (spezialgesetzliche Prospekthaftung).

2 *Assmann*, in: Assmann/Schütze, Handbuch des Kapitalanlagerechts, 4. Aufl. 2015, § 5 Rn. 21 („die letzten Anwendungsfelder entzogen", „weitgehend obsolet"), Rn. 27 (Anwendungsbereich „praktisch auf Null reduziert"), Rn. 69 („schwindende Bedeutung"); *Habersack*, in: Habersack/Mülbert/Schlitt, Handbuch der Kapitalmarktinformation, 2. Aufl. 2013, § 29 Rn. 2 („weitgehend verdrängt"); *Mülbert/Steup*, in: Habersack/Mülbert/Schlitt, Unternehmensfinanzierung am Kapitalmarkt, 3. Aufl. 2014, § 41 Rn. 14 („verbleiben . . . allenfalls Randbereiche"); *Schnauder* NJW 2013, 3212 („endgültig abgeschafft", wenngleich teilweise noch als „Notbehelf" heranzuziehen); *Hellgardt* ZBB 2012, 73, 74 („eigentlich abgeschafftes Rechtsinstitut").

3 Paradigmatisch sind die Konkretisierung der Fehlerhaftigkeit des Prospekts, dazu unten 3.3.2, sowie die Fragen der Kausalität, dazu unten 3.3.4.

zwar reduziert, keineswegs aber marginalisiert wurde.[4] Allerdings ist aber aufgrund des nunmehr hinreichend deutlich erkennbaren gesetzlichen Leitbildes der Prospekthaftung eine Neukonzeption der bürgerlich-rechtlichen Prospekthaftung i.e.S. nach Maßgabe der gesetzlichen Wertungen erforderlich.

2 Die dogmatische Grundlage einer allgemeinen Prospekthaftung

Der dogmatischen Grundlage der bürgerlich-rechtlichen Prospekthaftung i.e.S. kann insofern gesteigerte Bedeutung zukommen, als die Konkurrenzregeln der spezialgesetzlichen Prospekthaftung weitergehende Ansprüche aus „Vertrag" sowie „deliktische Ansprüche" unberührt lassen.[5] Indes handelt es sich bei der bürgerlich-rechtlichen Prospekthaftung i.e.S. nach der weiterhin zutreffenden, überwiegenden Ansicht nicht um eine vertragliche oder deliktische Haftung, sondern um eine *Haftung für typisiertes Vertrauen*.[6] Aufgrund der auch für den Prospektverantwortlichen erkennbaren Bedeutung des Prospekts als zentrale Informationsquelle potentieller Anleger[7] und deren typisierten Vertrauens in Prospektangaben und die für diese verantwortlich zeichnenden Prospektverantwortlichen löst eine schuldhaft fehlerhafte Darstellung von Umständen, die für den Anleger wesentlich sind, eine (Vertrauens-)Haftung aus. Damit steht dieser Haftungstatbestand der Haftung für enttäuschtes konkretes Vertrauen im Vorfeld eines Vertrages nahe, so dass eine Ausformung des Tatbestandes der Prospekthaftung i.e.S. in Parallele zur früher nicht kodifizierten, mittlerweile aber in § 311 II, III BGB verankerten c.i.c. sachgerecht war. Die hiergegen vorgebrachte Kritik, die eine Überdehnung der Vertrauenshaftung zu erkennen glaubt und das anonyme Verhältnis zwischen Prospektherausgeber und Anlegerpublikum als rechtlich nicht fassbares Verhältnis qualifiziert, greift nicht durch. Sie erweist sich letzt-

---

4 Für eine weiterhin größere Bedeutung der bürgerlich-rechtlichen Prospekthaftung i.e.S. aufgrund des im Vergleich zur spezialgesetzlichen Prospekthaftung weiteren Prospektbegriffs und des weitergehenden Kreises der Haftenden *Nobbe* WM 2013, 193, 204; mit diesem Eindruck auch *Schürnbrand* ZGR 2014, 256, 280, nach dem durchaus verbreitet für den Fortbestand der bürgerlich-rechtlichen Prospekthaftung plädiert werde.

5 Ausf. unten 4.4.1.

6 Vgl. nur BGHZ 177, 25 Rn. 12 = WM 2008, 1545; 71, 284 ff.; vgl. schon *Canaris*, Bankvertragsrecht, 2. Aufl. 1981, Rn. 2277; *Hopt*, Die Verantwortlichkeit der Banken bei Emissionen, 1991, Rn. 133; *ders.*, FG 50 Jahre BGH, 2000, S. 497, 528.

7 Vgl. zum resultierenden Prospektbegriff unten 3.3.1.

lich als Variation der allgemeinen Kritik an der Vertrauenshaftung[8] und vermag ebenso wie diese nicht zu überzeugen. Der Vertrauensgedanke ist ein hinreichend konkreter und vom Gesetzgeber anerkannter Wertungsgrundsatz.[9] Zudem ist das Rechtsverhältnis zwischen potentiellem Anleger und Prospektverantwortlichem aufgrund der singulären Bedeutung des Prospekts als Informationsgrundlage hinreichend konkret, um einen Vertrauenstatbestand anzunehmen.[10]

Abzulehnen ist auch eine jüngere Ansicht, die ein *geschäftsbesorgungsrechtliches Schuldverhältnis* zwischen den Prospektverantwortlichen und dem Anlegerpublikum konstruiert.[11] Danach soll die Erteilung standardisierter Kapitalmarktinformation eine Tätigkeit im Rechtskreis dieser Anleger mit dem Willen zur Beeinflussung potentieller Anleger durch Werbeaussagen sein. Der Anleger räume den Prospektverantwortlichen bei einer Berücksichtigung der Informationen eine Geschäftsbesorgungsmacht ein. Dem auf diese Weise konstruierten geschäftsbesorgungsrechtlichen Schuldverhältnis stehen indes das Fehlen eines Rechtsbindungswillens beider Parteien und damit die negative Privatautonomie entgegen. Weder hat der Prospektverantwortliche aus objektiver Empfängerperspektive (§§ 133, 157 BGB) ein Interesse daran, einem unbestimmten Kreis potentieller Anleger gegenüber auf vertraglicher Grundlage Informationen zu vermitteln, noch kommt der Berücksichtigung von Informationen durch die Anleger aus einer solchen Perspektive ein Erklärungswert zu. Dem entspricht auch die gesetzgeberische Wertung im Kaufrecht, nach der Werbeangaben erst durch die gesetzliche Anordnung (§ 434 I S. 3 BGB) beschaffenheitsprägend werden und ohne diese gerade nicht Teil der Willenserklärung sind. Ein rechtsgeschäftliches Geschäftsbesorgungsverhältnis läuft somit auf eine abzulehnende Fiktion hinaus.

Auch die Einordnung der Prospekthaftung als *deliktische Haftung gegenüber offenem Personenkreis*,[12] nach der die Prospektpflichten deliktische Verkehrs-

---

8 Zu dieser nur *Köndgen*, Selbstbindung ohne Vertrag, 1981, S. 98-106; *Picker* AcP 183 (1983), 369 (427).

9 Vgl. nur *Canaris*, 50 Jahre BGH – Festgabe aus der Wissenschaft, 2000, I, S. 129 ff. mit umfassenden Nachweisen zur Anerkennung in der Rechtsprechung; s.a. BGHZ 79, 337, 341 = WM 1981, 483, zur bürgerlich-rechtlichen Prospekthaftung als „Weiterführung der Grundgedanken einer Vertrauenshaftung".

10 Vgl. die Diskussion bei *Canaris*, FS Giger, 1989, S. 91, 93 f., 108 ff., zugleich mit einer Diskussion des Vertrauensverhältnisses zu unbekannten Hintermännern bei der Herausgabe unzutreffender Prospekte.

11 So *Schnauder* NJW 2013, 3207, 3212; mit dem Versuch einer vertraglichen Einordnung bereits *Köndgen* AG 1983, 85, 90 ff.

12 *Hellgardt*, Kapitalmarktdeliktsrecht, 2008, S. 220 ff.; *ders.* ZBB 2012, 73 (zur Prospekthafpflichten bzw. Schutzgesetze i.S.v. § 823 II BGB sind, vermag nicht zu überzeugen. Diese Parallele zur spezialgesetzlichen Prospekthaftung als Sonderdeliktsrecht trägt insofern nicht, als nach der gesetzgeberischen Wertung die Vertrauenshaftung im Kern eine quasivertragliche Haftung ist (vgl. §§ 311 II, III, 241 II BGB). Der Gesetzgeber hat sich mit der Schuldrechtsreform entschieden, die Haftung für (Schutz-)Pflichten aus einem vorvertraglichen Vertrauensverhältnis gem. § 241 II BGB über eine quasi-vertragliche Haftung und gerade nicht mit deliktischen Verkehrspflichten zu erfassen.

Die nur ganz vereinzelt vertretene gewohnheitsrechtliche Verfestigung[13] ist mangels hinreichender Überzeugung und mangels hinreichender tatbestandlicher Ausprägung des Rechtsinstituts abzulehnen. So erfolgte die judikative Konkretisierung des für die Prospekthaftung zentralen Prospektbegriffs erst im Jahr 2011.[14]

3 Die bürgerlich-rechtliche Prospekthaftung: Tatbestand, Rechtsfolgen, aktuelle Problemkreise

3.1 Die Unterscheidung zwischen der bürgerlich-rechtlichen Prospekthaftung im engeren Sinn und im weiteren Sinn

Weiterhin wird zwischen der bürgerlich-rechtlichen Prospekthaftung im engeren Sinn und jener im weiteren Sinn unterschieden.[15] Die Prospekthaftung *im engeren Sinn* (auch *eigentliche* Prospekthaftung) wird – wie ausgeführt[16] – überwiegend auf das typisierte Vertrauen des Anlegers gestützt, das wiederum aus der besonderen Bedeutung des Prospektes für die Anlageentscheidung folgt. Dementsprechend wurde bislang der Haftungstatbestand der vorvertraglichen

---

tung); zuvor bereits *Kiss* WM 1999, 117, 123; *v. Bar* ZGR 1983, 476, 496 ff.; für eine deliktische Qualifikation *Einsele*, Bank- und Kapitalmarktrecht, 3. Aufl. 2014, § 7 Rn. 99; s.a. *Grundmann* RabelsZ 54 (1990), 310 (Prospekthaftung strukturell ein Fall der Deliktshaftung).

13 So aber *Buck-Heeb*, Kapitalmarktrecht, 7. Aufl. 2014, § 1 Rn. 17; vgl. indes dazu, dass die Kriterien des zentralen Prospektbegriffs umstritten und in Rechtsprechung und Schrifttum nicht abschließend geklärt sind, ausdrücklich noch BGH WM 2008, 1545 Rn. 11.

14 Vgl. BGHZ 191, 310 Rn. 21 = WM 2012, 19 – Rupert Scholz.

15 Vgl. nur MünchKomm-HGB/*Grunewald*, 3. Aufl. 2012, § 161 Rn. 187 ff.; die Kritik an der Zweiteilung ist zu Recht vereinzelt geblieben, vgl. *Assmann* EWiR 1998, 439, 440; *Morgen* NJW 1987, 474, 475 f.

16 Näher oben 2.

Informationshaftung (vgl. §§ 311 II, III, 241 II, 280 I BGB) als Maßstab für den Haftungstatbestand herangezogen. Die Prospekthaftung *im weiteren Sinn* (auch *uneigentliche* Prospekthaftung) wird hingegen unmittelbar auf §§ 311 II Nr. 3, III, 280 I BGB gestützt.[17] Sie erfordert ein konkretes vorvertragliches Vertrauensverhältnis zwischen dem Anleger und einem Dritten aufgrund einer Vertragsanbahnung oder eines besonderen persönlichen Vertrauens.[18] Haftungsauslösend ist dann die Verletzung einer selbständigen Aufklärungspflicht als zukünftiger Vertragspartner oder Sachverwalter auf Grund persönlich in Anspruch genommenen, besonderen Vertrauens, zu deren Erfüllung sich der Dritte des Prospekts bedient. Ist der Prospekt fehlerhaft, liegt eine solche Pflichtverletzung vor.[19]

3.2 Die bürgerlich-rechtliche Prospekthaftung im weiteren Sinn

Im Rahmen der bürgerlich-rechtlichen Prospekthaftung i.w.S. legt die Rechtsprechung bei Vorliegen eines solchen vorvertraglichen Vertrauensverhältnisses z.B. zwischen einem Beitrittsinteressenten und den Gründungsgesellschaftern eine weite Aufklärungspflicht Letzterer zugrunde.[20] Nach ihr muss dem Anleger für dessen Beitrittsentscheidung ein „richtiges Bild" über den Anlagegegenstand vermittelt werden. Hierzu ist er über alle Umstände, die für seine Anlageentscheidung von wesentlicher Bedeutung sind oder sein können, verständlich und vollständig aufzuklären; dies umfasst auch solche Umstände, die den vom Anleger verfolgten Vertragszweck vereiteln können. Eine Treuhandkommanditistin muss den künftigen Treugeber über alle wesentlichen Punkte aufklären, die für dessen mittelbare Beteiligung von Bedeutung sind.[21] Aufgrund ihrer Stellung habe sie sich über die rechtlichen und wirtschaftlichen, insbesondere aber die finanziellen Grundlagen der Gesellschaft Kenntnis zu verschaffen.[22] Dabei wurde allerdings betont, dass der Beitritt zur Gesellschaft nur mittels Treuhandvertrags zwischen Anleger und Treuhandkommanditistin erfolgen konnte.[23]

---

17 Dazu unlängst BGH WM 2013, 1597 Rn. 26 ff. = NZG 2013, 980; WM 2012, 1293 Rn. 9 = NZG 2012, 789; WM 2012, 1184 Rn. 23 = NZG 2012, 744; WM 2008, 1545 Rn. 12 ff. = ZIP 2008, 1526.

18 Vgl. nur MünchKomm-BGB/*Emmerich*, 6. Aufl. 2012, § 311 Rn. 171; *Assmann*, in: Assmann/Schütze (Fn. 2), § 5 Rn. 86.

19 Zur Konkurrenz mit der spezialgesetzlichen Prospekthaftung vgl. unten 4.4.

20 BGH WM 2013, 1597 Rn. 33 = NZG 2013, 980; WM 2012, 1184 Rn. 13 m.w.N. = NZG 2012, 744.

21 BGH WM 2009, 593 = NZG 2009, 380.

22 BGHZ 84, 141 ff. = WM 1982, 758.

23 BGH WM 2009, 593 = NZG 2009, 380; NJW-RR 2009, 1129, 1130.

3.2.1 Die Publikumsgesellschaft als Vertragspartner der Beitretenden

Eine weiterhin aktuelle Streitfrage hat bei der Prospekthaftung i.w.S. Konstellationen zum Gegenstand, in denen die *Publikumsgesellschaft* die Beitrittsverträge mit den Beitrittswilligen *im eigenen Namen* abschließt.[24] Abweichend vom Regelfall, in dem die *Gründungsgesellschafter* als Vertragspartner die Beitrittsverträge mit den Anlegern abschließen, besteht in diesen besonderen Konstellationen kein vorvertragliches Rechts- und Vertrauensverhältnis zwischen den Gründungsgesellschaftern und den Beitretenden als Parteien eines intendierten Rechtsverhältnisses. Denn die Parteien des intendierten Gesellschaftsbeitritts sind die Publikumsgesellschaft und die Beitretenden. Zur Frage der Haftung der Gründungsgesellschafter in diesen Konstellationen, wenn sie die Gesellschaft beim Abschluss des Beitrittsvertrags vertreten oder sonst den Beitrittswilligen persönlich gegenüber treten, liegt – soweit ersichtlich – noch keine höchstrichterliche Entscheidung vor. Vielmehr konnte der BGH[25] der Streitfrage in einem konkreten Fall noch ausweichen, da ein – nach Ansicht des Gerichtshofs – widersprüchlich ausgestalteter Vertrag als Bevollmächtigung des Geschäftsführers verstanden werden konnte, die bisherigen Gesellschafter zu vertreten. Er konnte daher den Sachverhalt auf die Regelkonstellation des Beitrittsvertrags mit den Gründungsgesellschaftern zurückführen.

Auf der Grundlage der bisherigen Rechtsprechung des Gerichtshofs dürfte aber wenig zweifelhaft sein, dass dieser auch die Haftung der Gründungsgesellschafter mit einer Prospekthaftung i.w.S. beim Abschluss des Beitrittsvertrags mit der Publikumsgesellschaft selbst bejahen wird, wenn und soweit diese Gesellschafter den Anlegern bei Vertragsanbahnung persönlich gegenübertreten und den Prospekt oder sonstige Unterlagen erläutern, mit weiteren Angaben ergänzen oder die Gesellschaft sogar vertreten. Denn nach dem BGH haftet ein im Rahmen der Prospekthaftung i.e.S. aufklärungspflichtiger Garant, der den Anlegern unmittelbar mündliche Informationen mit unrichtigem oder unvollständigem Inhalt erteilt, selbst nach den Regeln der Prospekthaftung i.w.S. für das konkret

---

24 Zur Zulässigkeit vgl. nur BGH WM 1976, 15; NJW 1978, 1000; BGHZ 93, 159, 160 = ZIP 1985, 233; BGH NJW-RR 1994, 1185 f.; ohne einen Vorbehalt für diese Möglichkeit des Beitritts indes jüngst BGH NZG 2013, 980 Rn. 27; für die Zulässigkeit MünchHdB-GesR/*Jaletzke*, 4. Aufl. 2014, § 62 Rn. 10; *Servatius*, in: Henssler/Strohn, Gesellschaftsrecht, 2. Auflage 2014, Anh. Publikumsgesellschaft und GmbH & Co. Rn. 18; Ebenroth/Boujong/Jost/Strohn/*Henze/Notz*, 3. Aufl. 2014 , § 177a Anh. B Rn. 12; *Roth*, in Baumbach/Hopt, 36. Aufl. 2014, Anh § 177a HGB Rn. 57; *Wiedemann* ZGR 1996, 286, 296 f.; a.A. aber MünchKomm-HGB/*Grunewald* (Fn. 15), § 161 Rn. 142.
25 Vgl. BGH WM 2011, 792 Rn. 8 ff. = NJW 2011, 1666; erläuternd dazu *Strohn* DB 2012, 1137.

in Anspruch genommene Vertrauen.[26] Er begründet dies damit, dass ein aufklärungspflichtiger Garant dann nicht nur ein typisiertes, sondern stets ein „besonderes", persönliches Vertrauen der Anleger in Anspruch nehme. Eine Haftung sei hier „erst recht und in höherem Maße" gerechtfertigt.[27]

Diese grundsätzliche Parallelisierung vermag allerdings nicht zu überzeugen, verkennt sie doch das Erfordernis einer *konkreten* Vertrauensgrundlage bei der Prospekthaftung i.w.S. Entscheidend muss daher der konkrete Einzelfall sein. Auch besteht ein Spannungsverhältnis zu jener Wertung, nach der sogar ein – auch dem Gegenüber erkennbares – wirtschaftliches Interesse des Dritten als solches grundsätzlich nicht ausreicht, um eine Haftung gem. §§ 311 II, III, 280 I BGB zu begründen.[28] Erforderlich ist daher ein hinreichend *konkretes* Vertrauen in den Prospektgaranten zur Bejahung einer Prospekthaftung i.w.S. Er muss den Vertragsschluss konkret erheblich beeinflusst (§ 311 III 1, 2 Alt. 2 BGB) oder gegenüber dem Beitrittswilligen eine besondere Gewähr für die Seriosität und Erfüllung des Vertrages übernommen haben (§ 311 III 1 BGB). Dabei ist die Stellung als entsprechender Prospektgarant ein starkes Indiz für ein solches Vertrauen. Im konkreten Einzelfall sind aber durchaus Relativierungen dieser Stellung durch entsprechende Äußerungen, das Auftreten oder sonstige Umstände möglich, indem durch diese oder andere Hinweise ein konkretes Vertrauen im Einzelfall vermieden bzw. zerstört werden kann.[29] Der Unterschied zur Rechtsprechung zeigt sich auch, wenn Dritte handeln, z.B. Hilfspersonen die Anwerbung von Anlegern anvertraut wurde.[30] Sofern die Rechtsprechung typisiert stets (auch) ein konkretes vorvertragliches Vertrauensverhältnis zu den Prospektgaranten bejaht, müsste die Einschaltung von Vertriebspersonen durch diese, z.B. durch die Gründungsgesellschafter, stets zu einem konkreten Vertrauensverhältnis zwischen Anleger und Hintermann-Prospektgarant und damit zu deren Haftung bei

---

26 BGH WM 2008, 1545 Rn. 13 ff. = NZG 2008, 661.

27 BGH WM 2008, 1545 Rn. 13. = NZG 2008, 661; krit. dazu auch *Mülbert/Leuschner* JZ 2009, 158 ff.

28 Vgl. nur BGH NJW 1986, 586, 587 = ZIP 1986, 26; NJW-RR 1991, 1241, 1242; NJW-RR 1992, 605; NJW-RR 2002, 1309.

29 Wie hier, die Möglichkeit einer Haftung bejahend, allerdings unter Hinweis auf den Anlegerschutz *Schürnbrand* ZGR 2014, 256, 276 (wohl einen Umgehungstatbestand annehmend, da sich die Gesellschafter nicht durch technische Ausgestaltung der Haftung „entziehen" dürften); so auch schon MünchKomm-HGB/*Grunewald* (Fn. 15), § 161 Rn. 146 (zweifelhafte Form des Vertragsschlusses dürfe nicht zur Folge haben, dass sich Mitgesellschafter ihrer Pflichten gegenüber Beitretenden entledigen); gegen eine Haftung *Wiedemann* ZGR 1996, 286, 297 f.; wohl auch *Wolfer* GWR 2011, 259; krit. auch *Mülbert/Leuschner* JZ 2009, 158 ff.

30 Vgl. BGH WM 2013, 1597 Rn. 38 = NZG 2013, 980 (Komplementärin).

einer schuldhaften Pflichtverletzung durch die Hilfsperson als Erfüllungsgehilfe führen. Letztlich müsste nur ein schuldhaftes, zurechenbares Verhalten der Hilfspersonen bejaht werden, um den Haftungstatbestand zu bejahen. Die Grenzen zur Haftung für typisiertes Vertrauen qua Prospekthaftung i.e.S. drohen dabei zu verwischen. Sofern hingegen – wie hier vertreten – auch bei Prospektgaranten eine positive Feststellung des konkreten vorvertraglichen Vertrauensverhältnisses erforderlich ist, müssen Verhalten und Äußerungen der Hilfsperson gerade auch einen Bezug zu dem konkreten Prospektgaranten als demjenigen herstellen, der konkret vorvertragliches Vertrauen gewährt. Anderenfalls mangelt es an einer hinreichenden Inanspruchnahme von Vertrauen durch gerade diesen Schuldner.

3.2.2 Das konkrete Vertrauensverhältnis bei der Treuhandlösung

Es entspricht ständiger Rechtsprechung des BGH, dass bei einem Gesellschaftsbeitritt durch Vertragsschluss mit den übrigen Gesellschaftern (vor-)vertragliche Beziehungen zwischen Gründungsgesellschaftern und dem (nur) über einen Treuhänder beitretenden Kommanditisten jedenfalls dann bestehen, wenn der Treugeber nach dem Gesellschaftsvertrag wie ein unmittelbar beigetretener Kommanditist behandelt werden soll.[31] Demnach kommt auch eine Prospekthaftung i.w.S. der Gründungsgesellschafter gegenüber dem über einen Treuhänder Beitretenden in Betracht.

Ein Treuhandkommanditist, der auch eigene Anteile an der Gesellschaft hält und an dieser schon an jenem Zeitpunkt beteiligt ist, an dem die ersten Anleger der Gesellschaft beitreten, soll im Falle der Verletzung einer vorvertraglichen Aufklärungspflicht gegenüber den Anlagegesellschaftern wie ein Gründungsgesellschafter gem. §§ 311 II, III, 280 I, 241 II BGB haften.[32] Dabei wird ihm von der Rechtsprechung die schuldhafte Verletzung einer vorvertraglichen Aufklärungspflicht durch einen Verhandlungsgehilfen nach § 278 BGB zugerechnet.[33]

Keiner näheren Entscheidung durch den BGH bedurfte bislang die Frage, ob ein Treuhandgesellschafter, der ausschließlich als solcher beteiligt ist, im Rahmen des vorvertraglichen Vertrauensverhältnisses zu Beitrittswilligen einem

31 Vgl. nur BGH WM 2012, 1184 Rn. 10 = NZG 2012, 744; WM 2011, 2327 Rn. 16 = NZG 2011, 1432; WM 2006, 1621 Rn. 10 = ZIP 2006, 1631.

32 Vgl. BGH WM 2013, 1597 Rn. 27 ff. = ZIP 2013, 1616.

33 Dazu BGH WM 2013, 1597 Rn. 37-39 = ZIP 2013, 1616.

geringeren Pflichtenkatalog unterliegt.[34] Auch insoweit ist richtigerweise im Rahmen der Prospekthaftung i.w.S. die Vertrauensgrundlage im Einzelfall maßgeblich. Allerdings rechtfertigt hier die Stellung als bloßer Treuhandgesellschafter, der ausschließlich als solcher beteiligt und nicht darüber hinaus in die Gesellschaftsstruktur eingebunden ist, als solche kein besonderes Vertrauen. Eine besondere Gewähr für die Seriosität und Erfüllung des Vertrages kann aber aus dem Verhalten und den Aussagen des Treuhandgesellschafters sowie aus jenen seines Erfüllungsgehilfen (§ 278 BGB) folgen.

3.2.3 Die Grundsätze der fehlerhaften Gesellschaft bei der mehrgliedrigen stillen Gesellschaft

Am Rande der vorstehend in Blick genommenen Thematik liegt die Frage nach der Durchsetzbarkeit von Schadensersatzansprüchen aus der bürgerlich-rechtlichen Prospekthaftung i.e.S. bei der Gründung einer stillen Gesellschaft, mithin ob diese Ansprüche durchsetzbar oder nach den Grundsätzen der fehlerhaften Gesellschaft gesperrt sind. Bekanntlich wendet der BGH die Grundsätze der fehlerhaften Gesellschaft auch auf die – typische wie auch atypische – stille Gesellschaft an.[35] In der Folge wurde auch ein auf Rückgewähr der Einlage gerichteter Schadensersatzanspruch aus vorvertraglicher Pflichtverletzung durch diese Grundsätze gesperrt.[36] Eine Ausnahme hiervon hat der Gerichtshof in Konstellationen einer zweigliedrigen stillen Gesellschaft gemacht und einen solchen Schadensersatzanspruch mit dem Ziel, den Gesellschafter so zu stellen, als habe er den Gesellschaftsvertrag nicht geschlossen und seine Einlage nicht geleistet, gewährt.[37] Die Besonderheit bestand bei diesen Konstellationen indes in der Zweigliedrigkeit der aus einer Anlagegesellschaft und dem Anleger bestehenden stillen Gesellschaft. Die materielle Rechtfertigung der Beschränkung der Rückabwicklung des Gesellschaftsvertrages durch die Grundsätze der fehlerhaf-

---

34 Offengelassen von BGH WM 2013, 1597 Rn. 29 = ZIP 2013, 1616.

35 Vgl. nur BGH WM 2005, 278 = ZIP 2005, 254; WM 2013, 1742 Rn. 17 = ZIP 2013, 1761; ausf. zur Rechtsprechung und zum Streitstand vgl. nur MünchKomm-HGB/*K. Schmidt*, 3. Aufl. 2012, § 230 Rn. 127 ff.

36 BGH WM 1993, 1277 = ZIP 1993, 1089; gegen die Anwendung der Grundsätze auf die stille Gesellschaft Schäfer, Die Lehre vom fehlerhaften Verband, 2002, S. 145; ders. ZHR 170 (2006), 373; MünchKomm-BGB/Ulmer/Schäfer, 6. Aufl. 2013, § 705 Rn. 358 ff.; Ulmer, FS Flume II, 1978, S. 318; mit vermittelnder Ansicht Schön ZGR 1993, 240 f.

37 BGH ZIP 2004, 1706, 1707 = WM 2004, 1823; ZIP 2004, 2095, 2098 = WM 2004, 2150; WM 2005, 278 = ZIP 2005, 254; WM 2005, 833 = ZIP 2005, 753.

ten Gesellschaft sei in dieser Konstellation nicht einschlägig. Weder gebiete der Schutz der Gläubiger eine solche Beschränkung noch sehe die stille Gesellschaft Kapitalaufbringungs- oder Kapitalerhaltungsregeln vor.[38]

Für den Beitritt zu einer mehrgliedrigen stillen Gesellschaft hat der BGH nun abweichend entschieden.[39] Danach stehen die Grundsätze der fehlerhaften Gesellschaft einem Schadensersatzanspruch eines Beitretenden aus einem vorvertraglichen Aufklärungsverschulden insoweit entgegen, als er nicht die Rückabwicklung seiner Beteiligung im Wege der Rückgewähr der Einlage Zug um Zug gegen eine Übertragung seiner Rechte aus der stillen Beteiligung verlangen kann. Die Regeln der fehlerhaften Gesellschaft beschränken ihn stattdessen auf ein etwaiges Abfindungsguthaben nach einer jederzeit möglichen Kündigung der Gesellschaft gem. § 234 I HGB, § 723 BGB.[40] Dabei werden die Grundsätze der fehlerhaften Gesellschaft nicht nur im Verhältnis zu der aus dem austrittswilligen Gesellschafter und den übrigen stillen Gesellschaftern bestehenden Gesellschaft, sondern auch hinsichtlich der aus dem Beitrittsvertrag hergeleiteten Schadensersatzansprüche, u.a. aus §§ 280 I, 241 II, 311 II BGB angewendet. Daneben soll ein Anspruch auf Ausgleich des durch das Abfindungsguthaben nicht ausgeglichenen Schadens bestehen, der aber durch die Vermögenslage des Handelsbetriebs und die Höhe der (hypothetischen) Abfindungsansprüche der übrigen stillen Gesellschafter begrenzt wird.[41] Der Schadensersatzanspruch dürfe die gleichmäßige Befriedigung der Abfindungs- oder Auseinandersetzungsansprüche der übrigen stillen Gesellschafter nicht gefährden. Eine solche Gefährdung drohe nicht, soweit das Vermögen des Geschäftsinhabers zum Zeitpunkt der Entscheidung über den Schadensersatzanspruch die zu diesem Zeitpunkt bestehenden (hypothetischen) Abfindungs- oder Auseinandersetzungsansprüche aller stillen Gesellschafter neben dem Schadensersatzanspruch des konkret klagenden Gesellschafters deckt. Andernfalls sei der Gesellschafter auf eine Feststellungsklage über seinen Schadensersatzanspruch dem Grunde und der Höhe nach beschränkt.

---

38 Vgl. nur BGH ZIP 2004, 1706, 1707 f.

39 BGH WM 2013, 2309 Rn. 16 ff. = ZIP 2013, 2355.

40 Den Rückabwicklungsanspruch bei einer mehrgliedrigen atypisch stillen Gesellschaft lehnen i.E. auch ab MünchKomm-HGB/*K. Schmidt* (Fn. 35), § 230 Rn. 133 ff.; *Westermann*, Handbuch Personengesellschaften, 2015, Rn. 221b ff.; *ders.* VGR 2009, 145, 165 f.; *Hey* NZG 2004, 1097, 1098; *Armbrüster/Joos* ZIP 2004, 189, 192; *Bayer/Riedel* NJW 2003, 2567, 2572 Fn. 56.

41 Zu letzterem BGH WM 2013, 2309 Rn. 29 ff. = ZIP 2013, 2355.

3.3 Die bürgerlich-rechtliche Prospekthaftung im engeren Sinn

3.3.1 Die Erweiterung des Prospektbegriffs

Der Prospekt ist nach der grundlegenden Entscheidung des BGH aus dem Jahr 2011 eine marktbezogene schriftliche Erklärung zumindest mit vermitteltem Anspruch umfassender Information über die Anlage.[42] Während die Rechtsprechung vor dieser Entscheidung einen Ausschließlichkeitsanspruch des Prospekts durch den Eindruck forderte, *sämtliche* relevante Informationen zu enthalten, ist nach ihr der Eindruck (nur) *umfassender* Anlegerinformation ausreichend.[43] Für diese deutliche Erweiterung des Prospektbegriffs spricht, dass die Prospekthaftung i.e.S. das Vertrauen des durchschnittlichen, informierten Anlegers[44] in den Prospekt schützt, richtig und vollständig informiert zu sein,[45] und er aufgrund des Prospekts davon absieht, weitere Informationen einzuholen. Hinzu tritt, dass eine alternative Informationsbeschaffung angesichts eines vielfach fehlenden Zweitmarktes für die Anlagen ohnehin erschwert ist. Angesichts dieses Schutzzwecks reicht es aus, wenn der Prospekt nach seinem Erscheinungsbild „umfassende" Informationen (Alternative: bloße Teilinformationen) bietet. Den haftungsauslösenden Eindruck richtiger und vollständiger Information kann der Anleger bereits bei umfassenden Prospekten gewinnen, denn ausgehend von diesem Erscheinungsbild wird der Anleger von der Einholung weiterer Informationen vielfach absehen. Ein Ausschließlichkeitsanspruch des Prospekts ist hierzu nicht erforderlich. Die Informationsasymmetrie zwischen Anleger und Haftungsverpflichtetem wirkt sich bereits beim Eindruck umfassender Information aus und die Vertrauensgrundlage aktualisiert sich. Zur Begründung muss

---

42 BGHZ 191, 310 Rn. 21 = WM 2012, 19 – *Rupert Scholz*; vgl. vorher schon *Assmann*, in: Assmann/Schütze, Handbuch des Kapitalanlagerechts, 3. Aufl. 2007, § 6 Rn. 67; s.a. *Ehricke*, in: Hopt/Voigt, Prospekt- und Kapitalmarktinformationshaftung, 2005, S. 187, 195 f.; *Mülbert/Steup*, in: Habersack/Mülbert/Schlitt, Unternehmensfinanzierung (Fn. 2), § 41 Rn. 157 f.

43 BGHZ 191, 310 Rn. 23, 27 = WM 2012, 19 – *Rupert Scholz*; s.a. aber BGH WM 2013, 836 Rn. 22 = NJW 2013, 2343, zur Qualifikation einer 19-seitigen Produktbroschüre als bloße Werbeschrift bei begrenztem Umfang und deutlichem Hinweis auf diese Qualität in der Broschüre; für einen Einbezug von Produktinformationsblättern in den Prospektbegriff *Schlee/Maywald* BKR 2012, 320; ablehnend *Mülbert/Steup*, in: Habersack/Mülbert/Schlitt, Unternehmensfinanzierung (Fn. 2), § 41 Rn. 31.

44 Zum Anlegerleitbild der Rechtsprechung vgl. nur BGH WM 2012, 2147 Rn. 25 = NZG 2012, 1262; WM 2012, 115 Rn. 25 = ZIP 2012, 117; WM 2005, 782, 784 = ZIP 2005, 808.

45 BGH WM 2003, 1086, 1088 = BKR 2003, 502.

mithin nicht auf die Gefahr der Verwechslung eines nur umfassenden mit einem vermeintlich vollständigen Prospekt abgestellt werden.[46]

Eine zusätzliche Erweiterung des Prospektbegriffs verbindet sich mit der (hier sog.) „Konvolut-Rechtsprechung" des BGH, wonach mehrere körperlich getrennte, aber verknüpfte Dokumente, einschließlich etwaiger Werbematerialien, die dem Anleger von den Prospektverantwortlichen übermittelt werden, bei einer Gesamtbetrachtung den Prospektbegriff erfüllen können. Auch Dokumente, die von Dritten verfasst wurden, sollen Teil eines solchen Prospekt-Konvoluts sein können, da sich der Prospektverantwortliche deren Inhalt mit der Integration in das Konvolut und dessen Übermittlung zu eigen mache.[47]

Allerdings qualifiziert die Rechtsprechung den Prospekt weiterhin als eine marktbezogene „*schriftliche Erklärung*"[48]. Freilich hatte der Gerichtshof keinen Anlass, sich in der maßgebenden Entscheidung aus dem Jahr 2011 mit der Möglichkeit und Reichweite nicht verkörperter Prospekte zu befassen. Vorzugswürdig ist insoweit eine Erstreckung des Prospektbegriffs auch auf Informationen in elektronischer Form (§ 126a BGB) und in Textform (§ 126b BGB). Dementsprechend können als pdf-download vorgehaltene Texte ebenso ein Prospekt im Rahmen der Prospekthaftung i.e.S. darstellen wie ein Text auf einer Homepage.[49] Für diese Erweiterung des Prospektbegriffs spricht nicht nur die Bedeutung elektronischer Kommunikation auch mit Anlegern und ihr mindestens gleicher, wenn nicht sogar höherer Informationswert, sondern auch die Möglichkeit, elektronische Informationen unschwer in Schriftstücke zu verwandeln (Ausdruck eines pdf bzw. der angezeigten Homepage). Die Flüchtigkeit elektronischer Übermittlung[50] ist angesichts dessen nicht mehr gegeben und scheidet als Grund für die Ausgliederung dieser Dokumente aus dem Prospektbegriff nunmehr aus.

---

46 So aber BGHZ 191, 310 Rn. 25 = WM 2012, 19 – *Rupert Scholz*; dem BGH zustimmend *Klöhn* WM 2012, 97, 103.

47 Vgl. BGHZ 191, 310 Rn. 23, 27 = WM 2012, 19 – *Rupert Scholz* (80-seitige „Produktinformation" verbunden mit „Emissionsprospekt" und Sonderdrucken von Zeitschriftenartikeln); s.a. bereits BGH WM 1992, 901, 904 = ZIP 1992, 912 (Eignung einer bewertungserheblichen Tatsache in einer dem Prospekt beigefügten Dokumentationsmappe).

48 BGHZ 191, 310 Rn. 21 = WM 2012, 19 – *Rupert Scholz*.

49 Wie hier auch *Siol*, in: Schimansky/Bunte/Lwowski, Bankrechtshandbuch, 4. Aufl. 2011, § 45 Rn. 48; *Nobbe* WM 2013, 193, 198; *Groß*, Kapitalmarktrecht, 5. Aufl. 2012, § 25 WpPG Rn. 5; *Unzicker*, VerkProspG, 2010, §§ 13, 13a VerkProspG Rn. 11; *Mülbert/Steup*, in: Habersack/Mülbert/Schlitt, Unternehmensfinanzierung (Fn. 2), § 41 Rn. 164 mit Fn. 5; *Assmann*, in: Assmann/Schütze (Fn. 2), § 5 Rn. 36; s.a. *Eyles*, in: Vortmann, Prospekthaftung und Anlageberatung, 2000, § 7 Rn. 59, mit einem erweiterten Verständnis des Schriftformerfordernisses.

50 Diese noch annehmend *Siol* DRiZ 2003, 204, 206.

Diese spezifisch auf die elektronische Kommunikation bezogenen Überlegungen lassen sich indes nicht auf *mündliche Erklärungen* erstrecken. Deren Einbezug in den Prospektbegriff ist abzulehnen.[51] Dabei sind zunächst vorab ohnehin jene Konstellationen auszugliedern, in denen die mündliche Erläuterung gegenüber dem Anleger einen konkreten Vertrauenstatbestand schafft, so dass die Prospekthaftung i.w.S. in mitten steht. Im Übrigen stehen die besondere Flüchtigkeit des gesprochenen Wortes und die begrenzte Aufnahmekapazität des Anlegers für verbale Erläuterungen einer Qualifikation als Prospekt entgegen. Dies bestätigt auch der genannte Zweck der Prospekthaftung i.e.S. So wird der Anleger nach mündlichen Informationen bei typisierter Betrachtung seltenst den Eindruck richtiger und v.a. vollständiger Informationen über die Anlage haben, auf die er in der Weise vertraut, dass er weitere Informationen als entbehrlich erachtet.[52] Die Schriftlichkeit der Informationen einschließlich der elektronischen Form und der Textform ist insoweit ein besonderes, aber auch erforderliches Vertrauenssubstrat. Entsprechendes gilt für Unternehmensvideos, z.B. auf Plattformen von Crowdinvesting-Angeboten. Auch diese unterfallen nicht dem Prospektbegriff. Aus der maßgebenden Perspektive des Anlegers handelt es sich dabei nicht um eine zu schriftlichen Informationen im vorstehenden Sinn parallele, umfassende Information über den Anlagegegenstand.[53]

3.3.2 Der Maßstab für die Unrichtigkeit oder Unvollständigkeit wesentlicher Prospektangaben, insbes. bei Werbeaussagen

Der Prospekt muss zutreffende, verständliche und vollständige Information über alle Umstände enthalten, die für die Anlageentscheidung des Anlegers von wesentlicher Bedeutung sind oder sein können. Den Maßstab für den insoweit maßgeblichen Empfängerhorizont entnimmt die Rechtsprechung den Kenntnissen und Erfahrungen eines durchschnittlichen Anlegers, der als Adressat des Prospektes in Betracht kommt.[54] Bei einem Wertpapierprospekt für Wertpapiere,

---

51 Dafür aber *Hellgardt* ZBB 2012, 73, 82, auf der Grundlage einer funktionalen Bestimmung der haftungsrelevanten Information (Potential zur Marktmanipulation); *Hopt/Voigt*, Prospekt- und Kapitalmarktinformationshaftung, 2005, S. 49 f.; a.A. zu Recht *Klöhn* WM 2012, 97, 103.

52 Die Entbehrlichkeit der Erfassung mündlicher Information aufgrund der Haftung organschaftlicher Vertreter der kapitalsuchenden Gesellschaft betont *Assmann*, in: Assmann/Schütze (Fn. 2), § 5 Rn. 36.

53 A.A. *Bader* WM 2014, 2249, 2255, mit dem – freilich nicht maßgebenden – Argument, dass diese Videos zumeist die einzige Informationsquelle des Anlegers beim Crowdinvesting sind.

54 Vgl. BGH WM 2014, 2075 Rn. 66 = ZIP 2014, 2284; WM 2013, 734 Rn. 14 = ZIP 2013, 773; WM die nicht an der Börse gehandelt werden sollen, stellt die Rechtsprechung auf das Verständnis der mit dem Prospekt angesprochenen Interessenten ab.[55] Dabei soll von dem durchschnittlich angesprochenen Anleger nicht erwartet werden können, dass er eine Bilanz lesen kann, wenn sich der Emittent ausdrücklich auch an das unkundige und börsenunerfahrene Publikum wendet. Vielmehr sei der Empfängerhorizont von den Fähigkeiten und Erkenntnismöglichkeiten eines durchschnittlichen Anlegers geprägt, der sich nur anhand der Prospektangaben über die Kapitalanlage informiert und darüber hinaus über keine Spezialkenntnisse verfügt.

Indem nun auch Werbeschriften und Aussagen Dritter nach der Konvolut-Rechtsprechung Teil eines Prospekts sein können, ist der Maßstab für deren Prüfung auf Richtigkeit und Vollständigkeit zu konkretisieren, wobei sich der werbende Charakter als problematisch erweist. Allerdings sind aufgrund der Eigenschaft des Prospekts als besondere Vertrauensgrundlage auch insoweit strenge Maßstäbe anzulegen. Bei diesen kann auf die besonderen Anforderungen an Werturteile und Prognosen angeknüpft werden.[56] Danach müssen Werbeaussagen und wiedergegebene Aussagen Dritter wahr und vollständig sein, d.h. sie dürfen nicht einen wesentlichen Aspekt weglassen oder verzerrend betonen. Zudem müssen sie bei hinreichend deutlicher Tatsachengrundlage auch kaufmännisch vertretbar sein.[57] Letztlich rechtfertigt der Einbezug dieser Aussageformen in den Prospekt keine qualitative Abweichung von den hohen Anforderungen an den zutreffenden Prospektinhalt.

3.3.3 Die Ausweitung der Gruppe der Prospektgaranten

Im Rahmen der Prospekthaftung i.e.S. umfasst die Gruppe der Prospektverantwortlichen nach überwiegender Ansicht die eigentliche Leitungsgruppe (u.a. Initiatoren, Gründer, Gestalter)[58] sowie maßgebliche Hintermänner, die in der Anlagegesellschaft einen besonderen Einfluss ausüben.[59] Die Mitglieder dieser

2012, 115 Rn. 25 = ZIP 2012, 117; WM 2005, 782, 784 = ZIP 2005, 808.

55 BGHZ 123, 106, 110 = WM 1993, 1787.

56 Vgl. nur BGH NJW 1982, 2832, 2826 = WM 1982, 862.

57 Vgl. dazu auch *Klöhn* WM 2012, 97, 103.

58 BGHZ 71, 284, 287 = WM 1978, 705; BGHZ 72, 382, 385 = WM 1979, 141; BGHZ 79, 337, 340 = WM 1981, 483; BGHZ 111, 314, 319 = WM 1990, 1276; BGHZ 115, 213, 218 = WM 1991, 2092; BGH 126, 166, 169 = WM 1994, 1371; BGHZ 145, 187, 196 = WM 2000, 2447.

59 BGHZ 72, 382, 386 = WM 1979, 141; BGHZ 79, 337, 340 = WM 1981, 483; BGHZ 115, 213, 218 = WM 1991, 2092; BGHZ 145, 187, 196 = WM 2000, 2447; BGH WM 1995, 344, 345 = NJW 1995, 1025; WM beiden Fallgruppen haben eine umfassende Prospektverantwortlichkeit und haften für die Richtigkeit und Vollständigkeit des Prospekts unabhängig davon, ob ihre Person für den Anleger erkennbar ist. Eine dritte Fallgruppe bilden jene Prospektgaranten, die aufgrund besonderer beruflicher oder wirtschaftlicher Stellung oder als berufsmäßige Sachkenner bei einer nach außen erkennbaren Mitwirkung am Prospekt zumindest eine Einzelverantwortung für jene Prospektaussagen haben, die ihnen zurechenbar sind.[60]

Die zuletzt genannte Fallgruppe wurde durch die grundlegende Entscheidung aus dem Jahr 2011 um den herausragenden Werbeträger als Prospektgarant erweitert.[61] Sofern und soweit ein solcher Werbeträger durch sein Auftreten nach außen besonderes Vertrauen für einzelne oder alle Prospektaussagen in Anspruch nimmt, haftet er, soweit dieses Vertrauen der Anleger durch die Unrichtigkeit oder Unvollständigkeit der Prospektangaben enttäuscht wird. Mithin handelt es sich hierbei nicht um eine neue Fallgruppe, sondern zutreffend um eine Anwendung der wertungstragenden Aspekte der Fallgruppe der Prospektgaranten auf weitere rechtstatsächliche Konstellationen.[62] Denn das Anlegervertrauen in die Sachkunde, das Renommee sowie einen etwaigen Einfluss auf die Gestaltung des Anlageproduktes einer nach außen erkennbar gewordenen Person kann auch jenseits der beruflichen Stellung oder berufsmäßigen Sachkenntnis gerechtfertigt sein. Gleichwohl sollte die ebenso griffige wie fehlleitende Bezeichnung als „Supergarant“[63] vermieden werden, denn der als Prospektgarant qualifizierte herausragende Werbeträger kann auch nur hinsichtlich einzelner Prospektaussagen ein haftungsbegründendes Vertrauen in Anspruch genommen haben. Er haftet – wie auch die übrigen – Prospektgaranten nur für zurechenbare Prospektangaben, mithin für jene, für die er erkennbar eine Gewähr übernommen hat. Auch eine Personalisierung dieser Fallgruppe sollte nicht weiter verfolgt werden.[64]

Freilich harrt die Reichweite dieser Fallgruppe noch einer Konkretisierung in weiteren Anwendungsfällen. Maßgeblich ist insoweit, ob der potentielle (durch-

---

2010, 25 Rn. 13 = ZIP 2009, 2449.

60 BGHZ 77, 172, 176 = WM 1980, 794; BGHZ 111, 314, 319 = WM 1990, 1276; BGHZ 126, 166, 172 = WM 1994, 1371; BGH WM 1995, 344, 345 = NJW 1995, 1025; WM 2010, 25 Rn. 14 = ZIP 2009, 2449; WM 2013, 689 Rn. 12 = NJW 2013, 1877.

61 BGHZ 191, 310 Rn. 28-32 = WM 2012, 19 – *Rupert Scholz.*

62 A.A. *Hellgardt* ZBB 2012, 73, 84.

63 So aber *Hellgardt* ZBB 2012, 73, 84; diese Bezeichnung ist nicht weiter-, sondern tendenziell irreführend, da die konkrete Reichweite der Vertrauenswerbung dieses Garanten unterschiedlich sein kann und er gerade nicht stets für den ganzen Prospekt haften muss.

64 S. aber *Klöhn* WM 2012, 97, 104 (Werbeträger nach *Rupert-Scholz*-Grundsätzen).

schnittlich erfahrene) Anleger berechtigterweise auf eine zusätzliche Gewähr der Sicherheit der von der Äußerung jenes Prospektgaranten umfassten Elemente der Kapitalanlage vertrauen darf. An die Berechtigung des Vertrauens sind gerade bei Werbeaussagen sehr strenge Anforderungen zu stellen.[65] Erforderlich ist eine über das übliche Maß der allgemeinen werbenden Anpreisung (Aufmerksamkeitswerbung) hinausgehende besondere Vertrauenswerbung beim Anleger. Hierzu sind die möglichen Vertrauensgrundlagen als Elemente in ein bewegliches System einzustellen; dieses umfasst keinen abgeschlossenen Kreis an Kriterien.[66] Weder müssen die vom BGH herangezogenen Kriterien der Fachkunde, des Berufs, der Reputation, des Einflusses auf das Anlageprodukt sowie konkrete Aussageninhalte stets vorliegen noch sind diese abschließend. Maßgeblich ist vielmehr die Eignung des jeweiligen Umstandes zur hinreichenden Vertrauenswerbung beim potentiellen Anleger. So kann die Fachkunde auch durch eingeholten externen Rat oder eine ganz besondere Reputation ersetzt werden. Mit einem solchen beweglichen System ist zu bestimmen, ob die Vertrauenswerbung jenes Maß überschreitet, ab dem der potentielle Anleger berechtigterweise auf eine gesteigerte Sicherheit des Anlageproduktes vertrauen darf. Dies ist der Fall, wenn die Person des Garanten angesichts der konkreten Umstände vom durchschnittlich erfahrenen Anleger als Bestätigung für den Erfolg und die Seriosität der Anlage herangezogen wird.

3.3.4 Die Ablehnung einer Haftung der Gesellschaft selbst

Während *Gründungsgesellschafter* und Treuhandkommanditisten nach den aufgezeigten Regeln der Prospekthaftung i.e.S. haften, wird dies für bereits zum Zeitpunkt des Beitritts des potentiell geschädigten Anlegers beigetretene Mitgesellschafter einer Publikumsgesellschaft grundsätzlich abgelehnt, wenn deren Haftung allein auf ihren verbandsrechtlichen Status gestützt werden soll.[67] Sofern diese Mitgesellschafter auf nachfolgende Beitrittsverhandlungen und den Abschluss von Beitrittsverträgen keinen Einfluss hatten, bestand für den Beitrittsinteressenten kein sachlich-rechtfertigender Grund, diesen Gesellschaftern im vorvertraglichen Bereich besonderes Vertrauen entgegenzubringen. Freilich kommt bei einem *konkreten* Vertrauenstatbestand, z.B. aufgrund von Vertrags-

---

65 So zu Recht auch *Klöhn* WM 2012, 97, 105.

66 A.A. wohl *Klöhn* WM 2012, 97, 105; die Rechtsprechung ist insoweit nicht eindeutig, vgl. BGHZ 191, 310 Rn. 23, 27 = WM 2012, 19 – *Rupert Scholz*.

67 Vgl. nur BGH WM 1991, 637, 638 = ZIP 1991, 441; WM 1992, 482, 483 = ZIP 1992, 322.

verhandlungen oder persönlichen Informationen, die Haftung von Gründungsgesellschaftern nach den Grundsätzen der Prospekthaftung i.w.S. in Betracht.

Richtigerweise ist auch die *Komplementär-GmbH* Gegenstand typisierten Vertrauens und damit Anspruchsverpflichtete der bürgerlich-rechtlichen Prospekthaftung i.e.S.[68] Dem wird teilweise entgegengehalten, dass die Komplementär-GmbH für den Beitrittsinteressenten nur ein abstraktes Gebilde sei mit der Folge, dass ihr bei typisierter Betrachtung gerade kein Vertrauen entgegengebracht werde.[69] Diese Betrachtung trifft jedenfalls dann nicht zu, wenn die Komplementär-GmbH die Beitrittsverhandlung als Vertreterin der Fondsgesellschaft oder ihrer Initiatoren führt.[70] Indes ist auch darüber hinaus eine Haftung der Komplementär-GmbH zu bejahen, da diese als geschäftsführendes Organ der KG typischerweise der Gegenstand des (berechtigten) Anlegervertrauens ist.

Die Publikumsgesellschaft selbst haftet hingegen nach der Rechtsprechung[71] und der überwiegenden Ansicht im Schrifttum[72] richtigerweise nicht entsprechend der Grundsätze der Prospekthaftung i.e.S. Dem stehen das Verbot der Einlagenrückgewähr (§ 172 IV i.V.m. § 171 I HGB), die Unmöglichkeit der Rücknahme eigener Anteile durch die Gesellschaft sowie die Grundsätze über die Behandlung fehlerhafter Gesellschaften zum Schutze der gesellschaftsrechtlichen Gleichbehandlung der Gesellschafter entgegen. Auch der gebotene Gläubigerschutz spricht gegen diese Haftung, wäre er doch durch ein Wettrennen getäuschter Anlegergesellschafter gefährdet. Die Rechtsprechung rekurriert im Wesentlichen darauf, dass die Anlagegesellschaft weder Vertragspartner des Anlegers sei noch werde ihr Vertrauen von den Beitrittsinteressenten – anders als den Initiatoren oder Gründungsgesellschaftern – entgegengebracht.[73] Die spezialgesetzliche Prospekthaftung ist hingegen abweichend ausgestaltet und anerkennt eine Haftung der Anlagegesellschaft selbst.[74]

68 Die Haftung des Komplementärs bejahend BGH WM 1991, 1543 = NJW-RR 1991, 1246; s.a. BGHZ 71, 284, 286 f. = WM 1978, 705 (Haftung der Komplementär-GmbH); aus dem Schrifttum *Henze/Notz*, in: Ebenroth/Boujong/Joost/Strohn, HGB, 3. Aufl. 2014, Anh B nach § 177a HGB Rn. 89.

69 Krit. daher MüHdBGesR/*Horbach*, II, 4. Aufl. 2014, § 69 Rn. 69; *Assmann*, in: Assmann/Schütze (Fn. 2), § 5 Rn. 70.

70 *Nobbe* WM 2013, 193, 200; *Frisch/Münscher*, Haftung bei Immobilienanlagen, 2. Aufl. 2008, Rn. 675.

71 BGHZ 71, 284, 286 = WM 1978, 705; BGH WM 2008, 1026, 1029 f. = ZIP 2008, 1018.

72 *Assmann*, in: Assmann/Schütze (Fn. 2), § 5 Rn. 70; grundlegend *Ulmer/Dopfer* BB 1984, 461 ff.; *Nobbe* WM 2013, 193, 200.

73 BGHZ 71, 284, 286 = WM 1978, 705; BGH WM 2008, 1026 Rn. 20 = ZIP 2008, 1018; so auch *Nobbe* WM 2013, 193, 200.

74 Dazu unten 4.3.1.5.

3.3.5 Verwendung des Prospekts zur Auslösung der Kausalitätsvermutung

Die Kausalität des Prospektfehlers für die Anlageentscheidung des Anlegers wird bekanntlich widerleglich vermutet.[75] Die Vermutung ist widerlegt, wenn der Prospekt beim konkreten Vertragsschluss keine Verwendung gefunden hat, z.B. bei der Zeichnung der Anlage nicht übergeben wurde.[76] Etwas anderes soll nach der Rechtsprechung aber gelten, wenn der Prospekt nach dem Vertriebskonzept der Fondsgesellschaft die alleinige Arbeitsgrundlage für die Beratungsgespräche war, und zwar auch dann, wenn der Prospekt dem Anleger nicht ausgehändigt wurde.[77] Eine „Verwendung" des Prospekts sei in diesen Fällen erfolgt. Sofern der Prospekt die entscheidende Grundlage des Beratungsgesprächs gewesen sei, setze sich der Prospektmangel in das Beratungsgespräch fort und wirke so, als ob nur durch Übergabe des Prospekts unterrichtet worden wäre. Zudem habe die Vertriebsperson den Anleger nicht auf Defizite des Prospekts „hinweisen" können.

Diese Betrachtung der Rechtsprechung überdehnt den Vermutungstatbestand und verkennt, dass durch die unterbliebene Übergabe des Prospekts durch die Vertriebsperson gerade auch die Weitergabe der als fehlerhaft erkannten Information verhindert werden kann, jedenfalls der fehlerhafte Aspekt für die Anlageentscheidung mangels Erwähnung im Gespräch keine Rolle gespielt haben kann. Vorzugswürdig vor einem Rückgriff auf die vielfach prozessentscheidende Kausalitätsvermutung ist eine filigranere Beweislastverteilung. Denn jene Gründe, die eine Widerlegung der Kausalitätsvermutung rechtfertigen, wenn der Prospekt gegenüber dem konkreten Anleger nicht verwendet wurde, tragen auch dann, wenn der Prospekt die alleinige Arbeitsgrundlage für die Beratungsgespräche war. Allerdings besteht in diesen Fällen hinreichend konkret die Möglichkeit, dass der fehlerhafte bzw. unvollständige Aspekt gleichwohl zur Sprache gekommen ist, und abstrakt immerhin die Gefahr, dass der Vertrieb von Anlagen ohne Aushändigung des Prospektes eine Umgehung der Prospekthaftung ermöglicht.

---

75 BGHZ 79, 337 (346) = WM 1981, 483; BGH WM 2003, 1818, 1819 f.; WM 2004, 928, 930 = ZIP 2003, 1651; WM 2004, 1823 = ZIP 2004, 1706; WM 2005, 838 = ZIP 2005, 763, 765; WM 2008, 391 Rn. 16= ZIP 2008, 412.

76 BGH WM 2008, 391 Rn. 16 = ZIP 2008, 412.

77 So BGH WM 2008, 391 Rn. 16 = ZIP 2008, 412, ohne nähere Begründung und mit dem bloßen Verweis auf BGH WM 2003, 1818 = ZIP 2003, 1651, 1653. Dort wurde indes nur festgestellt, dass die Vertriebsperson „im Besitz" der fehlerhaften Prospekte war, die ihr von der Vertriebsbeauftragten zur Anwerbung von Anlegern überlassen worden waren. Außerdem sei die Beitrittserklärung auf einem Vordruck abgegeben worden, „welcher dem Prospekt entnommen war". Eine nähere Begründung findet sich indes auch dort nicht.

Auch wenn in diesen Konstellationen im Grundsatz die Widerlegung der Kausalitätsvermutung zum Ausgangspunkt genommen werden kann, folgt sodann richtigerweise eine gestufte Darlegungs- und Beweislast. Nach dieser muss der Anspruchsgegner bei dem hinreichend konkreten Vortrag des Anlegers, der geltend gemachte Prospektfehler sei kausal für seine Anlageentscheidung gewesen, da er bei Kenntnis der fehlenden Information bzw. Korrektur der fehlerhaften Information von dieser Abstand genommen hätte, darlegen und beweisen, dass es an dieser Kausalität mangelt.

3.3.6 Die Möglichkeit einer Haftungsbeschränkung

Im Rahmen der bürgerlich-rechtlichen Prospekthaftung i.e.S. wird für Vorsatz und Fahrlässigkeit gem. § 276 BGB gehaftet. Ein etwaiger Ausschluss der Haftung für Vorsatz und grobe Fahrlässigkeit ist unwirksam.[78] Gleiches nimmt die Rechtsprechung beim Ausschluss der Haftung für einfache Fahrlässigkeit an, da diese Beschränkung der Haftung dem Zweck des Prospekts widerspreche, den Anleger umfassend zu informieren.[79] Ein ergänzendes Argument kann aus den Grundsätzen der Kardinalpflichtenrechtsprechung[80] abgeleitet werden, wenn man die Pflicht zur fehlerfreien und vollständigen Ausgestaltung des Prospekts im jeweiligen Umfang ihrer Verantwortlichkeit als Kardinalpflicht dieser typisierten Vertrauenshaftung der Prospektverpflichteten qualifiziert.

Indes kann der mit dem Prospekt geschaffene Vertrauenstatbestand – wie jeder Vertrauenstatbestand – vom potentiellen Haftungsverpflichteten zur Begrenzung seiner Haftung beschränkt werden.[81] Insbesondere ist aber eine abweichende gesetzliche Wertung seit dem 1.7.2005 mit § 13 I VerkProspG a.F., § 45 I BörsG a.F. zu konstatieren. Seit Erlass dieser Normen hat der Gesetzgeber zum Ausdruck gebracht, dass die gesetzliche Prospekthaftung nur bei Vorsatz und grober Fahrlässigkeit des Verpflichteten im Anwendungsbereich der jeweiligen Norm angemessen ist. Diese gesetzgeberische Wertung korrespondiert mit der bei der Prospekthaftung i.e.S. bestehenden Möglichkeit, den Vertrauenstatbestand

---

78 BGH WM 2008, 391 Rn. 21 = ZIP 2008, 412; WM 2002, 813, 815 = NJW 2002, 1711.

79 BGH WM 2002, 813 = NJW 2002, 1711; zust. *Siol*, in: Schimansky/Bunte/Lwowski (Fn. 49), § 45 Rn. 68.

80 Vgl. zu dieser *Coester*, in: Staudinger – Eckpfeiler des Zivilrechts, 2014/2015, Kap. E Rn. 55 ff.; MünchKomm-BGB/*Wurmnest*, 6. Aufl. 2012, § 309 Nr. 7 Rn. 34 ff.

81 Vgl. schon *Canaris*, Die Vertrauenshaftung im deutschen Privatrecht, 1971, unveränd. Nachdr. 1981, S. 572 f., zur entsprechenden Anwendung der Regeln über die Auslegung von Willenserklärungen, um die Reichweite des Vertrauenstatbestandes zu ermitteln.

zu beschränken. Zudem tritt angesichts dieser deutlichen gesetzlichen Wertung jedenfalls im Bereich der Prospekthaftung das nur judikativ entwickelte Verbot einer Beschränkung der Haftung für die Verletzung von Kardinalpflichten hinter der Möglichkeit einer Beschränkung der Haftung auf Vorsatz und grobe Fahrlässigkeit mit Ausnahme der Haftung für Rechtsgutsverletzungen zurück. Ab dem Inkrafttreten der beiden genannten spezialgesetzlichen Prospekthaftungsregeln ist demnach eine Beschränkung der Prospekthaftung i.e.S. auf Vorsatz und grobe Fahrlässigkeit mit Ausnahme der Haftung für Rechtsgutsverletzungen zulässig.[82]

3.3.7 Die Konkretisierung der Rechtsfolge

3.3.7.1 Die Reichweite der Haftung von Prospektgaranten

Prospektverantwortliche im eigentlichen Sinn, mithin die Leitungsgruppe der Gesellschaft sowie etwaige Hintermänner, haben eine umfassende Prospektverantwortlichkeit. Sie haften gem. § 249 I BGB auf das negative Interesse und haben den Anleger so zu stellen, wie er ohne Pflichtverletzung, d.h. ohne unvollständigen bzw. fehlerhaften Prospekt, stünde, d.h. im Regelfall ohne den Erwerb der konkreten Anlage. Neben einer Rückabwicklung der Anlage umfasst der Anspruch auf Schadensersatz auch kausale Folgenachteile und einen entgangenen Gewinn. Dabei ist nach der Rechtsprechung nicht erforderlich, dass der konkrete Prospektfehler zum Scheitern der Anlage geführt hat. Die Haftung soll unabhängig hiervon ausgelöst werden, da nach der Lebenserfahrung ein in wesentlichen Punkten unrichtiger Prospekt für die Anlageentscheidung ursächlich geworden sei. Durch eine fehlerhafte Information sei in das Recht des Anlegers eingegriffen worden, selbst das Für und Wider der konkreten Anlage abzuwägen und zu entscheiden, ob er in das konkrete Projekt investieren will.[83]

Bei *Prospektgaranten* greift hingegen der Grundsatz der Einzelverantwortung, d.h. sie haben nur für die Fehlerhaftigkeit konkreter Einzelaspekte des Prospekts einzustehen, sofern sie nicht ausnahmsweise eine umfassende Prospektverantwortlichkeit übernommen haben. Nur im zuletzt genannten Fall schulden sie parallel zu den Prospektverantwortlichen im eigentlichen Sinn den Ersatz des gesamten negativen Interesses. Sofern sie nur für fehlerhafte Einzelaussagen einzustehen haben, ist die Reichweite ihrer Ersatzhaftung richtigerweise begrenzt, insbesondere sind die Folgen der Vermutung aufklärungsrichtigen Ver-

82 Wie hier *Nobbe* WM 2012, 1711, 1712; *Schürnbrand* ZGR 2014, 256, 282.
83 Vgl. nur BGH WM 2004, 928, 930 = ZIP 2004, 1104; NJW 2002, 1711, 1712; NJW 2000, 2346, 2347 f. = WM 2002, 813.

haltens für den Schadensersatz näher zu konkretisieren. Entscheidend ist dabei die Reichweite des Schutzzwecks der verletzten Informationspflicht. Während die Verpflichtung der Prospektverantwortlichen im eigentlichen Sinn auf eine umfassende Aufklärung des potentiellen Anlegers über sämtliche bedeutsamen Umstände, also nicht nur bestimmte Risiken gerichtet ist, um diesem eine eigenständige Entscheidung zu ermöglichen,[84] ist der Schutzzweck der Aufklärungspflicht von Prospektgaranten nur auf den Schutz der Anlageentscheidung vor der Fehlerhaftigkeit gerade des von ihnen garantierten Umstands gerichtet. Sofern der Prospektgarant nicht für den Prospekt insgesamt umfassend einzustehen hat, sind zwei Konstellationen zu unterscheiden: Zum einen kann der Anleger positiv nachweisen,[85] dass der vom Prospektgaranten konkret garantierte Einzelumstand zumindest mitkausal für die Anlageentscheidung war. Dann haftet der Prospektgarant ebenfalls auf das gesamte negative Interesse des Anlegers. Zum anderen kann die konkrete fehlerhafte Angabe des Prospektgaranten nicht mitkausal für die Anlageentscheidung gewesen sein. In diesem Fall haftet der Prospektgarant nur für solche Schäden, die aus dem Bereich bzw. Umstand entstammen, den er (unzutreffend) garantiert hat.[86] Eine Garantie nur der steuerlichen Angaben führt daher richtigerweise in diesen Fällen dann nicht zur Haftung des Prospektgaranten, wenn das Projekt aus anderen Gründen gescheitert ist.

3.3.7.2 Die schadensmindernde Berücksichtigung von Steuervorteilen

Hinsichtlich des Umfangs der Schadensersatzhaftung hat sich zur möglichen *schadensmindernden Berücksichtigung von Steuervorteilen* eine mittlerweile gefestigte Rechtsprechung entwickelt. Danach muss sich der Anleger etwaige Steuervorteile, die er im Zusammenhang mit der Kapitalanlage erzielt hat, dem Grundsatz nach nicht auf seinen Schadensersatzanspruch aus Prospekthaftung anrechnen lassen, sofern er die Schadensersatzleistung selbst als Rückfluss der zuvor angefallenen Betriebsausgaben, d.h. als Betriebseinnahme (§ 15 I 1 Nr. 2 EStG; gewerblich tätige Fondsgesellschaft) oder als Rückfluss von Werbungskosten, d.h. als Einkunft aus Vermietung und Verpachtung (§ 21 I 1 Nr. 1 EStG; geschlossener Immobilienfonds) versteuern muss.[87] Aufgrund einer typisieren-

84 BGHZ 123, 106, 112 f. = WM 1993, 1787.

85 Insoweit ist die Kausalitätsvermutung abzulehnen.

86 Wie hier *Assmann*, in: Assmann/Schütze (Fn. 42), § 6 Rn. 151; *Canaris*, Bankvertragsrecht (Fn. 6), Rn. 2298; *Pleyer/Hegel* ZIP 1985, 1370, 1373; *Siol*, in: Schimansky/Bunte/Lwowski (Fn. 49), § 45 Rn 62.

87 BGHZ 159, 280, 294 = WM 2004, 1521; BGH WM 2014, 460 Rn. 14 = ZIP 2014, 460; WM 2008, 391 Rn. 27 = ZIP 2008, 412; WM 2008, 725 Rn. 28 = ZIP 2008, 838; BGHZ 172, 147 = WM 2007, 1173; BGH

den Betrachtung gelte dies unabhängig davon, ob die vom Anleger in der Vergangenheit erzielten Steuervorteile niedriger sind als die auf die Ersatzleistung zu zahlenden Steuern[88] bzw. ob der Anleger die Schadensersatzleistung tatsächlich versteuert.[89] Etwas anderes soll nur gelten, wenn die durch die Verlustzuweisung erzielten Steuervorteile des Anlegers außergewöhnlich hoch sind;[90] dies ist vom Schädiger darzulegen und ggf. zu beweisen.[91] Diese Rechtsprechung schränkt zwei tragende Grundsätze des Schadensersatzrechts weitreichend ein, zum einen den Grundsatz der Vorteilsausgleichung, nach dem jene Vorteile schadensmindernd zu berücksichtigen sind, die in einem adäquat-ursächlichen Zusammenhang mit dem Schadensereignis stehen und deren Anrechnung dem Zweck des Schadensersatzes entspricht sowie weder den Geschädigten unzumutbar belastet noch den Schädiger unbillig entlastet,[92] zum anderen den Grundsatz, dass in den Gesamtvermögensvergleich die gesamte Schadensentwicklung bis zur letzten mündlichen Verhandlung in den Tatsacheninstanzen einzubeziehen ist.[93] Diese weitreichende Einschränkung der schadensrechtlichen Grundsätze wird über eine Billigkeitserwägung erreicht, die nach überwiegender Ansicht der Vorteilsanrechnung im Schadensrecht zugrunde liegt.[94] Tragende Wertungen sind hinsichtlich der Verkürzung der Schadensberechnung in Bezug auf die Steuervorteile/-last zum einen die Entlastung des Verfahrens von komplexen steuerrechtlichen Berechnungen, die vielfach mit einer Verfahrensverlängerung einhergehen würden. Zudem müsste der Geschädigte steuerlich relevante persönliche Daten im Verfahren preisgeben. Hinzu treten die Ungewissheit der Entwicklung der persönlichen Verhältnisse des Anlegers sowie der Gesetzgebung im Steuerrecht, zumal die künftige Versteuerung durch den Anleger ggf. zu schätzen wäre. Ergänzend kann auch § 287 ZPO herangezogen werden, denn ein prozessual adäquates Instrument ist nicht ersichtlich, mit dem einerseits alsbald eine

---

WM 2006, 174 = ZIP 2006, 573; WM 2005, 278 = ZIP 2005, 254 - „Securenta AG/Göttinger Gruppe II“; BGH WM 2004, 1529 = ZIP 2004, 1394, 1400; WM 2002, 813.

88 BGH WM 2013, 211 Rn. 10 = ZIP 2013, 311.

89 BGH WM 2013, 211 Rn. 10 = ZIP 2013, 311; WM 2012, 1293 Rn. 43 f. = ZIP 2012, 1342; BGHZ 186, 205 Rn. 36 = WM 2010, 1641.

90 BGH WM 2014, 460 Rn. 11 = ZIP 2014, 460; BGHZ 186, 205 Rn. 36 f., 45 f. = WM 2010, 1641; BGH WM 2011, 740 Rn. 9 = ZIP 2011, 868; WM 2012, 1293 Rn. 43 = ZIP 2012, 1342.

91 BGH WM 2010, 1310 Rn. 26 = ZIP 2010, 1397; BGHZ 186, 205 Rn. 45 = ZIP 2010, 1646; BGH WM 2012, 1293 Rn. 44 = ZIP 2012, 1342.

92 Vgl. dazu BGHZ 74, 103, 113 f. = WM 1979, 530; BGH WM 2008, 1757 Rn. 6 f. = NJW 2008, 2773; BGHZ 186, 205 Rn. 35 m.w.N. = WM 2010, 1641.

93 BGH WM 2011, 1529 Rn. 11 = DB 2011, 1633.

94 Vgl. nur MünchKomm-BGB/*Oetker*, 6. Aufl. 2012, § 249 Rn. 233-238 (Abstellen auf den Zweck der Schadensersatzpflicht und die Billigkeit des Ergebnisses im Einzelfall).

Entscheidung erreicht wird, andererseits eine präzise Verrechnung der finanziellen Vor- und Nachteile der Kapitalanlage möglich ist.

Besonderer Berücksichtigung bedarf daher der Ausnahmetatbestand der außergewöhnlich hohen Steuervorteile des Anlegers. Diese Fallgruppe darf, entgegen einer Tendenz in der Rechtsprechung, nicht sehr restriktiv gefasst werden, streitet für sie doch die Übereinstimmung mit dem Grundprinzip der Vorteilsausgleichung. Einen außergewöhnlichen Steuervorteil hat die Rechtsprechung gleichwohl abgelehnt, wenn die Schadensersatzleistung die Einlageleistung nicht übersteigt.[95] Auch aus einer Absenkung des Spitzensteuersatzes alleine soll sich kein außergewöhnlicher Steuervorteil ergeben.[96] Ausreichend ist aber, wenn die Verlustzuweisungen die Einlageleistungen übersteigen.[97]

3.3.8 Die Parallelisierung der Verjährungsregel mit der gesetzlichen Prospekthaftung

Eine weitere aktuelle Fragestellung betrifft die Verjährung der Ansprüche aus Prospekthaftung i.e.S. Dem Grundsatz nach ist die Verjährung der Prospekthaftung i.e.S. mit den Regelungen der spezialgesetzlichen Prospekthaftung zu parallelisieren. Denn die Wertungsaspekte, die der Gesetzgeber jeweils zur Ausgestaltung einer besonderen Verjährungsfrist für die spezialgesetzlichen Prospekthaftungsregeln heranzieht, treffen prinzipiell *vice versa* auch auf die Prospekthaftung i.e.S. zu. Indem den gesetzlichen Haftungstatbeständen und der Prospekthaftung i.e.S. letztlich eine identische Wertungsgrundlage zugrunde liegt, nämlich die Haftung für enttäuschtes Prospektvertrauen, ist eine unterschiedliche Verjährungsfrist bei diesen mit einem gravierenden Wertungswiderspruch verbunden. Die Wertungsparallelität betrifft sowohl eine gesetzgeberische Ausgestaltung der Verjährung der spezialgesetzlichen Prospekthaftung als kurze Verjährung, um alsbald Rechtssicherheit für die Parteien zu schaffen, als auch die gesetzgeberische Verlängerung einer (zuvor kurzen) Verjährungsfrist der spezialgesetzlichen Tatbestände aufgrund der Erkenntnis, dass angesichts der Komplexität der betroffenen Sachverhalte eine kurze Verjährungsfrist für den Anleger nicht ausreicht, um einen Haftungsanspruch angemessen vorzubereiten. Dementsprechend übertrug die Rechtsprechung – vollkommen zu Recht – die kurze, sechsmonatige Verjährungsfrist ab Kenntnis des Prospektfehlers, spätestens aber drei Jahre nach

95 BGH BeckRS 2009, 11192.
96 BGH WM 2010, 1310 = ZIP 2010, 1397.
97 WM 2014, 460 Rn. 13-17 = ZIP 2014, 460.

Beitritt zur Fondsgesellschaft, der die Prospekthaftung aus § 47 BörsG a.F., § 20 V KAGG a.F. unterlag, auf die Prospekthaftung i.e.S.[98] Mit Wirkung ab 1.7.2002 bestand bei der spezialgesetzlichen Prospekthaftung gem. § 46 BörsG a.F., § 127 V InvG a.F. hingegen eine längere Verjährungsfrist, deren Frist ein Jahr ab Kenntnis, spätestens aber drei Jahre nach Beitritt zur Gesellschaft betrug. Auch diese wurde aufgrund einer parallelen Wertung auf die Prospekthaftung i.e.S. übertragen.[99] Entsprechende Verjährungsfristen sahen auch die § 20 V KAGG a.F. sowie § 12 V AuslandsinvestmentG a.F. vor.

Nach der Rechtsprechung soll eine Klausel in AGB unwirksam sein, nach der etwaige Schadensersatzansprüche des Anlegers aus der Beteiligung an der Kapitalanlage sechs Monate nach seiner Kenntniserlangung von den unzutreffenden oder unvollständigen Angaben, spätestens jedoch drei Jahre nach dem Beitritt zur Beteiligungsgesellschaft verjähren.[100] Grund der Unwirksamkeit der streitgegenständlichen Klausel war jedoch der Ausschluss jeder Haftung durch die Klausel nach Ablauf der vereinbarten Verjährungsfrist, also auch der Haftung für grobe Fahrlässigkeit unter Verstoß gegen § 309 Nr. 7 lit. b BGB. Zugleich war es nicht möglich, die Klausel in der streitgegenständlichen Fassung auf einen unbedenklichen Inhalt zurückzuführen.[101] Sofern die Haftung für die von § 309 Nr. 7 BGB erfassten Inhalte aber von der Klausel ausgenommen wird, muss eine klauselmäßige Festschreibung der Verjährung zur Perpetuierung der früheren, kürzeren gesetzlichen Verjährung indes dem Grundsatz nach möglich sein. Ein Verstoß gegen wesentliche Grundgedanken des Gesetzes scheitert daran, dass bei der gebotenen Abwägung auch die (vom Gesetzgeber zuvor als überwiegend erachteten) o.g. Gründe für die frühere, kürzere gesetzliche Verjährung sprechen sowie das Interesse der Parteien an einer Kontinuität hinsichtlich der Verjährung. Mit Wirkung ab 22.7.2013 ist richtigerweise die Regelverjährung gem. §§ 195, 199 BGB auf die Prospekthaftung i.e.S. anzuwenden.

---

98 BGH WM 2008, 391 Rn. 29 = ZIP 2008, 412; BGHZ 83, 222 = WM 1982, 554; BGH WM 2001, 464 = ZIP 2001, 369.

99 BGH WM 2010, 262 = ZIP 2010, 176; *Siol*, in: Schimansky/Bunte/Lwowski (Fn. 49), § 45 Rn. 72; *Assmann/Wagner* NJW 2005, 3169, 3173.

100 BGH WM 2012, 1293 Rn. 30 = ZIP 2012, 1342.

101 Vgl. dazu nur BGH WM 2008, 1205 Rn. 34 f. = ZIP 2008, 1481; WM 2008, 2355 Rn. 17 = ZIP 2009, 1430; MünchKomm/*Wurmnest*, BGB, 6. Aufl. 2012, § 309 Nr. 7 Rn. 23; Staudinger/*Coester*, BGB, 2013, § 307 Rn. 649 f.

3.3.9 Die einheitliche Hemmungswirkung der Klage

Die Verjährung der Prospekthaftung i.e.S. ist für jeden einzelnen, inhaltlich abgrenzbaren Prospektfehler und den hierauf gestützten materiell-rechtlichen Anspruch i.S.v. § 194 BGB aufgrund des § 199 I Nr. 2 BGB gesondert zu beurteilen.[102] Zugleich ist anerkannt, dass die Hemmungswirkung einer Klage (§ 204 I Nr. 1 BGB) den prozessualen Anspruch als solchen und damit den Streitgegenstand erfasst.[103] Mit der Erhebung einer Klage werden alle Ansprüche gehemmt, die zum Streitgegenstand dieser Klage gehören.[104] Umstritten ist indes, ob die Hemmung durch Klageerhebung gleichwohl alle Pflichtverletzungen erfasst, die – wie die Prospekthaftung aufgrund verschiedener Prospektfehler – zwar Teil eines einheitlichen Streitgegenstandes sind, aber aufgrund des § 199 I Nr. 2 BGB selbständig verjähren. Der BGH hat dies für Prospekthaftungsklagen nunmehr bejaht.[105] Danach sollen alle Ansprüche, die aus Prospektfehlern resultieren, mit der Klageerhebung gehemmt sein, da es sich um einen einheitlichen Lebenssachverhalt handele. Die im Prospekt enthaltenen unrichtigen oder unvollständigen Angaben seien keine selbstständigen Geschehensabläufe, sondern Bestandteile eines einheitlich zu beurteilenden Anlagegeschäfts auf der Grundlage des Prospekts.[106] Der Gerichtshof knüpft damit an jene Rechtsprechung an, die im Kern eine Identität von Klagegrund und/oder verfolgtem Interesse bei divergierenden Klageanträgen für den Hemmungstatbestand ausreichen lässt.[107] Insofern über-

---

102 Vgl. nur BGH WM 2015, 22 Rn. 142 = NJW 2015, 236 (Telekom 3. Börsengang); BKR 2009, 372 Rn. 14; BGHZ 198, 294 Rn. 24 m.w.N. = WM 2013, 2216.

103 BGHZ 198, 294 Rn. 22 = WM 2013, 2216 (zur Rechtskraft); a.A. OLG Düsseldorf BeckRS 2013, 9015 Rn. 37, wonach der Gläubiger, der von mehreren erkannten Pflichtverletzungen nur einige geltend macht, die Verjährung der übrigen hinnehmen müsse; LG München BKR 2014, 87, 88.

104 BGH WM 2015, 22 Rn. 145 = NJW 2015, 236 (Telekom 3. Börsengang); WM 2007, 1241 Rn. 15 ff. = ZIP 2007, 1779.

105 So, ohne nähere Begründung und nur mit Verweis auf eine Entscheidung zum zweigliedrigen Streitgegenstandsbegriff, BGH WM 2015, 22 Rn. 145 f. = NJW 2015, 236 (Telekom 3. Börsengang); s.a. BGH WM 2013, 2216 Rn. 22 = NJW 2014, 314, wonach verschiedene Aufklärungs- und Beratungsdefizite einer eigenständigen materiell-rechtlichen Bewertung zugänglich seien und jeweils für sich einen Schadensersatzanspruch begründen können, gleichwohl blieben diese Bestandteil eines einheitlichen Lebensvorgangs (zur Rechtskraft); s.a. *Grüneberg* WM 2014, 1109, 1111.

106 BGH WM 2015, 22 Rn. 145 = NJW 2015, 236 (Telekom 3. Börsengang); vgl. für Aufklärungs- und Beratungsfehler in einem Vermittlungs- bzw. Beratungsgespräch *Grüneberg* WM 2014, 1109, 1110.

107 Vgl. BGHZ 132, 240, 244 = WM 1996, 1410; ausf. MünchKomm-BGB/*Grothe*, 7. Aufl. 2015, § 204 BGB Rn. 10.

lagern materiell-rechtliche Wertungen der Verjährung etwaige prozessuale Ableitungen aus dem Streitgegenstandsbegriff. Die in den Tatsacheninstanzen vertretene Gegenansicht, nach der sich bei einem separaten Verjährungsregime von abgrenzbaren Pflichtverletzungen dieses nicht nur beim Beginn der (getrennten) Verjährung (§ 199 I BGB), sondern auch bei dem (eigenständigen) Eingreifen von Hemmungstatbeständen auswirken müsse,[108] legt zwar ebenfalls materiell-rechtliche Wertungen zugrunde, vermochte sich mit diesen aber nicht durchzusetzen.

Die umfassende Hemmung von Prospektansprüchen des Anlegers durch eine erhobene Klage soll nach dem BGH auch dann gelten, wenn dem Klageverfahren ein Mahn- oder Güteverfahren vorausgegangen ist und die Verjährung erstmalig hierdurch gehemmt wurde.[109] Auch insoweit sei für die Hemmung der Verjährung durch Rechtsverfolgung der prozessuale Anspruch maßgeblich. Eine hinreichende Individualisierung des geltend gemachten Anspruchs werde durch die Angabe des Zeitpunkts des Erwerbs der Anlage unter Nennung des behaupteten fehlerhaften Prospekts erreicht. Die Benennung der einzelnen Prospektfehler im Antrag sei nicht erforderlich, da der Prospektverantwortliche auch ohne Nennung einzelner vermeintlicher Prospektfehler beurteilen könne, ob er sich gegen den Anspruch zur Wehr setzen will.[110]

Als Folge dieser doch substantiellen Ausweitung des Anlegerschutzes verjährt die Prospekthaftung für weitere Prospektfehler nicht, wenn der Anleger in unverjährtem Zeitraum wegen eines vom gleichen Streitgegenstand erfassten Prospektfehlers Klage erhoben hat. Zugleich geht mit dieser Ausweitung der Hemmungstatbestände aber auch eine Stärkung der Position des Prospekthaftungsverpflichteten insoweit einher, als in Konsequenz der weiten Fassung des Streitgegenstandes als Zusammenfassung der Prospekthaftungsansprüche aufgrund eines konkreten fehlerhaften Prospekts bei einer konkreten Anlageentscheidung die Rechtskraftwirkung einer rechtskräftigen (ablehnenden) Entscheidung über einen bestimmten Prospektfehler einer etwaigen prozessualen Geltendmachung der weiteren Prospektfehler dieses Prospekts und ihrer Folgen für die konkrete Anlageentscheidung des Anlegers entgegensteht.

108 OLG Düsseldorf BeckRS 2013, 09015 Rn. 37; LG München BKR 2014, 87, 88.

109 BGH WM 2015, 22 Rn. 146 = NJW 2015, 236 (Telekom 3. Börsengang).

110 Auch diese Frage war bekanntlich obergerichtlich umstritten, vgl. bejahend OLG Koblenz NJOZ 2005, 1997 Rn. 23; OLG Köln BeckRS 2011, Rn. 32; OLG Stuttgart NZG 2014, 191; ablehnend hingegen OLG Bamberg BKR 2014, 334, 336 ff.; OLG München WM 2008, 581, 588.

4 Die spezialgesetzliche Prospekthaftung: Tatbestand, Rechtsfolgen, aktuelle Problemkreise

4.1 Der Überblick über die zentralen Regelungen

Neben die tradierten Regeln der Prospekthaftung i.e.S. sind mittlerweile zahlreiche spezialgesetzliche Prospekthaftungsansprüche getreten. Deren zeitlicher Anwendungsbereich folgt vorbehaltlich einer abweichenden gesetzlichen Regelung dem allgemeinen Grundsatz, nach dem Schuldverhältnisse in Bezug auf Inhalt und Wirkung jenem Recht unterstehen, das zum Zeitpunkt der Verwirklichung des Entstehungstatbestandes des Schuldverhältnisses gilt.[111] Dies folgt u.a. aus Art. 170 EGBGB. Anwendbar sind mithin die gesetzlichen Regelungen in jener Fassung, die zum Zeitpunkt der Veröffentlichung des konkreten Prospekts galten.

111 Vgl. nur BGH WM 2015, 22 Rn. 68 = NJW 2015, 236 (Telekom 3. Börsengang); BGHZ 44, 192, 194 = NJW 1966, 155.

Prospektanlass / In Kraft seit:	Prospektpflicht / Ausnahme	Fehlerhafter Prospekt	Fehlender Prospekt	Verpflichtete	Verschuldensmaßstab	Tatbestandsgrenzen	Rechtsfolge	Verjährung
Börsenzulassung (n.F. zum 1.7.2012)	§ 3 IV WpPG / § 4 II WpPG	§ 21 WpPG	(-)	Prospektverantwortlicher/ Prospektveranlasser (§ 21 I WpPG)	Vorsatz / grobe Fahrlässigkeit (§ 23 I WpPG)	§ 23 II Nr. 1-5 WpPG	Übernahme geg. Erwerbspreis & übliche Kosten / Differenzpreis (§ 21 I, II WpPG)	§§ 195, 199 BGB
Öffentl. Angebot von Wertpapieren (n.F. zum 1.7.2012)	§ 3 I WpPG / § 3 II WpPG	§ 22 WpPG	§ 24 WpPG	Prospektverantwortlicher/ -veranlasser bzw. Emittent/ Anbieter (§ 22, 24 WpPG)	Vorsatz / grobe Fahrlässigkeit (§ 23 I WpPG)	Zu § 22 WpPG: § 23 II Nr. 1-5 WpPG	Übernahme geg. Erwerbspreis & übliche Kosten / Differenzpreis (§ 22 I i.V.m. 21 i, II, § 23 i, II WpPG)	§§ 195, 199 BGB
Öffentliches Angebot v. Vermögensanlagen (1.6.2012, geänd. 10.7.2015)	§ 6 VermAnlG / § 2 Nr. 1-9 VermAnlG	§ 20 VermAnlG	§ 21 VermAnlG	Prospekterlasser/-veranlasser (§ 20 I VermAnlG) bzw. Emittent / Anbieter (§ 21 I VermAnlG)	§ 20 III Verm AnlG: Vorsatz / grobe Fahrlässigkeit; § 21 VermAnlG: str.	§ 20 IV Nr. 1-3 VermAnlG / § 21 IV VermAnlG	Übernahme geg. Erwerbspreis & übliche Kosten / Differenzpreis (§§ 20 I, 21 I Verm AnlG)	§§ 195, 199 BGB
Verkauf von Anteilen oder Aktien an OGAW oder AIF (22.7.2013)	§§ 164 I, 268 I, 298 I, 299 I KAGB / § 2 KAGB	§ 306 I KAGB	§ 306 V KAGB	Verw.-Ges., Prospekterlasser/-veranlasser, gew. Verkäufer (I) bzw. Emittent / Anbieter (V)	§ 306 I KAGB: Vorsatz / grobe Fahrlässigkeit (§ 306 III) § 306 V KAGB: str.	§ 306 III 2, V 3 KAGB	Übernahme geg. Erwerbspreis / Differenzpreis (§ 306 I, V KAGB) & übliche Kosten (V)	§§ 195, 199 BGB

Die vorstehende Übersicht über die mittlerweile geltenden spezialgesetzlichen Prospekthaftungsansprüche zeigt drei Aspekte überaus deutlich. Zum einen werden die wesentlichen Charakteristika der verschiedenen Tatbestände der spezialgesetzlichen Prospekthaftung, u.a. hinsichtlich der Person des Verpflichteten, des Verschuldensmaßstabs, der Rechtsfolge einer Pflichtverletzung sowie der maßgebenden Verjährung deutlich. Dabei zeichnet sich mittlerweile ein eigenständiges Leitbild der spezialgesetzlichen Prospekthaftung sehr klar ab.[112] Zum Zweiten ist unverkennbar, dass der vielfach zu konstatierende Hinweis, die Prospekthaftung i.e.S. sei außerhalb des Anwendungsbereichs der spezialgesetzlichen Regelungen weiterhin anwendbar, einer näheren Präzisierung harrt. Insoweit ist nicht nur zu bestimmen, ob die Prospekthaftung i.e.S. in jenen, von den spezialgesetzlichen Regelungen bereits tatbestandlich nicht erfassten Konstellationen (u.a. erweiterter Prospektbegriff, größerer Kreis der Verpflichteten) anwendbar ist, sondern ob sie auch in den Ausnahmebereichen der spezialgesetzlichen Regelungen sowie jenseits der Tatbestandsgrenzen dieser Normen (weiterhin) gilt.[113] Zum Dritten zeigt die Übersicht hinreichend deutlich, dass der Haftungstatbestand der bürgerlich-rechtlichen Prospekthaftung i.e.S., wenn und soweit ihm noch ein Restanwendungsbereich neben den spezialgesetzlichen Regelungen zukommt, nicht ohne weiteres mit den tradierten Tatbestandselementen Bestand haben kann, da in diesem Fall ein unerträglicher Wertungswiderspruch zu den Tatbestandsvoraussetzungen der spezialgesetzlichen Prospekthaftung die Folge wäre.[114]

4.2 Das gesetzgeberische Leitbild der spezialgesetzlichen Prospekthaftung

Aufbauend auf dem vorstehenden Überblick über die zentralen spezialgesetzlichen Prospekthaftungsregeln kann das sich mittlerweile abzeichnende gesetzgeberische Leitbild der spezialgesetzlichen Prospekthaftung konkretisiert werden. Nach diesem Leitbild knüpft die Haftung grundsätzlich am *Tatbestand* der Veröffentlichung fehlerhafter Prospekte sowie am völligen Fehlen eines zu veröffentlichenden Prospekts an. Etwas anderes gilt hinsichtlich des zuletzt genannten Tatbestandes bei der Börsenzulassung nach WpPG, wo aber das Fehlen eines Prospekts tatbestandlich ausscheidet. *Haftungsverpflichtete* sind jeweils die Pro-

112 Zu diesem und zu den Folgen für die Prospekthaftung i.e.S. unten 4.2 und 4.4.

113 Dazu unten 5.2.

114 Dazu ausf. unten 5.1.

spekterlasser und die Prospektveranlasser bei einem fehlerhaften Prospekt. Im Falle des fehlenden Prospekts haften der Emittent und der Anbieter der Anlage. Aus der Perspektive der bürgerlich-rechtlichen Prospekthaftung besteht insoweit die Besonderheit, dass auch die Anlagegesellschaft selbst nach den spezialgesetzlichen Regelungen haftet und zwar auch auf Rücknahme der (eigenen) Anteile.

Der *haftungsauslösende Verschuldensmaßstab* wird von den Normen auf eine Haftung nur für Vorsatz und grobe Fahrlässigkeit hinsichtlich des Prospektfehlers beschränkt. Im Falle des Fehlens eines Prospekts sieht die spezialgesetzliche Prospekthaftung eine Garantiehaftung vor, denn die entsprechenden Normen enthalten kein Verschulden als Tatbestandsmerkmal (vgl. § 24 WpPG, § 21 VermAnlG, § 306 V KAGB). Richtigerweise ist ein solches auch nicht erforderlich, auch wenn sich eine solche Garantiehaftung als Fremdkörper im deutschen Haftungssystem erweist.[115] Denn der gesetzgeberische Wille ist insoweit hinreichend erkennbar,[116] insbesondere angesichts der flächendeckenden einheitlichen Ausgestaltung der Tatbestände beim Fehlen eines Prospekts ohne Verschuldenselement trotz der entsprechenden Diskussion im Schrifttum. Der Versuch einer teilweise analogen Anwendung der verschuldensabhängigen Normen, die die Haftung bei einem fehlerhaften Prospekt regeln, scheitert schon an einer planwidrigen Regelungslücke. Der gesetzgeberische Regelungsplan ist insoweit hinreichend klar. Auch die dogmatische Ausnahmestellung einer solchen Garantiehaftung im Deliktsrecht oder als Vertrauenshaftung vermag den hinreichend präzisen Regelungswillen des Gesetzgebers nicht zu überspielen. Dies gilt umso mehr, als es sich nicht mehr nur um einzelne Normen handelt, sondern ein gesetzgeberisches Regelungskonzept mit breitem Anwendungsbereich ersichtlich wird.

Rechtsfolge einer Pflichtverletzung, mithin eines fehlerhaften oder fehlenden Prospekts, ist keine Haftung auf das negative Interesse, sondern grundsätzlich die Pflicht zur Übernahme des Anlagegegenstandes gegen Erstattung des Erwerbspreises. Zudem sind die mit dem Erwerb verbundenen üblichen Kosten zu ersetzen. Sofern der Erwerber nicht mehr Inhaber der erworbenen Anlage ist, kann er die Zahlung des Unterschiedsbetrags zwischen dem ursprünglichen Erwerbspreis, soweit dieser den ersten Erwerbspreis der Anlage nicht überschreitet, und dem Veräußerungspreis sowie Ersatz für die mit dem Erwerb und der Veräuße-

115 Darauf weist *Schäfer* ZGR 2006, 52 hin.

116 So auch zu § 13a I, II VerkProspG *Fleischer* BKR 2004, 346; *ders.* WM 2004, 1901; Staudinger/ *Löwisch/Feldmann*, 2012, § 311 Rn. 186; *Habersack*, in: Habersack/Mülbert/Schlitt, Handbuch der Kapitalmarktinformation (Fn. 2), § 28 Rn. 66; *Benecke* BB 2006, 2600; a.A. *Assmann*, in: Assmann/Schütze (Fn. 2), § 5 Rn. 226 ff., 292, 448.

rung verbundenen üblichen Kosten verlangen. Freilich umfasst die jüngste Regelung der spezialgesetzlichen Prospekthaftung in § 306 I, V KAGB die üblichen Erwerbskosten in den beiden genannten Konstellationen nicht mehr, ohne dass hieraus bereits eine grundsätzliche Abkehr vom Leitbild erkennbar wird. Allerdings entfernt sich diese Haftungsregel damit noch weiter von der Haftung auf den Ersatz des negativen Interesses, den die bürgerlich-rechtliche Prospekthaftung i.e.S. gewährt. Ein umfassender Ersatz des negativen Interesses ist ebenso wenig vorgesehen wie ein Ersatz des entgangenen Gewinns.

Die spezialgesetzlichen Prospekthaftungsregeln *verjähren* mittlerweile einheitlich nach den allgemeinen Regeln gem. §§ 195, 199 BGB.

4.3 Die beiden zentralen Haftungstatbestände

4.3.1 §§ 20 f. VermAnlG

Nach den §§ 20 f. VermAnlG wird bei inländischen Vermögensanlagen, soweit diese nicht in Wertpapieren i.S.d. WpPG verbrieft und nicht als Anteil an einem Investmentvermögen gem. § 1 I KAGB ausgestaltet sind, im Falle eines fehlerhaften oder fehlenden Verkaufsprospekts gehaftet. Die Regelung erfasst mithin v.a. Anteile mit Beteiligung am Ergebnis eines Unternehmens (z.B. Publikums-KG), Treuhandvermögen, Genussrechte, Namensschuldverschreibungen (§ 1 II VermAnlG).

4.3.1.1 Die Besonderheiten des Prospektfehlers

Nach den Regelungen der §§ 7, 8 VermAnlG muss der Prospekt dieser Anlagen durch die BaFin gebilligt werden. Im Falle der Veröffentlichung eines nicht gebilligten Prospekts ist richtigerweise das Fehlen eines Verkaufsprospekts i.S.d. § 21 VermAnlG einschlägig. Hierfür spricht die Systematik der Haftungstatbestände in den §§ 20, 21 VermAnlG. Angesichts der Bedeutung der Billigung des Prospekts durch die BaFin ist das Fehlen dieser Billigung durch diese spezialgesetzlichen Prospekthaftungsansprüche zu erfassen. Materiell liegt bei einem nicht genehmigten Prospekt das Fehlen eines (genehmigten) Verkaufsprospekts vor. Ob wesentliche Angaben in dem Verkaufsprospekt unrichtig oder unvollständig sind (vgl. § 21 I 1 VermAnlG), ist insoweit gleichgültig, da die präventive Kontrolle durch die BaFin insgesamt nicht stattgefunden hat. Angesichts dieses gravierenden Verstoßes ist auch eine verschuldensunabhängige Haftung[117] vertretbar. Auch bei der Veröffentlichung einer bloßen Werbeschrift fehlt es an einem gebilligten Prospekt.

4.3.1.2 Anspruchsberechtigte und Prospektverantwortliche (§§ 20 I, 21 I VermAnlG)

Besonderheiten im Vergleich zur bürgerlich-rechtlichen Prospekthaftung i.e.S. bestehen bei diesen spezialgesetzlichen Prospekthaftungsansprüchen in Bezug auf die Anspruchsberechtigten und die Prospektverantwortlichen. Anspruchsberechtigt sind der Erst- und der Zweiterwerber der Anlage. Die Begrenzung dieses weiten Personenkreises erfolgt in zeitlicher Hinsicht, denn das Erwerbsgeschäft muss nach der Veröffentlichung des Verkaufsprospekts und während der Dauer des öffentlichen Angebots nach § 11 VermAnlG, spätestens jedoch innerhalb von zwei Jahren nach dem ersten öffentlichen Angebot der Vermögensanlage im Inland abgeschlossen worden sein.

Der Kreis der Prospektverantwortlichen ist hingegen enger gezogen. Nach beiden Normen sind allein die Prospekterlasser[118] und die Prospektveranlasser (u.a. die Emittentin, emissionsbegleitende Banken, Initiatoren, Manager, Gründungsgesellschafter) verpflichtet. Erforderlich ist eine Übernahme von Gesamtverantwortung für den Prospekt, um die Prospektverantwortlichkeit zu begründen. Die bloße Mitwirkung an Teilen des Prospektes ist bei diesen Normen gerade nicht ausreichend.[119] Beide Haftungstatbestände erfassen mithin nicht jenen Kreis, der bei der Prospekthaftung i.e.S. als Prospektgarant aufgrund seiner beruflichen Stellung bzw. seiner besonderen Sachkunde haftet. Dies betrifft u.a. Wirtschaftsprüfer, Steuerberater und Rechtsanwälte. Sofern sie keine Gesamtverantwortung für den Prospekt übernommen haben, haften sie nicht, auch wenn sie erkennbar an dem Prospekt mitgewirkt haben. Die erforderliche Übernahme von Gesamtverantwortung fehlt dann.[120] Der Wortlaut der Rege-

---

117 Dazu oben 4.2.

118 Der Gesetzeswortlaut, der auf den „Erlass des Prospekts“ abstellt, war wortgleich bereits im BörsG 1896 enthalten. Dort war die Prospekthaftung aber v.a. als eine Haftung der Emissionsbank konzipiert, die den Prospekt unterzeichnet hat oder einen Konsortialführer unterzeichnen ließ.

119 Ganz h.M; vgl. nur *Assmann*, in: Assmann/Schütze (Fn. 2), § 5 Rn. 256; *Fleischer*, Gutachten F zum 64. DJT, 2002, S. F 67; *Schwark*, in: Schwark/Zimmer, Kapitalmarktrechts-Kommentar, 4. Aufl. 2010, §§ 44, 45 BörsG Rn. 9, 12; der Vorschlag einer Parallelisierung mit der Prospekthaftung i.e.S. ist vereinzelt geblieben, vgl. mit diesem *Wackerbart* WM 2011, 193, 195 ff.

120 Wie hier OLG Dresden WM 2014, 598, 609; *Mülbert/Steup*, in: Habersack/Mülbert/Schlitt, lungen ist insoweit hinreichend deutlich, stellt er doch auf jene ab, die „für den Verkaufsprospekt“, mithin nicht nur für einen Teil oder einzelne Aussagen, die Verantwortung übernommen haben. Dem entspricht auch, dass der Gesetzgeber begrenzte Haftungstatbestände mit vergleichsweise unschwer nachzuweisenden Tatbestandsvoraussetzungen zur raschen Durchsetzung eines (begrenzten) Schadensersatzanspruchs schaffen wollte.[121] Hieraus erklärt sich die Begrenzung auf die Prospekterlasser und die Prospektveranlasser, denn beide Gruppen sind vergleichsweise unschwer zu bestimmen. Hingegen ist bei Prospektgaranten zu entscheiden, ob eine hinreichende, typisierendes Vertrauen rechtfertigende Garantie einer Prospektaussage vorliegt und welche Prospektaussagen von der konkreten Garantie umfasst werden. Ebenfalls von beiden Tatbeständen nicht erfasst werden jene Prospektgaranten, die eine besondere Gewähr für die Richtigkeit und Vollständigkeit des Prospektes übernehmen, namentlich Prominente.[122] Allerdings kommt in diesen Konstellationen jenseits der Tatbestandsgrenzen dieser spezialgesetzlichen Prospekthaftung eine bürgerlich-rechtliche Prospekthaftung i.e.S. in Betracht.[123]

4.3.1.3 Die Reichweite der Kausalitätsvermutung

Im Falle der Haftung für ein fehlerhaftes Verkaufsprospekt (§ 20 I VermAnlG) besteht eine widerlegliche Vermutung des Prospektfehlers für die Anlageentscheidung des Anlegers.[124] Diese Vermutung wird durch die vom potentiellen Verpflichteten zu beweisenden Rückausnahmen in Abs. 4 Nr. 1, 3 begrenzt. Auch insoweit ist zu bestimmen, ob ein Rückgriff auf die bürgerlich-rechtliche Prospekthaftung i.e.S. möglich ist, wenn eine der Kausalitätsgrenzen des § 20 VermAnlG greift.[125]

Das Kausalitätserfordernis bei der Haftung aufgrund eines fehlenden Prospekts gem. § 21 IV VermAnlG ist umstritten. Die wohl überwiegende Ansicht verneint das Kausalitätserfordernis zwischen dem Fehlen des Prospekts und der Anlageentscheidung. Haftungsbegründende Pflichtverletzung ist nach dieser Ansicht

---

Unternehmensfinanzierung (Fn. 2), § 41 Rn. 80 ff.; offen BGH NJW 2013, 1877 Rn. 13; MünchKomm-BGB/*Emmerich* (Fn. 18), § 311 Rn. 158; *Nobbe* WM 2013, 193, 196; *Schwark*, in: Schwark/Zimmer (Fn. 119), §§ 44, 45 BörsG Rn. 12 m. w. Nachw. zum Meinungsstand; krit. *Groß*, Kapitalmarktrecht (Fn. 49), § 20 WpPG Rn. 36 f.; abw. auch *Hellgardt* ZBB 2012, 73, 87 f.

121 Dazu noch unten 4.4.

122 Vgl. nur *Assmann*, in: Assmann/Schütze (Fn. 2), § 5 Rn. 257 i.V.m. Rn. 158.

123 Dazu näher unten 5.2.

124 *Assmann*, in: Assmann/Schütze (Fn. 2), § 5 Rn. 265 i.V.m. Rn. 176.

125 Dazu unten 5.2.3.

bereits die Platzierung der Anlage ohne Prospekt.[126] Die Gegenansicht bejaht ein Kausalitätserfordernis in Parallele zu § 20 I VermAnlG, so dass die Haftung nach § 21 I VermAnlG voraussetzen soll, dass die pflichtwidrige Nichtveröffentlichung eines Prospekts für den Erwerb der konkreten Anlage ursächlich wurde.[127] Die haftungsbegründende Kausalität der Pflichtverletzung wird nach dieser Ansicht widerleglich vermutet. Richtigerweise entspricht das Kausalitätserfordernis der allgemeinen Struktur der Haftungstatbestände im allgemeinen Zivilrecht und es ist kein Grund ersichtlich, von diesem Erfordernis umfassend abzurücken. Aus der Pflichtverletzung muss daher ein kausaler Schaden resultieren, z.B. durch den Erwerb der Anlage. An dem insoweit erforderlichen Pflichtwidrigkeitszusammenhang zwischen Pflichtverletzung und Schaden mangelt es indes, wenn der Haftungsverpflichtete nachweist, dass der Erwerber die konkrete Anlage auch bei pflichtgemäßer Veröffentlichung des Prospekts erworben hätte.[128]

4.3.1.4 Das erforderliche Vertretenmüssen

Ausweislich seines Wortlauts erfordert § 20 I VermAnlG für die Haftung des Prospektverantwortlichen Vorsatz oder grobe Fahrlässigkeit, d.h. der Verpflichtete muss die Unrichtigkeit oder Unvollständigkeit des fehlerhaften bzw. unvollständigen Prospekts positiv gekannt oder zumindest grob fahrlässig verkannt haben (§ 20 III VermAnlG). Dieser auf Vorsatz und grobe Fahrlässigkeit begrenzte Verschuldensmaßstab entspricht der mittlerweile erkennbaren allgemeinen Regelungsstruktur der spezialgesetzlichen Prospekthaftung.[129]

Dem Erfordernis des Vertretenmüssens bei einer Haftung aufgrund eines fehlenden Prospekts gem. § 21 I VermAnlG steht der Wortlaut der Norm entgegen. Diesem kann kein Verschuldenserfordernis entnommen werden. Da diese Regelung wortgleich von § 13a VerkProspG a.F. ungeachtet der zu dieser Norm überwiegenden Ansicht übernommen wurde, sprechen die besseren Gründe für eine verschuldensunabhängige Haftung der hiernach Haftungsverpflichteten beim Fehlen eines Prospekts.[130] Systematisch wird diese Ansicht durch § 306 V KAGB

126 MüHdBGesR/*Horbach* (Fn. 69), § 69 Rn. 35; *Benecke* BB 2006, 2597, 2599; *Fleischer* BKR 2004, 339, 346.

127 *Assmann*, in: Assmann/Schütze (Fn. 2), § 5 Rn. 290.

128 Wie hier *Assmann*, in: Assmann/Schütze (Fn. 2), § 5 Rn. 291; a.A. MüHdBGesR/*Horbach* (Fn. 69), § 69 Rn. 35 (kein Einwand fehlender Kausalität zwischen Nichtveröffentlichung eines Prospekts und Erwerb der Vermögensanlage).

129 Dazu näher oben 4.2.

130 Wie hier *Fleischer* BKR WM 2004, 1897, 1901; *Hellgardt* (Fn. 12), S. 470 f.; *Groß*, Kapitalmarktrecht (Fn. 49), § 13a Rn. 4 (jeweils zur Vorgängernorm in § 13a VerkProspG); *Bohlken/Lange*

bestätigt, der beim Fehlen eines Prospekts ebenfalls kein Verschuldenserfordernis enthält. Gleichwohl besteht insoweit ein Gleichlauf des verschuldensunabhängigen Haftungstatbestands mit dem Erfordernis grober Fahrlässigkeit, als letztere beim vollständigen Fehlen eines Verkaufsprospekts regelmäßig vorliegen wird. Der wesentliche Unterschied der Ausgestaltung als verschuldensunabhängige Haftung folgt aus dem Ausschluss der Möglichkeit, einen Rechtsirrtum der Haftung entgegenzuhalten.

4.3.1.5 Die Besonderheiten der Rechtsfolge (Haftung der Gesellschaft)

Die Rechtsfolge der Haftungstatbestände in §§ 20 f. VermAnlG ist in Übereinstimmung mit dem gesetzlichen Leitbild der spezialgesetzlichen Prospekthaftung[131] die Übernahme der Vermögensanlage gegen Erstattung des Erwerbspreises sowie der üblichen Erwerbskosten, im Falle der zwischenzeitlich erfolgten Weiterveräußerung der Vermögensanlage die Übernahme der Differenz zwischen Erwerbs- und Veräußerungspreis (§§ 20 I, II, 21 I, II VermAnlG). Mit dieser begrenzten Rechtsfolge verbinden sich zwei Problemkreise. Zum einen ist zu erwägen, ob weitergehende Schadensposten, die vom negativen Interesse umfasst werden, daneben im Wege der bürgerlich-rechtlichen Prospekthaftung i.e.S. weiterhin geltend gemacht werden können.[132]

Zum anderen ist die Rechtsfolge der Übernahme der Anteile der Vermögensanlage durch die nach diesen Tatbeständen ebenfalls haftungsverpflichtete Fondsgesellschaft gegen Erstattung des Erwerbspreises zu konkretisieren.[133] Diese Rechtsfolge steht in einem sehr deutlichen Spannungsverhältnis zu (kapital-)gesellschaftsrechtlichen Grundsätzen.[134] Die Übernahme der eigenen Anteile durch eine Kapitalgesellschaft gerät in Konflikt mit dem kapitalgesellschaftsrechtlichen Gläubigerschutz bzw. dem Grundsatz der Kapitalerhaltung.[135] Bei Personengesellschaften, d.h. namentlich einer Publikums-KG, ist hingegen zu berücksichtigen, dass über Kommanditanteile nicht ohne weiteres wie über Kapitalgesellschaftsanteile verfügt werden kann. Zudem besteht nach personengesell-

---

DB 2005, 1259, 1261; *Schäfer* ZGR 2006, 40, 51 f.; *Unzicker*, VerkProspG (Fn. 49), § 8 f Rn. 24; *Habersack*, in: Habersack/Mülbert/Schlitt, Kapitalmarktinformation (Fn. 2), § 29 Rn. 66; *Bader* WM 2014, 2249, 2253 f.; a.A. *Heidelbach*, in: Schwark/Zimmer (Fn. 119), § 13a VerkProspG Rn. 9.

131 Vgl. oben 4.2.

132 Dazu unten 5.2.3.

133 Vgl. allg. dazu oben 3.3.4.

134 Krit. schon *Ulmer/Dopfer* BB 1978, 461, 464; s.a. *Ulmer* AG 1978, 186 (jeweils zu § 7 I VermögensanlageG-RegE von 1978).

135 *Ulmer/Dopfer* BB 1978, 461, 464; *Ulmer* AG 1978, 186 ff.

schaftsrechtlichen Grundsätzen keine Möglichkeit der Übertragung von gezeichneten Anteilen an die Publikums-KG selbst, kennt das Personengesellschaftsrecht doch grundsätzlich keine eigenen Anteile der Gesellschaft.[136] Auch mindert die Erstattung des Erwerbspreises durch die Gesellschaft das Gesellschaftsvermögen, so dass das – eigentlich unerwünschte – Windhundrennen der Anleger das Ergebnis dieses Haftungstatbestandes sein kann. In der Folge steht für nachfolgende Anleger, die sich ebenfalls auf den fehlerhaften Prospekt berufen, weniger, vielleicht sogar kein ausreichendes Gesellschaftsvermögen mehr zur Verfügung, um die Haftung ihnen gegenüber zu erfüllen. Darüberhinaus droht ein Wertungswiderspruch zur unlängst erfolgten Erstreckung der Grundsätze der fehlerhaften Gesellschaft auf mehrgliedrige stille Gesellschaften.[137] Denn nach diesen kann der arglistig getäuschte Gesellschafter nur ein sofortiges Austrittsrecht mit Abfindung zum Stichtagswert geltend machen, während der fehlerhafte Verkaufsprospekt zu einer Rückzahlung der um Provisionen etc. vermehrten Einlage an den Anleger führt. Zudem wird das Gläubigerschutzprinzip mit der Beseitigung des Rangvorrechts der Gläubiger vor den Kapitalgebern aufgehoben. Schließlich wird der Grundsatz der Gesellschaftergleichbehandlung faktisch aufgehoben, indem einzelnen Gesellschaftern Rückzahlungsansprüche auf die Einlage eingeräumt werden und zwar ohne Rücksicht auf die aktuelle Höhe des verbliebenen Gesellschaftsvermögens.

Während bei dem gegen die AG gerichteten Prospekthaftungsanspruch aus § 44 I 1 BörsG a.F. noch streitig war, ob dieser den Tatbestand der unzulässigen Einlagenrückgewähr (§ 57 I 1 AktG) erfüllte und daher ausgeschlossen war, stellt die Gesetzesbegründung zum Dritten Finanzmarktförderungsgesetz auf den Vorrang der Prospekthaftung als *lex posterior* und *lex specialis* ab.[138] Mittlerweile ist der gesetzgeberische Wille hinsichtlich des Vorrangs der Prospekthaftung durch die Einführung weiterer Haftungstatbestände der spezialgesetzlichen Prospekthaftung zu Lasten des Erstellers des Prospekts, der sich auch gegen die Gesellschaft richtet, hinreichend deutlich.[139] Der Gesetzgeber will dem Anleger im Anwendungsbereich der spezialgesetzlichen Prospekthaftungstatbestände bei einem verwirklichten Tatbestand der spezialgesetzlichen Prospekthaftung das Ausscheiden aus der Gesellschaft ohne Nachzahlungspflicht qua Nachschusspflicht und gegen Rückerhalt der Einlageleistung ermöglichen. Im Kapitalanlagerecht wird somit ein spezielles Recht zur „Austrittskündigung“ aus

136 Vgl. schon *Ulmer/Dopfer* BB 1978, 461, 464.
137 Vgl. dazu oben 3.2.3.
138 Reg. Begr. BR-Drucks. 605/97, S. 78.
139 Vgl. nur *Schäfer* ZGR 2006, 40, 56 f.; ausf. auch *Schlitt*, Bankrechtstag 2014, S. 75, 87 ff.

der Gesellschaft des durch einen fehlerhaften Prospekt zum Gesellschaftsbeitritt Bewogenen geregelt.[140] Dieses spezialgesetzliche Austrittsrecht tritt neben die gesellschaftsrechtlichen und wird mit spezialgesetzlich geregelten Rechtsfolgen versehen,[141] die von einer Auseinandersetzungsbilanz und einem Auseinandersetzungsguthaben zugunsten eines spezialgesetzlichen Erstattungsanspruchs absehen. Dies kann mit der besonderen Stellung des Anleger-Gesellschafters in einer Publikumsgesellschaft gerechtfertigt werden, die sich vom Leitbild des typischen Gesellschafters weit entfernt. Denn der Anleger-Gesellschafter hat zumeist faktisch eine (nur) gläubigerähnliche Stellung; ihm mangelt es an Einfluss auf die Gestaltung des Gesellschaftsvertrags und er ist in der Regel von der Geschäftsführung ausgeschlossen. Hinzu treten jene Argumente, die gegen eine Beschränkung von Haftungstatbeständen allein aufgrund der Pluralität der Geschädigten sprechen.[142] Die Schwächung eines Ersatzanspruchs und Privilegierung des Schädigers aufgrund paralleler Ansprüche Dritter ist danach abzulehnen,[143] denn dem Haftpflichtigen darf nicht zugutekommen, dass er gleichzeitig auch an dem mit dem geschädigten Anleger geschlossenen Gesellschaftsvertrag beteiligt ist.[144]

4.3.1.6 Die Ausweitung der Haftung durch das Kleinanlegerschutzgesetz

Das Kleinanlegerschutzgesetz[145] hat mit Wirkung ab 10.7.2015 das VermAnlG auf partiarische Darlehen (§ 2 I Nr. 3 n.F.), Nachrangdarlehen (Nr. 4 n.F.), sonstige Anlagen, die einen Anspruch auf Verzinsung und Rückzahlung gewähren oder einen sonstigen vermögenswerten Barausgleich für die Überlassung von Geld vorsehen (Nr. 7 n.F.), erstreckt. Hinzu treten weitere Ausnahmebereiche, deren Regelungsgegenstände vom Anwendungsbereich des VermAnlG dem Grundsatz nach umfasst werden, bei denen aber aus spezifischen Gründen der Anwendungsbereich beschränkt wird. Betroffen sind u.a. Schwarmfinanzierungen bis

---

140 S. a. *Schäfer* ZGR 2006, 40, 56; *Fleischer* BKR 2004, 339, 345 Fn 109; deutlich auch schon *Steder* AG 1978, 173, 183 f. (zu § 7 I VermögensanlageG-RegE von 1978).

141 I.E. auch schon *Steder* AG 1978, 173, 181.

142 Auch nach der Rechtsprechung rechtfertigt der Umstand, dass es bei einer Vielzahl von Gläubigern mit gleichartigen Schadensersatzansprüchen z.B. gegenüber einem prospektverantwortlichen Gründungsgesellschafter zu einem Gläubigerwettlauf kommen kann, keine andere Beurteilung, vgl. BGH WM 2013, 49 Rn. 15 = ZIP 2012, 2513; ZIP 2004, 2095, 2098 = WM 2004, 2150.

143 Vgl. zu diesem Rechtsgedanken BGH WM 2013, 49 Rn. 15 = ZIP 2012, 2513; WM 2005, 278= ZIP 2005, 254; WM 2005, 833 = ZIP 2005, 753.

144 BGH WM 2005, 278 = ZIP 2005, 254, 256; WM 2005, 833 = ZIP 2005, 753, 757.

145 BR-Drucks. 226/15 v. 22.5.2015.

€ 2,5 mio. und mit Erwerbsbeschränkungen (§ 2a VermAnlG n.F.), soziale Projekte (§ 2b n.F.), gemeinnützige Projekte und Religionsgemeinschaften (§ 2c n.F.).

4.3.2 § 306 I, V KAGB

Die spezialgesetzliche Prospekthaftung nach § 306 I, V KAGB[146] knüpft an der Prospektpflicht für offene Publikumsinvestmentvermögen (§ 164 KAGB) mit ergänzenden Regelungen für bestimmte Investmentvermögen, u.a. geschlossene inländische Publikums-AIF (§ 268 KAGB), an. Mit Blick auf den Tatbestand dieser spezialgesetzlichen Prospekthaftung ist zunächst hervorzuheben, dass die Kausalität des Prospektfehlers für die Anlageentscheidung in der ab dem 19.7.2014 geltenden[147] Fassung des § 306 KAGB widerleglich vermutet wird. Die negative Formulierung in dem neugefassten Abs. 3 Nr. 2 bildet die Grundlage für eine widerlegliche Vermutung der Kausalität. Nach der vorausgehenden Fassung der Norm konnte „derjenige, der auf Grund des Verkaufsprospekts Anteile oder Aktien gekauft hat," die Rücknahme der Anteile verlangen. Mangels negativer Formulierung fand sich daher in der früheren Normfassung – wohl entgegen dem gesetzgeberischen Willen – keine Grundlage für eine entsprechende Beweislastverteilung zugunsten des Anlegers.

Der Haftungstatbestand des § 306 I KAGB erfordert zudem die Kenntnis oder grob fahrlässige Unkenntnis des Prospektverantwortlichen hinsichtlich der Unrichtigkeit oder Unvollständigkeit des Prospekts (§ 306 III 1 KAGB). Im Rahmen der Haftung für das Fehlen eines Prospekts gem. § 306 V KAGB ist umstritten, ob auch dieser Tatbestand entsprechend dem allgemeinen Strukturprinzip des Privatrechts ein Vertretenmüssen der Prospektverantwortlichen erfordert.[148] Angesichts des eindeutigen Wortlauts, der gesetzgeberisch unterbliebenen Änderung der Norm trotz der entsprechenden Diskussion und einer parallelen Regelungsanordnung in § 21 VermAnlG[149] sprechen die besseren Argumente nunmehr dafür, dass nach der allgemeinen Konzeption der spezialgesetzlichen Prospekthaftung[150] der Gesetzgeber beim vollständigen Fehlen eines gesetzlich gebotenen Prospekts eine garantiemäßige Haftung der Prospektverantwortlichen anordnet. Hinsichtlich der gesellschaftsrechtlich problematischen Übernahme der Anteile

---

146 Dazu ausf. unlängst *Hanke* BKR 2014, 441 ff.

147 Vgl. Art. 2 G. v. 15.7.2014, BGBl. I S. 934.

148 *Assmann*, in: Assmann/Schütze (Fn. 2), § 5 Rn. 448 i.V.m. Rn. 226 ff. m.w.N.

149 Dazu näher oben 4.3.1.4.

150 Dazu oben 4.2.

bzw. Aktien gegen Erstattung des Erwerbspreises als Rechtsfolge kann auf die Ausführungen zu §§ 20 f. VermAnlG verwiesen werden.[151]

Auch bei dieser spezialgesetzlichen Prospekthaftung stellt sich die Frage nach ihrem Verhältnis zur bürgerlich-rechtlichen Prospekthaftung i.e.S. Dieses Konkurrenzverhältnis aktualisiert sich in zahlreichen Konstellationen, so ist zu entscheiden, ob die bürgerlich-rechtliche Prospekthaftung i.e.S. in den Ausnahmebereichen des § 2 KAGB greift. Zudem ist das Verhältnis der Haftungstatbestände bei sonstigen Schriften zu klären, die zwar dem bürgerlich-rechtlichen Prospektbegriff, nicht aber den §§ 164 f. KAGB unterfallen. Auch hinsichtlich des Personenkreises, der zwar nach der Prospekthaftung i.e.S., nicht aber nach § 306 I KAGB prospektverantwortlich ist, namentlich Hintermänner, die nicht Erlasser bzw. Veranlasser des Prospekts sind, sowie Prospektgaranten, ist zu entscheiden, ob dieser zwar nicht nach § 306 I KAGB, gleichwohl aber nach den Grundsätzen der allgemeinen Prospekthaftung i.e.S. haftet. Schließlich ist zu erwägen, auf die allgemeine Prospekthaftung zurückzugreifen, wenn die spezialgesetzliche Prospekthaftung aus § 306 I KAGB ausgeschlossen ist (z.B. gem. § 306 III 2 KAGB) oder konkrete Schadensposten nicht erfasst (z.B. den Ersatz des negativen Interesses gem. §§ 249 ff. BGB).

4.4 Das Konkurrenzverhältnis zur bürgerlich-rechtlichen Prospekthaftung i.e.S.

Angesichts der in der jüngeren Vergangenheit erlassenen Vielzahl spezialgesetzlicher Prospekthaftungsregeln[152] mit beinahe flächendeckender Reichweite sowie des mittlerweile deutlich hervortretenden gesetzlichen Leitbildes der spezialgesetzlichen Prospekthaftung[153] vermögen punktuelle Antworten auf die Frage nach dem Verhältnis der spezialgesetzlichen Regelungen zur bürgerlich-rechtlichen Prospekthaftung nicht mehr zu überzeugen.[154] Erforderlich ist vielmehr eine angesichts des gesetzlichen Leitbildes der spezialgesetzlichen Prospekthaftung möglichst weitgehend einheitliche Lösung der Konkurrenzproblematik.

Den Ausgangspunkt kann insoweit die – soweit ersichtlich – weitgehende Einigkeit dahingehend bilden, dass die *bürgerlich-rechtliche Prospekthaftung*

151 Näher dazu oben 4.3.1.5; zum Haftungsadressaten auch ausf. *Schlitt*, Bankrechtstag 2014, S. 75, 92 f.

152 Für einen Überblick vgl. oben 4.1.

153 Zu diesem oben 4.2.

154 Vgl. für punktuelle Stellungnahmen Fn. 2.

i.w.S. (uneigentliche Prospekthaftung) neben die spezialgesetzliche Prospekthaftung tritt und grundsätzlich auch neben deren Tatbeständen verwirklicht sein kann.[155] Für diese einheitliche Lösung des Konkurrenzverhältnisses zur Prospekthaftung i.w.S. spricht entscheidend, dass das für die Prospekthaftung i.w.S. erforderliche konkrete Vertrauensverhältnis zwischen dem Anleger und dem Haftungsverpflichteten eine eigenständige und von der Prospektverantwortlichkeit sowie dem an dieser anknüpfenden typisierten (abstrakten) Vertrauen zu unterscheidende Haftungsgrundlage darstellt. Diese eigenständige Grundlage rechtfertigt eine in Voraussetzungen und Rechtsfolgen eigenständig ausgestaltete Haftung. Richtigerweise gilt Entsprechendes für die Haftung auf der Grundlage eines *Vertrages mit Schutzwirkung zugunsten Dritter*. Auch sie tritt neben die spezialgesetzliche Prospekthaftung, da die Verletzung der vertraglichen (Schutz-) Pflichten zusammen mit den Grundsätzen des Einbezugs Dritter in deren Schutzbereich ebenfalls eine eigenständige Haftungsgrundlage darstellt.[156]

4.4.1 Die bisherige Diskussion der Konkurrenzproblematik

Das Konkurrenzverhältnis der Regelungen der spezialgesetzlichen Prospekthaftung zur bürgerlich-rechtlichen Prospekthaftung i.e.S. ist hingegen weniger eindeutig zu beantworten. Die Konkurrenzregeln in § 25 II WpPG[157], §§ 20 VI S. 2, 21 V S. 2, 22 VI S. 2 VermAnlG[158] sowie § 306 VI KAGB[159] sind weitgehend wortgleich. Sie schließen jeweils eine „weitergehende Haftung" aufgrund von „Verträgen

---

155 So BGHZ 177, 25 Rn. 15 = WM 2008, 1545; BGH WM 2013, 1597 Rn. 26 = ZIP 2013, 1616; KG WM 2012, 127, 128; OLG Frankfurt NJW-RR 1997, 749, 751; *Ellenberger*, Prospekthaftung im Wertpapierhandel, 2001, S. 108; *Habersack*, in: Habersack/Mülbert/Schlitt, Kapitalmarktinformation (Fn. 2), § 29 Rn. 58; *Nobbe* WM 2013, 193, 204; *Suchomel* NJW 2013, 1126, 1130; *Schürnbrand* ZGR 2014, 256, 274; *Palandt/Grüneberg*, BGB, 74. Aufl. 2015, § 311 Rn. 71; *Paul*, in: Weitnauer/Boxberger/Anders, KAGB, 1. Aufl. 2014, § 306 Rn. 56; a.A. *Reinelt* NJW 2009, 1, 3; zu § 306 KAGB auch *Hanke* BKR 2014, 441, 448.

156 BGH WM 2014, 935 Rn. 21 = ZIP 2014, 972 (keine Sperre des Vertrages mit Schutzwirkung zugunsten Dritter durch §§ 44 f. BörsG a.F. i.V.m. §§ 8f, 13 VerkProspG a.F.); dazu krit. *Ebke* ZGR 2015, 325, 335.

157 „Weitergehende Ansprüche, die nach den Vorschriften des bürgerlichen Rechts auf Grund von Verträgen oder unerlaubten Handlungen erhoben werden können, bleiben unberührt."

158 „Weiter gehende Ansprüche, die nach den Vorschriften des bürgerlichen Rechts auf Grund von Verträgen oder unerlaubten Handlungen erhoben werden können, bleiben unberührt." (jeweils wortgleich)

159 „Weitergehende Ansprüche, die sich aus den Vorschriften des bürgerlichen Rechts auf Grund von Verträgen oder unerlaubten Handlungen ergeben können, bleiben unberührt."

oder unerlaubten Handlungen“ nicht aus. Ein eindeutiger Wille des Gesetzgebers, eine Doppelung der Anspruchsgrundlagen zu verhindern, ist weder aus dem Wortlaut noch im Übrigen ersichtlich.[160] Denn der Wortlaut lässt eine weitergehende Haftung zwar nur aufgrund von Verträgen oder unerlaubter Handlungen zu, zu Tatbeständen der vertragsähnlichen Haftung findet sich hingegen richtigerweise keine Aussage. Dagegen entspricht es fast einhelliger Ansicht, dass die Prospekthaftung i.w.S. als vertragsähnliche Vertrauenshaftung neben den spezialgesetzlichen Tatbeständen anwendbar bleibt.[161] Konsequenterweise müsste auch diese ausgeschlossen sein, wenn der Wortlaut der Konkurrenzregeln (Vertrag; unerlaubte Handlung) eng verstanden wird. Dann würde indes ein substantieller Wertungswiderspruch daraus resultieren, dass eine weitergehende Haftung sowohl nach Vertrag als auch nach Delikt, nicht aber nach der „zwischen“ diesen beiden Haftungsgrundlagen stehenden Vertrauenshaftung neben der gesetzlichen Haftung möglich wäre. Wenn umgekehrt die Prospekthaftung i.w.S. als vom Wortlaut umfasst angesehen wird, dann muss die Prospekthaftung i.e.S. als typisierte Vertrauenshaftung ebenfalls hiervon umfasst werden, so dass sich ihr Ausschluss aus anderen Konkurrenzerwägungen, nicht aber aus dem Wortlaut der Konkurrenzregelungen ergibt.

Den Gesetzesmaterialien sind ebenfalls keine hinreichend deutlichen Aussagen zu den Anspruchskonkurrenzen zu entnehmen, die auf eine weitgehende Verdrängung der Prospekthaftung i.e.S. schließen lassen.[162]Allerdings stellte der Regierungsentwurf zu den beinahe wortgleichen §§ 45 ff. BörsG a.F. fest, dass sonstige Ansprüche, insbesondere aus der allgemeinen zivilrechtlichen Prospekthaftung, im Anwendungsbereich der Haftung für fehlerhafte Börsenzulassungsprospekte ausgeschlossen seien. Die spezialgesetzlichen Regelungen des BörsG seien abschließend, da anderenfalls die beabsichtigte Begrenzung des Haftungsrisikos für die Prospektverantwortlichen unterlaufen würde.[163] Zum Anlegerschutzverbesserungsgesetz hielt der Gesetzgeber nur fest, dass die zivilrechtliche Prospekthaftung i.w.S. von der damaligen Neuregelung in § 13 VerkProspG unberührt bleiben soll.[164] Letztlich ist der Befund der Gesetzesmaterialien gerade auch

---

160 So aber, wenngleich ohne erkennbare hinreichende Grundlage *Hellgardt* ZBB 2012, 73, 88.
161 Vgl. die Nachweise in Fn. 155.
162 Vgl. BT-Drucks. 17/6051, S. 37 zu § 20 VI VermAnlG (bloße Normwiederholung); BT-Drucks. 17/6051, S. 38 zu § 22 VI VermAnlG (bloße Normwiederholung); BT-Drucks. 17/6051, S. 47 zu § 25 WpPG (Hinweis auf Wegfall der Beschränkung auf zumindest grobe Fahrlässigkeit bei konkurrierenden vertraglichen und deliktischen Ansprüchen); BT-Drucks. 17/12294, S. 283 zu § 306 VI KAGB (Hinweis auf Übernahme von § 20 VI, § 22 VI VermAnlG).
163 Begr. RegE BR-Drucks 605/97 v. 15.8.1997, S. 81 re. Sp.
164 Begr. RegE AnSVG BT-Drucks. 15/3174, S. 44.

angesichts dieser beiden nur vereinzelten deutlichen Stellungnahmen nicht eindeutig. Denn die Überlegung, dass der Gesetzgeber beim BörsG a.F. für den Ausschluss der Prospekthaftung i.e.S. optiert hat und daher Entsprechendes auch bei den beinahe wortgleichen Haftungstatbeständen der spezialgesetzlichen Prospekthaftung verfolgt, lässt sich ebenso gut vertreten wie der Umkehrschluss aus der früheren Erwähnung. Danach hätte der Gesetzgeber diese Kollisionsregel nicht mehr aufgenommen, weil er sie, z.B. aufgrund der Weite der spezialgesetzlichen Prospekthaftung, nicht mehr verfolgt.

Die bislang wohl überwiegenden Stimmen zur Konkurrenzfrage unterscheiden zunächst die Anwendung der Prospekthaftung i.e.S. *außerhalb* der Tatbestände der spezialgesetzlichen Prospekthaftung. Dort sei die Prospekthaftung i.e.S. weiterhin anwendbar.[165] Nur eine Mindermeinung geht von einer vollständigen Verdrängung der Prospekthaftung i.e.S. durch die spezialgesetzlichen Tatbestände aus. Begründet wird dies mit einer (angeblich) bewussten Entscheidung des Gesetzgebers, den Anwendungsbereich der spezialgesetzlichen Prospekthaftung zu begrenzen.[166] Auch die überwiegende Ansicht hat indes den für die Verdrängung der allgemeinen Regeln maßgeblichen Anwendungsbereich der spezialgesetzlichen Prospekthaftung bislang nicht hinreichend präzisiert.[167] So ist zu entscheiden, ob der verbleibende Anwendungsbereich der Prospekthaftung i.e.S. nur Konstellationen erfasst, in denen der Anwendungsbereich der spezialgesetzlichen Haftung dem Grundsatz nach nicht eröffnet ist (z.B. bei einem abweichenden Anlagegegenstand), oder ob die allgemeine Prospekthaftung auch anwendbar ist, wenn Ausnahmetatbestände der spezialgesetzlichen Prospekthaftung einschlägig sind. Darüber hinaus ist fraglich und vielfach nicht beantwortet, ob die Prospekthaftung i.e.S. greift, wenn ihr Tatbestand weiter ist als jener der spezialgesetzlichen Prospekthaftung. Dies betrifft namentlich Konstellationen, in

165 Vgl. BGH WM 2008, 391 Rn. 7 (obiter) = ZIP 2008, 412; *Keul/Ertmann* DB 2006, 1664; s.a. *Nobbe* WM 2013, 193, 201, 202 (außerhalb des Anwendungsbereichs der spezialgesetzlichen Prospekthaftung weiterhin Bestand); *Groß*, Kapitalmarktrecht (Fn. 49), § 25 WpPG Rn 3 f.; *Hopt*, FG 50 Jahre BGH, 2000, S. 497, 528; *Hanke* BKR 2014, 441, 448; *Nastold* ZVertriebsR 2014, 366; *Meschkowski/F. K. Wilhelmi* BB 2013, 1411, 1415; *Mülbert/Steup*, in: Habersack/Mülbert/Schlitt, Unternehmensfinanzierung (Fn. 2), § 41 Rn. 156 ff.; *Habersack*, in: Habersack/Mülbert/Schlitt, Kapitalmarktinformation (Fn. 2), § 29 Rn. 2, 73; *Siol*, in: Schimansky/Bunte/Lwowski (Fn. 49), § 45 Rn. 29; *Oulds*, in: Kümpel/Wittig, Bank- und Kapitalmarktrecht, 4. Aufl. 2011, Rn. 15.244-250; *Einsele* (Fn. 12), § 7 Rn. 63-65; *Paul*, in: Weitnauer/Boxberger/Anders (Fn. 155), § 306 Rn. 53.

166 Palandt/*Grüneberg* (Fn. 155), § 311 Rn. 68; *St. Schmitt* DStR 2013, 1688, 1690; MünchKomm-HGB/Grunewald (Fn. 15), Rn. 192; Erman/*Kindl*, BGB, 14. Aufl. 2014, § 311 Rn. 96a; s.a. *Assmann*, in: Assmann/Schütze (Fn. 2), § 5 Rn. 21, 27-34.

167 Mit einer solchen indes *Assmann*, in: Assmann/Schütze (Fn. 2), § 5 Rn. 28-30, wenngleich i.E. nicht vollständig überzeugend.

denen ein Prospekt (z.B. Werbeschrift), ein Prospektverantwortlicher (z.B. Prospektgarant) oder ein ersatzfähiger Schaden (z.B. kausale Folgeschäden) nach den Regeln der allgemeinen Prospekthaftung vorliegt, die spezialgesetzliche Prospekthaftung indes enger ist und den Prospekt, den Prospektverantwortlichen oder den konkreten Schadensposten nicht erfasst.

Innerhalb des Anwendungsbereichs der spezialgesetzlichen Prospekthaftung gelangt die wohl überwiegende Ansicht[168] zu deren Vorrang. Hierfür wird v.a. die Beschränkung der spezialgesetzlichen Prospekthaftung auf Vorsatz und grobe Fahrlässigkeit angeführt, die anderenfalls neben einer an einfache Fahrlässigkeit anknüpfende Prospekthaftung i.e.S. mit zudem weitergehenden Haftungsfolgen leerliefe. Auch die *lex posterior*- und die *lex specialis*-Regel werden herangezogen, um den Vorrang zu stützen. Zudem soll der Zweck der Prospekthaftung i.e.S. als Instrument zur Lückenfüllung gegen deren Anwendung neben nunmehr spezialgesetzlichen Regelungen sprechen. Die ebenfalls bisweilen angeführte Überlegung, wonach Ansprüche aus c.i.c. nicht von der Öffnung in den Konkurrenzregelungen erfasst werden,[169] sollte hingegen nicht weiter verfolgt werden, da dies den Regelungsinhalt und -zweck der Konkurrenzregelungen verkennt.[170] Nach der überwiegenden Ansicht bilden Altfälle den wesentlichen Anwendungsbereich der Prospekthaftung i.e.S.,[171] u.a. Erwerbsgeschäfte von geschlossenen Fonds vor dem 1.7.2005, bei denen der zeitliche Anwendungsbereich der §§ 13, 13a VerkProspG a.F. noch nicht eröffnet ist. Gleiches gilt bei einem vor dem

168 Palandt/*Grüneberg* (Fn. 155), § 311 Rn 68; *Habersack*, in: Habersack/Mülbert/Schlitt, Kapitalmarktinformation (Fn. 2), § 29 Rn. 73; *Unzicker*, VerkProspG (Fn. 49), Vor §§ 13, 13a Rn. 15; *Fleischer* BKR 2004, 339, 343; *Spindler* NJW 2004, 3449, 3455; *Groß*, Kapitalmarktrecht (Fn. 49), § 25 WpPG Rn 3 f.; *Klöhn* WM 2012, 97, 101; *Ellenberger* (Fn. 155), S. 107 (zu § 13 VerkProspG a.F.); *Waldeck/Süßmann* WM 1993, 361, 367 (zu § 13 VerkProspG a.F.); MünchKommHGB/*Singhof*, 3. Aufl. 2014, Emissionsgeschäft Rn. 270; so auch OLG Frankfurt/M. NJW-RR 1997, 749, 750 f. (zur Konkurrenz mit §§ 44 f. BörsG); *Nobbe* WM 2013, 193, 201 f.; *Mülbert/Steup*, in: Habersack/Mülbert/Schlitt, Unternehmensfinanzierung (Fn. 2), § 41 Rn. 151; *Suchomel* NJW 2013, 1126, 1130 ff. Unklar aber BGH WM 2013, 689 Rn. 12 f. = NJW 2013, 1877, wonach im konkreten Fall „im Ausgangspunkt" eine Haftung „nach den Grundsätzen der Prospekthaftung im engeren Sinn als Garant" in Betracht komme, dabei aber „dahinstehen" könne, ob der persönliche Anwendungsbereich der Regelungen in § 13 VerkProspG a.F. und in § 44 BörsG a.F. eröffnet ist und ob die in § 44 I 1 BörsG, § 13 I Nr. 1 VerkProspG vorgesehene Begrenzung des Rückabwicklungsanspruchs Schadensersatzansprüche aus Prospekthaftung i.e.S. ausschließe; sodann stellt der Gerichtshof darauf ab, dass jedenfalls ein Anspruch aus § 826 BGB sowie aus § 823 II BGB i.V.m. §§ 264a I, 27 I StGB und § 332 HGB jeweils i.V.m. § 31 BGB bestehe.

169 So u.a. *Schürnbrand* ZGR 2014, 256, 280; *Nobbe* WM 2013, 193, 203.

170 Dazu bereits oben 4.4. zur Prospekthaftung i.w.S.

171 *Nobbe* WM 2013, 193, 203.

1.7.2005 veröffentlichten Prospekt eines geschlossenen Fonds. Nach einer Mindermeinung[172] kommt der spezialgesetzlichen Prospekthaftung kein Vorrang zu mit der Folge, dass die Prospekthaftung i.e.S. neben diese Tatbestände trete. Hervorzuheben ist, dass diese Mindermeinung durchaus substantiell durch die historische Genese der ersten Tatbestände der spezialgesetzlichen Prospekthaftung gestützt wird. So sollte nach dem Willen des Gesetzgebers ursprünglich ein hinsichtlich seiner Tatbestandsvoraussetzzungen weitestgehend formalisierter Anspruch dem Anleger bereitgestellt werden, der in pauschalisierter Weise den Anleger so stellen sollte, als habe er die Kapitalanlage nicht erworben. Konkret-individuelle Erwägungen, u.a. zur Wertentwicklung der Anteile, zu etwaigen (Steuer-)Vorteilen des Anlegers während der Innehabung des Anteils sowie zu anderweitig erlangten Vorteilen, wenn der Erwerb der Anlage unterblieben wäre, sollten bei der Rückabwicklung unberücksichtigt bleiben.[173] Aus diesem Grund wurde auch kein Raum für weitere schadensersatzrechtliche Elemente bei den ersten Tatbeständen der spezialgesetzlichen Prospekthaftung gesehen. Fragen der Vorteilsausgleichung wurden ebenso bewusst unberücksichtigt gelassen wie ein etwaiger entgangener Gewinn. In der Konsequenz dieser historischen Genese wäre die spezialgesetzliche Prospekthaftung als eine von mitunter schwierigen Beweis- und Rechtsfragen freie Haftung für fehlerhafte bzw. fehlende Prospekte zu qualifizieren, die – soweit als möglich – nicht auf die Umstände des Einzelfalles abhebt. Die bürgerlich-rechtliche Prospekthaftung i.e.S. wäre dann in der Tat - wie von den Konkurrenzregeln verlangt – ein weitergehender, weil an darlegungs- und beweisbelastete Umstände des Einzelfalls anknüpfender Anspruch, der strengere, weil individuell nachzuweisende Voraussetzungen hat.[174] Ausgehend von dieser historischen Genese hat die spezialgesetzliche Prospekthaftung einen

---

172 Vgl. *Hönn*, in: Herberger/Martinek/Rüßmann u.a., jurisPK-BGB, 7. Aufl. 2014, § 675 Rn. 27 f.; MünchKomm/*Emmerich* (Fn. 18), § 311 Rn. 153; *Grundmann*, in: Schimansky/Bunte/Lwowski (Fn. 49), § 112 Rn. 46 ff.; *Haas/Mock*, in: Röhricht/v. Westphalen/Haas, HGB, 4. Aufl. 2014, § 161 Rn. 107 ff.; *Kersting*, Die Dritthaftung für Informationen im Bürgerlichen Recht, 2007, S. 504 ff.; *ders.* JR 2009, 221, 224; *Israel/Holzborn* ZIP 2005, 1668, 1671 ff.; *Meuschke* AG 2013, R 292 f.; zweifelnd auch *Zimmer/Binder* WM 2005, 577, 579 ff.; die Entscheidung des OLG München EWiR 2012, 711, nach der aufgrund der Fortgeltung der bürgerlich-rechtlichen Prospekthaftung die Einschlägigkeit des § 13 VerkProspG a.F. dahingestellt bleiben kann, blieb vereinzelt; s.a. LG Hamburg, Urt. v. 12.6. 2013 – 309 O 425/08 –, juris, mit einer Parallelität der spezialgesetzlichen Prospekthaftung und materiell der Prospekthaftung i.e.S., auch wenn diese unzutreffend dort als Prospekthaftung i.w.S. bezeichnet wird.

173 Vgl. *Steder* AG 1978, 173, 181 (zu § 7 I VermögensanlageG-RegE von 1978).

174 Hierauf explizit abhebend *Steder* AG 1978, 173, 181 f. (zu § 7 I VermögensanlageG-RegE von 1978).

eigenständigen Schutzzweck, nämlich einen leicht realisierbaren Anspruch des Anlegers bei einem fehlerhaften bzw. fehlenden Prospekt bereit zu stellen, den er ohne große Beweisschwierigkeiten durchsetzen kann, da der Anspruch keine Rücksicht auf die individuellen Umstände nimmt.[175] In die gleiche Richtung weist die historische Auslegung der spezialgesetzlichen Regelungen, wenn der Gesetzgeber ausdrücklich auf eine Stärkung des Anlegerschutzes durch die spezialgesetzliche Prospekthaftung abhebt.[176] Eine solche Stärkung erfolgt in der Tat, wenn die rechtsfolgenseitig weitergehende Prospekthaftung i.e.S. als ein nach diesem Verständnis schwerer durchsetzbarer Anspruch daneben fortbesteht.

Diese historische Genese der ersten spezialgesetzlichen Regelungen erklärt zwar die – aus heutiger Sicht – große Vagheit der unverändert fortgeschriebenen Konkurrenzregeln ebenso wie die Einschätzung des Gesetzgebers, die Stellung des Anlegers durch die spezialgesetzlichen Haftungstatbestände trotz deren restriktiver Voraussetzungen und Rechtsfolgen zu stärken. Die grundlegenden Änderungen des Regelungsumfeldes lassen die Konkurrenzfrage indes heute anders erscheinen, als dies bei den ersten spezialgesetzlichen Prospekthaftungsregeln der Fall war.[177]

4.4.2 Die grundsätzliche Ablehnung von Analogien zur spezialgesetzlichen Prospekthaftung

Der verbleibende Restanwendungsbereich der Prospekthaftung i.e.S. würde ganz erheblich reduziert und eine solche Neubestimmung entbehrlich, wenn die Regelungen der spezialgesetzlichen Prospekthaftung durch eine umfassende analoge Anwendung auch auf Regelungsbereiche erstreckt werden könnten, die ihr Anwendungsbereich direkt nicht erfasst. Diesen Weg ist der BGH unlängst gegangen, indem er in Konstellationen, in denen trotz Eingreifens eines Ausnahmetatbestandes von der gesetzlichen Prospektpflicht gleichwohl ein Prospekt herausgegeben wurde, die Regelung der spezialgesetzlichen Prospekthaftung analog angewandt hat.[178] Im konkreten Fall wurde der Prospekt vor dem 1.7.2005, also vor Inkrafttreten des § 3 I WpPG, bei einer Umplatzierung von Aktien her-

175 Vgl. *Steder* AG 1978, 173, 181 (zu § 7 I VermögensanlageG-RegE von 1978).
176 Vgl. Entwurf eines Gesetzes zur Novellierung des Finanzanlagevermittler- und Vermögensanlagenrechts BT-Drucks. 17/6051, S. 30: „Das Gesetz bezweckt eine nachhaltige und langfristige Stärkung des Anlegerschutzes", ebd., S. 1, wonach „die Haftungsvoraussetzungen im Bereich der Prospekthaftung für Vermögensanlagen erleichtert werden" sollten.
177 Ausf. dazu unten 5.1.1.
178 Offengelassen noch BGH WM 2013, 689 Rn. 13 = NJW 2013, 1877.

ausgegeben, die bereits durch einen früheren Prospekt zum Börsenhandel zugelassen waren. Eine Prospektpflicht gem. § 36 III 2 BörsG a.F. bzw. § 1 VerkProspG a.F. bestand daher nicht. Der BGH bejaht in dieser Entscheidung eine Analogie zur spezialgesetzlichen Prospekthaftung jedenfalls dann, wenn eine ausdrückliche gesetzliche Ausnahme von der Prospektpflicht im VerkaufsprospektG a.F. einschlägig ist.[179] Ein Rückgriff auf die bürgerlich-rechtliche Prospekthaftung i.e.S. scheide nach der Analogie aus.[180] Zur Begründung verweist der Gerichtshof darauf, dass die spezialgesetzliche Prospekthaftung und mit ihr der Anlegerschutz früher auf ein Mindestmaß beschränkt waren, um die Funktionsfähigkeit der Kapitalmärkte nicht zu gefährden. Aus diesem Grund sei es widersprüchlich, wenn dann ergänzend neben den punktuellen spezialgesetzlichen Regelungen die strenge bürgerlich-rechtliche Prospekthaftung eingreife.[181] Umgekehrt sei es weder sachgerecht noch vom Gesetzeszweck geboten, jene Ausnahmekonstellationen im Gesetz, bei denen keine Prospektpflicht besteht, von jeglicher Haftung freizuhalten und einen fehlerhaften Prospekt sanktionslos zu lassen.[182] Die so vom BGH identifizierte „Schutzlücke" rechtfertige eine entsprechende Anwendung der spezialgesetzlichen Regelung.[183] Auch würden Zufälligkeiten bei gemischten Umplatzierungen vermieden.

Diese Analogie vermag nicht zu überzeugen.[184] Der BGH verkennt, dass die maßgebende Voraussetzung für eine Rechtsfortbildung qua Analogie eine Regelungslücke im Sinne einer planwidrigen Unvollständigkeit ist.[185] Eine solche liegt indes in der entschiedenen Konstellation nicht vor, so dass die Rechtsfortbildung

179 BGH WM 2015, 22 Rn. 68 ff. = NJW 2015, 236 (Telekom 3. Börsengang); s.a. *Assmann* AG 1996, 508, 512 zu Informationsmemoranden; *Assmann*, Freundesgabe Kübler, 1997, S. 317, 353 f.; *Ellenberger* (Fn. 155), S. 108 f.

180 So ausdrücklich BGH WM 2015, 22 Rn. 71 = NJW 2015, 236 (Telekom 3. Börsengang).

181 BGH WM 2015, 22 Rn. 71 = NJW 2015, 236 (Telekom 3. Börsengang), unter Verweis allein auf *Ellenberger* (Fn. 155), S. 108 f., der freilich die bürgerlich-rechtliche Prospekthaftung als „schärfere" Haftung qualifiziert.

182 BGH WM 2015, 22 Rn. 71 = NJW 2015, 236 (Telekom 3. Börsengang), unter Verweis allein auf *Ellenberger* (Fn. 155), S. 109, wo allerdings ebenfalls keine planwidrige Regelungslücke begründet, sondern nur konstatiert wird, dass die völlige Sanktionslosigkeit von Falschinformationen weder sachgerecht noch vom Gesetzeszweck „geboten" sei.

183 BGH WM 2015, 22 Rn. 71 = NJW 2015, 236 (Telekom 3. Börsengang).

184 Für die Anwendung der bürgerlich-rechtlichen Prospekthaftung i.e.S. und gegen eine Analogie auch *Schlitt/Schäfer* AG 2004, 346, 350; *dies.* AG 2005, 498, 510; *Wolf*, in: Habersack/Mülbert/Schlitt (Fn. 2), § 6 Rn. 51.

185 So die ganz h.M., vgl. nur BVerfGE 34, 269, 287; 49, 304, 321; 65, 182, 191 f.; 82, 6, 11 f.; BGHZ 65, 300, 302; 90, 145, 153 f.; *Larenz/Canaris*, Methodenlehre der Rechtswissenschaft, 3. Aufl. 1995, S. 191 ff.; *Bydlinski*, Juristische Methodenlehre, 2. Aufl. 1991, S. 472.

contra legem ist. So unternimmt der Gerichtshof in der Entscheidung[186] auch nicht den Versuch, eine solche Regelungslücke zu identifizieren. Vielmehr stellt er darauf ab, dass der Gesetzgeber die Anwendung der spezialgesetzlichen Regelungen auf Zweitplatzierungen nicht positiv ausgeschlossen habe.[187] Die hieraus gezogene Ableitung „Insofern liegt eine planwidrige Regelungslücke vor, ...“[188] ist schlichtweg unzutreffend. Denn eine Regelungslücke setzt eine planwidrige Unvollständigkeit im gesetzgeberischen Regelungskonzept voraus,[189] die positiv festgestellt werden muss. Der Hinweis des Gesetzgebers z.B. in Gesetzesmaterialien, bestimmte Konstellationen würden bewusst nicht erfasst, kann einer solchen Planwidrigkeit zwar entgegenstehen; das Fehlen einer solchen gesetzgeberischen Äußerung zum Grund der Nichterfassung bestimmter Konstellationen begründet indes als solches keine Regelungslücke.[190] Umgekehrt spricht vielmehr eine Ausgangsvermutung gegen eine planwidrige Regelungslücke, wenn der Gesetzgeber einen Ausnahmetatbestand formuliert hat. Richtigerweise wird eine planwidrige Regelungslücke durch einen solchen Ausnahmetatbestand zwar nicht zwingend ausgeschlossen, allerdings besteht doch angesichts der konkreten Regelungsabsicht des Gesetzgebers eine sehr große Argumentationslast, wenn nachgewiesen werden soll, dass auch in dem von der Regelung ausgenommenen Tatbestand nach der gesetzgeberischen Regelungskonzeption – und vom Gesetzgeber übersehen – eine entsprechende Regelung geboten ist. Ohne eine solche Argumentationslast besteht die Gefahr, dass Ausnahmetatbestände vom Rechtsanwender weitgehend konterkariert werden können. Indes unternimmt der BGH in der genannten Entscheidung noch nicht einmal den Versuch, einen Ähnlichkeitsvergleich hinsichtlich der maßgebenden Wertungskriterien zu begründen, d.h. jene Gründe vorzutragen, nach denen die Haftung nach dem Regeltatbestand auch in dem gesetzlich ausdrücklich hiervon ausgenommenen Bereich nach der gesetzgeberischen Konzeption geboten ist. Der bloße Verweis auf eine „Schutzlücke“ reicht nicht aus, denn der fehlende Schutz in dieser (vermeintlichen) Lücke muss nach der dem Gesetz zugrunde liegenden Konzeption planwidrig sein, um eine Analogie zu rechtfertigen. Eine solche ist auch richtigerweise bei den Tatbeständen der spezialgesetzlichen Prospekthaftung im Falle

186 BGH WM 2015, 22 Rn. 71 f. = NJW 2015, 236 (Telekom 3. Börsengang).

187 BGH WM 2015, 22 Rn. 72 = NJW 2015, 236 (Telekom 3. Börsengang).

188 BGH WM 2015, 22 Rn. 72 = NJW 2015, 236 (Telekom 3. Börsengang).

189 Vgl. nur *Larenz/Canaris* (Fn. 185), S. 194 (Maßgeblichkeit des Standpunktes des Gesetzes, des ihm zugrunde liegenden Regelungsplans sowie der mit ihm verfolgten Zwecke).

190 Dies sollte eigentlich unstr. sein, vgl. nur *Larenz/Canaris* (Fn. 185), S. 191 a.E. zum grundlegenden Unterschied zwischen dem „Schweigen des Gesetzes“ und dem Vorliegen einer Gesetzeslücke.

einer planwidrigen Regelungslücke und einem hinreichenden Ähnlichkeitsvergleich möglich.[191] Der Ausschluss der Prospektpflicht bei einer bloßen Umplatzierung, da der Markt schon über die Aktien informiert ist, begründet als solcher indes nach der gesetzgeberischen (!) Haftungskonzeption keine Schutzlücke. Die *judikative* Ansicht, dass bei einer freiwilligen Prospektveröffentlichung in diesen Konstellationen eine Haftung entsprechend der Grundregelung sinnvoll sei, rechtfertigt keinesfalls eine Analogie.

Ergänzend ist anzumerken, dass eine Umgehung der gesetzlichen Wertung in den Ausnahmenbereichen durch eine Anwendung der Prospekthaftung i.e.S. nicht droht, sich diese also nicht in Widerspruch zur Ablehnung einer Analogie setzt. Denn die Prospekthaftung i.e.S. rechtfertigt sich materiell aus der Enttäuschung typisierten Vertrauens. Die – vom BGH aufgezeigte – frühere gesetzgeberische Engführung des Anlegerschutzes mit der begrenzten spezialgesetzlichen Prospekthaftung zum Schutz der Funktionsfähigkeit der Märkte schließt wertungsmäßig nicht aus, in den hiervon nicht erfassten Konstellationen gleichwohl die Enttäuschung von berechtigtem Vertrauen mit einem Haftungstatbestand zu verbinden.[192]

---

191 Weitergehend *Hellgardt* ZBB 2012, 73, 80: gesetzliche Prospekthaftung nicht analogiefähig.

192 Etwas anderes folgt erst, wenn der Gesetzgeber nahezu flächendeckend mit der spezialgesetzlichen Prospekthaftung ein bestimmtes Haftungsregime für fehlerhafte Prospekte in der Rechtsordnung etabliert. Dann kann es wertungswidersprüchlich sein, wenn in den verbliebenen Restbereichen eine strengere Haftung aufgrund enttäuschten Vertrauens in Prospekte postuliert wird. Denn der Gesetzgeber bringt mit einer beinahe flächendeckenden begrenzten spezialgesetzlichen Prospekthaftung hinreichend deutlich zum Ausdruck, dass insoweit ein anderweitiger Schutz typisierten Vertrauens in die Vollständigkeit und Richtigkeit des Prospekts im betroffenen Anwendungsbereich zurücktreten und dem Grundsatz nach nicht haftungsprägend sein soll; dazu auch unten 5.2.3.

5 Die Neubestimmung der bürgerlich-rechtlichen Prospekthaftung i.e.S. sowie des Konkurrenzverhältnisses

5.1 Die Reformulierung der bürgerlich-rechtlichen Prospekthaftung i.e.S.

5.1.1 Das Desiderat der Reformulierung der Prospekthaftung i.e.S.

Die spezialgesetzliche Prospekthaftung war nach der ursprünglichen Konzeption ihres Urmeters als einfach durchzusetzender Anspruch konzipiert, der *neben* die mit Beweis- und Rechtsfragen, aber auch der Ermittlung der Umstände des Einzelfalles belastete bürgerlich-rechtliche Prospekthaftung i.e.S. tritt.[193] In den seit diesem Zeitpunkt vergangenen über drei Dekaden sind indes zwei grundlegende Änderungen zu konstatieren, die mittlerweile eine abweichende Bewertung des Konkurrenzverhältnisses gebieten.

Zum ersten hat der Gesetzgeber die früher nur punktuelle spezialgesetzliche Prospekthaftung mittlerweile zu einer flächendeckenden spezialgesetzlichen Haftungskonzeption ausgeweitet. Die hierbei getroffenen gesetzgeberischen Wertungsentscheidungen dürfen nicht durch die *praeter legal* entwickelten Haftungstatbestände, namentlich die Prospekthaftung i.e.S., konterkariert werden. Denn die umfassende spezialgesetzliche Prospekthaftung erfasst den Regelungskern der bürgerlich-rechtlichen Prospekthaftung i.e.S. insoweit, als nach ersterer das Inverkehrbringen von fehlerhaften Prospekten, die den Eindruck umfassender Informationen erwecken, aufgrund der Informationsasymmetrie der Marktteilnehmer und dem Fehlen anderweitiger Informationsmöglichkeiten des Anlegers nicht haftungsfrei bleiben darf. Angesichts der kontinuierlichen Ausweitung der spezialgesetzlichen Prospekthaftung ohne jede gesetzgeberische Übernahme bzw. ohne gesetzgeberisches Aufgreifen der *praeter legal* entwickelten Prospekthaftung i.e.S. ist von einem eigenständigen gesetzgeberischen Leitbild der Haftung bei Prospektfehlern auszugehen.[194] Der Gesetzgeber hat insoweit die Anspruchsvoraussetzungen und Rechtsfolgen der spezialgesetzlichen Prospekthaftung einheitlich, aber deutlich abweichend von der Prospekthaftung

---

193 Dazu ausf. oben 4.4.1.

194 In der Folge tragen die Bedenken von *Ellenberger* (Fn. 155), S. 113, gegen eine Modifikation der bürgerlich-rechtlichen Prospekthaftung i.e.S. nicht mehr.

i.e.S. ausgestaltet und diese sukzessive auf fast alle Kapitalanlagen ausgeweitet. Die Tatbestände weisen eine sehr hohe tatbestandliche und rechtsfolgenseitige Übereinstimmung auf, so dass mittlerweile ein sehr deutliches Leitbild der Prospekthaftung erkennbar wurde.[195] Bei einem umfassenden Haftungskonzept stellt sich die Konkurrenzfrage zur Prospekthaftung i.e.S. aber in anderer Weise als bei einem nur punktuellen Anspruch.

Zum zweiten hat sich parallel zu dieser Entwicklung auch das Verhältnis der spezialgesetzlichen Prospekthaftung zur Prospekthaftung i.e.S. grundlegend gewandelt. Denn letztere stellt mittlerweile mitnichten einen allgemeinen Anspruch mit schwierigen Beweis- und Rechtsfragen sowie einer Vielzahl von Problemkreisen dar, die an den Umständen des Einzelfalles anknüpfen. Vielmehr wird der Anspruch durch zahlreiche Beweiserleichterungen wie die Verschuldensvermutung (vgl. § 280 I BGB),[196] die Vermutung aufklärungsrichtigen Verhaltens[197] sowie die Schätzung des Schadens (§ 287 ZPO) bzw. eine vereinfachte Schadensberechnung hinsichtlich der Steuerersparnis geprägt.[198] Auch ist die Verschuldensschwelle niedrig und der Prospektbegriff mittlerweile durch die Rechtsprechung hinreichend konkretisiert.[199]

Schließlich ist von einer Kenntnis des Gesetzgebers von der Diskussion über das Verhältnis der spezialgesetzlichen Prospekthaftung zur Prospekthaftung i.e.S. auszugehen,[200] gleichwohl hat er an der kontinuierlichen Ausweitung und einheitlichen Ausgestaltung der spezialgesetzlichen Prospekthaftung festgehalten. Auch die Tendenz der Rechtsprechung, die Prospekthaftung i.e.S. an der spezialgesetzlichen zu orientieren, z.B. hinsichtlich der Verjährung, wurde vom Gesetzgeber nicht korrigiert. Hinzu tritt, dass der Gesetzgeber in den Gesetzgebungsmaterialien zu den jüngeren spezialgesetzlichen Regelungen weiterhin nicht zur umstrittenen Konkurrenz zur Prospekthaftung i.e.S. Stellung genommen hat. Zugleich findet sich aber auch keine Bezugnahme auf die vorstehend aufgezeigte Genese der ersten Spezialhaftungstatbestände oder auf die Stärkung der Stellung des Anlegers durch einen ergänzenden Anspruch.

Im Ergebnis ist daher eine Neubestimmung der bürgerlich-rechtlichen Prospekthaftung i.e.S. sowie ihres Verhältnisses zur spezialgesetzlichen Prospekt-

195 Vgl. zu diesem oben 4.2.

196 Vgl. nur MünchKomm-BGB/*Ernst*, 6. Aufl. 2012, § 280 Rn. 31 (allgemeiner Rechtsgedanke zur Beweislastverteilung); s.a. Staudinger/*Schwarze*, 2014, § 280 BGB Rn. F 5, zur analogen Anwendung des § 280 I 2 BGB auf dort sog. autarke Schadensersatznormen.

197 Näher zu dieser statt aller MünchKomm-BGB/*Emmerich* (Fn. 18), § 311 Rn. 206 ff.

198 Näher dazu oben 3.3.7.2.

199 Dazu oben 3.3.1.

200 Vgl. die Nachweis in Fn. 162.

haftung erforderlich.[201] Ausgangspunkt dieser Neubestimmung des allgemeinen Haftungstatbestandes für fehlerhafte Prospekte ist, dass die von der Prospekthaftung i.e.S. adressierte Enttäuschung typisierten Vertrauens des potentiellen Anlegers weiterhin eine legitime Haftungsgrundlage ist. Ihre tatbestandliche Erfassung darf allerdings nicht die deutliche gesetzgeberische Wertungsentscheidung über Umfang und Inhalt der spezialgesetzlichen Haftung konterkarieren.[202] Die Achtung der gesetzgeberischen Wertungsentscheidung, die in der spezialgesetzlichen Prospekthaftung zum Ausdruck kommt, erfordert daher eine Anpassung des Tatbestandes der Prospekthaftung i.e.S. Zudem ist der Restanwendungsbereich dieser ergänzenden allgemeinen Prospekthaftung präzise zu bestimmen. Die maßgebenden Wertungsfragen sind somit die Frage nach der legitimen Reichweite typisierter Vertrauenshaftung bei fehlerhaften Prospekten neben den spezialgesetzlichen Haftungstatbeständen sowie die Abgrenzung zwischen einer (judikativ hinzunehmenden) legislativen Begrenzung der spezialgesetzlichen Prospekthaftung und einer (judikativ korrekturbedürftigen und gesetzgeberisch nicht adressierten) Schutzlücke aufgrund eines anderenfalls resultierenden substantiellen Wertungswiderspruchs.[203]

5.1.2 Der reformulierte Tatbestand der Prospekthaftung i.e.S.

Richtigerweise sind die Voraussetzungen und Rechtsfolgen der bürgerlich-rechtlichen Prospekthaftung i.e.S. seit Inkrafttreten der umfassenden Regelungen des KAGB zum 22.7.2013 und der hiermit einhergehenden Vervollständigung der flächendeckenden spezialgesetzlichen Prospekthaftung als besondere Vertrauenshaftung unter Berücksichtigung jener allgemeinen Grundsätze neu zu konkretisieren, die den spezialgesetzlichen Regelungen zugrunde liegen.[204]

---

201 Dazu unten 5.1.1 und 5.1.2.

202 Zum verbliebenen Anwendungsbereich der Prospekthaftung i.e.S. näher unten 5.2.

203 Abweichend vom untauglichen Versuch der Rechtsprechung, die spezialgesetzlichen Tatbestände in Ausnahmebereichen analog anzuwenden, vgl. dazu oben 4.4.2, ist für den Rückgriff auf das *praeter legal* entwickelte Haftungskonzept eine Schutzlücke und ein andernfalls resultierender gravierender Wertungswiderspruch ausreichend. Dies ist kein Widerspruch, da sich in diesem Fall die Haftungsgrundlage der Enttäuschung typisierten Vertrauens des potentiellen Anlegers aktualisiert. Sie rechtfertigt eine Anwendung der allgemeinen Regelungen. Ob hingegen eine planwidrige Regelungslücke im Regelungskonzept des Gesetzgebers vorliegt, ist eine andere Frage.

204 Für eine allgemeine kapitalmarktrechtliche Prospekthaftung, die gleichen Anforderungen folgt, sprach sich schon *Hopt* ZHR 141 (1977), 389, 435 aus; mit der Forderung nach einer An-

Richtigerweise ist auch bei einem reformulierten Tatbestand der Prospekthaftung i.e.S. der bisherige weite *Prospektbegriff* einschließlich der hier sog. Konvolut-Prospekte zugrunde zu legen.[205] Die Rechtfertigung dieses weiten Prospektverständnisses als Sammlung umfassender Informationen aus der Perspektive des durchschnittlichen Anlegers, die ihn von der Einholung weiterer Informationen absehen lässt, ist weiterhin aktuell.[206]

Hinsichtlich des *Verschuldensmaßstabes* können hingegen auch bei der Prospekthaftung i.e.S. nur noch Vorsatz und grobe Fahrlässigkeit haftungsauslösend sein.[207] Es wäre grob wertungswidersprüchlich, wenn schon die leichteste Fahrlässigkeit jener Personen, denen typisiertes Vertrauen entgegengebracht wird, z.B. Prospektgaranten (Prominente),[208] in Bezug auf die Vollständigkeit und Richtigkeit des Prospekts, ergänzt zudem um eine Verschuldensvermutung, haftungsauslösend wäre, die unmittelbar Prospektverantwortlichen (Prospekterlasser und Prospektveranlasser) aber nur bei Vorsatz und grober Fahrlässigkeit haften. Hinzu tritt, dass die spezialgesetzliche Prospekthaftung umfassend diesen Haftungsmaßstab zugrunde legt und sich hiermit deutlich von der allgemeinen Verschuldenshaftung entfernt. Zumindest bei der Prospekthaftung i.e.S. als typisierte Marktvertrauenshaftung ist diese gesetzgeberische Wertung zu beachten. Eine etwaige parallele Vertrags- oder Deliktshaftung wie auch die Prospekthaftung i.w.S. können hingegen aufgrund ihres wesensverschiedenen Haftungsgrundes weiterhin als Fahrlässigkeitshaftung ausgestaltet bleiben.

Als *Verpflichtete* der Prospekthaftung i.e.S. kommen weiterhin die in der Rechtsprechung entwickelten Personengruppen als Träger typisierten Vertrauens der potentiellen Anleger in Betracht, d.h. die eigentliche Leitungsgruppe, die

---

näherung der bürgerlich-rechtlichen Prospekthaftung an die gesetzlichen Regelungen *Hopt*, FG 50 Jahre BGH, 2000, S. 497, 531; *Canaris*, Bankvertragsrecht, 2. Aufl. 1981, Rn. 2276 ff., 2292 ff.; tendenziell auch *Habersack*, in: Habersack/Mülbert/Schlitt, Kapitalmarktinformation (Fn. 2), § 29 Rn. 2 (zu haftungsbeschränkenden Elementen der spezialgesetzlichen Prospekthaftung); s.a. MünchKomm-HGB/*Grunewald* (Fn. 15), Rn. 192 (allgemeine Prospekthaftung hat sich an die von der spezialgesetzlichen vorgegebenen Grenzen zu halten).

205 Zu diesem oben 3.3.1.

206 Ausf. dazu oben 2.

207 I.E. auch *Nobbe* WM 2013, 193, 200 („wäre konsequent“); *Mülbert/Steup*, in: Habersack/Mülbert/Schlitt, Unternehmensfinanzierung (Fn. 2), § 41 Rn. 169; *Habersack*, in: Habersack/Mülbert/Schlitt, Kapitalmarktinformation (Fn. 2), § 29 Rn. 73 (gute Gründe für die Übertragung des Haftungsmaßstabes aus § 23 I WpPG); so auch schon *Canaris*, Bankvertragsrecht, Rn. 2294; a.A. *Assmann*, in: Assmann/Schütze (Fn. 2), § 5 Rn. 96, 107 (nicht geboten); *Grundmann*, in: Schimansky/Bunte/Lwowski (Fn. 49), § 112 Rn. 46 ff. (Haftung für einfache Fahrlässigkeit muss gewährleistet sein).

208 Dazu oben 3.3.3.

maßgeblichen Hintermänner sowie Prospektgaranten (Experten, Prominente). Allerdings ist der spezialgesetzlichen Prospekthaftung die gesetzgeberische Wertung zu entnehmen, dass (nur) der von diesen Tatbeständen erfasste Kreis der Haftungsverpflichteten stets für die Fehlerhaftigkeit des Prospekts einstehen soll. Ein typisiertes Vertrauen des Marktes ohne jede Kenntnis der konkreten Personen in deren Verantwortlichkeit für den Prospekt scheidet daher mittlerweile aus. Die Prospekthaftung i.e.S. des größeren Kreises der potentiell Haftungsverpflichteten setzt daher die *Erkennbarkeit* des konkreten Verpflichteten aus diesem Kreis für den Anleger voraus. Dies bedeutet nicht, dass der Verpflichtete dem Anleger konkret gegenüber getreten sein und konkretes Vertrauen in Anspruch genommen haben muss.[209] Allerdings muss die Person des – mit Blick auf die spezialgesetzliche Prospekthaftung zusätzlichen – Verpflichteten für den Anleger erkennbar gewesen sein, um ein typisiertes Vertrauen über den von den spezialgesetzlichen Regelungen gezogenen Kreis der Haftungsverpflichteten hinaus zu rechtfertigen. Anderenfalls ist eine Haftung aus typisiertem Vertrauen nicht (mehr) gerechtfertigt, denn die spezialgesetzliche Haftung bestimmt den Kreis jener Personen, auf die abstrakt und ohne Erkennbarkeit der konkreten Person vertraut werden darf.

Als *Rechtsfolge* der neubestimmten Prospekthaftung i.e.S. kommt nur noch die Übernahme des Anlagegegenstandes, z.B. des Anteils an der Publikums-KG, gegen Erstattung der Erwerbskosten bzw. die Erstattung des Differenzbetrags nach einem bereits erfolgten Weiterverkauf der Anlage in Betracht. Auch insoweit ist die Prospekthaftung i.e.S. nach Maßgabe der allgemeinen Haftungskonzeption, die in den spezialgesetzlichen Haftungstatbeständen zum Ausdruck kommt, zu modifizieren. Anderenfalls droht ein erheblicher Wertungswiderspruch, wenn die unmittelbar Prospektverantwortlichen bei Vorsatz oder grober Fahrlässigkeit (!) spezialgesetzlich nur auf die Rücknahme der Anteile gegen Erstattung der Erwerbskosten haften, während z.B. ein Prospektgarant weitergehend auf das gesamte negative Interesse des Anlegers haften würde. Ein Mitverschulden (§ 254 BGB) ist haftungsmindernd zu berücksichtigen.

Die *Verjährung* der Prospekthaftung i.e.S. ist entsprechend der allgemeinen Haftungskonzeption, die der spezialgesetzlichen Prospekthaftung nunmehr ebenfalls zugrunde liegt, der Regelverjährung gem. §§ 195, 199 BGB zu entnehmen.

209 Zur regelmäßigen Anwendung der Prospekthaftung i.w.S. in diesem Fall vgl. oben 3.2.

5.2 Der Restanwendungsbereich der modifizierten bürgerlich-rechtlichen Prospekthaftung i.e.S.

Ausgangspunkt der Bestimmung des Restanwendungsbereichs der so reformulierten Prospekthaftung i.e.S. ist, dass die spezialgesetzliche Erfassung typisierten Anlegervertrauens nicht ausschließt, dass typisiertes Vertrauen der potentiellen Anleger darüber hinaus weiteren Personen entgegen gebracht wird. Die Enttäuschung dieses Vertrauens kann ebenfalls eine Haftung auslösen, deren Umfang sich freilich nicht zu der gesetzlich vorgesehenen in Widerspruch setzen darf.

5.2.1 Der Rückgriff auf den Erkenntnisfundus der Prospekthaftung i.e.S.

Die zukünftige Bedeutung der modifizierten[210] bürgerlich-rechtlichen Prospekthaftung i.e.S. folgt zunächst aus ihrer Eigenschaft als großer Fundus dogmatischer Erkenntnisse, die zur Auslegung der zahlreichen Tatbestände der spezialgesetzlichen Prospekthaftung herangezogen werden können.[211] Paradigmatisch ist der Rückgriff auf die Diskussionen und die Rechtsprechung zur Prospekthaftung i.e.S. hinsichtlich der inhaltlichen Anforderungen an einen Prospekt[212], bei der Bestimmung des maßgeblichen Empfängerhorizonts zur Bestimmung der Unrichtigkeit oder Unvollständigkeit eines Prospekts[213], im Rahmen der Kausalität des Prospektfehlers für die Anlageentscheidung sowie bei der Konkretisierung der Verpflichteten.[214]

210 Dazu oben 5.1.2.

211 Vgl. BGH WM 2012, 2147 Rn. 22 ff. = NZG 2012, 1262; WM 2012, 115 Rn. 16 = ZIP 2012, 117; OLG Düsseldorf, BeckRS 2010, 16341; *Unzicker*, VerkProspG (Fn. 49), § 13 Rn. 28, jeweils zu § 13 VerkProspG a.F.; *Siol*, in: Schimansky/Bunte/Lwowski (Fn. 49), § 45 Rn. 29; *Groß*, Kapitalmarktrecht (Fn. 49), §§ 45, 46 BörsG Rn. 24.

212 BGH WM 2012, 2147 Rn. 24 = NZG 2012, 1262 (zu § 13 VerkProspG a.F.).

213 BGH WM 2012, 2147 Rn. 24 = NZG 2012, 1262 (zu § 13 VerkProspG a.F.).

214 BGH WM 2012, 2147 Rn. 37 = NZG 2012, 1262 (zu § 13 VerkProspG a.F.); s.a. *Assmann*, in: Assmann/Schütze (Fn. 2), § 5 Rn. 69, der betont, dass die Rechtsprechung zum Adressatenkreis der allgemein-zivilrechtlichen Prospekthaftung *für die gesetzliche Regelung von Prospekthaftungsansprüchen von Bedeutung ist.*

5.2.2 Außerhalb des Anwendungsbereichs spezialgesetzlicher Haftungstatbestände

Außerhalb des Anwendungsbereichs der spezialgesetzlichen Prospekthaftung ist die modifizierte Prospekthaftung i.e.S. richtigerweise weiterhin anwendbar. Allerdings ist zu präzisieren, wann eine Haftung außerhalb der spezialgesetzlichen Haftung vorliegt.[215] Erforderlich ist hierzu, dass der Anwendungsbereich der spezialgesetzlichen Prospekthaftung nicht eröffnet ist, mithin der von § 1 VermAnlG, § 1 WpPG und § 1 KAGB umrissene Anwendungsbereich. Dies betrifft u.a. von der sondergesetzlichen Prospekthaftung (noch) nicht erfasste *(neue) Anlageformen* (z.B. Bauherren- und Bauträgermodelle[216]; Mischformen, die Elemente der reinen Kapitalbeteiligung und des Bauherrenmodells vereinigen;[217] Termingeschäfte[218]).

Darüber hinaus ist die modifizierte Prospekthaftung i.e.S. anwendbar, wenn ein *gesetzlicher Ausnahmetatbestand* der spezialgesetzlichen Prospektpflicht eingreift und deren Anwendungsbereich beschränkt. Dies betrifft namentlich die Ausnahmetatbestände in den § 4 II WpPG, § 3 II WpPG, § 2 VermAnlG und § 2 KAGB. Denn diese Normen beschränken den Anwendungsbereich der spezialgesetzlichen Prospekthaftung aus verschiedenen Gründen, stehen aber einer Haftung für typisiertes Vertrauen nach den allgemeinen Regelungen nicht entgegen. Anderenfalls bestünde eine Schutzlücke, da wertungsmäßig nicht zu überzeugen vermag, in diesen Konstellationen nur die Vertragshaftung, die deliktische Haftung oder die Prospekthaftung i.w.S. heranzuziehen. Denn auch im Bereich dieser Ausnahmetatbestände wird den nach der Prospekthaftung i.e.S. Prospektverantwortlichen bei einem gleichwohl herausgegebenen Prospekt typisiert Vertrauen von den potentiellen Anlegern entgegen gebracht. Diese Schutzlücke kann nicht mit einer Analogie zur spezialgesetzlichen Prospekthaftung geschlossen werden, da die gesetzgeberische Regelungskonzeption bei der Aufnahme von Ausnahmetatbeständen im Ausgangspunkt gegen eine planwidrige Regelungslücke spricht.[219] Dies schließt indes nicht aus, die Enttäuschung *konkret*-typisierten Vertrauens als eigenständige Haftungsgrundlage und damit als Ausgangspunkt

215 U.a. mit Präzisierungsbedarf Koller/*Kindler*/Roth/Morck, HGB, 5. Aufl. 2015, § 161 Rn. 9 („dort, wo die §§ 20 ff. VermAnlG nicht eingreifen…“).

216 BGHZ 145, 121 = WM 2001, 25, zur Anwendung der Prospekthaftungsgrundsätze zum Bauherrenmodell auf den Immobilienerwerb im Bauträgermodell.

217 BGHZ 115, 213, 218 f. = WM 1991, 2092, zur Anwendbarkeit der Prospekthaftungsregeln auf andere Anlagemodelle (dort: Hamburger Modell).

218 BGH NJW-RR 2005, 23, 25 f. (Handel mit Terminkontrakten).

219 Ausf. oben 4.4.2; abweichend zu § 13 VerkProspG *Ellenberger* (Fn. 155), S. 109, freilich ohne das Erfordernis einer planwidrigen Regelungslücke in den Blick zu nehmen.

der modifizierten Prospekthaftung i.e.S. zu nehmen.[220] Wertungswidersprüche der resultierenden Haftung zur spezialgesetzlichen Haftung werden durch die vorstehende Modifikation der Prospekthaftung i.e.S. verhindert.

5.2.3 Innerhalb des Anwendungsbereichs der spezialgesetzlichen Haftung

Innerhalb des Anwendungsbereichs der spezialgesetzlichen Prospekthaftung, d.h. bei den von der spezialgesetzlichen Prospekthaftung erfassten Anlagegegenständen, ist die modifizierte bürgerlich-rechtliche Prospekthaftung i.e.S. einschlägig, wenn sie Tatbestände erfasst, die von der spezialgesetzlichen Prospekthaftung nicht mehr erfasst werden. Dies betrifft namentlich den weitergehenden Prospektbegriff sowie den größeren Kreis der Haftungsverpflichteten bei der Prospekthaftung i.e.S.

Sofern mithin Schriften den *weitergehenden Prospektbegriff* der Prospekthaftung i.e.S., z.B. Konstellationen der hier sog. Konvolut-Rechtsprechung, erfüllen, während der Prospektbegriff der spezialgesetzlichen Prospekthaftung nicht einschlägig ist, haften die Prospektverantwortlichen nach den Grundsätzen der modifizierten Prospekthaftung i.e.S.[221] Dies kann u.a. auf ein Kurzexposé für einen Börsengang oder ergänzende Werbeschriften zutreffen. Paradigmatisch sind zusätzliche Schriften, die kein (gebilligtes) Prospekt i.S.d. § 7 VermAnlG darstellen. Sofern diese ein zusätzlicher Prospekt nach den Regeln der Prospekthaftung i.e.S. sind, lösen sie typisiert Vertrauen in die nach diesem Tatbestand Haftungsverpflichteten aus, soweit diese konkret erkennbar sind. Denn auch insoweit trägt die Wertung, dass der (zusätzliche) Prospekt vielfach die einzige und zentrale Informationsquelle des Anlegers ist.[222] Das typisierte Vertrauen und die resultierende Beeinflussung des freien Willens sind eine hinreichende Haf-

---

220 A.A. *Assmann*, in: Assmann/Schütze (Fn. 2), § 5 Rn. 30, dies aber nur mit einer Spekulation über den Gesetzgeberwillen begründend.

221 Dafür u.a. *Mülbert/Steup*, in: Habersack/Mülbert/Schlitt, Unternehmensfinanzierung (Fn. 2), § 33 Rn. 143; *Schürnbrand* ZGR 2014, 256, 281; *Nobbe* WM 2013, 193, 203; *Habersack*, in: Habersack/Mülbert/Schlitt, Kapitalmarktinformation (Fn. 2), § 29 Rn. 2, 73; *Möllers*, in: Möllers/Kloyer, Das neue Kapitalanlagegesetzbuch, 2013, Rn. 644; *Oulds*, in: Kümpel/Wittig (Fn. 165), Rn. 15.245; *Schnauder*, Das Recht der Geschäftsbesorgung beim Vertrieb von Kapitalanlagen und Kreditvertragsprodukten, 2013, S. 155 f.; *Einsele* (Fn. 12), § 7 Rn. 65 a.E.; tendenziell auch *Klöhn* WM 2012, 97, 106; ablehnend aber Palandt/*Grüneberg* (Fn. 155), § 311 Rn. 68; Erman/*Kindl* (Fn. 166) Rn. 96a; *Assmann*, in: Assmann/Schütze (Fn. 2), § 5 Rn. 29, mit dem Verweis auf anderweitige Sanktionen; *Paul*, in: Weitnauer/Boxberger/Anders (Fn. 155), § 306 Rn. 54.

222 Zu dieser Überlegung vgl. Begr. RegE VermAnlG BT-Drucks. 17/6051, S. 36.

tungsgrundlage; aufgrund des engeren Prospektbegriffs der spezialgesetzlichen Haftungsnorm erfasst diese aber das durch einen solchen Prospekt ausgelöste typisierte Vertrauen nicht.

Auch im Anwendungsbereich der spezialgesetzlichen Prospekthaftung haften zudem *Prospektverantwortliche und Prospektgaranten*, die nur von der Prospekthaftung i.e.S. erfasst werden, z.B. berufliche Sachkenner, Hintermänner, Garanten für Seriosität der Anlage wie Prominente, nach der modifizierten Prospekthaftung i.e.S.[223] Von der spezialgesetzlichen Prospekthaftung werden sie nicht erfasst, da sie entweder die Verantwortung nur für einen Teil des Prospekts übernommen haben (u.a. Sachkenner wie Wirtschaftsprüfer) oder aber als Garanten nicht die spezialgesetzlichen Haftungstatbestände erfüllen (z.B. Prominente). Das typisierte Vertrauen, das dieser Personenkreis in Anspruch nimmt, ist insoweit eine hinreichende Haftungsgrundlage. Zugleich wird die spezialgesetzliche Haftung nicht konterkariert, wenn die Prospekthaftung i.e.S. in der beschriebenen Weise modifiziert wird. Darüber hinaus ist – wie aufgezeigt[224] – ein *konkret*-typisiertes Vertrauen erforderlich, d.h. der Prospektverantwortliche muss für den Anleger konkret erkennbar gewesen sein. Schließlich ist genau zu prüfen, ob der Anwendbarkeit der Prospekthaftung i.e.S. ein hinreichend konkreter Gesetzgeberwille entgegensteht, weil dieser eine Prospekthaftung des erfassten Personenkreises bei der konkreten Anlageform insgesamt ablehnt. Sofern der Gesetzgeber in den Materialien einer spezialgesetzlichen Haftungsnorm hinreichend deutlich die Haftung aufgrund typisierten Vertrauens von Personen, die von der Prospekthaftung i.e.S. erfasst werden, insgesamt abgelehnt hat, steht dies einer Prospekthaftung i.e.S. entgegen.[225] Der bei der spezialgesetzlichen Regelung zum Ausdruck kommenden hinreichend deutlichen gesetzgeberischen Regelungsabsicht kommt insoweit Sperrwirkung zu.

Abzulehnen ist eine ergänzende Prospekthaftung i.e.S., sofern sich Tatbestandsgrenzen der spezialgesetzlichen Prospekthaftung aktualisieren.[226] Para-

---

223 So auch *Suchomel* NJW 2013, 1126, 1131; a.A. *Schürnbrand* ZGR 2014, 256, 281; *Habersack/Schürnbrand*, in: Staub, HGB, 5. Aufl. 2010, § 323 Rn. 66; *Assmann*, in: Assmann/Schütze (Fn. 2), § 5 Rn. 28 (im Anwendungsbereich spezialgesetzlicher Prospekthaftung verdrängt).

224 Vgl. dazu oben 5.1.2.

225 Nicht ausreichend ist hingegen der Hinweis auf den letztlich nicht Gesetz gewordenen Diskussionsentwurf zu einem Kapitalmarktinformationshaftungsgesetz, abgedruckt in NZG 2004, 1042, da die unterlassene Gesetzgebung keine hinreichend konkrete Äußerung des *Gesetzgebers* darstellt; unzutreffend daher *St. Schmitt* DStR 2013, 1688, 1690.

226 *Keul/Ertmann* DB 2006, 1664; s.a. *Klöhn* WM 2012, 97, 106 (Publikationen im Anwendungsbereich der spezialgesetzlichen Prospekthaftung unterfallen nicht mehr der Prospekthaftung i.e.S.); Palandt/*Grüneberg* (Fn. 155) § 311 Rn. 68.

digmatisch sind Konstellationen, in denen die Kausalität des fehlerhaften Prospekts für die Anlageentscheidung nicht gegeben ist (vgl. § 20 IV Nr. 1 VermAnlG) oder die unvollständige Angabe nicht zu einer Minderung des Erwerbspreises der Vermögensanlage beigetragen hat (§ 20 IV Nr. 2 VermAnlG). In beiden Konstellationen kann nicht auf die Prospekthaftung i.e.S. zurückgegriffen werden mit der Überlegung, es sei eine Anlagestimmung erzeugt worden (Nr. 1) oder die freie Entscheidung sei gleichwohl zu schützen (Nr. 2). Denn in diesen Konstellationen liegt kein eigenständiger, über den Tatbestand der spezialgesetzlichen Haftung hinausgehender Vertrauenstatbestand vor, der neben den gesetzlichen tritt. Vielmehr fällt der Sachverhalt unmittelbar in den Regelungsbereich der spezialgesetzlichen Prospekthaftung, wenn der Kreis der Haftungsverpflichteten mit dem des spezialgesetzlichen Tatbestands identisch ist und ein von dieser Prospekthaftung erfasstes Prospekt Grundlage der Haftung sein soll. Eine Anwendung der Prospekthaftung i.e.S. in diesen Konstellationen würde die gesetzgeberische Wertung, nach der eine spezialgesetzliche Prospekthaftung aufgrund einer Ausnahme ausgeschlossen sein soll, unmittelbar konterkarieren. Entsprechendes gilt hinsichtlich der Haftung für weitergehende, vom spezialgesetzlichen Tatbestand nicht erfasste Schäden. Auch diese ist im Anwendungsbereich der spezialgesetzlichen Prospekthaftung aufgrund ihres Vorrangs ausgeschlossen. Außerhalb dieser ist sie ebenfalls abzulehnen und die Prospekthaftung i.e.S. dahingehend zu modifizieren, dass sie den begrenzten Rechtsfolgen der allgemeinen Haftungskonzeption der Prospekthaftung entspricht.

6 Fazit

Die spezialgesetzlichen Regelungen der Prospekthaftung sind mittlerweile weitgehend flächendeckend. Ihnen kann ein gesetzgeberisches Leitbild der spezialgesetzlichen Prospekthaftung entnommen werden. Neben diesen Regeln bleibt die bürgerlich-rechtliche Prospekthaftung i.w.S. anwendbar. Auf die Erkenntnisse der bürgerlich-rechtlichen Prospekthaftung i.e.S. kann im Rahmen der spezialgesetzlichen Prospekthaftungsregeln zurückgegriffen werden. Im Übrigen bedarf es einer Neubestimmung der bürgerlich-rechtlichen Prospekthaftung i.e.S. aufgrund der mittlerweile abweichenden gesetzgeberischen Grundkonzeption der (spezialgesetzlichen) Prospekthaftung. Die so reformulierte Prospekthaftung i.e.S. weist weiterhin einen substantiellen Anwendungsbereich auf. Er ergänzt die spezialgesetzliche Prospekthaftung bei nicht erfassten Vertrauenstatbeständen und etwaigen Schutzlücken zur Vermeidung substantieller Wertungswidersprüche.

Dr. Peter Clouth, Rechtsanwalt, Frankfurt

Aufklärungs- und Beratungspflichten bei Swaps

1 Einleitung

Die Haftung der Kreditinstitute für fehlerhaft erteilten (Kapitalanlage-)Rat gehört seit langem zu den intensiv erörterten bankrechtlichen Fragestellungen[1]. Einschlägige höchstrichterliche Entscheidungen liegen in großer Zahl vor, wobei

1 Die „Aufklärungs- und Beratungspflichten der Kreditinstitute" waren beispielsweise bereits Thema des Bankrechtstags 1992. In jüngerer Zeit hat die Entwicklung des Anlegerschutzes u.a. die Bankrechtstage 2010 und 2012 sowie ein ZHR-Symposium im Januar 2013 beschäftigt.

sich die „Entscheidungsdichte" der Rechtsprechung des Bundesgerichtshofs auf diesem Gebiet in den vergangenen zehn Jahren nochmals deutlich erhöht hat[2].

Innerhalb des damit reichhaltig vorhandenen „Anschauungsmaterials" möglicher Beratungshaftungskonstellationen nehmen Auseinandersetzungen zwischen Kunden und Kreditinstituten über verlustbringende außerbörsliche Termingeschäfte, für die die im Folgenden behandelten Swapgeschäfte exemplarisch stehen, eine Sonderstellung ein. Dies gilt schon in zeitlicher Hinsicht. Streitigkeiten über diese Finanzinstrumente beschäftigen die Gerichte in größerem Umfang überhaupt erst seit 2008[3]. Auslöser hierfür waren seinerzeit Verluste, die Bankkunden aus der Nutzung komplex strukturierter Zins-Swaps erlitten hatten. Das erste Urteil des Bundesgerichtshofs zu den Anforderungen an die Beratung über derartige Swapgeschäfte datiert vom 22. März 2011[4]. Erst jüngst hat der Bundesgerichtshof seine Haltung zu dem Themenkomplex in zwei Urteilen vom 20. Januar 2015[5] und 28. April 2015[6] präzisiert und auf ein breiteres „Produktspektrum" ausgedehnt[7].

---

2 Leitentscheidung ist dabei unverändert das „Bond-Urteil" des Bundesgerichtshofs vom 6. Juli 1993, XI ZR 12/93, BGHZ 123, 126; zur aktuellen Rechtsprechung des XI. Zivilsenats des Bundesgerichtshofs s. die Überblicke bei *Wiechers* WM 2015, 457, 460 ff. und WM 2014, 145 ff.; zu der Rechtsprechung des III. Zivilsenats des Bundesgerichtshofs, die freie, nicht bankmäßig gebundene Anlageberater betrifft, s. *Schlick* WM 2015, 261 ff. und 309 ff. sowie WM 2014, 581 ff. und 633 ff.

3 Nachweise der wenigen erst- und zweitinstanzlichen Urteile aus der Zeit vor 2008 bei *Clouth* in Ellenberger/Schäfer/Clouth/Lang, Praktikerhandbuch Wertpapier- und Derivategeschäft, 4. Aufl. 2011, S. 428, Fn. 1302.

4 XI ZR 33/10, BGHZ 189,13 („CMS Spread Ladder Swap" eines Unternehmens); allerdings hatte sich der BGH bereits zuvor im Rahmen eines Nichtzulassungsbeschwerdeverfahrens kurz mit einem Zins- und Währungs-Swap beschäftigt, s. Beschluss vom 21. März 2006, XI ZR 116/05, WM 2006, 969.

5 XI ZR 316/13, WM 2015, 575 (spekulativ genutzter „Währungs-Swap" eines Privatkunden).

6 XI ZR 378/13, WM 2015, 1273 (zins- und währungsbezogene Swapgeschäfte einer Kommune).

7 Bemerkenswert ist zudem, dass Prozesse um verlustbringende Termingeschäfte – ungeachtet des Wegfalls der speziellen Unverbindlichkeitsregelung des früheren Terminrechts (§§ 50 ff. BörsG, § 764 BGB in der bis 30. Juni 2002 gültigen Fassung) – häufig nicht als reine Beratungshaftungsfälle geführt werden. Streit besteht vielfach auch über die Rechtsgültigkeit der vertraglich übernommenen Verpflichtungen. Ansatzpunkt entsprechender Argumentationen ist regelmäßig § 138 BGB. Der Bundesgerichtshof hat hierzu in seinem Urteil vom 28. April 2015 (XI ZR 378/13; Tz. 68 ff., WM 2015, 1273) festgehalten, ein Swapgeschäft könne mit Rücksicht auf die Wertung des § 37e WpHG nicht allein wegen seines „spekulativen Charakters", sondern „erst dann" sittenwidrig sein, wenn „wenn es darauf angelegt ist, den Vertragspartner der Bank von vorneherein chancenlos zu stellen". Mit derartigen Konstellationen hat das kundenbezogene Derivatgeschäft der Kreditinstitute nichts zu tun.

Beliebt war in Auseinandersetzungen wegen verlustbringender Derivatgeschäften, die von

Gleichwohl handelt es sich im Ausgangspunkt – von einer höchst praxisrelevanten Ausnahme abgesehen – nicht um eine „neue" Rechtsprechung. Der XI. Zivilsenat des Bundesgerichtshofs überträgt vielmehr seine mit Blick auf den Vertrieb von Wertpapieren und sonstigen Kapitalanlagen auf der Grundlage des „Bond-Urteils" aus dem Jahr 1993 entwickelten Rechtsprechungsgrundsätze auf die Beratung im Vorfeld von außerbörslichen Termingeschäften. Dies gilt nicht nur für die rechtliche Herleitung etwaiger Beratungspflichten, sondern im Grundsatz auch für deren inhaltliche Ausgestaltung.

Die Bank, die einen Kunden vor dem Abschluss eines Swapgeschäfts berät, schuldet danach aus einem, regelmäßig konkludent zustande kommenden, Beratungsvertrag eine „anleger-"[8] und „objektgerechte"[9] bzw. – neutraler ausgedrückt – eine „kunden- " und „produktgerechte" Beratung[10]. Sie ist zudem beratungsvertraglich verpflichtet, den Kunden über „schwerwiegende Interessenkonflikte" aufzuklären, um Fehlvorstellungen über die Neutralität und Integrität ihrer Beratungsleistung zu begegnen[11].

Auch dies ist keine Besonderheit der Beratung über Termingeschäfte, sondern betrifft in gleicher Weise die sonstigen Beratungstätigkeiten der Kreditinstitute. In hohem Maße „speziell" und dementsprechend „neu" ist dagegen die Art und Weise, wie der Bundesgerichtshof seit dem „CMS Spread Ladder Swap-Urteil" vom 22. März 2011 den Begriff des „schwerwiegenden Interessenkonflikts" im Zusammenhang mit Swapgeschäften interpretiert. Der Bundesgerichtshof postuliert hier eine Ausnahme[12] von einem Grundsatz, an dem er außerhalb des Bereichs der außerbörslichen Termingeschäfte uneingeschränkt festhält. Während eine beratende Bank, die gleichzeitig Anbieterin des von ihr empfohlenen Finanzprodukts ist, normalerweise beratungsvertraglich nicht verpflichtet ist, den Kunden darüber aufzuklären, dass und wie sie an dem in Rede stehen-

---

Gebietskörperschaften angestrengt wurden, des Weiteren die These, die in Rede stehenden Geschäfte seien nach Maßgabe der ultra-vires-Lehre wegen „Überschreitung des kommunalen Wirkungskreises" nichtig. Dem hat der BGH im Urteil vom 28. April 2015 (a.a.O. Tz. 56 ff.) eine deutliche Absage erteilt.

8 BGH, Urteil vom 22. März 2011, XI ZR 33/10, Tz. 21 ff.; BGH, Urteil vom 20. Januar 2015, XI ZR 316/13, Tz 16 ff.; BGH, Urteil vom 28. April 2015, XI ZR 378/13, Tz. 77.

9 BGH, Urteil vom 22. März 2011, XI ZR 33/10, Tz. 29; BGH, Urteil vom 20. Januar 2015, XI ZR 316/13, Tz 23 ff.; BGH, Urteil vom 28. April 2015, XI ZR 378/13, Tz. 78.

10 Siehe hierzu mit Blick auf die unterschiedlichen Verwendungszwecke derivativer Finanzinstrumente *Clouth* in Ellenberger/Schäfer/Clouth/Lang, Praktikerhandbuch Wertpapier- und Derivategeschäft, 4. Aufl. 2011, S. 479.

11 BGH, Urteil vom 22. März 2011, XI ZR 33/10, Tz. 32; BGH, Urteil vom 20. Januar 2015, XI ZR 316/13, Tz 32; BGH, Urteil vom 28. April 2015, XI ZR 378/13, Tz. 33 ff.

12 So ausdrücklich BGH, Urteil vom 28. April 2015, XI ZR 278/13, Tz. 38.

den Geschäft verdient[13], sieht der Bundesgerichtshof dies bei Swapgeschäften anders. Hier soll der „anfängliche negative Marktwert" eines Swap, der dadurch entsteht, dass die Bank ihre Bruttomarge in die Konditionen des Swapgeschäfts „einpreist", regelmäßig Ausdruck eines „schwerwiegenden Interessenkonflikts" sein, über den die in einer Doppelrolle als Anbieter und Berater agierende Bank den Kunden aufklären muss[14].

Es verwundert weder, dass nach Bekanntwerden des „CMS Spread Ladder Swap-Urteils" die Pflicht zur Aufklärung über den „anfänglichen negativen Marktwert" in einer Vielzahl von Rechtstreiten zum streitentscheidenden Faktor avancierte, noch dass in der instanzgerichtlichen Rechtsprechung große Unterschiede bei der Auslegung des Urteils auftraten. Die seit April 2011 bekanntgewordenen Entscheidungen der Land- und Oberlandesgerichte ließen teilweise grundlegende Divergenzen sowohl über das Verständnis der tatsächlichen und rechtlichen Grundlagen der vom Bundesgerichtshof postulierten Offenlegungspflicht als auch über den Anwendungsbereich und den Inhalt der neuen Rechtsprechungsgrundsätze erkennen. Gleiches gilt für die Behandlung einer Reihe von „Folgefragen", die u.a. die Kausalität einer festgestellten Pflichtverletzung oder die Verjährung etwaiger Ansprüche betreffen. Der Bundesgerichtshof hat einen Teil dieser Fragestellungen durch seine beiden Urteile vom 20. Januar 2015 und 28. April 2015 klären können. Andere Streitpunkte der „Marktwert-Rechtsprechung" sind nach wie vor offen und werden voraussichtlich zu weiteren höchstrichterlichen Entscheidungen führen. Von besonderem Interesse ist dabei die Reichweite der „Bereichsausnahme", die der Bundesgerichtshof für Swapgeschäfte macht, denen ein „konnexes Grundgeschäft zugeordnet ist". Der aktuelle (Zwischen-)Stand der Rechtsprechung wird im Folgenden unter 2.2. skizziert.

Unabhängig hiervon kann die Rechtsprechung des Bundesgerichtshofs zu den Anforderungen an die Beratung bei Swapgeschäften nicht auf die Gesichtspunkte reduziert werden, die sich um die Pflicht zur Aufklärung über den „anfänglichen negativen Marktwert" ranken. Die Urteile enthalten vielmehr gerade auch zur Frage, auf welcher Grundlage Kreditinstitute zur Beratung ihrer Kunden verpflichtet sein können, sowie zu den „klassischen" Themen der „anleger-" und „objektgerechten" Beratung eine Reihe von Aussagen und Klarstellungen, die

13 Siehe nur BGH, Urteil vom 27. September 2011, XI ZR 182/10, Tz. 37, BGHZ 191, 119 (Zertifikat); BGH, Urteil vom 26. Juni 2012, XI ZR 316/11, Tz. 19, WM 2012, 1520 (Zertifikat); BGH, Urteil vom 1. Juli 2014, XI ZR 247/12, Tz. 28, WM 2014, 1621 (Finanzierung); zusammenfassend BGH, Urteil vom 28. April 2015, XI ZR 378/13, Tz. 37.

14 BGH, Urteil vom 22. März 2011, XI ZR 33/10, Tz. 31 ff.; BGH, Urteil vom 20. Januar 2015, XI ZR 316/13, Tz 31/32 (keine Aufklärungspflicht bei fehlender „Doppelrolle" der Bank); BGH, Urteil vom 28. April 2015, XI ZR 378/13, Tz. 38 ff.

über den Bereich der außerbörslichen Termingeschäfte hinaus von allgemeiner Bedeutung für das Beratungsgeschäft der Kreditinstitute sind. Hierauf wird im Folgenden unter 2.1 und 2.3 näher eingegangen.

2 Beratungshaftung bei Swapgeschäften – Eine Standortbestimmung auf Grundlage der aktuellen Rechtsprechung des Bundesgerichtshofs

2.1 Beratungsvertrag als Grundlage von Beratungspflichten

Spätestens seit dem „Bond-Urteil“[15] aus dem Juli 1993 entspricht es der ständigen Rechtsprechung des Bundesgerichtshofs, dass Kreditinstitute eine Beratung ihrer Kunden im Vorfeld von Kapitalanlagegeschäften nicht als – wie auch immer – geartete Nebenpflicht aus der Geschäftsbeziehung, sondern nur auf der Grundlage eines gesonderten Beratungsvertrags schulden[16]. Dieser kommt regelmäßig dann konkludent zustande, wenn ein Kunde mit einem Beratungswunsch an das Kreditinstitut herantritt, auf den sich dieses „beratend einlässt“. Nicht anderes gilt, wenn die Bank einen (potentiellen) Kunden auf Geschäfte über Finanzinstrumente anspricht und sodann ein Beratungsgespräch stattfindet, bei dem der

15 BGH, Urteil vom 6. Juli 1993, XI ZR 12/93, BGHZ 123, 126.

16 Zur „Historie“ der Rechtsprechungsentwicklung s. MüKoHGB/*Nobbe/Zahrte*, 3. Aufl. 2014, Anlageberatung Rn. 21 ff. und 35; Fundstellen zur aktuellen Rechtsprechung finden sich im Urteil des BGH vom 28. April 2015, XI ZR 378/13, unter Tz. 23. Beratungspflichten folgen auch nicht etwas aus dem Depotvertrag, s. BGH, Urteil vom 23. November 2004, XI ZR 137/03, Tz. 18, WM 2005, 270.
Die Figur des selbständigen Beratungsvertrags als Grundlage der Beratungspflichten von Kreditinstituten ist im rechtswissenschaftlichen Schrifttum immer wieder als „unnötige Fiktion“ kritisiert worden, s. etwa *Canaris*, Bankvertragsrecht, 2. Aufl. 1981, Rn. 100, aus der jüngeren Literatur z.B. *Herresthal* ZBB 2012, 89, 92 ff., ders. ZIP 2015, 576; *Bracht* ZBB 2013, 252, 254 und *Schnauder*, Das Recht der Geschäftsbesorgung beim Vertrieb von Kapitalanlagen und Kreditvertragsprodukten, 2013, S. 63 ff., *ders.* jurisPR-BKR 3/2013. Inhaltlich vermag diese Kritik, die ihrerseits auf „Fiktionen“ im Rahmen eines gesetzlichen Schuldverhältnisses und/oder strittige Rechtsfiguren, wie den Realvertrag, zurückgreifen muss, nicht zu überzeugen. Anlass zur Annahme, der BGH werde von seiner ständigen Rechtsprechung abweichen, besteht nicht; vgl. MükoHGB/*Nobbe/Zahrte*, 3. Aufl. 2014, Anlageberatung, Rn.80 ff.; *Clouth* ZHR 177 (2013), 212, 224 f.

Kunde das Expertenwissen des Kreditinstituts mit Blick auf eine konkrete Kapitalanlage in Anspruch nimmt[17]. Im Beratungshaftungsprozess obliegt es dem klagenden Kunden, die Tatsachen, die die Annahme eines zumindest konkludent geschlossenen Beratungsvertrags rechtfertigen, schlüssig darzulegen und gegebenenfalls zu beweisen[18].

Der Bundesgerichtshof hatte zudem schon zu „klassischen" Wertpapierberatungsfällen entschieden, dass sich der konkludent zustande kommende (Kapitalanlage-)Beratungsvertrag jeweils ausschließlich auf die konkret in Rede stehende Anlageentscheidung bezieht und keine fortlaufenden Beratungspflichten hinsichtlich der erworbenen Wertpapiere begründet[19]. Eine erneute Beratung schuldet das Kreditinstitut nur aufgrund eines erneuten (Einzel-)Beratungsvertrags, zu dem es etwa dann kommen kann, wenn der Kunde die Bank bei fallenden Kursen um Rat fragt, ob er das Wertpapier verkaufen oder halten soll.

Vor dem Hintergrund dieser etablierten Rechtsprechungsgrundsätze ist es erstaunlich, dass in der instanzgerichtlichen Rechtsprechung im Zusammenhang mit Swapgeschäften wiederholt die Auffassung vertreten wurde, die Kreditinstitute seien hier bereits „im Rahmen einer Nebenpflicht" aus dem branchenüblichen „Rahmenvertrag für Finanztermingeschäfte" verpflichtet, ihre Kunden vor Abschluss jeder einzelnen Transaktion „anleger-" und „objektgerecht" zu beraten[20]. Der Bundesgerichtshof, der schon in seinen Urteilen vom 22. März 2011 und 20. Januar 2015 – unter Verweis auf seine im „Bond-Urteil" begründete ständige Rechtsprechung – auf der Basis eines zumindest stillschweigend

---

17 Ein Beispiel für eine Nicht-Beratungssituation, in der das Zustandekommen eines Beratungsvertrags verneint wurde, bietet in der jüngeren Rechtsprechung das Urteil des BGH vom 28. Mai 2013, XI ZR 420/10, Tz. 13, zitiert nach juris („bereits entschlossener Anleger"). Eine typische Nicht-Beratungssituation im Zusammenhang mit Swapgeschäften lag dem Beschluss des OLG Düsseldorf vom 19. Januar 2015 zugrunde (14 U 113/14, zitiert nach juris: Abgrenzung einer Finanzierungsberatung von bloßer Verhandlung über die Ausgestaltung einer Darlehensgewährung).

18 BGH, Beschluss vom 11. September 2012, XI ZR 476/11 Tz. 14, zitiert nach juris.

19 BGH, Urteil vom 8. März 2005, XI ZR 170/04, Tz. 21, BGHZ 162, 306; BGH, Urteil vom 21. März 2006, XI ZR 63/05, Tz. 9 f., WM 2006, 851; BGH, Urteil vom 15. Oktober 2013, XI ZR 51/11, Tz. 21, zitiert nach juris.

20 OLG Düsseldorf, Urteil vom 7. Oktober 2013, 9 U 101/12, WM 2013, 2026, und Urteile vom 26. Juni 2014, 14 U 91/13 bis 14 U 96/13, WM 2014, 1907, im Übrigen veröffentlicht in juris; ebenso OLG München, Urteil vom 16. Juli 2014, 7 U 3548/13, Tz. 21, zitiert nach juris; bereits zuvor OLG Celle, Urteil vom 30. September 2009, 3 U 45/09, Tz. 28, WM 2009, 2171; LG Magdeburg, Urteil vom 21. Januar 2008, 9 O 1989/06, Tz. 31, WM 2008, 537; verfehlt auch OLG Frankfurt, Urteil vom 12. März 2015, 16 U 228/13, Tz. 49, zitiert nach juris: „Nebenpflicht im Rahmen der Finanzdienstleistung".

geschlossenen (Einzel-)Beratungsvertrags argumentiert hatte[21], ist dieser Fehlvorstellung im Urteil vom 28. April 2015 ausdrücklich entgegen getreten[22]. Er hat zudem deutlich gemacht, dass – außerhalb eines Dauerberatungsvertrags, der aber nicht stillschweigend zustande kommt – ein Kreditinstitut, das einen Kunden beim Abschluss eines Swapgeschäfts berät, nicht zu einer fortlaufenden Beratung verpflichtet ist[23]. Auch im Derivatgeschäft schuldet das Kreditinstitut nach Zustandekommen einer Transaktion eine erneute Beratung nur, falls es eine entsprechende Pflichtenstellung in einem weiteren (Einzel-)Beratungsvertrag übernimmt.

2.2 Die beratungsvertragliche Pflicht zur Aufklärung über den „anfänglichen negativen Marktwert" eines Swap – Herleitung und Grenzen

Keine andere Aussage des „CMS Spread Ladder Swap-Urteils" vom 22. März 2011 hat die forensische Praxis bei Auseinandersetzungen über verlustbringende Swapgeschäfte so nachhaltig beeinflusst, wie die dort erstmals ausgesprochene Pflicht zur Aufklärung über den „anfänglichen negativen Marktwert". Danach muss eine Bank, die einem Kunden den Abschluss eines von ihr selbst angebotenen Swapgeschäfts empfiehlt, diesen Kunden nicht nur „anlegergerecht" und „objektgerecht" beraten, sondern ist beratungsvertraglich – unter dem gesonderten Gesichtspunkt eines „schwerwiegenden Interessenkonflikts" – auch verpflichtet, den Kunden darüber aufzuklären, dass und in welcher Höhe der empfohlene Swap aus seiner Sicht einen „anfänglichen negativen Marktwert" aufweist. Wie der Bundesgerichtshof nunmehr im Urteil vom 28. April 2015 entschieden hat, betrifft dies grundsätzlich „alle Swap-Geschäfte, denen kein konnexes Grundgeschäft zugeordnet ist"[24]. Von vorneherein unanwendbar sind diese Rechtsprechungsgrundsätze dagegen dann, wenn die beratende Bank nicht zugleich auch Vertragspartner des Kunden in dem empfohlenen Swapgeschäft ist[25], d.h. wenn die Bank den Kunden im Zusammenhang mit dem Abschluss eines Swapgeschäfts berät, das ein anderes Kreditinstitut anbietet. In diesem

21 Urteil vom 22. März 2011, XI ZR 33/10, Tz. 19 f., BGHZ 189, 13; Urteil vom 20. Januar 2015, XI ZR 316/13, Tz. 15, WM 2015, 575.

22 BGH, Urteil vom 28. April 2015, XI ZR 378/13, Tz. 27 ff.

23 A.a.O. Tz. 23 und 24; s. auch BGH, Urteil vom 20. Januar 2015, XI ZR 316/13, Tz. 28.

24 BGH, Urteil vom 28. April 2015, XI ZR 378/13, dritter Leitsatz.

25 BGH, Urteil vom 20. Januar 2015, XI ZR 316/13, Tz. 32.

Fall fehlt es bereits an dem „schwerwiegenden Interessenkonflikt", dem die Bank nach Meinung des Bundesgerichtshofs in ihrer Doppelrolle als „Partnerin der Zinswette" und Beraterin des Kunden ausgesetzt ist.

Insgesamt kann auf Grundlage der „Swap-Urteile" des Bundesgerichtshofs vom 22. März 2011, vom 20. Januar 2015 und vom 28. April 2015 der aktuelle Stand der „Marktwert-Rechtsprechung" wie folgt skizziert werden:

2.2.1 Tatsächliche Grundlagen: Aussagegehalt des Phänomens eines „anfänglichen negativen Marktwerts" von Swapgeschäften

Swapgeschäfte zählen zur Gruppe der Finanz-Derivate. Hierbei handelt es sich um als Termingeschäfte[26] ausgestaltete Finanzinstrumente, deren Wert sich aus dem Marktpreis anderer Finanztitel oder sonstiger Referenzgrößen, den sogenannten Basiswerten, ableitet[27]. Bei den Swaps, die derzeit die Gerichte beschäftigen, sind dies regelmäßig Zinssätze, Devisen, Wertpapiere oder entsprechende Indizes.

Ökonomisch betrachtet, sind Finanz-Derivate Risikotransfergeschäfte[28], die es dem Anwender ermöglichen, ein bestimmtes Marktpreisrisiko (beispielsweise das Zinsänderungsrisiko eines variablen Zinssatzes) an einen Dritten weiterzugeben oder von einem Dritten zu übernehmen und dafür im Gegenzug ein anderes Risiko zu übernehmen oder eine Barzahlung zu leisten bzw. zu erhalten[29]. Voraussetzung für das Zustandekommen solcher Handelsgeschäfte „Risiko gegen Risiko" bzw. „Risiko gegen Geld" ist dabei, dass den zu handelnden finanzwirtschaftlichen Risiken ein „Wert" beigemessen wird. Dies geschieht im Rahmen der Konditionengestaltung von Finanz-Derivaten regelmäßig auf der Basis finanzma-

---

26 Vgl. die Legaldefinition der „Derivate" in § 1 Abs. 11 S. 3 KWG und § 2 Abs. 2 WpHG.

27 Siehe nur *Rudolph/Schäfer*, Derivate Finanzinstrumente, 2. Aufl. 2010, S. 15 ff.

28 Deutsche Bundesbank, Monatsbericht November 1994, S. 41, 44: „Die zentrale ökomische Funktion derivativer Instrumente besteht in der isolierten Bewertung, Bündelung und Weitergabe von Marktpreisrisiken"; s. auch *Rudolph/Schäfer*, Derivative Finanzinstrumente, 2. Aufl. 2010, S. 32, 207, 383.

29 Die Motive für diesen „Risikotransfer" können dabei höchst unterschiedlich sein. Er kann der Absicherung gegen ein als unerwünscht gewertetes Risiko dienen, auf eine Umgestaltung bestehender Risikopositionen abzielen oder als Mittel der isolierten Risikoübernahme zum Zwecke der Ertragserzielung (Spekulation) genutzt werden. Ausschlaggebend ist insoweit stets die konkrete Motivation der jeweiligen Derivatenutzers. Kreditinstitute bieten Finanz-Swaps zudem in ihrer Funktion als Finanzintermediäre, d.h. als Dienstleistung für Kunden („Eigenhandel für andere") und als „Market Maker" an. In diesen Fällen werden Marktpreisrisiken von den Kreditinstituten zur Erzielung von (Handels-)Erträgen „durchgehandelt".

thematischer Bewertungsmodelle[30]. Sie erlauben es, für das gewünschte „Risikotransfergeschäft" zum Abschlusszeitpunkt einen „modellbasierten Marktwert von Null" zu ermitteln, bei dem die wechselseitigen Leistungspflichten der Vertragsparteien theoretisch „gleichwertig" sind, d.h. modellgestützt so festgelegt werden, dass ihr finanzmathematisch ermittelter „Modellwert" gleich hoch ist[31].

Transaktionen kommen zu diesen modelltheoretischen Rechenwerten indes weder am Interbankenmarkt noch zwischen Banken und „Endnutzern" zustande. Der modelltheoretische Wert von „Null" ist nämlich nur einer von mehreren Parametern der Preisstellung für Swaps und sonstige außerbörsliche Derivatgeschäfte[32]. In die Konditionen handelbarer Swapgeschäfte fließen stets weitere Faktoren ein, die den anfänglichen „Wert" des Geschäfts aus Sicht des Kunden negativ werden lassen. Diese reflektieren zum einen Kosten des anbietenden Kreditinstituts, die im Zusammenhang mit der jeweiligen Transaktion anfallen, wie insbesondere Kosten für die Risikoabsicherung und für die Eigenkapitalunterlegung sowie für die Abwicklung des Geschäfts. Zum anderen berücksichtigt das Kreditinstitut bei seiner Preisstellung gegenüber dem Kunden eine Ertragskomponente, seine Gewinnmarge. Der „anfängliche negative Marktwert", den jedes außerbörsliche Derivatgeschäft im Zeitpunkt seines Abschlusses aufweist, ist damit letztlich die – notwendige – Folge des Preisbildungsprozesses bei dieser Art von Finanzinstrumenten.

In der auf das „CMS Spread Ladder Swap-Urteil" aus dem März 2011 folgenden Rechtsprechung der Land- und Oberlandesgerichte zu „Swap-Fällen" sind diese – rein im Tatsächlichen liegenden – Gegebenheiten teilweise missverstanden worden. Hartnäckig hielt sich insbesondere die Unterstellung, der „anfängliche negative Marktwert" eines Swap lasse Rückschlüsse auf den voraussichtlichen Misserfolg der Transaktion zu[33]. Dies hat der Bundesgerichtshof nunmehr

---

30 Eine Einführung in die Methoden und Modelle der Derivatebewertung geben *Rudolph/Schäfer*, Derivate Finanzinstrumente, 2. Aufl. 2010, Kapitel 9 -13.

31 Dabei gibt es allerdings nicht „den" Marktwert eines Derivats im Sinne einer allgemeingültigen Größe. Die Ergebnisse der Bewertungsvorgänge verschiedener Marktteilnehmer können vielmehr – u.a. in Abhängigkeit von der Kalibrierung der jeweils genutzten Rechenmodelle – voneinander abweichen.

32 Näher *Clouth* in Ellenberger/Schäfer/Clouth/Lang, Praktikerhandbuch Wertpapier- und Derivategeschäft, 4. Aufl. 2011, S. 469 ff.

33 Aus der obergerichtlichen Rechtsprechung u.a.: OLG Düsseldorf, Urteil vom 7. Oktober 2013, 9 U 101/12, Tz. 43, 45, WM 2013, 2026; OLG Düsseldorf Urteil vom 26. Juni 2014, 14 U 91/13, Tz. 30 ff., WM 2014, 1907; OLG Köln, Beschluss vom 21. Februar 2014, 13 U 31/13, unveröffentlicht; OLG Köln, Urteil vom 13. August 2014, 13 U 128/13, Tz. 76 ff., zitiert nach juris; KG, Beschluss vom 15. Juli 2014, 4 U 56/12, unveröffentlicht; OLG Frankfurt, Urteil vom 12. März 2015, 16 U 228/13, Tz. 48, zitiert nach juris; bereits vor dem „CMS Spread Ladder Swap-Urteil" des BGH: OLG Stuttgart, korrigiert. Sowohl das Urteil vom 20. Januar 2015 als auch das Urteil vom 28. April 2014 enthalten klarstellende Erläuterungen dazu, was der „anfängliche negative Marktwert" eines Swap in tatsächlicher Hinsicht ist und was er nicht ist. Der Bundesgerichtshof hält explizit fest, dass es sich bei dieser Größe um nichts anderes handelt als um „das Spiegelbild der Bruttomarge"[34], die die Bank in Form einer „Netto-Gewinnmarge" und ihrer Kosten bei der Konditionengestaltung des Swap berücksichtigt[35], d.h. „durch entsprechende Festlegung der Strukturelemente des Swaps einstrukturiert"[36]. Wie auch immer geartete „prognostische Züge"[37] des „anfänglichen negativen Marktwerts" sind hiermit nicht verbunden. Anderslautende Fehlvorstellungen sollten nach den deutlichen Worten des Bundesgerichtshofs endgültig ausgeräumt sein: Der „anfängliche negative Marktwert" eines Swap ist weder eine „Kennziffer für eine überwiegende Verlustwahrscheinlichkeit" [38] noch spiegelt er „den voraussichtlichen Erfolg oder Misserfolg des Geschäfts" wider[39]. Dementsprechend bringt er auch nicht zum Ausdruck, „der Markt" schätze im Abschlusszeitpunkt das Risiko des Kunden, das dieser in dem Swap übernimmt, im Sinne einer ungünstigen Verlaufsprognose „negativ" ein[40].

Für den Kunden, der ein Swapgeschäft abschließt, bedeutet dessen „anfänglicher negativer Marktwert" vielmehr zum einen, „dass er zunächst die einstrukturierte Bruttomarge [der Bank] erwirtschaften muss, um in die Gewinnzone zu

Urteil vom 26. Februar 2010, 9 U 164/08, Tz. 105, WM 2010, 756; OLG Stuttgart, Urteil vom 27. Oktober 2010, 9 U 148/08, Tz. 67. i.V.m. Tz. 54 ff., WM 2010, 2169), im Anschluss hieran auch OLG Karlsruhe, Urteil vom 23. August 2013, 17 U 127/11, unveröffentlicht.

34 BGH, Urteil vom 28. April 2015, XI ZR 378/13, Tz. 40.

35 BGH, Urteil vom 20. Januar 2015, XI ZR 316/13, Tz. 36; BGH, Urteil vom 28. April 2015, XI ZR 378/13, Tz. 31.

36 BGH a.a.O. Tz. 36 bzw. Tz. 31. Im Urteil vom 28. April 2015 spricht der Senat – ohne Unterschied in der Sache – auch vom „Einstrukturieren der Bruttomarge in die Risikostruktur des Swap-Vertrags" (Tz. 38) und davon, dass die Bank „eine Bruttomarge in die Bedingungen der Zinssatz-Swapverträge einpreise" (Tz. 80).

37 So aber OLG Düsseldorf a.a.O. (Fn. 33) Tz. 43 bzw. Tz. 32.

38 BGH, Urteil vom 28. April 2015, XI ZR 378/13, Tz. 40.

39 BGH, Urteil vom 20. Januar 2015, XI ZR 316/13, Tz. 36; BGH, Urteil vom 28. April 2015, XI ZR 378/13, Tz. 31.

40 BGH, Urteil vom 28. April 2015, XI ZR 378/13, Tz. 40. Die im „CMS Spread Ladder Swap-Urteil" vom 22. März 2011 (XI ZR 33/10, dort Tz. 35 und 36) auch vom BGH verwendete Formulierung, „der Markt" bewerte das Risiko des Kunden im Sinne eines „überwiegenden Verlustrisikos" negativ, wird zwar im Urteil vom 20. Januar 2015 (XI ZR 316/13, dort Tz. 31 a.E.) noch referiert („... wenn der Markt das Risiko ... negativ einschätzt"), im Urteil vom 28. April 2015 aber nicht wieder aufgegriffen. Sie ist, soweit sie überschießend im Sinne einer „prognostischen" Qualität des „anfänglichen negativen Marktwerts" verstanden werden konnte, durch die Klarstellungen im Urteil vom 28. April 2015 überholt.

gelangen". Zum anderen „muss er bei sofortiger Loslösung vom Vertrag einen Verlust in Höhe des negativen Marktwerts tragen"[41]. In beiderlei Hinsicht unterscheidet sich seine Situation aber „nicht von der, in der er offen ausgewiesene Provisionen (z.B. Ausgabeaufschläge) zu zahlen hat"[42]. So gerät etwa auch ein Aktienkäufer erst dann in die „Gewinnzone", wenn seine Anlage die Transaktionskosten (Effektenprovision bzw. Marge des Verkäufers bei einem Festpreisgeschäft) durch eine entsprechend positive Wertentwicklung „verdient" hat. Entsprechendes gilt für den Erwerber eines Anteils an einem Investmentvermögen, der neben dem Anteilwert einen Ausgabeaufschlag zahlt, sowie – mit Blick auf die auch dort anfallenden Transaktionskosten – für den Käufer oder Verkäufer (Stillhalter) eines börslich gehandelten Terminkontrakts.

2.2.2 Die „Marktwert-Rechtsprechung" als Ausprägung der beratungsvertraglichen Pflicht zur Offenlegung „schwerwiegender Interessenkonflikte"

Der Bundesgerichtshof hatte die Pflicht zur Aufklärung über den „anfänglichen negativen Marktwert" eines Swap im „CMS Spread Ladder Swap-Urteil" aus dem März 2011 zwar unter der „Überschrift" der objektgerechten Beratung abgehandelt[43], inhaltlich aber bereits dort als Fallgruppe der beratungsvertraglich geschuldeten Aufklärung über vertragszweckgefährdende „schwerwiegende" Interessenkonflikte des beratenden Kreditinstituts konzipiert und begründet[44]. Die Herleitung der „Marktwert-Rechtsprechung" aus diesem eigenständigen, „von der Frage der objektgerechten Beratung gelösten" Gesichtspunkt, hat der Bundesgerichtshof in den Urteilen vom 20. Januar 2015 und 28. April 2015 nochmals eingehend erläutert[45], in die Systematik der „Bond-Rechtsprechung" einge-

---

41 BGH, Urteil vom 20. Januar 2015, XI ZR 316/13, Tz. 37; BGH, Urteil vom 28. April 2015, XI ZR 378/13, Tz. 32.

42 BGH, Urteil vom 28. April 2015, XI ZR 378/13, Tz. 32.

43 BGH, Urteil vom 22. März 2011, XI ZR 33/10, Tz. 28: „Die Beklagte hat die Klägerin nicht objektgerecht beraten".

44 BGH a.a.O. Tz. 34 ff.; s. auch die klarstellende Einordung in den „Lehman-Entscheidungen" vom 26. Juni 2012, u.a. XI ZR 316/11, Tz. 46, WM 2012, 1520 sowie die Erläuterungen bei *Ellenberger* in Ellenberger/Schäfer/Clouth/Lang, Praktikerhandbuch Wertpapier- und Derivategeschäft, 4. Aufl. 2011, S. 395 f. und bei *Schmieder* WuB I G 1.-16.12, S. 721, 723.

45 Siehe insbesondere die zusammenfassende Darstellung im Urteil vom 28. April 2015, XI ZR 278/13, Tz. 33 ff.; daneben Tz. 31/32 des Urteils vom 20. Januar 2015, XI ZR 316/13.

ordnet und von abweichenden Ansätzen abgegrenzt[46]. Als Auslöser der Aufklärungspflicht sieht der Bundesgerichtshof dabei den Interessenkonflikt an, in den die beratende Bank bei „spekulativen" Swapgeschäften dadurch gerate, dass sie einerseits eine ausschließlich am Kundeninteresse ausgerichtete Beratung schuldet und dem Kunden andererseits ein Swapgeschäft mit ihr selbst empfiehlt, dessen Konditionen sie unter Berücksichtigung ihrer „Bruttomarge" so ausgestaltet, dass sie durch den Abschluss des Geschäfts einen Gewinn erzielt (hierzu sogleich unter 2.3.3).

Konsequenz dieses Begründungsansatzes ist zunächst, dass die „Marktwert-Rechtsprechung" auf „Nicht-Beratungssituationen" keine Anwendung findet[47]. Aber auch eine beratende Bank muss über den „anfänglichen negativen Marktwert" eines von ihr empfohlenen Swapgeschäfts von vorneherein dann nicht aufklären, wenn nicht sie selbst, sondern ein anderes Kreditinstitut Vertragspartner des Kunden bei der Transaktion ist, auf die sich die Beratung bezieht. Genau um diese Konstellation ging es nämlich im Urteil des Bundesgerichtshofs vom 20. Januar 2015: Die auf Schadensersatz in Anspruch genommene Sparkasse hatte den klagenden Kunden über einen spekulativen Währungs-Swap beraten, den dieser sodann mit einer Landesbank abschloss („Vermittlung" im sogenannten „Botengeschäft"). Der Bundesgerichtshof verneinte eine Pflicht der Sparkasse, den Kunden nach Maßgabe der „Marktwert-Rechtsprechung" aufzuklären, obwohl auch der Marktwert des dort streitgegenständlichen Swap (selbstverständlich) „anfänglich negativ" war[48]. Begründet wurde dies allein mit der fehlenden Doppelrolle der Sparkasse. Weil diese lediglich Beraterin des Kunden, nicht aber zugleich Vertragspartnerin des Swapgeschäfts war, fehlte es „an einem schwerwiegenden Interessenkonflikt, der nach der Senatsrechtsprechung für das Bestehen einer Aufklärungspflicht über den negativen Marktwert maßgeblich ist,

---

46 Der Bundesgerichtshof hat insbesondere klargestellt, dass „das Vorhandensein eines anfänglichen negativen Marktwerts eines Swap-Vertrags kein Umstand [ist], über den die beratende Bank ihren Kunden im Rahmen der objektgerechten Beratung informieren müsste" (Urteil vom 28. April 2015, XI ZR 378/13, Tz. 31 f.; Urteil vom 20. Januar 2015, XI ZR 378/13, Tz. 33 f.). Spätestens damit ist dem gegenteiligen Standpunkt, der insbesondere die Spruchpraxis des OLG Stuttgart prägte (s. u.a. OLG Stuttgart, Urteil vom 27. Oktober 2010, 9 U 148/08, Tz. 61 ff., WM 2010, 2169 und Urteil vom 14. Dezember 2011, 9 U 11/11, Tz. 24 ff., WM 2012, 890), die Grundlage entzogen, siehe hierzu im Folgenden auch unter 2.3.2.

47 BGH, Urteil vom 28. Mai 2013, XI ZR 420/10, Tz. 24, zitiert nach juris, und BGH, Beschluss vom 11. September 2012, XI ZR 476/11, Tz. 9, zitiert nach juris, jeweils zu Rückvergütungen; unzutreffend OLG Frankfurt, Urteil vom 12. März 2015, 16 U 228/13, Tz. 49, zitiert nach juris.

48 BGH, Urteil vom 20. Januar 2015, XI ZR 316/13, Tz. 30 ff.

weil erst dadurch die Integrität der Beratungsleistung der beratenden Bank in Zweifel gezogen wird“[49].

2.2.3 Die „Wettgegner-These“ des Bundesgerichtshofs

Mit der Anknüpfung an die beratungsvertragliche Pflicht zur Offenlegung „schwerwiegender Interessenkonflikte“ greift der XI. Zivilsenat des Bundesgerichtshofs auf ein dogmatisches Konzept zurück, um das er die „Bond-Rechtsprechung“ seit dem ersten „Rückvergütungs-Urteil“ vom 19. Dezember 2006[50] konsequent ergänzt hat[51]. Ungeachtet dessen ist die Anwendung der dort entwickelten Rechtsprechungsgrundsätze auf die Konstellation des „anfänglichen negativen Marktwerts“ eines Swap alles andere als selbstverständlich. Es geht nämlich – anders als im Fall von „Rückvergütungen“, „verdeckten Vertriebsprovisionen“ bei der entgeltlichen Kaufkommission[52] und sonstigen „versteckten Vertriebsprovisionen[53] – nicht darum, dass die Bank im Zusammenhang mit einem von ihr empfohlenen Swapgeschäft von dritter Seite eine (Provisions-)Zahlung erhielte, über die sie aufklären müsste.

Die Pflicht zur Offenlegung des „anfänglichen negativen Marktwerts“, der als „Spiegelbild“ der in die Konditionen des Swap „eingepreisten“ Bruttomarge entsteht, betrifft vielmehr unmittelbar den Gewinn, den das anbietende Kreditinstitut aus dem empfohlenen „Eigenprodukt“ selbst zieht. Insoweit gilt aber nach ständiger Rechtsprechung des Bundesgerichtshofs gerade „der Grundsatz, dass die Bank nicht verpflichtet ist, ihren Kunden darüber aufzuklären, dass sie mit Produkten, die sie in ihrer Beratung empfiehlt, Gewinne erzielt“[54]. Denn in diesem Fall sind – zumal bei der Empfehlung eigener Produkte – sowohl der Umstand, dass „die Bank eigene (Gewinn-)Interessen verfolgt“[55], als auch der

49 BGH a.a.O., Tz. 32.

50 BGH, Urteil vom 19. Dezember 2006, XI ZR 56/05, Tz. 22 f., BGHZ 170, 226

51 Vgl. die zusammenfassende Darstellung der Rechtsprechungsentwicklung in Tz. 34 ff. des Urteils vom 28. April 2015, XI ZR 378/13. Der XI. Zivilsenat ordnet dabei auch das Urteil vom 3. Juni 2014 (XI ZR 147/12, dort Tz. 31 ff., BGHZ 201, 310) ausdrücklich als Bestandteil seiner Rechtsprechung zur Aufklärungspflicht des Beraters über „schwerwiegende Interessenkonflikte“ ein, s. a.a.O. Tz. 36.

52 Siehe hierzu BGH, Urteil vom 24. September 2013, XI ZR 204/12, Tz. 24 ff., WM 2013, 2065.

53 Siehe hierzu BGH, Urteil vom 3. Juni 2014, XI ZR 147/12, Tz. 31 ff., BGHZ 201, 310.

54 BGH, Urteil vom 1. Juli 2014, XI ZR 247/12, Tz. 28 (Finanzierungsberatung); BGH, Urteil vom 28. April 2015, XI ZR 378/13, Tz. 37, jeweils mit weiteren Nachweisen.

55 BGH a.a.O. Tz. 28 bzw. Tz. 37.

„insofern bestehende Interessenkonflikt“[56] für den Kunden offensichtlich. Diese Offenkundigkeit lässt die Schutzwürdigkeit des Kunden grundsätzlich „auch innerhalb des Beratungsvertrags entfallen“[57].

Dass die Annahme einer beratungsvertraglichen Pflicht zur Aufklärung über den „anfänglichen negativen Marktwert“ eines Swap von dem vorstehend skizzierten Grundsatz nicht nur abweicht, sondern die einzige Ausnahme von dieser Regel darstellt, hat der Bundesgerichtshof im Urteil vom 28. April 2015 denn auch ausdrücklich festgehalten[58]. Der Grund für diese „Sonderbehandlung“ liegt im Verständnis des Bundesgerichtshofs davon, was Inhalt und Gegenstand eines Swapgeschäfts ist, sowie davon, welche Rolle die Kreditinstitute im Rahmen einer solchen Transaktion gegenüber dem Kunden übernehmen.

Der Bundesgerichtshof hatte bereits in seinem ersten Urteil vom 22. März 2011 den dort streitgegenständlichen „CMS Spread Ladder Swap“ als „Zinswette“ charakterisiert[59], bei der „der Gewinn der einen Seite der Verlust der anderen Seite ist“ und in deren Rahmen die Bank als „Wettgegnerin“ des Kunden „eine Rolle übernimmt, die den Interessen des Kunden entgegengesetzt ist“. Für die Bank erweise sich nämlich der „Tausch der Zinszahlungen“ nur dann als günstig, wenn der Kunde einen Verlust erleide, während ein Gewinn des Kunden „einen entsprechenden Verlust“ für die Bank bedeute[60]. Diese „Wettgegner-These“ und die hieran anknüpfenden Schlussfolgerungen für das Bestehen eines „schwerwiegenden Interessenkonflikts“ hat der Bundesgerichtshof im Urteil vom 28. April 2015 als „auf Swap-Verträge generell übertragbar“ bezeichnet[61]. Die „Wettgegner-Perspektive“ prägt nach Ansicht des Bundesgerichtshofs insbesondere auch die Wahrnehmung, die der Kunde von dem Swapgeschäft hat. Dieser gehe davon aus, „die Bank verdiene ausschließlich bei ihr günstigem Verlauf der Zinswette in Höhe der Zinsdifferenz“[62]. Damit, dass die Bank tatsächlich Swapgeschäfte mit Kunden nicht abschließt, um derartige „Wettgewinne“ zu erzielen, sondern Gewinn und Kostendeckung dadurch realisiert, dass sie die Konditionen des

---

56 BGH, Urteil vom 22. März 2011, XI ZR 33/10, Tz. 38.

57 BGH, Urteil vom 1. Juli 2014, XI ZR 247/12, Tz. 28; BGH, Urteil vom 28. April 2015, XI ZR 378/13, Tz. 37; BGH, Urteil vom 27. September 2011, XI ZR 182/10, Tz. 44, BGHZ 191, 119.

58 BGH, Urteil vom 28. April 2015, XI ZR 378/13, Tz. 38.

59 BGH, Urteil vom 22. März 2011, XI ZR 33/10, Tz. 29, 31, 34.

60 BGH a.a.O. Tz. 34; referierend wiedergegeben im Urteil vom 20. Januar 2015, XI ZR 316/13, Tz. 31.

61 BGH, Urteil vom 28. April 2015, XI ZR 378/13, Tz. 39.

62 BGH, Urteil vom 28. April 2015, XI ZR 378/13, Tz. 38; s. auch *Schmieder* WuB I G 1.-16.12, S. 721, 723 f., die dies dahingehend ausdrückt, der Kunde gehe davon aus, „eine faire Wette einzugehen“.

Swapgeschäfts unter Berücksichtigung ihrer „Bruttomarge" gestaltet, müsse der Kunde nicht rechnen[63]. Das „Einstrukturieren der Bruttomarge in die Risikostruktur des Swap-Vertrags" könne der Kunde „bei der gebotenen normativ-objektiven Betrachtungsweise unabhängig von den Bedingungen des Swapgeschäfts nicht erkennen"[64]. Allein hieraus folge aber der „schwerwiegende Interessenkonflikt, über den aufzuklären ist"[65].

Es erscheint müßig, die Kritik an diesen Prämissen der „Marktwert-Rechtsprechung", die u.a. der Verfasser mehrfach geäußert hat[66], im Einzelnen zu wiederholen. Sie hat zwar in der Sache nach Meinung des Autors nichts an Berechtigung verloren. Eine „normativ-objektive Betrachtungsweise", die unterstellt, Kreditinstitute wetteten beim Abschluss von Termingeschäften gegen ihre Kunden und würden von diesen als „Wettgegner" mit gegenläufigen Interessen wahrgenommen, vernachlässigt die Lebenswirklichkeit[67] und trägt nicht zur Überzeugungskraft der auf dieser Basis gewonnenen Rechtsgrundsätze bei[68]. Für die Praxis der Auseinandersetzungen über verlustbringende Swapgeschäfte ist dies seit dem Urteil des Bundesgerichtshofs vom 28. April 2015 aber wohl nicht mehr von Bedeutung. Sie werden auf Grundlage der Erwägungen entschieden werden, die der Bundesgerichtshof in Tz. 38 ff. des Urteils bestätigt und präzisiert hat.

2.2.4 Grenzen der „Marktwert-Rechtsprechung" – Was ist eine „spekulative Wette"?

Zu den Schlussfolgerungen, die aus dem vorstehend skizzierten Begründungsansatz des Bundesgerichtshofs für den sachlichen Anwendungsbereich der

---

63 BGH a.a.O. Tz. 38; zuvor bereits *Ellenberger* in Ellenberger/Schäfer/Clouth/Lang, Praktikerhandbuch Wertpapier- und Derivategeschäft, 4. Aufl. 2011, S. 396 Rn. 1055 und *Schmieder* a.a.O.

64 BGH a.a.O. Tz. 38.

65 BGH a.a.O. Tz. 39.

66 *Clouth* in Ellenberger/Schäfer/Clouth/Lang, Praktikerhandbuch Wertpapier- und Derivategeschäft, 4. Aufl. 2011, S. 466 ff., 485 ff.; *ders.* ZHR 177 (2013), 212, 250 ff.; *ders.* WuB 2015, 63, 65; ferner *Grigoleit* in: Habersack/Mülbert/Nobbe/Wittig, Bankrechtstag 2012, 2013, S. 25, 48 ff.; *ders.* ZHR 177 (2013), 264, 295 f.; *Kropf* ZIP 2013, 401, 403, 405; jüngst *Zoller* NJW 2015, 2220, 2222.

67 Dabei wird auch die Funktion, die dem Abschluss von Hedge-Geschäften zukommt, missverstanden, wenn man diesen Vorgang als bloßes Mittel der Gewinnrealisierung interpretiert, das es der Bank ermöglicht, einen zuvor zu ihren Gunsten in das Kundengeschäft „einstrukturierten" Vorteil am Markt zu „verkaufen", s. im Einzelnen *Clouth* ZHR 177 (2013), 212, 252 ff.

68 Siehe auch die Kritik von *Winter* an der „Fiktion des objektiv-normativen Anlegers" in WM 2014, 1606, 1609 f.

„Marktwert-Rechtsprechung" zu ziehen sind, gehört zum einen, dass es für das Bestehen oder Nichtbestehen der Aufklärungspflicht über den „anfänglichen negativen Marktwert" eines Swapgeschäfts nicht auf die Komplexität des Swap ankommen kann[69]. Denn das „Einpreisen der Bruttomarge" in die Konditionen des Swap ist „kein Spezifikum" komplex strukturierter Swapgeschäfte[70].

Ebenso zwingend folgt aus der „Wett- und Wettgegnerthese" des Bundesgerichtshofs, dass eine beratungsvertragliche Pflicht zur Aufklärung über den „anfänglichen negativen Marktwert" eines Swap dann nicht besteht, wenn dessen Abschluss aus Sicht des Kunden nicht darauf abzielt, eine offene Risikoposition aus einer „spekulativen Wette" zu übernehmen[71]. Dies hat der Bundesgerichtshof in Tz. 42 des Urteils vom 28. April 2015 explizit für den Fall ausgesprochen, dass „die beratende Bank zu Swap-Geschäften rät, die der Absicherung gegenläufiger Zins- oder Währungsrisiken aus konnexen Grundgeschäften dienen"[72]. Denn – so der Bundesgerichtshof – „existiert ein konnexes Grundgeschäft mit gegenläufigem Risiko, dient ein Zinssatz-Swap-Vertrag nicht der spekulativen Übernahme einer offenen Risikoposition, sondern bezweckt allein den „Tausch" einer variabel verzinslichen Mittelaufnahme in eine festverzinsliche Verschuldung unter gleichzeitigem Verzicht auf die Teilhabe an einer günstigen Entwicklung des Zinsniveaus"[73].

Bei dieser Formulierung hatte der Bundesgerichtshof ersichtlich die Kombination eines variabel verzinslichen Kredits mit einem Zahler-Zinssatz-Swap vor Augen, die – wirtschaftlich betrachtet – zu einem „synthetischen Festzinskredit" führt. Anhand eines Schaubilds lässt sich diese Konstellation wie folgt verdeutlichen[74]:

---

69 Dies hatten einige Oberlandesgerichte zuvor anders gesehen, so z.B. das OLG Nürnberg (Urteil vom 19. August 2013, 4 U 2138/12, Tz. 59, WM 2013, 1897, Vorinstanz zu BGH, Urteil vom 20. Januar 2015, XI ZR 316/13), das OLG München (Beschluss vom 9. August 2012, 17 U 1392/12, Tz. 13, 17, BKR 2012, 468; Urteil vom 9. April 2014, 7 U 3838/13, Tz. 34, WM 2014, 1581; Urteil vom 16. Juli 2014, 7 U 3548/13, Tz. 28 ff.; Urteil vom 27. August 2014, 7 U 1701/13, Tz. 22 ff.) und das OLG Dresden (Urteil vom 19. August 2014, 5 U 958/13, S. 24, unveröffentlicht). Diese Rechtsprechung ist seit dem Urteil des BGH vom 28. April 2015 überholt.

70 BGH, Urteil vom 28. April 2015, XI ZR 378/13, Tz. 39.

71 Formulierung in Anlehnung an die Wortwahl von *Schmieder* WuB I G 1.-16.12, S. 721, 724, deren Argumentation der BGH in Tz. 42 des Urteils vom 28. April 2015 aufgreift.

72 A.a.O. Tz. 42.

73 A.a.O. Tz. 42.

74 Der „Festsatz" des Swap und die Zinsmarge des Darlehens, die im Schaubild angenommen werden, sind fiktiv. Die Darlehenssumme und der Bezugsbetrag des Swap sollen übereinstimmen, dabei kann es sich entweder um ein endfälliges Darlehen, dessen Betrag sich über die Laufzeit nicht ändert, oder ein Tilgungsdarlehen handeln. Beide Tilgungsvarianten des Darlehens lassen

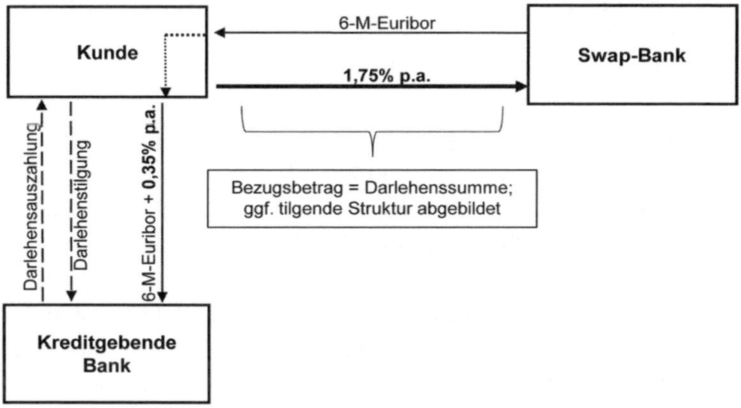

Die im Schaubild als „Kunde" bezeichnete Vertragspartei hat bei der „kreditgebenden Bank", die mit der „Swap-Bank" identisch sein kann, aber nicht sein muss, entweder bereits das skizzierte Darlehen aufgenommen oder beabsichtigt, ein solches Darlehen aufzunehmen. Für diesen Kredit seien eine (Rest-) Laufzeit von acht Jahren und eine ratierliche Tilgung auf null zum Laufzeitende unterstellt. Das Darlehen ist „variabel verzinslich"[75] ausgestaltet, der zu entrichtende Vertragszins entspricht dem jeweiligen 6-Monats-Euribor zuzüglich einer vertraglich fixierten Kreditmarge von 0,35% p.a. Durch den Abschluss des Zahler-Zinssatz-Swap, dessen Laufzeit ebenfalls mit acht Jahren vereinbart wird und dessen Bezugsbetrag die Tilgungsstruktur des Darlehens abbildet, „tauscht" der Kunde – bei wirtschaftlicher Betrachtung – die variable Zinsbelastung aus dem Kredit gegen eine feste „Verzinsung" (hier: 2,10% p.a.) aus, die sich aus dem „Festsatz" des Swap (hier: 1,75% p.a.) und der Marge des variabel verzinslichen Kredits (hier: 0,35% p.a.) zusammensetzt, ohne etwas am Fortbestand des Darlehens zu ändern. Der „6-Monats-Euribor", den der Kunde „im Kredit" als Zins schuldet und „im Swap" als „variablen Betrag" erhält, wird auf diese Weise in der

---

sich durch die Ausgestaltung des Bezugsbetrags „im Swap" abbilden. Ein anschauliches „reales" Beispiel für einen derartigen „synthetischen Festzinskredit" bietet beispielsweise der Sachverhalt, der dem Urteil des OLG Stuttgart vom 27. Juni 2012 (9 U 140/11, WM 2012, 1829) zugrunde lag.

75 Rechtlich handelt es sich nicht um ein Darlehen mit veränderlichem Zinssatz im Sinne von § 489 Abs. 2 BGB, sondern um ein Darlehen mit gebundenem Sollzinssatz im Sinne von § 489 Abs. 1 Nr. 1, 2. HS BGB, dessen Sollzinsbindung vor der für die Rückzahlung bestimmten Zeit endet und in regelmäßigen Abständen angepasst wird, s. MüKoBGB-*Berger*, 6. Aufl. 2012, § 489 Rn. 9; *Lange* in Nobbe (Hrsg.), Kommentar zum Kreditrecht, 2. Aufl. 2012, § 489 Rn. 8.

Gesamtposition aus Darlehen und Swap zu einem reinen „Durchlaufposten“, der sich „herauskürzt“[76].

Das vom Bundesgerichtshof bereits in der „CMS Spread Ladder Swap-Entscheidung“ vom 22. März 2011 erwähnte[77] und im Urteil vom 28. April 2015 erneut aufgegriffene „klassische“ Beispiel des „synthetischen Festzinskredits“ verdeutlicht anschaulich den wesentlichen Effekt, den die grundgeschäftsbezogene Nutzung eines Swapgeschäfts mit Blick auf Kreditverbindlichkeiten hat: Finanz-Swaps ermöglichen es, die Entscheidung über die Mittelaufnahme (Abschluss des Darlehens) von der Entscheidung über die konkrete Ausgestaltung der Verschuldung („Finanzierungsentscheidung“) zu trennen[78] und letztere – im Rahmen des Zinsrisikomanagements – gesondert, gegebenenfalls zeitlich versetzt zu treffen[79]. Gegenstand der „Finanzierungsentscheidung“ ist dabei neben der Art der Verzinsung (variabel oder fest) und der Zinsbindungsdauer insbesondere auch die Währung, in der die Verschuldung erfolgen soll. Jeder dieser Parameter kann mit Hilfe von Finanz-Swaps gesteuert und nachträglich „umgestaltet“ werden. So lässt sich etwa ein ursprünglich in fremder Währung aufgenommener Kredit durch die Kombination mit einen Währungs-Swap auf ein „synthetisches EUR-Darlehen“ umstellen. In gleicher Weise ist es möglich, einen EUR-Kredit und einen Währungs-Swap so zu kombinieren, dass bei wirtschaftlicher Betrachtung ein „synthetischer Fremdwährungskredit“ entsteht. Beide Konstellationen sollen im Folgenden kurz anhand von Beispielen skizziert werden.

Angenommen, ein Unternehmen hätte Ende Juni 2005 bei einem EUR/CHF-Wechselkurs von 1,55 CHF/EUR zur Finanzierung eines Investitionsvorhabens in Höhe von 10.000.000 EUR einen endfälligen CHF-Kredit über 15.500.000 CHF mit einer Laufzeit von zehn Jahren und einem Festzins von 2,40% p.a. aufgenommen. Nachdem der Euro gegenüber dem Schweizer Franken im Juni 2007 auf 1,65

---

76 Fasst man die Zinszahlung aus dem Darlehen und die Zahlungen aus dem Swap zusammen, ergibt sich für den Kunden folgendes Bild, wobei (-) für eine von ihm zu leistende Zahlung steht: -(6-Monats-Euribor + 0,35%) [aus dem Kredit] + 6-Monats-Euribor [aus dem Swap] – 1,75% [aus dem Swap] = -0,35% - 1,75% = - 2,10% = „synthetischer Festzins“ von 2,10% p.a.

77 XI ZR 33/10, dort Tz. 26.

78 Siehe nur *Rudolph/Schäfer*, Derivate Finanzinstrumente, 2. Aufl. 2010, S. 10; aus der älteren wirtschaftswissenschaftlichen Literatur: *Lassak*, Zins- und Währungsswaps, Frankfurt 1988, S. 77; im rechtswissenschaftlichen Schrifttum hat u.a. *Decker* (WM 1990, 1001, 1003) auf diese Zusammenhänge bereits frühzeitig hingewiesen.

79 Die Gestaltungmöglichkeiten des Kreditnehmers als „Schuldenportfolio-Verwalter“ werden auf diese Weise erheblich erweitert. Er kann durch den Abschluss von Swapgeschäften nicht zuletzt auch euine frühere, bei der Mittelaufnahme getroffene „Finanzierungentscheidung“ während der Laufzeit des Kredits wieder ändern, ohne in den rechtlichen Bestand des Kredits oder „Kreditportfolios“ eingreifen zu müssen.

CHF/EUR aufgewertet hatte, beschloss das Unternehmen, den laufenden Kredit unter „Festschreibung" des bislang erzielten Währungsgewinns auf EUR-Basis fortzuführen und schloss hierzu mit seiner Hausbank einen auf die Restlaufzeit des CHF-Darlehens abgestimmten achtjährigen EUR/CHF Währungs-Swap mit Bezugsbeträgen von 15.500.000 CHF und 9.394.000 EUR[80] ab[81]. Im Schaubild stellt sich der hieraus resultierende „synthetische EUR-Festzinskredit" wie folgt dar:

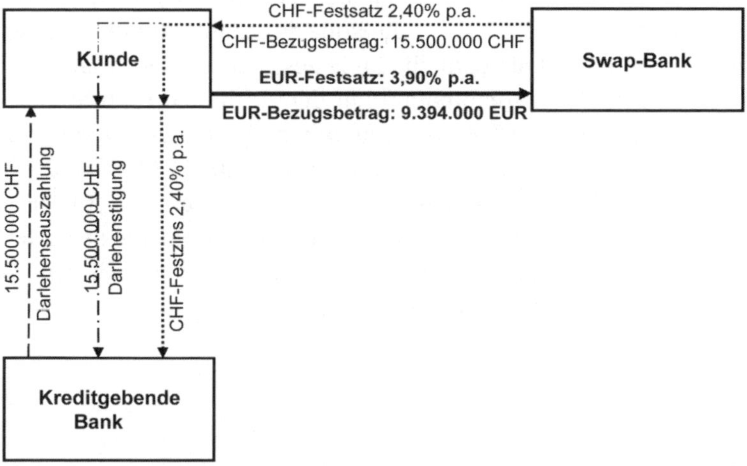

Das korrespondierende Beispiel eines „synthetischen CHF-Fremdwährungskredits" orientiert sich an dem Sachverhalt einer aktuellen Entscheidung des LG Köln[82]. Hier hatte ein Kunde, der im November 2005 an einer Anschlussfinanzierung für ein bestehendes CHF-Darlehen interessiert war, nach Beratung durch das beklagte Kreditinstitut folgende Gestaltung[83] gewählt:

---

80 Dies entspricht dem für den Abschluss angenommenen EUR/CHF Kurs von 1,65 CHF/EUR.

81 Im Rahmen dieses „EUR/CHF Währungs-Swap fest/fest" ist das Unternehmen „Zahler des EUR-Festsatzes" und zahlt zudem am „Enddatum" des Swap den EUR-Bezugsbetrag von 9.394.000 EUR an die andere Swappartei, die Swap-Bank. Diese ist „Zahler des CHF-Festsatzes" und leistet am „Enddatum" des Swap den „CHF-Bezugsbetrag" an das Unternehmen, das hiermit den CHF-Kredit bei der kreditgebenden Bank tilgt.

82 Urteil vom 11. August 2015, 21 O 328/14, unveröffentlicht.

83 Der Grund dafür, dass die Bank dem Kunden anstelle eines erneuten „originären" CHF-Festzinskredits einen „synthetischen CHF-Festzinskredit" anbot, kann u.a. darin liegen, dass die „synthetische" Variante kostengünstiger darstellbar war als eine unmittelbar zu einem festen Zinssatz in Schweizer Franken erfolgende Mittelaufnahme, vgl. hierzu *Rudolph/Schäfer*, Derivate Finanzinstrumente, 2. Aufl. 2010, S. 9.

Der Kunde nahm bei der beklagten Bank einen endfälligen EUR-Kredit mit einer Laufzeit von 9,5 Jahren und einem variablen Vertragszins von „3-Monats-Euribor + 0,236%" über 542.083 EUR auf. Dieser Darlehensbetrag entsprach bei dem damaligen EUR/CHF-Wechselkurs von 1,5506 CHF/EUR der (Rest-)Valuta des abzulösenden CHF-Darlehens in Höhe von 840.554 CHF und wurde – nach Konvertierung in Schweizer Franken – zur Rückführung dieses Kredits genutzt. Gleichzeitig schloss der Kunde mit der Bank einen laufzeitkongruenten EUR/CHF Zins- und Währungs-Swap mit entsprechenden Bezugsbeträgen (840.554 CHF und 542.083 EUR) ab, bei dem er die Rolle des „Zahlers der Festbeträge" (in Schweizer Franken)[84] und die Bank die Rolle des „Zahlers der variablen Beträge (in Euro) übernahmen. In Kombination mit dem EUR-Kredit führte dies - wirtschaftlich – zu dem gewünschten „synthetischen CHF-Festzinskredit", aus dem der Kunde im Mai 2015 die „(Rück-")Zahlung" von 840.554 CHF[85] und während der Laufzeit „feste Zinsen" schuldete, deren Höhe sich aus dem „CHF-Festsatz" des Swap von 2,81% p.a. auf 840.554 CHF und der Kreditmarge des EUR-Darlehens von 0,236% p.a. auf 542.083 EUR errechnete. Skizziert man diesen „synthetischen CHF-Festzinskredit", ergibt sich folgendes Schaubild:

84 Der „Festsatz" in Schweizer Franken wurde mit 2,81% p.a. vereinbart, der „variable Satz" in Euro entsprach dem jeweiligen „3-Monats-Euribor". Im Rahmen des vereinbarten „Schlusstauschs" verpflichtete sich der Kunde zur Zahlung des „CHF-Bezugsbetrags" (840.554 CHF) an die Bank, die ihrerseits den „EUR-Bezugsbetrag" (542.083 EUR) an den Kunden zahlen musste. Eine Musterbestätigung für einen derartigen „Zinssatz- und Währungsswap" ist abgedruckt bei *Clouth/Vollmuth*, in Hopt, Vertrags- und Formularhandbuch, 4. Aufl. 2013, OTC-Derivatgeschäfte, Form. S.8.

85 Am 30. Mai 2015 (Fälligkeit des EUR-Darlehens und Enddatum des Swap) notierte der Schweizer Franken bei 1,034 CHF/EUR, d.h. die „(Rückzahlungs-)Summe" von 840.554 CHF, die der Kunde schuldete, entsprach nicht mehr dem ursprünglichen Darlehensbetrag von 542.083 EUR, sondern einem Betrag von 812.915 EUR, was einem Mehraufwand für die „Tilgung" von 270.832 EUR entsprach. In diesem Punkt realisierte sich aber kein „swapspezifisches" Verlustrisiko, sondern „lediglich" das Fremdwährungsrisiko, das jeder Schuldner eines Fremdwährungsdarlehens trägt.

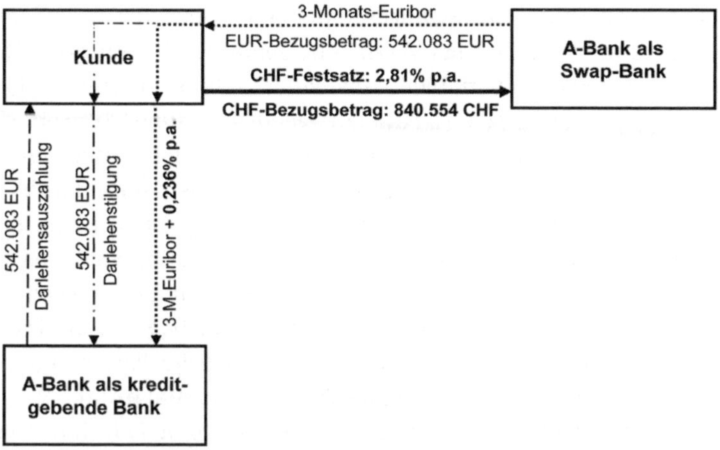

Die grundgeschäftsbezogene Verwendung von Finanz-Swaps ist zudem keineswegs auf den Bereich des „Schuldenmanagements" beschränkt. Die „Swap-Technik" erlaubt vielmehr in gleicher Weise unter anderem die aktive Steuerung von Zinspositionen der Anlageseite[86]. So kann etwa der Inhaber einer festverzinslichen Schuldverschreibung seine festen Zinserträge durch Abschluss eines Zahler-Zinssatz-Swap – wiederum wirtschaftlich betrachtet – gegen variable „Zinsen" aus einer „synthetischen Floating Rate Note" „austauschen", ohne das zugrunde liegende festverzinsliche Wertpapier veräußern zu müssen. Im Schaubild stellt sich dieser „synthetische Floater" wie folgt dar:

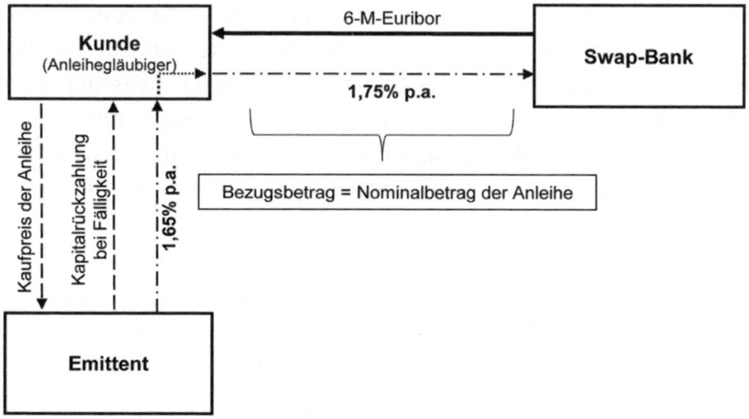

86 Sog. „Asset Swap", s. *Jahn*, Außerbörsliche Finanztermingeschäfte, in Schimansky/Bunte/Lwowski, 4. Aufl. 2011, § 114 Rn. 3; *Rudolf*, Finanzderivate, in Kümpel/Wittig, Bank- und Kapitalmarktrecht, 4. Aufl. 2011, Rn. 19.130.

Durch den Abschluss des Swapgeschäfts „korrigiert“ der Anleihegläubiger seine Entscheidung für eine feste Verzinsung seiner Kapitalanlage in Höhe von 1,65% p.a. zugunsten einer variablen Verzinsung in Höhe von „6-Monats-Euribor minus 0,10% p.a.“, ohne seine „Mittelanlageentscheidung“ (Erwerb der konkreten Anleihe eines bestimmten Emittenten) rückgängig zu machen, d.h. die Anleihe zu veräußern. Dies kann etwa dadurch motiviert sein, dass der Kunde einen Anstieg der Marktzinsen erwartet. Sollte diese Entwicklung eintreten, würde er hieran im Rahmen seiner „synthetischen Floating Rate Note“ partizipieren. Der Kursverlust seiner – in diesem Fall relativ zu niedrig verzinslichen - Fixkuponanleihe würde durch den gleichzeitigen Anstieg des Marktwerts des Zahler-Zinssatz-Swap kompensiert. Diese Möglichkeit der Partizipation an steigenden Zinsen und des Schutzes vor einer Vermögenseinbuße durch Kursverluste hat der Kunde aber dadurch „erkauft“, dass er nunmehr im Fall eines – entgegen seinen Erwartungen – fallenden Zinsniveaus dem Risiko geringerer Zinseinnahmen ausgesetzt ist und an Kursgewinnen seiner Anleihe nicht teilhaben kann, da gleichzeitig der Marktwert des Swap sinkt. Der Kunde hat mit anderen Worten die typischen Risiken und Chancen einer festverzinslichen Anleihe gegen die charakteristischen Risiken und Chancen einer variabel verzinslichen Anleihe „getauscht“.

Mit der „reinen Zins-“ oder „Währungs-Wette“ eines spekulativ ausgerichteten Kapitalanlegers hat keine der vorstehend skizzierten Konstellationen etwas zu tun. Der Kunde, der Finanz-Swaps in der dargestellten Weise grundgeschäftsbezogen nutzt, zielt gerade nicht auf isolierte „Wettgewinne“. Es geht ihm nicht um die „Investition von Finanzmitteln“[87] im Wege der Terminspekulation. Sinn und Zweck der geschilderten grundgeschäftsbezogenen Nutzung von Swapgeschäften im Rahmen des „Schuldenmanagements“ ist vielmehr die Ausgestaltung bestehender oder geplanter Finanzierungen. Das Swapgeschäft steht dabei nicht „für sich alleine“, sondern ist Teil der „Finanzierungsentscheidung“ des Nutzers, der mit seiner Hilfe die Parameter seiner Verschuldung (Art der Verzinsung, Zinsbindungsdauer, Verschuldenswährung) steuert[88]. Nichts anderes gilt,

87 Die „Investition von Finanzmitteln durch den Anleger“ ist der charakteristische „Gegenstand einer Anlageberatung“, so wörtlich BGH, Urteil vom 1. Juli 2014, XI ZR 247/12, Tz. 21, bei der Abgrenzung der „Anlageberatung“ von der „Finanzierungsberatung“.

88 Lässt sich der Kunde, der diese Entscheidung im Rahmen seines „Schuldenmanagements“ treffen muss, hierbei von einem Kreditinstitut beraten, geht es der Sache nach nicht um eine Anlage-, sondern um eine Finanzierungsberatung. Dementsprechend hat auch das OLG Düsseldorf in seinem Beschluss vom 19. Januar 2015 (14 U 113/14, dort Tz. 11, zitiert nach juris) die dort zu entscheidende Frage, ob es zwischen den Parteien des Rechtsstreits im Zusammenhang mit dem Angebot eines „synthetischen Festzinskredits“ (variabel verzinsliches Darlehen plus wenn Swapgeschäfte mit Bezug auf Grundgeschäfte der „Anlageseite" eingesetzt werden. Auch in diesem Fall schließt der Nutzer Swapgeschäfte nicht als „eigenständige" und isoliert zu betrachtende spekulative Kapitalanlage, sondern zur Aus- und Umgestaltung eines zugrunde liegenden anderen Investments ab.

Deutlich werden diese Unterschiede zwischen grundgeschäftsbezogener Nutzung und „reiner Wette" etwa dann, wenn man den „konnexen" EUR/CHF Währungs-Swap, über den das LG Köln[89] zu entscheiden hatte, mit dem als „spekulative Wette" gewerteten CHF/TRY Währungs-Swap vergleicht, der den Gegenstand des Urteils des Bundesgerichtshofs vom 20. Januar 2015 bildete[90] und der sich im Schaubild wie folgt darstellt:

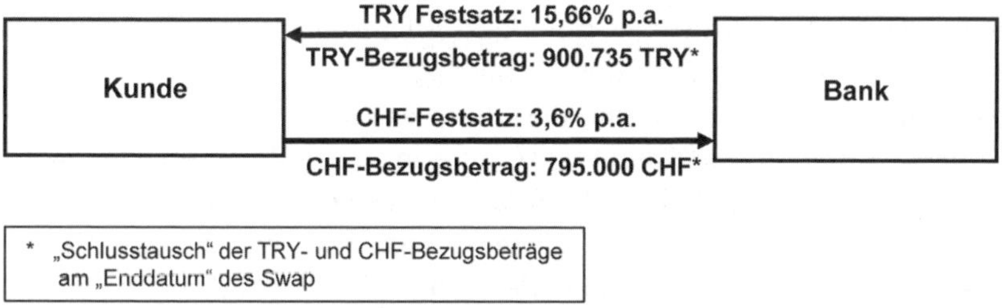

Während der EUR/CHF Währungs-Swap Fall des LG Köln aus Sicht des dortigen Kunden integraler Bestandteil der von ihm gewünschten Finanzierung war und allein dazu diente, die Verzinsungsart („Festzins") und die Verschuldenswährung („CHF") der geplanten Mittelaufnahme zu gestalten, bestand im Fall, der dem Bundesgerichtshof vorlag, kein derartiger Zusammenhang. Der dortige Kläger hatte den im Streit stehenden CHF/TRY-Währungs-Swap vielmehr isoliert und ausschließlich deshalb abgeschlossen, weil das Swapgeschäft ihm die spe-

---

Zahler-Zinssatz-Swap) zu einem Beratungsvertrag gekommen war, zutreffend ausschließlich unter dem Gesichtspunkt einer „Finanzierungsberatung" erörtert. Zur Finanzierungsberatung s. BGH, Urteil vom 1. Juli 2014, XI ZR 2014, XI ZR 247/12, Tz. 20 ff., WM 2014, 1621, vgl. auch BGH, Urteil vom 29. November 2011, XI ZR 220/10, Tz. 39, WM 2012, 30.

89 Oben Fn. 82.

90 XI ZR 316/13; zur Ausgestaltung des mit einer Laufzeit von drei Jahren vereinbarten Swap dort Tz. 3: Der Kunde war „Zahler der Festbeträge" in CHF, die nach einem „Festsatz" von 3,6% p.a. auf den „CHF-Bezugsbetrag" von 795.000 CHF ermittelt wurden. Die Bank hatte sich im Gegenzug als „Zahler der Festbeträge" in TRY zu Zahlungen verpflichtet, die auf der Grundlage eines „Festsatzes" von 15,66% p.a. auf den „TRY-Bezugsbetrag" von 900.735 TRY ermittelt wurden. Im Rahmen des „Schlusstauschs" der Bezugsbeträge am „Enddatum" des Swap musste der Kunde 795.000 CHF, die Bank 900.735 TRY zahlen. Die beiden Bezugsbeträge waren dabei auf der Grundlage des CHF/TRY-Wechselkurses im Zeitpunkt des Vertragsschlusses von 1,133 TRY/CHF festgelegt worden.

kulative Chance bot, ohne bzw. mit verhältnismäßig geringem Kapitaleinsatz[91] unter Übernahme des CHF/TRY-Währungsrisikos von der deutlichen Zinsdifferenz zu profitieren, die zwischen der türkischen Lira als „Hochzinswährung“ und dem Schweizer Franken als „Niedrigzinswährung“ bestand. Es handelte sich um eine bewusste „Positionierung“ gegenüber einem konkreten Marktpreisrisiko, nämlich dem Risiko einer deutlichen Aufwertung des Schweizer Franken gegenüber der türkischen Lira, das der Kunde gezielt übernahm, um seine individuelle Erwartung, dass es während der Laufzeit des Swap nicht seiner solchen Wechselkursentwicklung kommen würde, in einen (Spekulations-)Gewinn umzusetzen. Damit ging es ihm um genau den Effekt, den der Bundesgerichtshof als „spekulative Übernahme einer offenen Risikoposition“[92] beschreibt und an den die Einordnung als „spekulative Wette“ anknüpft. Alleiniges (Anlage-)Ziel des Kunden war eine „Geldanlage“ in Form der „Terminspekulation“[93].

Geht man von der Annahme des Bundesgerichtshof aus, der Kunde verstehe diese Situation als „Wette“ gegen die in der Rolle einer „Wettgegnerin“ agierende Bank, die ausschließlich an einem etwaigen Verlust verdient, den er aus der „Wette“ erleidet[94], mag für eine solche Sachverhaltskonstellation die Schlussfolgerung gerechtfertigt sein, der Kunde, der im obigen Sinne eine „faire Wette“ erwarte[95], sei über „das Einpreisen der Bruttomarge in die Risikostruktur des Swap-Geschäfts“[96] aufzuklären. Auf Sachverhalte, die außerhalb der so verstandenen Konstellation einer „reinen Wette“ liegen, sind diese Erwägungen aber nicht übertragbar. Mit Blick auf die vorstehend anhand von Beispielen skizzierten „konnexen Swaps“ ergibt sich dies - nicht zuletzt bei der vom Bundes-

91 Die wechselseitigen Zahlungen aus dem Swapgeschäft waren – termingeschäftstypisch- nicht bei Vertragsschluss, sondern über die Vertragslaufzeit („Festbeträge“) bzw. am Laufzeitende („Schlusstausch“) zu leisten. Der Kläger musste lediglich insoweit „Kapital aufwenden“, als er das Guthaben auf seinem TRY-Fremdwährungskonto, auf das die Bank die von ihr geschuldeten TRY-Zahlungen leistete, verpfändete, s. BGH, Urteil vom 20. Januar 2015, XI ZR 316/13, Tz. 4.

92 BGH, Urteil vom 28. April 2015, XI ZR 378/13, Tz. 42; vgl. *Schmieder* WuB I G 1.-16.12, S. 721, 724

93 Wirtschaftlich betrachtet, hätte der Kläger für seine „Anlagestrategie“ auch den Weg einer „klassischen Kassa-Zinsdifferenzspekulation“ wählen können. Hierzu hätte er aber einen förmlichen Kredit in der Niedrigzinswährung (CHF) aufnehmen und das so zur Verfügung stehende Kapital in eine Schuldverschreibung investieren müssen, die auf die Hochzinswährung (TRY) lautet; zu einer solchen Konstellation s. BGH, Urteil vom 27. Februar 1996, XI ZR 133/95, WM 1996, 664).

94 BGH, Urteil vom 22. März 2011, XI ZR 33/10, Tz. 34; BGH, Urteil vom 20. Januar 2015, XI ZR 316/13, Tz. 31; BGH, Urteil vom 28. April 2015, XI ZR 378/13, Tz. 38.

95 *Schmieder* WuB I G 1.-16.12, S. 721, 723/24; s. auch *Lehmann* JZ 2011, 749, 751 „ehrliche Wette“.

96 BGH, Urteil vom 28. April 2015, XI ZR 378/13, Tz. 38.

gerichtshof angewandten „normativ-objektiven Betrachtungsweise“[97]- schon aus der völlig anders gelagerten Motivation der Kunden, die Swap- und andere Derivatgeschäfte zur Ausgestaltung von Grundgeschäften nutzen[98].

Für die Abgrenzung des „spekulativen Wett-Swap“ von einem Swapgeschäft, dem „ein konnexes Grundgeschäft zugeordnet ist“[99] und das aus diesem Grund nicht der „Marktwert-Rechtsprechung“ unterfällt, kann es dabei entgegen der insoweit missverständlich engen Formulierung in Tz. 42 des Urteils vom 28. April 2014 nicht entscheidend darauf ankommen, ob das Swapgeschäft der „Absicherung gegenläufiger Zins- oder Währungsrisiken“ aus dem oder den Grundgeschäft(en) dient. Die „Konnexität“ zwischen Swap und Grundgeschäft, die es ausschließt, das Swapgeschäft isoliert zu betrachten und als reine „spekulative Wette“ anzusehen, besteht auch dann, wenn das „synthetische Kombinationsprodukt“ aus Swap und Grundgeschäft im Ergebnis mit einem anderen Risiko behaftet ist, als das „Ausgangsgeschäft“. Beispiele hierfür sind die „Umwandlung“ eines EUR-Festzinskredits in einem „synthetischen EUR-Kredit mit variablem Zinssatz“[100] oder der „Tausch“ der Verschuldenswährung im Zuge des oben skizzierten „synthetischen Fremdwährungskredits“[101]. Ebenso wenig wie der „originäre“ Abschluss eines variabel verzinslichen Darlehens oder die Aufnahme eines Fremdwährungskredits eine „reine Zins- bzw. Währungswette“ darstellen, würde eine solche Würdigung den – wirtschaftlich gleichwertigen – Sachverhalten gerecht, bei denen derartige Darlehen „synthetisch“ als „Kombinationsprodukte“ unter Nutzung der „Swap-Technik“ gestaltet werden. Der Umstand,

97 U.a. BGH, Urteil vom 28. April 2015, XI ZR 378/13, Tz. 38.

98 Dem entspricht es, dass der BGH eine Übertragung der für die Kapitalanlageberatung entwickelten Grundsätze zur Aufklärung über Rückvergütungen auf Sachverhalte der Finanzierungsberatung bereits ausdrücklich abgelehnt hat, s. BGH, Urteil vom 1. Juli 2014, XI ZR 247/12, Tz. 19 ff.

99 Die Formulierung ist dem dritten Leitsatz des Urteils vom 28. April 2015, XI ZR 378/13, entnommen.

100 Kombination eines Festzinskredits, aus dem der Kunden einen festen Zins schuldet, mit einem Empfänger-Zinssatz-Swap. Anders als in dem oben skizzierten Zahler-Zinssatz-Swap, der Teil eines „synthetischen Festzinskredits“ bildet (s. oben Text zu Fn. 77), ist hier „im Swap“ nicht der Kunde, sondern die Bank die Rolle des „Zahlers der Festbeträge“, während der Kunde an die Bank „variable Beträge“ auf der Grundlage eines Referenzzinssatzes, etwa des 6-Monats-Euribor leistet. In der Zusammenschau der Zinsbelastung aus dem Darlehen (z.B. 4% p.a.) und der Zahlungsströme aus dem Swap (z.B. 3% p.a. gegen 6-Monats-Euribor) ergibt sich für den Kunden – wirtschaftlich betrachtet – ein „variabler Zins“ in Höhe von „6-Monats-Euribor plus 1%“ p.a. (Zahlungen aus Sicht des Kunden: - 4% [aus dem Darlehen] + 3% - 6-Monats-Euribor [aus dem Swap]).

101 Oben Text zu Fn. 83.

dass das „kombinierte Endprodukt“ – etwa der „synthetische Fremdwährungskredit“ – ein Risiko aufweist, das dem Grundgeschäft isoliert betrachtet nicht innewohnte (im obigen Beispiel das EUR/CHF-Wechselkursrisiko), macht das ein „finanzierungsbezogenes Swapgeschäft“ jedenfalls dann nicht zur „spekulativen Wette“, wenn dieses Risiko in gleicher Weise auch mit dem Abschluss des „originären“ Finanzprodukts (hier eines CHF-Darlehens) verbunden gewesen wäre, dessen „Nachbildung“ („Duplikation“) die Kombination von Grundgeschäft und Swap gerade diente[102].

2.2.5 Inhaltliche Ausgestaltung der Pflicht zur Aufklärung über den „anfänglichen negativen Marktwert“

Ist nach den vorstehend skizzierten Grundsätzen eine Aufklärung über den „anfänglichen negativen Marktwert“ eines „spekulativen“ Swap beratungsvertraglich geschuldet, erfüllt die zu einem solchen Geschäft mit sich selbst ratende Bank ihre Aufklärungspflicht, wenn sie dem Kunden ihre Bruttomarge, die sie bei der Konditionengestaltung des Swap berücksichtigt, bekannt gibt[103]. Dies umfasst nach Auffassung des Bundesgerichtshofs auch die Information über deren Höhe[104].

Entgegen anderslautenden Auffassungen, die in der vor dem Urteil des Bundesgerichtshof vom 28. April 2015 ergangenen instanzgerichtlichen Rechtsprechung häufig zu finden waren[105], muss die Bank in diesem Rahmen aber weder ausdrücklich das Schlagwort „anfänglicher negativer Marktwert“ verwenden, noch bedarf es gar des – sachlich unrichtigen – Hinweises, der Kunde stelle sich

---

102 Das LG Köln hat in seinem Urteil vom 21. August 2015 (oben Fn. 82) dementsprechend zu Recht die Anwendbarkeit der „Marktwert-Rechtsprechung“ auf den vom dortigen Kläger abgeschlossenen EUR/CHF Zins- und Währungs-Swap verneint. Soweit die Kammer dabei unter Berufung auf Tz. 42 des Urteils des BGH vom 28. April 2015 zur Begründung darauf verweist, der Kläger habe mittels des Swap seinen variabel verzinslichen Kredit in eine festverzinsliche Verschuldung „getauscht“ und sich damit gegen das Zinsänderungsrisiko des 3-Monats-Euribor abgesichert, ist dies zwar richtig. Des Rückgriffs auf den (teilweisen) Absicherungscharakter des Zins- und Währungs-Swap hätte es aber nicht bedurft. Dass es sich bei dem in Rede stehenden Swapgeschäft nicht um eine „spekulative Wette“ im Sinne der „Marktwert-Rechtsprechung“ handelt, ergibt sich nach dem oben Gesagten vielmehr ohne Weiteres daraus, dass der Kunde den Swap zur Ausgestaltung einer Finanzierung abschloss, die – wirtschaftlich betrachtet – in Schweizer Franken erfolgen sollte.

103 BGH, Urteil vom 28. April 2015, XI ZR 378/13, Tz. 40.

104 BGH a.a.O. Tz. 41.

105 Nachweise oben in Fn. 33.

mit dem Abschluss eines Swapgeschäfts, das einen „anfänglichen negativen Marktwert“ aufweist, gegen eine „Misserfolgs-Erwartung“ oder „Prognose“ des Marktes. Derartigen – schon im rein Tatsächlichen begründeten – Fehlvorstellungen ist der Bundesgerichtshof, wie bereits dargestellt, in seinen beiden Urteilen vom 20. Januar 2015 und 28. April 2015 entgegengetreten[106]. In der Sache muss der Kunde bei Bestehen einer Aufklärungspflicht „lediglich“ darüber informiert werden, dass und in welcher Höhe die Bruttomarge der Bank, deren „Spiegelbild“ der „anfängliche negative Marktwert“ ist, in die Bedingungen des Swapgeschäfts „eingepreist“[107] wurde.

Die – von einer Minderheit der Instanzgerichte und in der Literatur zuvor bestrittene[108] – Notwendigkeit, auch über die Höhe des „anfänglichen negativen Marktwerts“ aufzuklären, begründet der Bundesgerichtshof im Urteil vom 28. April 2015 ausdrücklich mit dem Hinweis auf seine gleichlautende Rechtsprechung in den anderen Fallgruppen eines „schwerwiegenden Interessenkonflikts“[109]. Wie bei den verschiedenen Konstellationen offenlegungspflichtiger Vertriebsprovisionen könne „der Kunde das eigene Interesse der Bank an der Empfehlung des Swap-Vertrags [nur bei Kenntnis auch der Höhe des anfänglichen negativen Marktwerts] richtig einschätzen“. Dieser bewusste „Gleichlauf“ zwischen den einzelnen Fallgruppen der „Interessenkonflikts-Rechtsprechung“ prägt, wie im Folgenden zu zeigen sein wird, generell die Haltung des Bundesgerichtshofs zu weiteren Detailfragen der „Marktwert-Rechtsprechung“.

2.2.6 Kausalitätsfragen im Zusammenhang mit der beratungsvertraglichen Pflicht zur Aufklärung über den „anfänglichen negativen Marktwert“

In vielen Rechtsstreiten, die derzeit über Fehlberatungsvorwürfe im Zusammenhang mit verlustbringenden Swapgeschäften geführt werden, steht dann, wenn ein Sachverhalt der „Marktwert-Rechtsprechung unterfällt, eine Pflichtverletzung des Kreditinstituts praktisch fest. Dies hat seinen Grund schlicht darin, dass die „Bekanntgabe“ der eigenen Bruttomarge, die der Bundesgerichtshof einer

106 Siehe hierzu oben Text zu Fn. 38 ff.

107 So die Formulierung in Tz. 80 des Urteils vom 28. April 2015, XI ZR 378/13.

108 *Lehmann* JZ 2011, 749, 751; *Clouth* ZHR 177 (2013), 212, 255 (dort Fn. 177) und 257 mit Nachweisen zur Rechtsprechung in Fn. 185; *ders.* WuB 2015, 258, 261.

109 BGH, Urteil vom 28. April 2015, XI ZR 378/13, Tz. 41, u.a. unter Hinweis auf die Leitentscheidungen zu „Rückvergütungen“ (Urteil vom 19. Dezember 2006, XI ZR 56/05, Tz. 24) und zur „doppelten“ Vergütung eines Kaufkommissionärs (Urteil vom 24. September 2013, XI ZR 204/12, Tz. 26).

anlageberatenden Bank bei der Empfehlung von ihr selbst angebotener Swapgeschäfte abverlangt, vor dem Urteil des Bundesgerichtshofs vom 22. März 2011 durchgängig nicht der Marktpraxis entsprach.

Bei dieser Sachlage wird nach der ständigen Rechtsprechung des Bundesgerichtshofs zugunsten des Kunden die Kausalität zwischen der Beratungspflichtverletzung der Bank und dem eingetretenen Schaden, d.h. hier dem Abschluss des in Rede stehenden Swapgeschäfts, vermutet. Diese sogenannte „Vermutung aufklärungsrichtigen Verhaltens“[110] versteht der XI. Zivilsenat des Bundesgerichtshofs als echte Beweislastumkehr[111], deren Eingreifen nicht (mehr) von dem Vorliegen eines „Entscheidungskonflikts“ auf Seiten des Kunden abhängig ist. Beruft sich das Kreditinstitut darauf, der (fehl-)beratene Kunde hätte das fragliche Swapgeschäft auch „bei Unterrichtung über das Einpreisen einer Bruttomarge als solcher und über die Höhe des eingepreisten Betrags abgeschlossen“, muss es dies darlegen und erforderlichenfalls beweisen.

Für eine schlüssige „Widerlegung der Kausalitätsvermutung“ reicht es dabei aus, wenn das Kreditinstitut die entscheidungserhebliche Tatsache – das Fehlen der haftungsbegründenden Kausalität zwischen Pflichtverletzung und Schaden – konkret behauptet und unmittelbar selbst zum Gegenstand eines Beweisantrags macht (etwa durch Parteivernehmung des Klägers). Um einen unbeachtlichen Ausforschungsbeweis handelt es sich dabei schon dann nicht, wenn die Bank Anhaltspunkte für diese Behauptung vorträgt, die es ausschließen, ihr Vorbringen als willkürliche Behauptungen „aufs Geratewohl“ oder „ins Blaue hinein“ zu werten[112]. Unabhängig hiervon ist die „Vermutung aufklärungsrichtigen Verhaltens“ auch mittels Indizien widerlegbar, wenn diese Hilfstatsachen einzeln oder zumindest in einer Gesamtschau zur Überzeugung des Gerichts belegen, dass eine unterbliebene oder unzureichende Aufklärung über den „anfänglichen

---

110 Siehe hierzu nur BGH, Urteil vom 8. Mai 2012, XI ZR 262/10, Tz. 27 ff. m.w.N., BGHZ 193, 159.

111 BGH a.a.O. Tz. 29; BGH, Beschluss vom 1. April 2014, XI ZR 171/12, Tz. 9, BKR 2014, 295; demgegenüber spricht etwa der III. Zivilsenat durchgängig von einer „tatsächlichen Vermutung“, s. BGH, Urteil vom 9. Februar 2006, III ZR 20/05, Tz. 23, WM 2006, 668; BGH, BGH, Urteil vom 8. Juli 2010, III ZR 249/09, Tz. 20, BGHZ 186, 152; Urteil vom 14. April 2011, III ZR27/10, Tz. 13, NJW-RR 2011, 1139; BGH, Urteil vom 4. Dezember 2014, III ZR 82/14, Tz. 12, WM 2015, 68.

112 Mit dieser Frage hat sich der Bundesgerichtshof im Rahmen der „Rückvergütungs-Rechtsprechung“ immer wieder beschäftigen müssen. Die einschlägigen Grundsätze ergeben sich aus dem Urteil vom 8. Mai 2012 (XI ZR 262/10, Tz. 38 ff.), zu dem mittlerweile über 40 Folgeentscheidungen vorliegen, in denen es jeweils darum ging, ob die Oberlandesgerichte die Anforderungen an den Vortrag der Kreditinstitute zur Widerlegung der Kausalitätsvermutung verkannt hatten, siehe aus jüngerer Zeit nur BGH, Urteil vom 4. Februar 2014, XI ZR 398/12, Tz. 15 ff., BKR 2014, 200 und BGH, Urteil vom 24. Februar 2015, XI ZR 202/13, Tz. 45, WM 2015, 1055 einerseits sowie BGH, Urteil vom 15. Juli 2014, XI ZR 418/13, Tz. 25 ff., WM 2014, 1670, andererseits.

negativen Marktwert“ für den Abschluss des in Rede stehenden Swapgeschäfts nicht ursächlich war[113].

In der Praxis wird in diesem Zusammenhang vielfach u.a. über zwei Aspekte gestritten: Zunächst geht es darum, dass den klagenden Kunden zwar regelmäßig die konkrete Höhe der Bruttomarge, die das Kreditinstitut bei seiner Preisstellung für das in Streit stehende Swapgeschäft berücksichtigte, nicht bekannt war, sie aber häufig sehr wohl darüber informiert waren, wie die Konditionengestaltung außerbörslicher Derivatgeschäfte grundsätzlich funktioniert. Entsprechendem substantiierten Vortrag der Bank dahin gehend, der Kunde habe - etwa weil er sich danach erkundigt habe, auf welche Weise die Bank an dem Swapgeschäft verdient – Kenntnis davon gehabt, dass in die Konditionen des Swap die aus Kosten und Gewinn bestehende Bruttomarge der Bank „eingepreist“ wird, müssen die Tatgerichte nach den vorstehend skizzierten Grundsätzen nachgehen. Die bislang abweichende Handhabung einer Reihe von Instanzgerichten hat der Bundesgerichtshof im Urteil vom 28. April 2015[114] korrigiert. Sie beruhte im Wesentlichen auf der schon in tatsächlicher Hinsicht unzutreffenden Prämisse, der „anfängliche negative Marktwert“ eines Swap sei etwas anderes und mehr als das „Spiegelbild der Bruttomarge“. Ausgehend hiervon wurde zur Widerlegung der „Vermutung aufklärungsrichtigen Verhaltens“ Vortrag des Inhalts verlangt, der Kunde hätte den Swap auch abgeschlossen, wenn er die vermeintliche negative Erwartungshaltung „des Marktes“ gekannt hätte[115].

Der andere Aspekt, der in den gerichtlichen Auseinandersetzungen unter Kausalitätsgesichtspunkten regelmäßig eine Rolle spielt, ist die von Beklagtenseite eingewandte „Rosinenpickerei“ solcher Kunden, deren Klagen sich – gestützt auf die unzureichende Aufklärung über das Phänomen des „anfänglichen negativen Marktwert“ – nur gegen einzelne von mehreren Swapgeschäften richten, die sie mit der Bank abgeschlossen hatten. Da das Einpreisen einer Bruttomarge und der dies widerspiegelnde „anfängliche negative Marktwert“ der absolute Normalfall jedes Swapgeschäfts ist, das Kreditinstitute mit Kunden abschließen[116],

---

113 Siehe nur BGH, Urteil vom 8. Mai 2012, XI ZR 262/10, Tz. 42 ff. sowie die dies bestätigenden Urteile vom 28. Mai 2013 in den Sachen XI ZR 148/11, XI ZR 113/11 und XI ZR 450/10, jeweils Tz. 24 ff., jeweils zitiert nach juris; zu Swapgeschäften *Merz/Rothenhöfer* CompRechtsPraktiker 2014, 56, 57 f.

114 BGH, Urteil vom 28. April 2015, XI ZR 378/13, Tz. 44, 80.

115 Siehe etwa OLG Düsseldorf, Urteil vom 7. Oktober 2013, 9 U 101/12, Tz. 50, WM 2013, 2026; OLG Düsseldorf Urteil vom 26. Juni 2014, 14 U 91/13, Tz. 72 f.., WM 2014, 1907; OLG Köln, Urteil vom 13. August 2014, 13 U 128/13, Tz. 79, zitiert nach juris; ebenso KG, Beschluss vom 15. Juli 2014, 4 U 56/12, unveröffentlicht.

116 Siehe oben unter 2.3.1.

wird seitens der beklagten Banken in diesen Fällen eingewandt, die unterbliebene „Bekanntgabe“ der Bruttomarge könne für den Abschluss des oder der angegriffenen verlustbringenden Swapgeschäfte nicht ursächlich gewesen sein, da der gleiche Beratungsfehler den Kläger nicht daran hindere, an positiv verlaufenden Transaktionen festzuhalten. Auch mit diesem Vorbringen werden sich die Instanzgerichte zukünftig ernsthafter auseinandersetzen müssen, als dies bislang vielfach geschehen ist[117]. Wie der Bundesgerichtshof im Urteil vom 28. April 2015 – wiederum unter Verweis auf seine entsprechende Rechtsprechung zu „Rückvergütungsfällen“ – klargestellt hat, kann nämlich durchaus auch „das Festhalten an wirtschaftlich günstig verlaufenden Verträgen ein Indiz dafür sein, dass sich der Beratungsfehler auf den Anlageentschluss nicht ursächlich ausgewirkt hat, sofern der Bank bei der Erfüllung beratungsvertraglicher Pflichten der gleiche Beratungsfehler unterlaufen ist und der Anleger trotz (nachträglicher) Kenntniserlangung von der Falschberatung nicht unverzüglich Rückabwicklung auch solcher für ihn vorteilhafter Verträge geltend macht“[118].

2.2.7 Verjährungsfragen im Zusammenhang mit der beratungsvertraglichen Pflicht zur Aufklärung über den „anfänglichen negativen Marktwert“

Die Swapgeschäfte, über die Kunden und Kreditinstitute derzeit vor den Gerichten streiten, stammen überwiegend aus der Zeit vor dem Ausbruch der globalen Finanzkrise im September 2008, jedenfalls aber aus der Zeit vor der Euro-Staatsschuldenkrise des Jahres 2010. Dementsprechend spielen Verjährungsfragen bei der Entscheidung dieser Rechtsstreitigkeiten häufig eine entscheidende Rolle. Dies gilt angesichts der seinerzeitigen Marktpraxis, die eine „Bekanntgabe“ der Bruttomarge im Rahmen der Beratung bis März 2011 nicht kannte, insbesondere dann, wenn der Anwendungsbereich der „Marktwert-Rechtsprechung“ eröffnet ist und als – schuldhafte[119] – Beratungspflichtverletzung eine unterbliebene oder unzureichende Aufklärung in diesem Punkt festgestellt wird. Gelingt es dem

117 Ablehnend etwa OLG Düsseldorf, Urteil vom 26. Juni 2014, 14 U 91/13, Tz. 76 ff., WM 2014, 1907.

118 BGH, Urteil vom 28. April 2015, XI ZR 378/13, Tz. 81 und 87.

119 Das Verschulden des Kreditinstituts wird gemäß § 280 Abs. 1 S. 2 BGB vermutet. Die Berufung auf einen – Fahrlässigkeit und Vorsatz – ausschließenden unvermeidbaren Rechtsirrtum der Bank hält der Bundesgerichtshof mit Blick auf die beratungsvertragliche Pflicht zur Aufklärung über den „anfänglichen negativen Marktwert“ nicht für möglich, so BGH, Urteil vom 28. April 2015, XI ZR 378/13, Tz. 73; zur Widerlegung des Vorsatzvorwurfes im Rahmen des § 37a WpHG a.F. sogleich im Text.

Kreditinstitut in diesem Fällen nicht, die für den Kunden streitende „Vermutung aufklärungspflichtigen Verhaltens" zu widerlegen (oben 2.2.6), bleibt als einzige Verteidigung gegen den Klageanspruch die Einrede der Verjährung.

Die meisten der in diesem Zusammenhang kontrovers diskutierten Rechtsfragen hat der Bundesgerichtshof im Urteil vom 28. April 2015 für die Praxis geklärt. Er hat zunächst – in Übereinstimmung mit der auch schon zuvor ganz überwiegenden obergerichtlichen Rechtsprechung – klargestellt, dass auch auf Ansprüche gegen Kreditinstitute wegen fehlerhafter Beratung im Zusammenhang mit Swapgeschäften, die zwischen dem 1. April 1998 und dem 4. August 2009 abgeschlossen wurden, die 2009 aufgehobene spezialgesetzliche Verjährungsvorschrift des § 37a WpHG a.F. (i.V.m. § 43 WpHG) Anwendung findet[120]. Der Lauf der dreijährigen Verjährungsfrist des § 37a WpHG beginnt mit dem Zeitpunkt, in dem der Anspruch entstanden ist, d.h. mit dem Abschluss des auf der fehlerhaften Beratung beruhenden Swapgeschäfts[121]. Die von der 8. Zivilkammer des LG Düsseldorf[122] entwickelte und von zwei Zivilsenaten des OLG Düsseldorf[123] übernommene Auffassung, bei Swapgeschäften, die unter dem marktüblichen „Rahmenvertrag für Finanztermingeschäfte" dokumentiert werden, sei für den Verjährungsbeginn nicht auf den Abschluss des jeweiligen Einzelgeschäfts, sondern auf die zeitlich letzte dem Rahmenvertrag unterfallende Transaktion abzustellen, hat der Bundesgerichtshof mit überzeugender Begründung verworfen[124]. Die „Verklammerung" von selbständigen Schadensersatzansprüchen wegen fehlerhafter Beratung im Vorfeld einzelner Geschäftsabschlüsse ist nicht Regelungsgegenstand des „Rahmenvertrags für Finanztermingeschäfte"[125].

120 BGH, Urteil vom 28. April 2015, XI ZR 378/13, Tz. 46.

121 BGH, Urteil vom 28. April 2015. XI ZR 378/13, Tz. 73; allgemein zu § 37a WpHG a.F. s. BGH, Urteil vom 24. März 2015, XI ZR 278/14, Tz. 19 ff., WM 2015, 1181; BGH, Urteil vom 8. März 2005, XI ZR 170/04, Tz. 16 ff., BGHZ 162, 306; *Nobbe* ZBB 2009, 93, 105; s. auch BGH, Urteil vom 26. Februar 2013, XI ZR 498/11, Tz. 25, BGHZ 196, 233, zu § 199 Abs. 1 Nr. 1 BGB.

122 Siehe u.a. LG Düsseldorf, Urteil vom 6. September 2013, 8 O 20/12, Tz. 117 ff., zitiert nach juris.

123 OLG Düsseldorf, Urteil vom 7. Oktober 2013, 9 U 101/12, Tz. 56, WM 2013, 2026; OLG Düsseldorf Urteil vom 26. Juni 2014, 14 U 91/13, Tz. 83 ff., WM 2014, 1907, gleichlautend in den Urteilen vom gleichen Tag in den Sachen 14 U 92/13 bis 14 U 96/13; ebenso LG Bonn, Urteil vom 21. Mai 2014, 2 O 91/12, unveröffentlicht.

124 BGH, Urteil vom 28. April 2014, XI ZR 378/13, Tz. 51 ff.

125 Ebenso wenig rechtfertigt die Existenz des „Rahmenvertrags für Finanztermingeschäfte" nach Auffassung des Bundesgerichtshofs allerdings im Rahmen der schadensrechtlichen Vorteilsausgleichung eine Verrechnung aller Gewinne und Verluste aus den Swapgeschäften, die unter dem Rahmenvertrag dokumentiert wurden, s. BGH, Urteil vom 28. April 2014, XI ZR 378/13, Tz. 88.

§ 37a WpHG a.F. findet allerdings auf vorsätzliche Beratungspflichtverletzungen keine Anwendung[126]. Darlegungs- und beweispflichtig dafür, dass die in Rede stehende Beratungspflichtverletzung, d.h. hier die unterbliebene oder unzureichende Aufklärung über den „anfänglichen negativen Marktwert", nicht vorsätzlich erfolgte, ist nach der Rechtsprechung des Bundesgerichtshofs wegen der gesetzlichen Wertung des § 280 Abs. 1 S. 2 BGB auch mit Blick auf die Verjährung nach § 37a WpHG a.F. das Kreditinstitut[127]. Dies gilt, wie der Bundesgerichtshof im Urteil vom 28. April 2014 zum Ausdruck gebracht hat, für alle Arten von Beratungspflichtverletzungen[128]. Nicht geäußert hat sich der Bundesgerichtshof dagegen bislang dazu, ob die Klagepartei – ungeachtet dieser Verteilung der Darlegungs- und Beweislast – nicht wenigstens Anhaltspunkte für eine vorsätzliche Pflichtverletzung vorbringen muss, ohne die die beklagte Bank überhaupt nicht wissen kann, wozu sie im Rahmen der „Vorsatzwiderlegung" vortragen soll[129].

Unabhängig hiervon dürfen an die Widerlegung der „Vorsatzvermutung" keine übertriebenen Anforderungen gestellt werden. Mit Blick auf die beratungsvertragliche Pflicht zur Aufklärung über den „anfänglichen negativen Marktwert" eines spekulativen Swap geht es schlicht um die (Tat-)Frage, ob der betroffenen Bank als Organisation diese Aufklärungspflicht im Zeitpunkt der jeweiligen Beratung bekannt war oder sie deren Existenz zumindest für möglich hielt[130] und sie in diesem Wissen gleichwohl von der „Bekanntgabe" der Bruttomarge im Rahmen der Beratung absah. Dieser Vorwurf erscheint für Sachverhalte aus der Zeit vor 2011 allein schon deshalb fernliegend, weil die im „CMS Spread Ladder Swap-Urteil" vom 22. März 2011 begründete „Marktwert-Rechtsprechung" die –

126 BGH, Urteil vom 8. März 2005, XI ZR 170/04, Tz. 25, BGHZ 162, 306; BGH, Urteil vom 19. Dezember 2006, XI ZR 56/05, Tz. 20, BGHZ 170, 226; BGH, Urteil vom 24. März 2015, XI ZR 278/14, Tz. 17, WM 2015, 1181; BGH, Beschluss vom 27. November 2014, III ZR 294/13, Tz. 8, WM 2015, 67.

127 BGH, Urteil vom 12. Mai 2009, XI ZR 586/07, Tz. 16 ff., WM 2009, 1274; BGH, Urteil vom 24. März 2015, XI ZR 278/14, Tz. 17, WM 2015, 1181; BGH, Urteil vom 28. April 2014, XI ZR 378/13, Tz. 74.

128 BGH, Urteil vom 28. April 2014, XI ZR 378/13, Tz. 74.

129 In diesem Sinne in „Swap-Fällen" u.a. OLG Hamm, Urteil vom 17. Juni 2013, 31 U 49/13, Tz. 36, zitiert nach juris, rechtskräftig durch Beschluss des BGH vom 20. Januar 2014, XI ZR 231/13; OLG München, Beschluss vom 16. Juli 2013, 19 U 789/13, Tz. 20, WM 2014, 1916, rechtskräftig durch Beschluss des BGH vom 17. Juni 2014, XI ZR 272/13; allgemein: OLG Karlsruhe, Urteil vom 8. Mai 2012, 17 U 82/11, Tz. 27, WM 2012, 1860; OLG Stuttgart, Urteil vom 10. Oktober 2012, 9 U 87/12, Tz. 12 f., WM 2013, 77.

130 Dabei geht es auch insoweit ausschließlich um den tatsächlichen Kenntnisstand der Bank. Unerheblich ist dagegen, ob die Bank das Bestehen einer Pflicht zur Aufklärung über den „anfänglichen negativen Marktwert" hätte erkennen oder für möglich halten können. Dies spielt allein für die Frage des Fahrlässigkeitsvorwurfs eine Rolle, der im Zusammenhang mit der Widerlegung der „Vorsatzvermutung" aber bedeutungslos ist.

bislang einzige – Ausnahme von dem Grundsatz bildet, dass bei der Beratung über eigene (Anlage-)Produkte der Bank gerade keine Pflicht zur Offenlegung des eigenen Gewinninteresses besteht[131], und seinerzeit nichts darauf hindeutete, dass der Bundesgerichtshof das – in keiner Weise derivatspezifische – Phänomen des „Einpreisens“ einer Bruttomarge in die Konditionen eines Finanzgeschäfts ausgerechnet bei Swapgeschäften als Ausdruck eines „schwerwiegenden Interessenkonflikts“ werten würde. Berücksichtigt man darüber hinaus, dass die in den „CMS Spread Ladder Swap-Streitigkeiten“ ab Mai 2009[132] einsetzende obergerichtliche Rechtsprechung bis Ende 2010 ganz überwiegend eine Pflicht zur Aufklärung über den „anfänglichen negativen Marktwert“ ablehnte[133], bleibt für den Vorwurf einer vorsätzlich fehlerhaft, d.h. im Bewusstsein der Rechtswidrigkeit des eigenen Tuns, durchgeführten Beratung bei realitätsnaher Betrachtung kein Raum[134].

In vielen Fällen wird es aber zudem auf die Widerlegung der „Vorsatzvermutung“ im Ergebnis auch gar nicht ankommen, da neben der kenntnisunabhängigen spezialgesetzlichen Verjährung des § 37a WpHG a.F. auch die kenntnisabhängige allgemeine Verjährung des § 199 Abs. 1 BGB eingreift. Hiervon ist nämlich immer dann auszugehen, wenn die beratende Bank dem Kunden im Rahmen der Beratung zwar nicht ihre Bruttomarge „bekanntgegeben“ hatte, der Kunde bei Abschluss des Swapgeschäfts aber wusste, dass und auf welche Weise die Bank an dem ihm empfohlenen Swap verdiente. Kennt ein Kunde die Grundsätze der Konditionengestaltung außerbörslicher Finanz-Derivate, ist ihm insbesondere bewusst, dass die Bank bei diesen Geschäften ihren Gewinn dadurch realisiert, dass sie eine aus Gewinn- und Kostenkomponenten bestehende Bruttomarge in

131 Siehe oben Text zu Fn. 57, 58.

132 OLG Bamberg, Urteil vom 11. Mai 2009, 4 U 92/08, WM 2009, 1082. Das OLG sieht es als selbstverständlich an, dass die beklagte Bank „ihre Beratung [nicht] auf die Höhe der von ihr einkalkulierten Gewinnspanne und/oder etwaige Gebühren erstrecken“ musste, a.a.O. Tz. 227, zitiert nach juris; Nachweise zur seinerzeitigen Rechtsprechung der OLGe bei *Clouth* in Ellenberger/Schäfer/Clouth/ Lang, Praktikerhandbuch Wertpapier- und Derivategeschäft, 4. Aufl. 2011, S. 428, Fn. 1303.

133 Siehe u.a. OLG Köln, Beschluss vom 18. Februar 2010, 13 U 139/09, Tz. 27; OLG Frankfurt, Urteil vom 4. August 2010, 23 U 230/08, Tz. 65, WM 2010, 1791; OLG Hamm, Urteil vom 10. November 2010, 31 U 121/08, Tz. 94, BKR 2011, 68; OLG Frankfurt, Urteil vom 27. Dezember 2010, 16 U 96/10, Tz. 53 ff., zitiert nach juris.

134 Dementsprechend hat etwa das OLG Hamm in seinem Urteil vom 21. Januar 2015 (31 U 37/14, dort Tz. 37, zitiert nach juris) die Feststellung, dass die dortige Beklagte „hinsichtlich der Nichtaufklärung über den anfänglichen negativen Marktwert jedenfalls nicht vorsätzlich gehandelt hat“, ohne Beweisaufnahme getroffen; vgl. auch OLG München, Urteil vom 27. August 2014, 7 U 1701/13, Tz. 21, zitiert nach juris.

die Bedingungen der Swap-Verträge „einpreist", sind ihm alle Faktoren bekannt, die für das Phänomen des „anfänglichen negativen Marktwerts", des „Spiegelbild der Bruttomarge", ursächlich sind. Damit hat der Kunde in diesen Fällen bereits bei Vertragsschluss ausreichende Kenntnis sämtlicher anspruchsbegründender Umstände im Sinne des § 199 Abs. 1 Nr. 2 BGB[135].

Nicht erforderlich ist in diesem Zusammenhang für den Lauf der kenntnisabhängigen Verjährung, dass der Kunde auch die konkrete Höhe des „anfänglichen negativen Marktwerts" kennt. Wie der Bundesgerichtshof zur Fallgruppe der „Rückvergütungen" bereits wiederholt entschieden hat, muss „die beratende Bank den Anleger zwar über Grund und Höhe einer Rückvergütung ungefragt aufklären, so dass die unterlassene Mitteilung über die Höhe der Rückvergütung ein anspruchsbegründender Umstand ist. Von diesem Umstand hat ein Anleger aber denknotwendigerweise bereits dann positive Kenntnis, wenn er weiß, dass die ihn beratende Bank Provisionen für das von ihm getätigte Anlagegeschäft erhält, deren Höhe ihm die Bank nicht mitteilt"[136]. Für den – vom Bundesgerichtshof als gleichgelagert gewerteten – Fall der unterbliebenen Aufklärung über den „anfänglichen negativen Marktwert" eines Swapgeschäfts, der auf dem „Einpreisen" der Bruttomarge in die Konditionen des Swap beruht, kann nichts anderes gelten[137]. Weiß der Kunde, dass die Bank eine solche Marge in den Swap „einstrukturiert", hat er notwendigerweise auch Kenntnis davon, dass ihm die Bank im Rahmen der Beratung nicht die Höhe der Marge und des hieraus folgenden „anfänglichen negativen Marktwerts" mitgeteilt hat.

Von ganz erheblicher praktischer Bedeutung ist es schließlich, wenn der Bundesgerichtshof in Tz. 47 ff. des Urteils vom 28. April 2015 klarstellt, dass der „fehlberatene" Kunde den Ansprüchen der Bank aus dem laufenden Swapgeschäft nach Eintritt der Verjährung seines Schadensersatzanspruchs kein Leistungsverweigerungsrecht aus §§ 242, 249 Abs. 1 BGB mehr entgegenhalten kann[138]. Hier geht es um den für die aktuellen „Swap-Fälle" nicht untypischen Sachverhalt, dass ein Kunde, der beispielsweise Anfang September 2008 ein

135 Für die Entstehung des Anspruchs im Sinne von § 199 Abs. 1 Nr. 1 BGB gilt das oben (s. Fn. 121) zu § 37a WpGH a.F. Gesagte. Maßgeblich ist auch insoweit der Abschluss des Swapvertrags, vgl. BGH, Urteil vom 26. Februar 2013, XI ZR 498/11, Tz. 25, BGHZ 196, 233.

136 BGH, Urteil vom 26. Februar 2013, XI ZR 498/11, Tz. 29; BGHZ 196, 233; BGH, Urteil vom 8. April 2014, XI ZR 341/12, Tz. 28 ff., WM 2014, 1036, des weiteren BGH, Beschluss vom 15. Januar 2013, XI ZR 8/12, Tz. 23, BKR 2013, 203.

137 So auch LG Bochum, Urteil vom 3. September 2015, 1 O 433/14, S. 7, unveröffentlicht.

138 Zu der entsprechenden Frage bei einem auf Aufhebung eines Darlehensvertrags gerichteten Schadensersatzanspruch s. gleichlautend BGH, Urteil vom 23. Juni 2015, XI ZR 536/14, Tz. 29, WM 2015, 1461.

Swapgeschäft mit einer Laufzeit bis September 2018 abschlossen hatte, erst im Jahr 2012 Klage wegen Fehlberatung unter Berufung auf die „Marktwert-Rechtsprechung" des Bundesgerichtshofs erhoben hat. Mit seiner Klage verfolgt der Kunde zum einen das Ziel der Rückerstattung aller bis zur Klageerhebung an die Bank geleisteten (Differenz-)Zahlungen aus dem Swap, zum anderen begehrt er die Feststellung, dass der Bank aus dem Swapgeschäft keine weiteren Ansprüche mehr zustünden. Erhebt die beklagte Bank mit Erfolg die Einrede der Verjährung, scheitert der auf Rückerstattung gerichtete Zahlungsanspruch auf jeden Fall an § 214 BGB. Gestritten wird darum, ob der Kunde – ungeachtet der eingetretenen Verjährung – die Zahlung auf die bereits entstandenen, vom Kunden aber nicht erfüllten, und auf die zukünftig (bis 2018) entstehenden Ansprüche der Bank aus dem Swapgeschäft mit der Begründung verweigern kann, er sei bei Abschluss des Vertrags fehlerhaft beraten worden.

Dies ist nach der Rechtsprechung des Bundesgerichtshofs nicht der Fall. Zwar folgte aus dem (verjährten) Schadensersatzanspruch des Kunden, der gemäß § 249 Abs. 1 BGB auf Aufhebung des infolge der Fehlberatung abgeschlossenen Swapvertrags gerichtet war, ursprünglich ein Leistungsverweigerungsrecht, das seine Grundlage im Verbot der unzulässigen Rechtsausübung hat (§§ 242, 249 S. 1 BGB)[139]. Eine „Fortgeltung" dieses Leistungsverweigerungsrecht für die Zeit nach Ablauf der Verjährung des zugrunde liegenden Schadensersatzanspruchs kommt aber mangels entsprechender gesetzlicher Regelung nicht in Betracht. Etwas anderes folgt weder aus § 215 BGB, da es sich bei der Berufung auf das Leistungsverweigerungsrechts aus §§ 242, 249 Abs. 1 BGB nicht um eine Aufrechnung oder um die Geltendmachung eines Zurückbehaltungsrechts handelt[140], noch ist eine analoge Anwendung des § 215 BGB möglich. Insoweit fehlt es von vorneherein an einer planwidrigen Regelungslücke, weil der Gesetzgeber die „Perpetuierung" des in Rede stehenden Leistungsverweigerungsrechts für den Sonderfall der deliktischen Schädigung in § 853 BGB ausdrücklich geregelt hat. Hieraus folgt aber zugleich, dass es außerhalb deliktischer Schadensersatzansprüche bei der Grundregel des § 214 BGB bleibt[141].

---

139 BGH, Urteil vom 28. April 2015, XI ZR 378/13, Tz. 48 m.w.N.

140 BGH, Urteil vom 28. April 2015, XI ZR 378/13, Tz. 49; für den Aspekt der Aufrechnung insoweit zutreffend auch OLG Köln, Urteil vom 13. August 2014, 13 U 128/13, Tz. 99, zitiert nach juris, unrichtig aber hinsichtlich der Gleichsetzung des Leistungsverweigerungsrechts aus §§ 242, 249 S. 1 BGB mit einem Zurückbehaltungsrecht in Sinne von § 215 BGB, a.a.O. Tz. 100 ff.

141 BGH, Urteil vom 28. April 2015, XI ZR 378/13, Tz. 50.

2.3 Zu den Anforderungen an eine anleger- und objektgerechte Beratung bei Swapgeschäften

Die „klassischen" Themen der „anleger-" und „objektgerechten" Beratung haben in den aktuellen Beratungshaftungsprozessen über verlustbringende Swapgeschäfte angesichts der faktischen Dominanz des „Marktwert-Themas" bislang eine eher untergeordnete Rolle gespielt[142]. Auch in den „Swap-Urteilen" des Bundesgerichtshofs gehören Erwägungen zur anleger- und objektgerechten Beratung nur im Urteil vom 20. Januar 2015 zu den tragenden Gründen der Entscheidung. Gleichwohl können der bereits vorliegenden höchstrichterlichen Rechtsprechung deutliche Konturen der Anforderungen entnommen werden, die der Bundesgerichtshof an eine anleger- und objektgerechte Beratung im Vorfeld von Swapgeschäften stellt. Diese sind fest in der „Bond-Rechtsprechung" verankert, die auf die Leitentscheidung des XI. Zivilsenat vom 6. Juli 1993[143] zurückgeht. Grundlegende Neuerungen oder gar einen „Paradigmenwechsel", den Teile der Literatur dem „CMS Spread Ladder Swap-Urteil" vom 22. März 2011 entnehmen wollten[144], enthalten die zu Swapgeschäften ergangenen Entscheidungen des Bundesgerichtshofs nicht. Auffällig ist allerdings der bereits angesprochene Umstand, dass der Bundesgerichtshof die Beratung über Swapgeschäfte nach wie vor uneingeschränkt der „Kapitalanlage" zuordnet. Dies wird der Vielfältigkeit der in Betracht kommenden Sachverhalte jedenfalls dann nicht vollständig gerecht, wenn Swap-

142 Etwas anderes gilt naturgemäß für die Entscheidungen der Gerichte, die – wie beispielsweise die OLGe München und Nürnberg – mit der Annahme einer Pflicht zur Aufklärung über den „anfänglichen negativen Marktwert" eines Swap zurückhaltender waren und die Rechtsprechung des Bundesgerichtshof zum „CMS Spread Ladder Swap" aus dem März 2011 insbesondere nicht auf deutlich weniger komplexe Währungs-Swaps übertragen haben, s. etwa OLG München, Urteil vom 16. Juli 2014, 7 U 3548/13, Tz. 20 ff., zitiert nach juris; OLG München, Urteil vom 9. April 2014, 7 U 3838/13, Tz. 30 ff., WM 2014, 1581; OLG München, Urteil vom 12. August 2013, 19 U 696/12, Tz. 38 ff. zitiert nach juris; OLG München, Beschluss vom 16. Juli 2013 (Tz. 12 ff.) und Hinweis vom 22. Mai 2013 (Tz. 3 ff. , 19 U 789/13, WM 2014, 1916 sowie das – dem Urteil des BGH vom 20. Januar 2015 vorangegangene – Urteil des OLG Nürnberg vom 19. August 2013, 4 U 2138/12, Tz. 35 ff., WM 2013, 1897. Echte Ausnahmen bilden zudem das LG Köln und OLG Köln in ihren Urteilen vom 12. März 2013 (21 O 472/11, Tz. 136 ff., zitiert nach juris) und vom 13. August 2014 (13 U 128/13, Tz. 35 ff., zitiert nach juris), die dort zwar eine Beratungspflichtverletzung wegen unterbliebener Aufklärung über den „anfänglichen negativen Marktwert" annehmen, sich aber gleichwohl eingehend mit den Vorwürfen einer vermeintlich nicht anleger- und objektgerechten Beratung auseinandersetzen und diese im konkreten Fall verneinen.

143 XI ZR 12/93, BGHZ 123, 126.

144 Zu dieser Überinterpretation einzelner Passagen des Urteils vom 22. März 2011 s. *Clouth* ZHR 177 (2013), 212, 220, 228, 234 ff. mit Nachweisen zu der seinerzeitigen Diskussion, auf die nunmehr *Herresthal* in ZIP 2015, 576 (unter 2) zurückkommt.

geschäfte grundgeschäftsbezogen zur Ausgestaltung bestehender oder geplanter Finanzierungen genutzt werden (siehe hierzu die Beispiele unter 2.2.4.).

2.3.1 Aspekte der anlegergerechten Beratung

Der Begriff der „anlegergerechten Beratung“ umschreibt das Erfordernis einer auf den ratsuchenden Kunden zugeschnittenen Beratung. Die beratende Bank schuldet eine an den persönlichen Verhältnissen des Kunden ausgerichtete Beratungsleistung und Handlungsempfehlung. Grundvoraussetzung hierfür ist die Erfassung des zu beurteilenden Sachverhalts. Das beratende Kreditinstitut muss sich vor Abgabe einer Empfehlung mit der ihm angetragenen „Problemstellung“ vertraut machen. Hierzu gehört es – jeweils in Abhängigkeit von den Umständen des Einzelfalls – insbesondere, die Ziele[145] des Kunden, zu denen (Anlage-) Zweck und Risikobereitschaft zählen, sowie dessen Wissensstand (Kenntnisse und Erfahrungen) über Geschäfte der in Aussicht genommenen Art zu erfassen[146]. Sind dem Kreditinstitut die entsprechenden Daten nicht – etwa aus der Geschäftsbeziehung mit dem Kunden oder aus dessen bisherigem Anlageverhalten – bekannt, muss es sie beim Kunden erfragen[147].

Der Bundesgerichtshof hat sowohl im Urteil vom 22. März 2011 als auch in seiner Entscheidung vom 20. Januar 2015 die Bedeutung betont, die einer ordnungsgemäßen Kundenexploration für die Erbringung einer rechtlich einwandfreien Beratung zukommt[148]. Dabei hat er einerseits im „CMS Spread Ladder Swap-Urteil“ eine zu „großzügige“ Handhabung der Vorinstanz beanstandet, die

---

145 Nicht zuletzt hier ist zu berücksichtigen, dass die Nutzer von Swapgeschäften nicht notwendigerweise das Ziel der „Kapitalanlage“ verfolgen. Sollen Swaps grundgeschäftsbezogen im Rahmen des Zins- und Währungsmanagements eingesetzt werden, ist diese Zielsetzung der Beratung zugrunde zu legen. Es handelt sich um einen Teilaspekt einer „Finanzierungsberatung“, nicht um eine „Kapitalanlageberatung“.

146 Unverändert grundlegend: BGH, Urteil vom 6. Juli 1993, XI ZR 12/93, Tz. 14 ff.; eingehend zu den Erkundigungspflichten *Nobbe* in: Horn/Schimansky (Hrsg.), Bankrecht, 1998, S. 235, 242 ff.; zum „kombinierten“ Anforderungskatalog aus „Bond-Rechtsprechung“ und den aufsichtsrechtlichen Vorgaben in § 31 Abs. 4 WpHG, § 6 WpDVerOV s. MükoHGB/*Nobbe/Zahrte*, 3. Aufl. 2014, Anlageberatung, Rn.87 ff.

147 BGH, Urteil vom 6. Juli 1993, XI ZR 12/93, Tz. 16; BGH, Urteil vom 22. März 2011, XI ZR 33/10, Tz. 22; BGH, Urteil vom 20. Januar 2015, XI ZR 316/13, Tz. 19.

148 Allerdings kann ein Verstoß gegen die Erkundigungspflicht für sich allein genommen keinen Anspruch auf Schadensersatz wegen Fehlberatung auslösen, wenn die ausgesprochene Empfehlung (gleichwohl) anlegergerecht war, s. OLG Stuttgart, Urteil vom 27. Juni 2012, 9 U 140/11, Tz. 17, WM 2012, 1829; OLG Celle, Urteil vom 27. Februar 2013, 3 U 66/12, Tz. 39, BKR 2014, 36.

letztlich aus dem Abschluss eines offenkundig risikoträchtigen Termingeschäfts auf das Vorhandensein einer entsprechenden Risikobereitschaft des Kunden geschlossen hatte[149]. Ein solcher Rückschluss ist nach Auffassung des Bundesgerichtshofs zwar möglich, aber an enge Voraussetzungen gebunden, zu denen das Oberlandesgericht keine Feststellungen getroffen hatte. Auf der anderen Seite verdeutlicht gerade das Urteil vom 20. Januar 2015 die für die „Bond-Rechtsprechung" charakteristische Abhängigkeit der Beratungspflichten von den konkreten Umständen des jeweiligen Einzelfalls. So ist die Pflichtenstellung der beratenden Bank insgesamt – und damit auch die Erkundigungspflicht – deutlich reduziert, wenn ein Kunde, wie der dortige Kläger , das Kreditinstitut mit klaren Vorstellungen von dem gewünschten Geschäft konfrontiert und vor eine entsprechend beschränkte „Beratungsaufgabe" stellt[150].

Die Risikobereitschaft des Kunden gehört ohne Zweifel zu den wesentlichen Umständen, die ein beratendes Kreditinstitut im Rahmen einer anleger- bzw. „kundengerechten" Beratung zu berücksichtigen hat. Gemeint ist damit die Haltung des Kunden zum Umfang möglicher Verluste bei Fehlschlagen des beabsichtigten Geschäfts. Zurecht misst der Bundesgerichtshof in diesem Rahmen der Feststellung besondere Bedeutung bei, ob der Kunde bereit ist, hohe – und ggf. der Höhe nach unbegrenzte – Verluste zu tragen[151]. Bekundet der Kunde eine entsprechende Risikotoleranz, ist die beratende Bank aber nicht verpflichtet, den Kunden weitergehend nach der „von ihm noch zu tolerierenden Verlustgrenze" zu befragen[152]. Anderslautende Ansätze einzelner Instanzgerichte[153] sind mit der Rechtsprechung des Bundesgerichtshofs nicht zu vereinbaren.

Die Festlegung von Anlageziel und Risikobereitschaft ist allein Sache des Kunden[154]. Das beratende Kreditinstitut muss diese Eckdaten der Beratung vom Kunden erfragen, darf sich auf dessen Vorgaben zum „Beratungsthema" aber grundsätzlich verlassen. Dies gilt nach zutreffender Auffassung auch dann, wenn der Kunde bei der Nutzung von Finanzinstrumenten Beschränkungen unterworfen ist, die allein aus seiner Sphäre stammen. Gesetzlich oder anderweitig – etwa

---

149 BGH, Urteil vom 22. März 2011, XI ZR 33/10, Tz. 21 ff.; hierzu *Clouth* ZHR 177 (2013), 212, 227 ff.
150 BGH, Urteil vom 20. Januar 2015, XI ZR 316/13, Tz. 19 unter Hinweis auf BGH, Urteil vom 27. Februar 1996, XI ZR 133/95, Tz. 13, das einen Fall der „Kassa-Zinsdifferenzspekulation" betraf.
151 Siehe nur BGH, Urteil vom 22. März 2011, XI ZR 33/10, Tz. 24 bis 26.
152 BGH, Urteil vom 20. Januar 2015, XI ZR 316/13, Tz. 22.
153 Insbesondere OLG Stuttgart, u.a. Urteil vom 14. Dezember 2011, 9 U 11/11, Tz. 43, WM 2012, 890.
154 *Nobbe* in: Horn/Schimansky (Hrsg.), Bankrecht, 1998, S. 235, 242 f.; MükoHGB/*Nobbe/Zahrte*, 3. Aufl. 2014, Anlageberatung, Rn. 105; *Herresthal* ZIP 2015, 576, 577 („privatautonome Entscheidung des Anlegers"); *Clouth* ZHR 177 (2013), 212, 230.

durch Satzung – „vorbestimmte“ Ziele, die tatsächlich geäußerten Zielvorgaben des Kunden vorgehen würden und von der beratenden Bank als solche unmittelbar zu beachten wären, gibt es nicht[155].

Der Bundesgerichtshof hat sich in seinem Urteil vom 28. April 2015, das Swapgeschäfte einer nordrhein-westfälischen Kommune betraf, zu diesem Themenkreis insoweit geäußert, als er einer ergänzenden formularvertraglichen Regelung, mit der die Kommune erklärte, sie werde „Einzelabschlüsse ausschließlich zu den [ihr] nach öffentlich-rechtlichen, insbesondere kommunal- und aufsichtsrechtlich gestatteten Zwecken tätigen“[156], nicht die Bedeutung einer „Eingrenzung dessen, was [der Klägerin] im Sinne einer anlegergerechten Beratung empfohlen werden durfte“, beimisst[157]. Selbstverständlich ist für den XI. Zivilsenat zudem, dass es allein Sache der Kommune ist, zu prüfen, ob und in welchem Umfang sie Finanztermingeschäfte „im Rahmen des gesetzlich Zulässigen“ abschließen darf[158]. Dementsprechend muss die beratende Bank die Kommune auch nicht auf das „Bestehen der haushaltsrechtlichen Bindungen einer Gemeinde“ hinweisen[159]. Soweit der Bundesgerichtshof in dieser Passage des Urteils auch von „der Risikobereitschaft der Klägerin als öffentlich-rechtliche Gebietskörperschaft“[160] spricht, wird man dies nicht als Bezugnahme auf ein gesetzlich vorgegebenes und bei der Beratung von Kommunen allein deshalb von der Bank zu beachtendes Anlageziel verstehen können. Es handelt sich vielmehr um die Aufforderung an das Berufungsgericht, im Zuge der erneuten Verhandlung der Sache Feststellungen dazu zu treffen, wie es um die Risikobereitschaft der klagenden Kommune tatsächlich bestellt war.

---

155 Näher hierzu *Clouth* a.a.O. S. 230 f.; a.A. OLG Frankfurt, Urteil vom 28. Januar 2015, 1 U 32/13, Tz. 17 f., WM 2015, 1103: Danach soll die vermeintlich fehlende „Anlegergerechtigkeit“ einer Empfehlung, die gegenüber einer Stiftung abgegeben wurde, unmittelbar daraus folgen, dass die empfohlene Anlage „mit der rechtlichen Verpflichtung der Klägerin, ihr Stiftungskapital zu erhalten“, unvereinbar [sei]“. Zutreffend dagegen aus der älteren Rechtsprechung: OLG Dresden, Beschluss vom 10. Februar 2004, 8 U 2225/03, Tz. 18, WM 2004, 1278 (Stiftung); OLG Düsseldorf, Urteil vom 20. September 2007, 6 U 122/06, Tz. 33, WM 2008, 66 (Krankenkasse).

156 Vollständige Wiedergabe der Regelung in Tz. 3 des Urteils vom 28. April 2015, XI ZR 378/13.

157 BGH, Urteil vom 28. April 2015, XI ZR 378/13, Tz. 28.

158 BGH a.a.O. Tz. 28.

159 BGH a.a.O. Tz. 77.

160 BGH a.a.O. Tz. 77.

2.3.2 Aspekte der objektgerechten Beratung

Das Schlagwort der „objektgerechten Beratung“ steht für die Vorgaben zum Inhalt und Umfang der Beratung mit Bezug auf das konkret in Rede stehende Finanzinstrument. Die beratende Bank schuldet zunächst die zutreffende, vollständige und verständliche Information des Kunden über alle Eigenschaften und Risiken des von ihr empfohlenen Finanzinstruments, die für die Entscheidung, ob das fragliche Geschäft getätigt wird, wesentliche Bedeutung haben oder haben können. Darüber hinaus ist das als Berater handelnde Kreditinstitut verpflichtet, die mitgeteilten Tatsachen fachkundig zu bewerten und einzuordnen.

Die Anforderungen, die Kreditinstitute in dieser Hinsicht bei einer Beratung über Swapgeschäfte erfüllen müssen, sind – wie der Bundesgerichtshof sowohl im Urteil vom 22. März 2011 als auch vom 20. Januar 2015 betont – schon wegen der mit diesen Termingeschäften verbundenen Verlustrisiken generell „hoch“[161]. Was dies im Einzelnen bedeutet, hängt „von der Komplexität und Funktionsweise des konkret empfohlenen Anlageprodukts sowie von den Kenntnissen des Kunden ab“[162]. Erforderlich ist u.a. die Erläuterung der relevanten Ausstattungsmerkmale des in Rede stehenden Finanzprodukts, die sich insbesondere bei komplex strukturierten Geschäften nicht zuletzt auf die verlustrisikoerhöhende Wirkung bestimmter Konstruktionsmerkmale (etwa auf die Hebelwirkung von Multiplikatoren oder das „Zinsgedächtnis“ der Stufenkonstruktion eines „CMS Spread Ladder Swap“) erstrecken muss[163]. In der Sache rekurriert der Bundesgerichtshof auch in diesem Punkt auf eine der Grundaussagen der „Bond-Rechtsprechung“: Die objektgerechte Beratung ist an der geschäftstypischen Kompliziertheit und Risikobehaftetheit des empfohlenen Finanzinstruments auszurichten[164].

Besonderes Augenmerk legt der Bundesgerichtshof im Rahmen der objektgerechten Beratung auf die Aufklärung über Verlustrisiken. Dabei fordert er nachdrücklich eine nicht verharmlosende Risikodarstellung[165], was selbstverständlich auch und gerade dann gilt, wenn mit Termingeschäften unbegrenzte Verlustrisiken verbunden sind. Dieser Anforderung wird in der Praxis durch

---

161 BGH, Urteil vom 22. März 2011, XI ZR 33/10, Tz. 29; BGH, Urteil vom 20. Januar 2015, XI ZR 316/13, Tz. 24.

162 BGH, Urteil vom 20. Januar 2015, XI ZR 316/13, Tz. 24.

163 BGH, Urteil vom 22. März 2011, XI ZR 33/10, Tz. 29; s. auch BGH, Urteil vom 28. April 2015, XI ZR 378/13, Tz. 78.

164 *Nobbe* in: Horn/Schimansky (Hrsg.), Bankrecht, 1998, S. 235, 246 f., 258 (zu Optionsscheinen).

165 BGH, Urteil vom 22. März 2011, XI ZR 33/10, Tz. 29; BGH, Urteil vom 20. Januar 2015, XI ZR 316/13, Tz. 24.

Szenario-Simulationen Rechnung getragen, die – worauf der Bundesgerichtshof im Urteil vom 28. April 2015 hinweist[166] – eine aus Sicht des Kunden „nicht nur unerhebliche" negative Entwicklung der für den Erfolg des Geschäfts ausschlaggebenden Parameter (Zinssatz, Wechselkurs etc.) berücksichtigen müssen. Dagegen schuldet die beratende Bank (auch) im Rahmen der Risikodarstellung keine weitergehenden „finanzmathematischen" Informationen, etwa in Form besonderer Risikokennzahlen[167].

Zu begrüßen ist, dass der Bundesgerichtshof die im „CMS Spread Ladder Swap-Urteil" enthaltene Formulierung, die Risikoaufklärung müsse „gewährleisten, dass der Kunde im Hinblick auf das Risiko des Geschäfts im Wesentlichen den gleichen Kenntnis- und Wissenstand hat wie die beratende Bank"[168], in den Urteilen vom 20. Januar und 28. April 2015 in dieser Form nicht wiederholt. Die Nichterwähnung dieser schlagwortartig „überschießenden"[169] Umschreibung bestätigt die Einschätzung, dass es dem Bundesgerichtshof auch bei dieser Äußerung in seiner Entscheidung vom 22. März 2011 nicht um einen „Paradigmenwechsel" und um die Einführung eines tendenziell unerfüllbaren Beratungsstandards, sondern um die Konkretisierung altbekannter Grundsätze ging[170].

Nicht zu überzeugen vermag es dagegen, wenn der Bundesgerichtshof im Urteil vom 20. Januar 2015 prüft, ob dem dort in Rede stehende Währungs-Swap" „im Hinblick auf das Chance-Risiko-Profil eine – aufklärungsbedürftige – Unausgewogenheit anhaftet"[171]. Wie bereits an anderer Stelle[172] mit Blick auf die entsprechenden Erwägungen im „CMS Spread Ladder Swap-Urteil"[173] dargelegt, ist die vom Bundesgerichtshof diskutierte „Unausgewogenheit" der Risikoverteilung zwischen den Vertragsparteien bei Termingeschäften weder ungewöhnlich noch gar etwas „Anstößiges". Regelmäßig handelt es sich um nichts anderes als das charakteristische „Chance-/Risiko-Profil" der Option, d.h. einer der beiden Grundformen der Termingeschäfte. Diese produktspezifische „Asymmetrie" zählt unbestritten zu den Punkten, die im Zuge der Produkt- und Risikoaufklä-

166 BGH, Urteil vom 28. April 2015, XI ZR 378/13, Tz. 78.

167 BGH, Urteil vom 20. Januar 2015, XI ZR 316/13, Tz. 27.

168 BGH, Urteil vom 22. März 2011, XI ZR 33/10, Tz. 29 a.E.

169 Zur Kritik an der Formulierung im „CMS Spread Ladder Swap-Urteil" s. MüKoHGB/*Nobbe/Zahrte*, 3. Aufl. 2014, Anlageberatung Rn. 146.

170 Hierzu *Clouth* ZHR 177 (2013), 212, 234 ff. mit Nachweisen zu der seinerzeitigen Diskussion; ferner *Herresthal* ZIP 2015, 576, 577, der weitergehend von einer Korrektur der Rechtsprechung ausgeht.

171 BGH, Urteil vom 20. Januar 2015, XI ZR 316/13, Tz. 39.

172 *Clouth* ZHR 177 (2013), 212, 236 ff.

173 BGH, Urteil vom 22. März 2011, XI ZR 33/10, Tz. 29.

rung unmissverständlich darzulegen und zu erläutern sind. Einer gesonderten Hervorhebung unter dem eigenständigen Gesichtspunkt einer vermeintlichen „Unausgewogenheit“ der Risikoverteilung zwischen den Vertragsparteien bedarf es dagegen nicht.

Abgesehen hiervon kann der jüngsten Rechtsprechung des Bundesgerichtshofs zu Swapgeschäften aber generell eine deutliche Absage an die Neigung einzelner Oberlandesgerichte entnommen werden, unter dem Gesichtspunkt der objektgerechten Beratung immer neue, vermeintlich aufklärungsbedürftige Umstände zu identifizieren. Das beratende Kreditinstitut muss den Kunden weder darüber aufklären, bei einem Swap handele es sich um eine „Wette mit Glücksspielcharakter“[174], noch sind Informationen über „finanzmathematische Wahrscheinlichkeiten“[175] oder über das angebliche Erfordernis eines „effektiven Risikomanagements“ geboten[176].

Die größte praktische Bedeutung kommt in diesem Zusammenhang zweifellos der bereits erörterten (oben 2.2.2.) Klarstellung seitens des Bundesgerichtshofs zu, dass es sich bei dem „anfänglichen negativen Marktwert“ eines Swap in tatsächlicher Hinsicht um nichts anderes als das „Spiegelbild“ der Bruttomarge und in rechtlicher Hinsicht nicht um ein produktbezogenes Thema handelt, das unter dem Gesichtspunkt der objektgerechten Beratung zur Aufklärung verpflichten könnte. Die gegenteilige Auffassung, die bislang insbesondere der Spruchpraxis des OLG Stuttgart zugrunde lag, ist – wie der Bundesgerichtshof im Urteil vom 20. Januar 2015 ausdrücklich festhält[177] – schon im Ausgangspunkt unzutreffend. Gleichermaßen deutlich hat sich der Bundesgerichtshof zu dem Versuch geäußert, die Pflicht zur Aufklärung über den „anfänglichen negativen Marktwert“ in die Nähe der aus den 1980er Jahren stammenden Rechtsprechung zur Aufklärung über die faktische Chancenlosigkeit vermittelter Terminoptions- und Termindirektgeschäfte zu rücken[178]. Mit diesen Sachverhalten hat die Existenz eines „anfänglichen negativen Marktwerts“ eines Swap, der (lediglich) die

---

174 BGH, Urteil vom 20. Januar 2015, XI ZR 316/13, Tz. 27 (entgegen OLG München, Beschluss vom 29. März 2012, 5 U 216/12, Tz. 15, WM 2012, 1716, unter Hinweis auf OLG Stuttgart, Urteil vom 27. Oktober 2010, 9 U 148/08, WM 2010, 2169).

175 BGH a.a.O. Tz. 27 (entgegen OLG Stuttgart, Urteil vom 26. Februar 2010, 9 U 164/08, Tz. 99, WM 2010, 756; OLG Stuttgart, Urteil vom 27. Oktober 2010, 9 U 148/08, Tz. 55 ff., WM 2010, 2169; OLG Stuttgart, Urteil vom 14. Dezember 2011, 9 U 11/11, Tz. 27 ff., WM 2012, 890).

176 BGH a.a.O. Tz. 28 (entgegen OLG Stuttgart, Urteil vom 14. Dezember 2011, 9 U 11/11, Tz. 31, WM 2012, 890; OLG Stuttgart, Urteil vom 1. Februar 2012, 9 U 57/11, Tz. 20 ff., zitiert nach juris).

177 BGH, Urteil vom 20. Januar 2015, XI ZR 316/13, Tz. 34 ff.; bestätigt in BGH, Urteil vom 28. April 2015, XI ZR 378/13, Tz. 31 f.

178 BGH, Urteil vom 20. Januar 2015, XI ZR 316/13, Tz. 38.

– notwendige und normale – Folge des Preisbildungsprozesses bei dieser Art von Finanzinstrumenten ist, nichts zu tun[179].

Es bleibt zu hoffen, dass diese klaren Worte des Bundesgerichtshofs zu einer deutlichen „Verschlankung" des Prozessstoffs führen werden, mit dem sich die Gerichte in den aktuellen Streitigkeiten um verlustreiche Swapgeschäfte befassen müssen. Die – auch nach den beiden Urteilen des Bundesgerichtshofs vom 20. Januar 2015 und 28. April 2015 – verbleibenden ungeklärten Rechtsfragen sind hinreichend komplex und erfordern die ungeteilte Aufmerksamkeit der Gerichte.

179 *Clouth* ZHR 177 (2013), 212, 243 ff.

Univ.-Prof. Dr. Matthias Lehmann, Universität Bonn[1]

Zivilrechtliche Auswirkungen von Referenzwertmanipulationen

---

1 Direktor des Instituts für Internationales Privatrecht und Rechtsvergleichung an der Universität Bonn. Für die Mitarbeit am Manuskript danke ich Laurence Grafton, LL.B., Johannes Ungerer, LL.M. oec., Julian Titze, Maître en droit, LL.M., und Michael Neumeier, LL.B. Für wertvolle Hinweise schulde ich zudem Prof. Dr. Dirk Zetzsche meinen Dank.

1 Einführung

Der vorliegende Beitrag diskutiert die Auswirkungen der Manipulation von Referenzwerten, wie etwa des LIBOR und des EURIBOR, auf zivilrechtliche Rechtsverhältnisse. Referenzwerte wurden verfälscht, um Banken günstigere Positionen unter Verträgen zu verschaffen, die auf solche Referenzwerte Bezug nehmen.[2] Soweit dieses Ziel erreicht wurde, haben die Vertragspartner der Banken entweder zu wenig oder zu viel bezahlt. Aus zivilrechtlicher Sicht wirft dies die Frage auf, ob es einen Rechtsbehelf zur Korrektur gibt. Die Frage stellt sich sowohl im Hinblick auf Verträge von Banken, die selbst an den Manipulationen beteiligt war, als auch im Hinblick auf Verträge solcher Institute, die keinen Einfluss auf den Referenzwert genommen haben.

Im Mittelpunkt der Untersuchung stehen dabei Auswirkungen auf bestehende Verträge. Nicht behandelt werden deliktsrechtliche Ansprüche, die Geschädigten gegen die an der Manipulation Beteiligten zustehen können.[3] Ihr Ausschluss im vorliegenden Zusammenhang rechtfertigt sich dadurch, dass die meisten der bisher erhobenen Klagen auf vertragliche Rechtsbehelfe gestützt waren, weil deliktische Ansprüche zumindest nach bisherigem Recht kaum Aussicht auf Erfolg haben. Die Gründe dafür sind noch im Einzelnen zu erörtern.[4]

In dieser Einführung sollen zunächst der Begriff, der Anwendungsbereich, die wirtschaftliche Bedeutung und die Ermittlung von Referenzwerten geklärt werden. Es folgt eine ökonomische Analyse. Danach werden Probleme der rechtlichen Bewältigung von Referenzwertmanipulationen erörtert, die sich in allen Rechtsordnungen stellen. Im Anschluss wird auf Rechtsbehelfe unter verschiedenen ausländischen Rechten eingegangen, bevor das deutsche Vertragsrecht im Mittelpunkt steht.

---

2 Zum Ablauf im Einzelnen unten 2.4.

3 Dazu *Bausch/Wittmann*, WM 2013, 494, 499 ff.; *Buck-Heeb*, WM 2015, 157, 163 ff.; *Fleischer/Bueren*, DB 2012, 2561, 2564; *Weck*, KommJur 2013, 281, 284 ff.; *Zetzsche*, ZHR 179 (2015), 490 ff.

4 Siehe dazu unten 3.

1.1 Begriff des Referenzwerts

Referenzwerte („benchmarks") geben Preise oder Mengen für bestimmte Produkte an. Es handelt sich um Indizes, die aus repräsentativen Datensätzen ermittelt und der Öffentlichkeit zugänglich gemacht werden.[5] Sie existieren in großer Vielfalt. So gibt es verschiedene Referenzwerte für Zinssätze, die nach dem jeweiligen Markt benannt werden, auf den sie sich beziehen, z.B. LIBOR (London Interbank Offered Rate), EURIBOR (Eurozone), TIBOR (Tokio) oder STIBOR (Stockholm). Außerdem werden Indizes für Währungen (z.B. den Euro-Dollar-Kurs), Waren (z.B. den Gold- oder Silberpreis), Strom oder Emissionszertifikate errechnet. Sie werden in periodischen Abständen festgestellt, z.B. täglich.

Zum Referenzwert werden diese Indizes erst, sobald zivilrechtliche Verträge auf sie für die Berechnung von Rechten oder Pflichten der Parteien Bezug nehmen.[6] Durch diesen Akt der vertraglichen Inbezugnahme, der den Index zum Referenzwert macht, erlangt der Wert über seinen ursprünglichen Kontext hinaus allgemeine Bedeutung.

1.2 Anwendungsbereich von Referenzwerten

Referenzwerte tauchen in den unterschiedlichsten Zusammenhängen auf. Auf Zinsreferenzwerte wie LIBOR und EURIBOR wird etwa sehr häufig in grundpfandrechtlich gesicherten Hauskrediten Bezug genommen. Diese werden variabel verzinst, d.h. der Zinssatz errechnet sich in Abhängigkeit vom Referenzwert, dessen Höhe schwankt, zuzüglich eines fixen Aufschlags. Die variable Verzinsung ist zwar in Deutschland weniger verbreitet, in anderen Staaten jedoch üblich, wie etwa in Italien oder Spanien. Variabel verzinste Kredite werden auch häufig an Unternehmen vergeben. Ebenso kommen veränderliche Zinssätze bei Staatsanleihen vor. Die Berechnung von Zinsen bei Kreditkarten oder Darlehen an Studenten wird ebenfalls häufig an den LIBOR oder den EURIBOR geknüpft.[7]

Ein weiterer bedeutender Anwendungsbereich von Referenzwerten sind die Derivate. Ein ganzes Universum verschiedener Instrumente nimmt auf sie Bezug.

---

5 Siehe Kommission, Vorschlag für eine Verordnung des Europäischen Parlaments und des Rates über Indizes, die bei Finanzinstrumenten und Finanzkontrakten als Benchmark verwendet werden, KOM(2013) 641 endg., S. 1.

6 Siehe die Definition in Art. 3 Abs. 1 Nr. 29 der Marktmissbrauchsverordnung (VO (EU) Nr. 596/2014).

7 Siehe die Übersicht in FSB, Reforming Major Interest Rate Benchmarks, 22.7.2014, S. 7.

Beispiele dafür sind *interest rate swaps*, *futures* und Optionen sowie *forward rate agreements*.[8] Sehr häufig liegt ihnen ein Referenzzinssatz zugrunde. Jedoch sind auch Verweise auf andere Referenzwerte üblich, wie Währungsindizes (z.B. Dollar-Euro) oder Warenindizes (z.B. Ölpreis).

1.3 Wirtschaftliche Bedeutung

Die ökonomische Bedeutung von Referenzwerten kann kaum überschätzt werden. Die Zahl der Verträge, die auf sie Bezug nehmen, und die Summe der unter ihnen geschuldeten Leistungen sind enorm groß. Schätzungen glaubwürdiger Quellen gehen dahin, dass ihr Wert mindestens 300 Billionen US Dollar betrage.[9] Das ist das 4,5 fache des weltweiten BIP.

Schon an dieser Zahl wird deutlich, welche Auswirkungen eine Manipulation des Referenzwerts – egal in welche Richtung – aus ökonomischer Perspektive hat. Zugleich wird aber auch klar, welche Verpflichtungen auf Banken zukommen, wenn sie für dafür zivilrechtlich verantwortlich gemacht werden. Die Ratingagentur Moody's hat davor gewarnt, dass die Verluste aus zivilrechtlichen Rechtsstreitigkeiten deutlich höher als aufsichtsrechtliche Sanktionen ausfallen könnten.[10] Schon die Strafen erreichten für einzelne Institute Milliardenhöhe. Es ist daher nicht übertrieben anzunehmen, dass aus den zivilrechtlichen Verfahren wegen Referenzwertmanipulationen Risiken für die Existenz einer Reihe bedeutender Institute erwachsen können. Das schließt eine Haftung nicht aus, doch sollte diese – wie im Zivilrecht auch sonst – nicht uferlos sein.[11]

1.4 Ermittlung eines Referenzwerts

Grundsätzlich können Referenzwerte auf zwei unterschiedliche Weisen ermittelt werden: Eine Möglichkeit besteht darin, tatsächliche Transaktionen auf dem Markt zu beobachten und daraus einen mittleren Wert zu bilden. Auf diese Weise

8 Siehe die Übersicht in FSB, Reforming Major Interest Rate Benchmarks, 22.7.2014, S. 8.

9 The Wheatley Review of LIBOR: Final Report, September 2012 (im Folgenden: Wheatley Review), S. 7.

10 Siehe Moody's on LIBOR allegations: litigation costs remain uncertain, but are a greater risk to bank ratings than regulatory sanctions, 13.11.2012, erhältlich unter moodys.com (zuletzt besucht am 19.6.2015).

11 Zur Gefahr der "liability in an indeterminate amount for an indeterminate time to an indeterminate class" siehe Cardozo, in *Ultramares Corp. v. Touche* (1931) 255 N.Y. 170, 179.

kommt etwa der *Euro Over-Night Index Average* (EONIA) zustande.[12] Jedoch ist es auf außerbörslichen Märkten wie den Interbankenmärkten, auf denen LIBOR und EURIBOR beruhen, sehr schwierig wenn nicht unmöglich, alle Transaktionen zu verfolgen. Daher wird bei ihnen eine andere Berechnungsart gewählt. Sie besteht darin, Marktteilnehmer zu befragen, etwa zu gewissen Zinssätzen. Aus ihren Antworten wird der Referenzwert gebildet.

Bei der letztgenannten Methode ist die genaue Formulierung der Frage bedeutsam, die den Marktteilnehmern gestellt wird. Sie lautet etwa beim LIBOR:

> "At what rate could you borrow funds, were you to do so by asking for and then accepting inter-bank offers in a reasonable market size just prior to 11am?"[13]

Bemerkenswert daran ist, dass die Frage rein hypothetisch gestellt wird. Sie hat keinen Bezug zu einer konkreten Transaktion. Zudem eröffnet sie den Teilnehmern durch die Verwendung von unbestimmten Begriffen wie „*could you*" und „*reasonable*" einen ganz erheblichen Spielraum bei der Beantwortung. Man könnte sie daher mit einigem Recht als eine Art Meinungsäußerung über das derzeitige Marktumfeld auffassen. Das zeigt den ganz erheblichen Grad an Unzuverlässigkeit, mit dem die Indizes naturgemäß vorbelastet sind. Nichtsdestoweniger bestimmen sie vertragliche Verpflichtungen von Parteien rund um den Globus.

2 Ökonomische Analyse

2.1 Funktion von Referenzwerten

Auf Referenzwerte wird in Verträgen immer dann Bezug genommen, wenn zwischen den Vertragsparteien Unsicherheit über die zukünftige Entwicklung besteht. In einem sich stetig ändernden Marktumfeld wollen sich Parteien nicht an feste Preise oder Mengen binden. Stattdessen möchten sie den Preis als eine der *essentialia negotii* flexibel der Entwicklung des Markts anpassen. Konkret bei Darlehensverträgen dienen Referenzwerte dazu, der Bank schwierige Zinstransformationsleistungen gegenüber ihren Einlegern zu ersparen. Doch kann ein variabler Zinssatz auch für die Bankkunden von Vorteil sein: Sie können dadurch von einer Zinssenkung profitieren.

---

12 *König*, BaFin Journal 07/2013, S. 27.
13 Wheatley Review, S. 61.

Bei Derivaten dient der Referenzwert als Basiswert (*underlying*). Er ist der Gradmesser, um die gegenseitigen Rechte und Pflichten der Parteien festzustellen. Referenzwerte sind damit unentbehrliche Voraussetzung für die Absicherung, aber auch für die Spekulation. Teilweise bestimmen sie die Pflichten direkt, so bei einem *plain vanilla swap*. Nicht selten sind sie aber Bestandteil einer komplizierteren Berechnungsformel, etwa beim *spread ladder swap*.[14] Egal in welcher Form bauen sie ein aleatorisches Element in das Vertragsgefüge ein, das für Derivate kennzeichnend ist.

Makroökonomisch gesehen haben Referenzwerte heute systemische Relevanz. Sie übertragen gesamtwirtschaftliche Faktoren in individuelle Vertragsverhältnisse und erlauben dadurch, trotz grundsätzlicher Unbekanntheit zukünftige Situationen zu planen und Risiken abzufedern. Dabei wirken sie nicht immer präzise. Zum Teil kann ein Referenzwert idiosynkratischen Entwicklungen unterliegen, die nicht die gesamtwirtschaftliche Situation widerspiegeln, wie etwa derzeit der Ölpreis. Dennoch sind Referenzwerte ein essentieller Teil des globalen Finanzsystems geworden. Man ist auf sie angewiesen, da man sich keine Alternativen zu ihnen vorstellen kann. Bestrebungen zur Einführung eines Ersatzmechanismus sind bislang fruchtlos verlaufen.[15]

2.2 Konzentrationseffekt

Bemerkenswert ist, dass Verträge meist auf dieselben Referenzwerte Bezug nehmen. So ist etwa eine massive Konzentration der Darlehens- und Derivateverträge auf den LIBOR und den EURIBOR zu verzeichnen, obwohl es durchaus andere, regionale Referenzwerte gibt.[16]

Das hat verschiedene Gründe.[17] Zum einen ist die Bezugnahme auf denselben Referenzsatz praktisch sehr einfach und erspart die Suche nach alternativen, weniger bekannten Referenzwerten. Zum anderen erhöht sie die Vergleichbarkeit von Vertragsbedingungen und die Möglichkeit der Standardisierung. Aus beiden Gründen werden Transaktionskosten gesenkt. Außerdem erlaubt die Bezug-

14 Siehe *Stark/Loose*, Finanz Betrieb 2007, 610–618.

15 Siehe Wheatley Review; FSB, Reforming Major Interest Rate Benchmarks, 22.7.2014; BIS, Towards better reference rate practices: a central bank perspective, March 2013.

16 Nachweise oben 1.1.

17 Siehe dazu FSB, Reforming Major Interest Rate Benchmarks, 22.7.2014, S. 6; *Duffie/Stein*, Stanford Business Working Paper Nr. 3170, 19.9.2014, S. 6 ff., erhältlich unter http://www.gsb.stanford.edu/faculty-research/working-papers/reforming-libor-other-financial-market-benchmarks (zuletzt besucht am 12.6.2015).

nahme auf einen Standard-Referenzwert den leichteren Austausch der Parteien eines Finanzinstruments (Gläuber- und/oder Schuldnerwechsel) und erhöht damit dessen Handelbarkeit. Für Verträge, die auf LIBOR oder EURIBOR Bezug nehmen, stehen daher wesentlich tiefere und liquidere Märkte zur Verfügung als für andere.

Daraus ergeben sich zwei wichtige Folgen: Einerseits besteht ein unwiderstehlicher Drang hin zu bestimmten Referenzwerten. Nur sehr bekannte Werte werden in der Vertragspraxis verwendet. Und je bekannter sie sind, umso attraktiver ist es, sie auch in weiteren Verträgen in Bezug zu nehmen. Unbekannte Referenzwerte haben dagegen kaum eine Chance zur Durchsetzung; ihnen ist der Markteintritt praktisch versagt.

Andererseits schwindet mit der Konzentration auf bestimmte „Allerwelts"-Referenzwerte die Beziehung des jeweils benutzten Index zur konkreten vertraglichen Transaktion. Ein Hausbau in Málaga etwa hat mit dem Londoner Interbankenmarkt wenig zu tun. Dass sich die darlehensgebende spanische *caja* in London refinanziert, ist kaum anzunehmen. Trotzdem nehmen Darlehensbeträge auf den LIBOR Bezug. Die Referenz erklärt sich weniger aus einer inhaltlichen Verbindung als aus der Tatsache, dass man auf einen variablen Wert Bezug nehmen muss, der weit verbreitet und bekannt ist. Der ökonomische Konnex wird dadurch denkbar dünn.

2.3 Anfälligkeit für Manipulation

Referenzwerte wie LIBOR und EURIBOR eignen sich in hervorragender Weise zur Manipulation. Der Grund dafür ist der soeben beschriebene Konzentrationseffekt: Extrem viele Verträge mit enormen dahinterstehenden wirtschaftlichen Interessen beziehen sich auf einen engen und exklusiven Kreis von Indizes. Letztere werden aus Datensätzen ermittelt, die fast völlig der Verfügungsfreiheit der Banken unterliegen. Das liegt daran, dass die zugrundeliegenden Datensätze sehr klein sind, weil auf den Interbanken-Märkten nur sehr wenige Transaktionen geschlossen werden. Gleichzeitig sind diese OTC-Märkte extrem intransparent. Die ermittelnde Stelle – beim LIBOR z.B. seit 2014 ICE (Intercontinental Exchange) Bank Administration Ltd. – ist auf die Auskünfte der Banken angewiesen. Sie greift dabei auf wenige Institute zurück, z.B. beim LIBOR je nach zugrundeliegender Währung auf acht oder zehn Banken.

Der tiefere Grund für die Manipulationsanfälligkeit der Referenzwerte ist ein krasser Interessenkonflikt. Auf der einen Seite sind große Kreditinstitute an der Erstellung und Ermittlung der Indizes beteiligt. Auf der anderen Seite sind diese Institute zugleich Parteien von Verträgen, deren Verpflichtungen von der Höhe des Referenzwerts abhängen. Daher gab es einen starken Anreiz für Banken, falsche Angaben zu machen. Der Interessenkonflikt der Institute setzte sich bei ihren Mitarbeitern fort. Deren Gehälter sind durch Boni meist leistungsabhängig ausgestaltet. Sie waren daher persönlich daran interessiert, dass sich die Geschäfte ihres Arbeitgebers besonders erfolgreich entwickeln.

2.4 Vermeidbarkeit der Manipulation

Für die ökonomische Bewertung spielt die Frage eine Rolle, wie man die Manipulationen hätte vermeiden können. Dazu ist es wichtig, den genauen Ablauf der Fälschungshandlungen nachzuvollziehen. Am besten eignen sich dazu die Vorgänge um den Referenzwert LIBOR, da diese bislang am genauesten ermittelt sind.[18]

Die Initiative zur Manipulation des LIBOR ging typischerweise von Derivatehändlern aus. Sie beeinflussten ihre an der Ermittlung der Referenzwerte beteiligten Kollegen, die sie per E-Mail oder Telefon baten, gewisse Werte zu melden. Diese unrichtigen Werte konnten sowohl über als auch unter dem eigentlichen Niveau liegen. Über die Derivate führten diese ungewöhnlichen Ausschläge der Referenzwerte zu einem Gewinn für die Bank. Selbst kleinste Änderungen im Index, wie etwa um einen Basispunkt (=0,01 %), führten zu drastischen Positionsverbesserungen bei den Derivaten.[19] Zum Teil wurden die Manipulationen auch banküberreifend begangen.[20] Händler aus anderen Banken riefen ihre Kollegen an und trafen Absprachen über die Höhe über die zu meldenden Werte.

Nach dem derzeitigen Stand der Ermittlungen hatte das Management der Banken von diesen Vorgängen in der Regel keine Kenntnis. Lediglich im Fall Barclays hatte es selbst gezielt auf den abgegebenen Zinswert Einfluss genommen, weil es annahm, die Abgabe realistischer Zinswerte könne dem Ansehen der Bank

18 Siehe FSA, Final Notice to Barclays Bank PLC, 27.6.2012, erhältlich unter http://www.fsa.gov.uk/static/pubs/final/barclays- jun12.pdf (zuletzt besucht am 26.4.2015); House of Commons, Fixing LIBOR: Some Preliminary Findings, Second Report of Session 2012-13, 18.8.2012; US Department of Justice, Two Former Rabobank Traders Indicted for Alleged Manipulation of U.S. Dollar, Yen Libor Interest Rates, Press Release 16.10.2014.

19 House of Commons, Fixing LIBOR: Some Preliminary Findings, Second Report of Session 2012-13, 18.8.2012, S. 14.

20 FSA, Final Notice to Barclays Bank PLC, 27.6.2012, erhältlich unter http://www.fsa.gov.uk/static/pubs/final/barclays- jun12.pdf (zuletzt besucht am 26.4.2015), Nr. 11; House of Commons, Fixing LIBOR: Some Preliminary Findings, Second Report of Session 2012-13, 18.8.2012, S. 16.

schaden.[21] Es wurde befürchtet, Konkurrenten könnten aus den im Vergleich mit anderen Instituten hohen Zinswerten ableiten, dass es Barclays schlecht gehe. Um dem vorzubeugen, wies das Management die mit der Ermittlung der Referenzwerte beauftragte Person an, niedrigere Werte abzugeben.

Obwohl ihren Vorständen keine Kenntnis der Manipulationen nachgewiesen werden konnte, wurden auch die anderen Banken außer Barclays aufsichtsrechtlich sanktioniert. Der ihnen gemachte Vorwurf lautete, die Abgabe der Mitteilungen der Referenzwerte nicht hinreichend organisiert und überwacht zu haben.[22] Sie hätten die Manipulation, z.B. durch die Errichtung von *chinese walls* zwischen den Derivatehändlern und den an der Ermittlung beteiligten Personen, verhindern können. In Rede stand hier also ein Organisationsverschulden. Die an der Ermittlung der Indizes beteiligten Institute hätten dies also vermeiden können. In ökonomischer Hinsicht sind sie – neben den eigentlichen Manipulateuren – „*cheapest cost avoider*". Anders steht es mit den nicht an der Manipulation beteiligten Instituten. Sie hatten auf den Verlauf der Indizes keinen Einfluss und konnten offenbar auch nicht erkennen, dass diese verfälscht wurden. Für sie war die Manipulation daher ebenso unvermeidbar wie für die Kunden. Die Tatsache, dass sie in ihren Verträgen auf Referenzwerte Bezug nehmen, kann ihnen nicht zum Vorwurf gereichen.

3 Rechtsordnungsübergreifende Probleme

Bevor auf die zivilrechtlichen Auswirkungen von Referenzwertmanipulationen in einzelnen Rechtsordnungen eingegangen wird, lohnt es sich, einen Blick auf einige Probleme zu werfen, die sich allgemein und unabhängig von der jeweiligen rechtlichen Ausgestaltung stellen.

3.1 Schadensnachweis

Ein erstes Problem ist der Nachweis eines ersatzfähigen Schadens. Dazu müssten die Vertragspartner der Banken darlegen und beweisen, dass sie ohne die Refe-

21 Siehe dazu FSA, Final Notice to Barclays Bank PLC, 27.6.2012, erhältlich unter http://www.fsa.gov.uk/static/pubs/final/barclays- jun12.pdf (zuletzt besucht am 26.4.2015).

22 Siehe dazu FSA, Final Notice to Barclays Bank PLC, 27.6.2012, erhältlich unter http://www.fsa.gov.uk/static/pubs/final/barclays- jun12.pdf (zuletzt besucht am 26.4.2015), Nr. 16 („inadequate systems and controls").

renzwertmanipulation besser gestanden hätten. Das kann jedoch nur gelingen, wenn sich der unverfälschte Referenzwert feststellen lässt. Es müsste also der „wahre LIBOR" oder der „wahre EURIBOR" ermittelt und mit dem veröffentlichten Wert verglichen werden.

Eine solche Ermittlung dürfte praktisch gesehen unmöglich sein. Ökonomische Studien geben den Einfluss der Verfälschung sehr unterschiedlich an. Die ermittelten Abweichungen reichen von fünf[23] bis acht[24] Basispunkten. Die Autoren geben z.T. zu, dass es sich dabei nur um Möglichkeiten und nicht um einen echten Nachweis handelt.[25] Andere finden keinerlei Anzeichen für eine Auswirkung auf den Referenzwert.[26] Außerdem ist ein Ausweichen auf einen anderen Index als Vergleichswert unmöglich: Zum einen gibt es nicht sehr viele solcher Werte, zum anderen spiegeln sie meist ganz andere Märkte wider, die sich unterschiedlich entwickeln.

Ein Ausweg könnte darin bestehen, die Belastung mit dem ungünstigen Vertrag als nachteilig anzusehen. Der Anleger hätte danach einen Schaden bereits dadurch erlitten, dass er einen Vertrag abgeschlossen hat, der auf den manipulierten Referenzwert verweist. Letztlich ist aber dieser Weg ebenfalls nicht erfolgversprechend. Denn ein Schadensersatzanspruch, gleich ob er auf Geldersatz oder auf Rückgängigmachung eines ungünstigen Vertrags gerichtet ist, setzt immer einen ersatzfähigen Schaden voraus, der sich auch konkret beziffern lässt. Gerade der Nachweis, dass der Vertrag ungünstig war, wird dem Anleger daher nicht erspart. Da die Manipulationen zum Teil in die eine und zum Teil in die andere Richtung gingen, dürfte er nicht gelingen.

3.2 Kausalität

Schwierig dürfte auch sein, individuellen Banken die Verursachung der Verfälschung nachzuweisen. Das hängt vor allem mit der Berechnung der Referenzwerte zusammen. So werden die Angaben der Banken mit verschiedenen Parametern verglichen, um Irrtümer oder Manipulationen auszuschließen; außerdem werden

---

23 *Abrantes-Metz* u.a., (2012) 36 Journal of Banking & Finance 136, 137.

24 *Youle*, How Much Did Manipulation Distort the Libor?, (2014) Job Market Paper, erhältlich unter http://www.dartmouth.edu/~tyoule/documents/JMP49_0112.pdf (zuletzt besucht am 25.6.2015), S. 3.

25 *Abrantes-Metz* u.a., (2012) 36 Journal of Banking & Finance 136, 150.

26 *Kuo/Skeie/Vickery*, A Comparison of LIBOR to Other Measures of Bank Borrowing Costs, (2012) Working Paper, erhältlich unter http://www.newyorkfed.org/research/economists/vickery/LiborKSV_staff_webpage.pdf (zuletzt besucht am 25.6.2015).

die höchste und die niedrigste Angabe nicht berücksichtigt.[27] Beim LIBOR gehen die 25 % höchsten und niedrigsten Angaben der Banken nicht in die Ermittlung ein. Unter diesen Umständen ist es schwer zu beweisen, dass die fehlerhaften Angaben einer Bank den Referenzwert verfälscht haben. Sie wird sich regelmäßig darauf berufen, dass außergewöhnlich niedrige oder hohe Angaben automatisch ausgeschlossen werden und so keinen Einfluss auf die Ermittlung haben können.

Aufgrund der besonderen Berechnungsweise ist eine effektive Verfälschung, wenn überhaupt, nur durch mehrere Banken gemeinsam möglich. Insofern tauchen die bekannten Fragen der Kausalität bei mehreren Schadensverursachern auf. Gesetzgebung und Rechtsprechung haben für die kumulative und die alternative Kausalität Lösungswege gefunden, die es erlauben, jeden der mehreren Verursacher als zum Schadensersatz verpflichtet anzusehen.[28] Dennoch bleibt die Zurechnung nicht ohne Probleme, da im Fall der LIBOR- und der EURIBOR-Manipulation jeder der mehreren Verursacher sich darauf berufen wird, dass gerade sein Verursachungsteil von der Berechnung ausgeschlossen wurde, weil er eine der höchsten oder niedrigsten Angaben gemacht hat.

3.3 Verschulden

Problematisch an Schadensersatzansprüchen ist schließlich die Frage des Vertretenmüssens. Nur in wenigen Fällen hat das Management selbst von den Manipulationen Kenntnis gehabt oder diese angeordnet. Meist haben die individuell zur Abgabe der Daten für die Ermittlung des Referenzwertes Verantwortlichen auf eigene Initiative gehandelt. Ob ihr Wissen den Geschäftsleitern der Gesellschaften zugerechnet werden kann, ist klärungsbedürftig.[29] Ebenso wäre ein individuelles Organisationsverschulden des Vorstands in jedem Fall darzulegen und zu beweisen.

3.4 Zwischenergebnis

Schadensersatzansprüche wegen Referenzwertmanipulationen lassen sich aus verschiedenen Gründen schwer nachweisen. Das gilt nicht nur für Ansprüche

---

27 The Wheatley Review of LIBOR: Initial Discussion Paper, S. 51.

28 Vgl. *Schubert*, in: MüKo-BGB, 6. Aufl. 2012, § 249, Rn. 58 m.w.N.

29 Siehe dazu nach deutschem Recht unten 5.1.

auf Schadensersatz aufgrund Vertragsverletzung, sondern auch für die meisten deliktischen Ansprüche.

Anderes mag allenfalls für Klagen gelten, mit denen zivilrechtliche Haftungsfolgen von Kartellrechtsverstößen geltend gemacht werden, wie z.B. die Ansprüche nach § 33 Abs. 3 des deutschen GWB.[30] Zunächst ist das Zivilgericht bei den sogenannten follow on-Klagen an die vorangegangene Entscheidung der Kommission, die einen Verstoß gegen das EU-Wettbewerbsrecht festgestellt hat, gemäß § 33 Abs. 4 GWB gebunden. Darüber hinaus verpflichtet die Kartellschadensersatzrichtlinie die Mitgliedstaaten zur Einführung einer Haftung für Mittäter und zur Vermutung eines Schadens.[31] Die Umsetzung der Richtlinie in das nationale Recht steht allerdings noch aus, so dass die Auswirkungen schwer abzuschätzen sind.

Nach derzeitigem Recht haben auf Schadensersatz gerichtete Klagen dagegen nur wenig Aussicht auf Erfolg. Das ist ohne Zweifel der Grund, warum die meisten der in der Praxis bisher erhobenen Ansprüche nicht auf Geld, sondern auf die Aufhebung von Verträgen gerichtet waren. Dies wird nachfolgend im Einzelnen zu zeigen sein.

4 Auswirkungen nach ausländischen Rechten

4.1 Anzuwendendes Vertragsrecht

Wenn Auswirkungen von Referenzwertmanipulationen auf Verträge geprüft werden sollen, ist es zunächst nötig festzustellen, welche Rechtsordnung insoweit anzuwenden ist. Verträge mit Bezugnahme auf Referenzwerte werden sehr häufig angelsächsischem Recht unterstellt. Das gilt insbesondere für die vielfältigen Formen der Derivate. Ihnen wird regelmäßig das *Master Agreement* der *International Swap and Derivatives Association* (ISDA) zugrunde gelegt, das in seinem Anhang (*Schedule*) nur die Wahl zwischen dem englischen Recht oder dem Recht des Staates New York zulässt.[32] Für Deutschland existiert eine Son-

---

30 Dazu *Zetzsche*, ZHR 179 (2015), 490, 498 ff.

31 Siehe Richtlinie des Europäischen Parlaments und des Rates v. 26.11.2014 über bestimmte Vorschriften für Schadensersatzklagen nach nationalem Recht wegen Zuwiderhandlungen gegen wettbewerbsrechtliche Bestimmungen der Mitgliedstaaten und der Europäischen Union, ABl. L 349/1, Art. 11 Abs. 1, Art. 17 Abs. 2.

32 Siehe ISDA, Masteragreement 2002, Schedule Part 4, lit. h, erhältlich unter http://assets.isda.org/media/e0f39375/d851831a.pdf/ (zuletzt besucht am 26.4.2015).

derform mit dem Rahmenvertrag für Finanztermingeschäfte, der auf deutsches Recht verweist.[33] Diese Rechtswahl ist gemäß Art. 3 Abs. 1 der Rom I-Verordnung[34] zu beachten.

Bei Verträgen mit nicht professionellen Parteien spielt dagegen das Recht an deren gewöhnlichen Aufenthalt eine größere Rolle. Dessen zwingende Regelungen sind gemäß Art. 6 Abs. 2 der Rom I-Verordnung als Mindeststandard für Verbraucher zu beachten; in Ermangelung einer Rechtswahl gilt es gemäß Art. 6 Abs. 1 derselben Verordnung für den Vertrag insgesamt. Häufig wird ein Institut dem Verbraucher von vornherein die Wahl dessen Heimatrechts anbieten. Insofern kommen auch vertragliche Rechtsbehelfe nach anderen Rechtsordnungen in Betracht, von denen hier beispielhaft das spanische und italienische Recht untersucht werden sollen.

Fraglich könnte sein, ob die Reichweite des auf den Vertrag anzuwendenden Rechts die Auswirkung der Referenzwertmanipulation überhaupt abdeckt. Das Vertragsstatut regelt alle Fragen vom Entstehen bis zur Beendigung des Vertrags.[35] Es bestimmt über die Art der Erfüllung ebenso wie über die Folgen der Nichterfüllung. Daher sind auch die Auswirkungen der Manipulation eines Referenzwerts, auf den der Vertrag zur Bestimmung der Rechte und Pflichten der Parteien Bezug nimmt, nach den Bestimmungen des anzuwendenden Vertragsstatuts zu ermitteln.

4.2 Englisches Recht

4.2.1 Misrepresentation

Für die rechtsvergleichende Umschau ist es zweckmäßig, mit dem englischen Recht zu beginnen. Dafür gibt es mehrere Gründe: einerseits untersteht eine große Zahl der betroffenen Verträge dem englischen Recht. Zum anderen fanden die Manipulationen in London statt. Dort wurden auch die ersten Zivilrechtsklagen erhoben.

33 Siehe Nr. 11 Abs. 2 Rahmenvertrag für Finanztermingeschäfte, abgedruckt bei Jahn, in: Schimansky/Bunte/Lwowksi, Bankrechts-Handbuch, 4. Aufl. 2011, § 114, Anhang 1.

34 Verordnung (EG) Nr 593/2008 des Europäischen Parlaments und des Rates vom 17.6.2008 über das auf vertragliche Schuldverhältnisse anzuwendende Recht („Rom I"), ABl. EU 2008 L 177/6.

35 Siehe im Einzelnen Art. 12 Abs. 1 Rom I-VO.

Zwei solcher Rechtsstreite sind bis zum Court of Appeal gelangt, der die Geltendmachung entsprechender Ansprüche im Wege der Klageänderung zugelassen hat. Der erste Rechtsstreit, der gegen Barclays gerichtet war,[36] ist mittlerweile durch Vergleich beigelegt worden. Im zweiten Fall ist neben acht anderen Instituten die Deutsche Bank als Klägerin beteiligt;[37] der Fall ist nach wie vor beim Court of Appeal anhängig.[38] Bislang lässt sich daher nicht abschließend sagen, ob die von den Kunden geltend gemachten Ansprüche nach englischem Recht bestehen. Lord Justice Longmore hat aber im Zusammenhang mit der Zulassung der Klageänderung einige wichtige Hinweise gegeben, in welcher Richtung er entscheiden könnte.

In beiden Fällen hatten Kunden Verträge mit den Banken abgeschlossen, die sich auf den LIBOR stützten. Dabei handelte es sich überwiegend um *swap*-Verträge; im Deutsche Bank-Fall war zusätzlich auch ein Darlehen abgeschlossen worden. Die Kunden wollten diese Verträge im Wege der *rescission* rückgängig machen. Diese befreit von allen vertraglichen Verpflichtungen.[39] Die hauptsächliche Grundlage, auf die die Kläger ihr angebliches Recht zur *rescission* stützten, ist *misrepresentation*. Bei ihr handelt es sich nach englischer Auffassung um ein Delikt (*tort*).[40] Allerdings steht die *misrepresentation* in enger Beziehung zum Vertrag, weil der Vorwurf gerade in der Verleitung zum Abschluss eines ungünstigen Vertrags liegt. Aus internationalprivatrechtlicher Sicht wird sie daher als vertraglich eingeordnet.[41] Folglich untersteht sie dem (englischen) Vertragsstatut.

Voraussetzung einer *misrepresentation* ist, dass die Bank bei der Veräußerung ihrer Finanzprodukte falsche Angaben gemacht hat. Diese müssen zumindest als stillschweigende Vertragsklausel (*implied term*) Bestandteil des Vertrags geworden sein.[42] Im Verfahren gegen die Deutsche Bank und andere Institute behaupteten die Kunden nicht weniger als vier solcher *implied terms*, welche die Kreditinstitute vereinbart haben sollten. So sollen Letztere stillschweigend zugesichert haben, dass erstens ganz allgemein der LIBOR aus Angaben von Kreditinstituten berechnet werde; dass diese zweitens in gutem Glauben gemacht würden; dass sie drittens die Integrität des Referenzwerts nicht durch ihr Verhal-

36 *Graiseley Properties v Barclays Bank* [2012] EWHC 3093 (Comm).

37 *Deutsche Bank v Unitech* [2013] EWHC 471 (Comm).

38 Siehe http://casetracker.justice.gov.uk/listing_calendar/index.jsp (zuletzt besucht am 15.9.2015), case number 20133095.

39 *Beale*, in: Beale (Hrsg.), Chitty on Contracts, Bd. 1, 31. Aufl. 2012, Kap. 6, Rn. 111.

40 *Deutsche Bank v Unitech* [2013] EWCA Civ 1372.

41 *Collins*, in: Collins (Hrsg.), Dicey Moris & Collins on the Conflict of Laws, Bd. 2, 15. Aufl. 2012, Kap. 32, Rn. 162.

42 Vgl. *Beale*, in: Beale (Hrsg.), Chitty on Contracts, Bd. 1, 31. Aufl. 2012, Kap. 13, Rn. 002.

ten untergraben hätten; und ihnen viertens nichts von unrechtmäßigen Angaben aus dem eigenen Haus oder aus anderen Banken bekannt sei.[43]

Die Banken wehrten sich allgemein gegen die Annahme einer stillschweigenden Zusicherung, die ihnen ihrer Ansicht nach in den Mund gelegt werden sollte. Lord Justice Longmore neigt dagegen zu einer differenzierten Beurteilung. Seiner Meinung nach hätten die Banken zwar nicht allgemein erklärt, der LIBOR werde rechtmäßig ermittelt. Eine solche Erklärung liege schon deshalb fern, weil den Banken nicht unterstellt werden könne, dass sie sich auch zum Verhalten anderer Kreditinstitute äußern wollten.[44] Dagegen sieht der High Court-Richter die Annahme eines *implied term* nicht als ausgeschlossen an, soweit es um das *eigene* Verhalten der jeweiligen Bank geht. Nach Ansicht von Lord Justice Longmore hätten diese durch die Bezugnahme auf den LIBOR versprochen, sich nicht an Manipulationen dieses Referenzwertes zu beteiligen oder von diesen nichts zu wissen. Seiner Ansicht nach ist ein *implied term* insofern ebenso naheliegend wie die Annahme, dass derjenige, welcher sich in ein Restaurant setze, implizit erkläre, zahlen zu wollen.[45] Außerdem gibt der Richter zu bedenken, dass die Kunden die Verträge am Tag nach deren Abschluss sofort beendet hätten, wenn die Banken ihnen zu verstehen gegeben hätten, dass sie den LIBOR in der Vergangenheit manipuliert haben und dieselbe Absicht auch für die Zukunft hegen.[46]

Damit ist eine wichtige Weichenstellung getroffen: Da die Banken – wenn überhaupt – nur Erklärungen über ihr eigenes Verhalten abgegeben haben, kann der Rechtsbehelf der *rescission* nur gegenüber denjenigen Instituten geltend gemacht werden, die selbst an den Manipulationen beteiligt waren. Alle anderen sind nicht davon betroffen. Ihnen werden insbesondere keine Erklärungen unterstellt, nach denen der LIBOR auf rechtmäßige Weise zustande gekommen ist.

Endgültig entschieden ist der Fall wie gesagt nicht. Im weiteren Verlauf des Prozesses wird man insoweit weiter differenzieren müssen. Der Standard eines *implied term* folgt aus dem Urteil *IFE Fund v Goldman Sachs International*. Entscheidend ist danach, „what a reasonable person would have inferred was being implicitly represented by the representor's words and conduct in their context".[47] Nun kann eine „*reasonable person*" durchaus annehmen, dass eine Bank in einem Vertrag erkläre, ihre Leitungsebene beteilige sich nicht an Manipulationen des LIBOR und wisse von ihnen nichts. Anders liegt es dagegen bei den Handlungen

---

43 *Deutsche Bank v Unitech* [2013] EWCA Civ 1372, Rn. 18.
44 *Deutsche Bank v Unitech* [2013] EWCA Civ 1372, Rn. 31.
45 *Deutsche Bank v Unitech* [2013] EWCA Civ 1372, Rn. 28.
46 *Deutsche Bank v Unitech* [2013] EWCA Civ 1372, Rn. 30.
47 *IFE Fund v Goldman Sachs International* [2007] EWCA Civ 811, Rn. 50, per Toulson J.

von Mitarbeitern, die der Geschäftsleitung unbekannt sind. Über diese kann die Bank schlechthin keine Aussage treffen, da sie von ihnen nicht wusste, ja noch nicht einmal ahnte. Auch ein vernünftiger Beobachter konnte nicht annehmen, dass die Bank sich zu solchen Vorgängen äußern will, von denen sie im Moment des Vertragsschlusses gar keine Kenntnis haben konnte. Daher kann sich ein *implied term* nur auf die Manipulationen beziehen, von denen die Geschäftsleitung wusste.

4.2.2 Andere Rechtsbehelfe

Neben der *misrepresentation* kommen noch andere vertragliche Rechtsbehelfe nach englischem Recht in Betracht.

Eine Möglichkeit wäre, den Vertrag wegen einseitigen Irrtums einer Partei zu annullieren. Eine solche *avoidance of the contract* setzt nach englischem Verständnis jedoch voraus, dass der Irrtum einer Partei durch die andere Seite verursacht wurde oder diese ihn zumindest kannte.[48] Die Anforderungen an diesen Rechtsbehelf sind also wesentlich höher als an eine Anfechtung wegen Irrtums nach deutschem Recht. Er kommt nur gegen Banken in Betracht, die an der Manipulation teilgenommen haben. Gegen unbeteiligte Banken kann er nicht ausgeübt werden, selbst wenn deren Kunden sich in einem Irrtum befanden. Letztlich bringt er damit gegenüber der Argumentation mit einer *misrepresentation* keine Vorteile, so dass sich erklärt, warum er in den englischen Urteilen zum LIBOR-Skandal bislang keine Rolle spielt.

Für die Verträge mit an der Manipulation unbeteiligten Banken könnte man jedoch eine Vertragsannullierung wegen beiderseitigen Irrtums (*common mistake*) ins Auge fassen. Die Möglichkeit ist seit dem grundlegenden Urteil des House of Lords im Fall *Bell v Lever Bros* anerkannt.[49] Darin hatte das House of Lords eine Annullierung des Vertrags bei einer gemeinsamen Fehlvorstellung der Parteien ausdrücklich zugelassen, selbst wenn es im konkreten Sachverhalt deren Vorliegen verneinte. In den LIBOR-Fällen ließe sich argumentieren, dass beide Parteien, auch soweit sie an der Manipulation unbeteiligt sind, gemeinsam davon ausgehen, dass der LIBOR rechtmäßig berechnet wird und sich daher in einem beiderseitigen Irrtum befinden. Allerdings genügt für den *common mistake* nach englischer Auffassung nicht jeder Umstand, über den sich die Parteien fehlerhafte Vorstellungen machen. Vielmehr muss der Irrtum den Vertrags-

48 *Beale*, in: Beale (Hrsg.), Chitty on Contracts, Bd. 1, 31. Aufl. 2012, Kap. 5, Rn. 075.
49 [1932] A.C. 161 (HL).

gegenstand selbst betreffen. In den Worten Lord Atkins geht es in diesen Fällen um „the existence of a thing of some quality which makes the thing without the quality essentially different".[50] Dabei hatte er vor allem die Situation der *frustration*, also der Unmöglichkeit, vor Augen.[51] Konsequenterweise behandelt das englische Schrifttum in der Kategorie *common mistake* die Situation der Nichtexistenz oder des nachträglichen Untergangs des Vertragsgegenstands oder des fehlenden Eigentums des Veräußerers sowie die des Eigenschaftsirrtums.[52] Die Referenzwertmanipulationen passen in keine dieser Kategorien. Daher kann ein Vertrag, der von ihnen betroffen ist, nicht wegen gemeinsamen Irrtums angefochten werden.

4.3 Spanien

In Spanien hatte sich die Audiencia Provincial de Madrid (ein Berufungsgericht, vergleichbar etwa mit einem Oberlandesgericht) mit der Wirksamkeit einer vertraglichen Bezugnahme auf den EURIBOR zu beschäftigen.[53] Im Rahmen einer Klage auf Rückzahlung eines variabel verzinslichen Kredits war das Verbot von Wucherzinsen nach einem alten Gesetz („*Ley Azcárate*") aus dem Jahre 1980 zu prüfen. Dabei diskutiert das Berufungsgericht die Frage, ob der Zinssatz wegen des Verweises auf den EURIBOR als Wucherzins anzusehen sei. Grund waren die zur Zeit des Urteilsspruchs gerade von der EU-Kommission verhängten Strafen wegen der Verfälschung des Referenzinssatzes.

Die Audiencia Provincial lehnt einen wucherischen Charakter des EURIBOR im Ergebnis ab. Dazu verweist sie zunächst darauf, dass die Manipulation sowohl den Darlehensgeber als auch den Darlehensnehmer benachteiligen kann, weil deren Verpflichtungen und Rechte in gleicher Weise vom EURIBOR abhängen.[54] Das Gleichgewicht der vertraglichen Leistungen sei demnach nicht gestört. Außerdem unterstreicht das Gericht die Tatsache, dass der EURIBOR den meisten spanischen Hypothekenkrediten zugrunde liegt. Ausweichmöglichkei-

---

50 *Bell v Lever Bros*, [1932] A.C. 161, 218 (HL).

51 Siehe seine Bezugnahme auf den berühmten „Prozessions-Fall" *Krell v Henry* in *Bell v Lever Bros* [1932] A.C. 161, 226 (HL), per Lord Atkins.

52 *Beale*, in: Beale (Hrsg.), Chitty on Contracts, Bd. 1, 31. Aufl. 2012, Kap. 5, Rn. 043 – 053.

53 Audiencia Provincial de Madrid, Urteil v. 27.3.2014, Recurso de Apelación 662/2013, Asesoramiento e Inversiones c. Nova Galicia Banco, erhältlich unter http://www.poderjudicial.es/search/indexAN.jsp (zuletzt besucht am 15.9.2015).

54 Audiencia Provincial de Madrid, Urteil v. 27.3.2014, Recurso de Apelación 662/2013, Asesoramiento e Inversiones c. Nova Galicia Banco, S. 8.

ten existierten nicht, da andere Referenzzinssätze ebenfalls manipulierbar seien. Angeführt wird das Beispiel des spanischen Referenzzinssatzes IRPH (Índice de Referencia de Préstamos Hipotecarios). Obwohl die EU im Jahre 2009 von der spanischen Regierung dessen Beseitigung gefordert hatte und er am 1. November 2013 reformiert wurde, sind die Vorwürfe der Manipulation des IRPH nie abgerissen. Die Audiencia Provincial unterstreicht in diesem Zusammenhang, dass Voraussetzung für eine wirksame Bezugnahme eine uneingeschränkte Fluktuation des Referenzwerts ist. Letztere sei nur möglich, wenn der Zinssatz einen Markt mit einer genügend großen Zahl von Anbietern und Nachfragern betrifft. Offenbar ist das nach Ansicht der Richter beim EURIBOR der Fall, jedenfalls in weit größerem Maß als beim IRPH. Man rechtfertigt also die Wahl des Ersteren als eine Art kleineres Übel.

4.4 Italien

Unter einem anderen Gesichtspunkt hatte sich das Tribunale di Udine (ein erstinstanzliches Gericht, vergleichbar etwa einem Landgericht) mit dem EURIBOR auseinandergesetzt.[55] Im Rahmen einer Bürgschaftsklage wurde vom Bürgen der Einwand der Nichtigkeit des zugrundeliegenden Darlehens erhoben. Behauptet wurde unter anderem, der Zinssatz verstoße gegen das italienische Wettbewerbsrecht.[56] Es handele sich um eine „abgeleitete Nichtigkeit", die daraus resultiere, dass die Banken durch Manipulation des zugrundeliegenden EURIBOR den Preis für ihre finanziellen Produkte selbst bestimmen würden. Das sei ein Fall einer klassischen Wettbewerbsabsprache.

Das italienische Gericht hält diesen Einwand für interessant („*suggestivo*"), aber letztlich nicht begründet. Es verweist vor allem auf den Berechnungsmodus des EURIBOR. Er gewährleiste einen Schutz gegen Verfälschungen dadurch, dass bei seiner Berechnung die höchsten und niedrigsten 15 % der Angaben nicht berücksichtigt werden. Richtig sei zwar, dass der Index durch eine Bankenvereinigung errechnet werden, doch verwende sie dazu als objektiv anzusehende Angaben. Die Tatsache, dass einzelne Banken durch ihren Beitrag zur Berechnung des EURIBOR diesen verfälschen könnten, genüge nicht, um den Mechanis-

55 Tribunale di Udine, Urteil v. 16.9.2013, Nr. 4908/12, R.A.C.C., erhältlich unter http://cameracivileudine.it/massimario/wp-content/uploads/2014/08/Trib-UD-Sent-1113_2013.pdf (zuletzt besucht am 15.9.2015).

56 Norme per la tutela della concorrenza e del mercato, Legge 10 ottobre 1990, n. 287, Gazzetta Ufficiale del 13 ottobre 1990, n. 240.

mus im Ganzen als rechtswidrig zu bezeichnen. *En passant* stellt das Gericht fest, dass die klagende Bank nicht zu den Manipulateuren gehört.

Schließlich geht das Gericht noch auf das von der EU-Kommission geführte Verfahren ein, das damals noch nicht abgeschlossen war. Die italienischen Richter konstatieren, dass Verstöße gegen das Wettbewerbsrecht nicht bewiesen seien. Das verhält sich aus heutiger Sicht anders: Die Kommission hat im Ergebnis mehrere Banken wegen Verfälschung des Wettbewerbs bestraft. Daher ist es durchaus offen, wie sich das Tribunale di Udine aus heutiger Sicht positionieren würde.

5 Auswirkungen nach deutschem Recht

Nach deutschem Vertragsrecht kommen angesichts der LIBOR-Manipulationen verschiedene Rechtsbehelfe in Betracht.

5.1 Irrtum

Bei Verträgen mit denjenigen Banken, die nicht zum Kreis der Manipulateure gehören, führt das Irrtumsrecht generell nicht weiter. Eine Anfechtung des Vertragspartners etwa mit der Begründung, man habe sich über den Inhalt des Vertrags getäuscht (§ 119 Abs. 1 Fall 1 BGB), scheidet aus. Die Art und Weise, wie der Referenzwert berechnet wird, ist in den Verträgen nicht wiedergegeben. Sie ist nicht Vertragsinhalt, sondern ein außerhalb des Vertrags liegender Umstand vergleichbar einem außerhalb der Vertragsverhandlungen liegenden Kalkulationsirrtum. Ebenso wenig kann man die Berechnung des Referenzwerts als wesentliche Eigenschaft des Vertragsgegenstands (§ 119 Abs. 2 BGB) bezeichnen. Es handelt sich nicht um eine Beschaffenheit der Leistung, die dieser anhaftet, sondern um die Art und Weise ihrer Kalkulation.[57]

Jedoch könnte ein Bankkunde einen Vertrag mit einer Bank, die an der Berechnung von LIBOR oder EURIBOR aktiv teilgenommen hat, wegen arglistiger Täuschung gemäß § 123 BGB anfechten. Eine Täuschung kommt nur in Betracht, soweit die Manipulationen bereits vor Vertragsschluss begangen wurden oder

57 Zum Begriff der verkehrswesentlichen Eigenschaft i.S.d. § 119 Abs. 2 BGB siehe *Armbrüster*, in: MüKo-BGB/*Armbrüster*, 6. Aufl. 2012, § 119, Rn. 130; Palandt/*Ellenberger*, 74. Auflage 2015, § 119 Rn. 24-27; Staudinger/*Singer*, Neubearb. 2012, § 119 Rn. 80 – 84.

geplant waren. Nachträgliche Manipulationen eines Referenzwerts können auf die Gültigkeit des Vertrags keine Auswirkungen haben, denn sie können nicht auf den zeitlich früheren Vertragsschluss zurückwirken.

Auch für bereits vorher geplante oder begangene Manipulationen ist die Zurechnung jedoch fraglich. Soweit der Vorstand einer Bank die Manipulationen selbst angeordnet hat, muss sich das Institut dessen Kenntnisse als sogenanntes „Organwissen" ohne Weiteres zurechnen lassen.[58] Bewiesen ist das bislang nur für Barclays, deren Vorstand gezielt Einfluss auf die Zinssätze genommen hat, um die eigene Reputation zu bewahren.[59] Bei anderen Banken fehlen zumindest bislang Anhaltspunkte für eine Kenntnis des Vorstands von den Manipulationen in London und Brüssel.

Damit kommt es auf die Mitarbeiter an. Zwar stehen die Mitarbeiter, die in London falsche Angaben über Zinssätze an die ermittelnde Stelle weitergeleitet haben, „im Lager" der Bank, so dass sie sich deren Täuschungshandlungen gemäß § 123 Abs. 1 BGB zurechnen lassen muss.[60] Doch waren diese Mitarbeiter in den Abschluss der Derivateverträge nicht eingebunden und konnten daher keine Täuschungen gegenüber den Vertragspartnern begehen. Auch eine Zurechnung des Wissens der an der Manipulation beteiligten Mitarbeiter zur Bank nach § 166 BGB (analog) kommt nicht in Betracht. Diese Vorschrift erlaubt nur die Zurechnung des Wissens der am konkreten Geschäft beteiligten Vertreter (§ 166 Abs. 1 BGB) oder derjenigen, die auf das Verhalten dieser Vertreter steuernden Einfluss genommen haben (§ 166 Abs. 2 BGB).[61] Das Wissen an den abgeschlossenen Geschäften Unbeteiligter, die die Verhandlungen nicht beeinflusst haben, kann dagegen nicht zugerechnet werden.

Umgekehrt haben die Mitarbeiter, welche die fraglichen Derivateverträge abgeschlossen haben, beim Vertragsschluss nach den bisherigen Ermittlungen keine Kenntnis von den Manipulationen gehabt. Zum Teil waren sie in ganz anderen Tochterfirmen beschäftigt als ihre Londoner Kollegen. Nicht bekannt ist, ob die an der Manipulation beteiligten Derivatehändler selbst Verträge initiiert haben, und falls ja, ob diese deutschem Recht unterliegen.

Eine Anfechtung dürfte daher in den meisten Fällen nur möglich sein, wenn man das Wissen der Mitarbeiter unternehmens- und konzernübergreifend zurech-

58 BGH NJW-RR 2002, 978, 982; WM 2006, 194, 195 f.

59 Zur Frage des anzuwendenden Rechts auf die Kenntnis des Vertreters siehe *Spellenberg*, in: MüKo-BGB, 6. Aufl. 2015, Vor Art. 11 EGBGB, Rn. 145.

60 Statt aller Jauernig/*Mansel*, 15. Aufl. 2014, § 123, Rn. 10.

61 So zusammenfassend *Nobbe*, in: Neues Schuldrecht und Bankgeschäfte, Wissenszurechnung bei Kreditinstituten, Bankrechtstag 2012, Schriftenreihe der bankrechtlichen Vereinigung Bd. 20 (2013), 121, 133.

net.[62] Einschlägig sind die Grundsätze, die die Rechtsprechung entwickelt hat. Zuzurechnen ist der juristischen Person danach das Wissen, welches – nach einer von den Gerichten immer wieder gebrauchten Formel – „typischerweise aktenmäßig festgehalten“ wird.[63] Nach der bisher bekannten Faktenlage war es nun so, dass die mit der Weitergabe der Zinssätze betrauten Mitarbeiter sich dabei durch unzulässige und rechtswidrige Bitten von Kollegen haben beeinflussen lassen. Solche Umstände sind keine, die man aufschreibt. Man verbirgt sie vielmehr vor dem Kollegen und dem Arbeitgeber als geheim. Es handelt sich also gerade nicht um „typischerweise aktenmäßig festgehaltenes Wissen“. Das ist keine bloß semantische Frage, sondern dahinter steht ein Wertungsgesichtspunkt: Manipulationen sind kein institutionell wertvolles Wissen, sondern kriminelle Machenschaften Einzelner. Sie mögen der Bank zum Vorteil gereichen, sind ihr aber nicht schon deshalb zuzurechnen. Die juristische Person weiß nicht automatisch um alle Untaten ihrer Angestellten. Würde man das anders sehen, käme man über den Umweg der Wissenszurechnung zu einer vikarischen Haftung der juristischen Person für alle von ihren Mitarbeitern begangenen Delikte.

Die Wissenszurechnung wird nicht einfacher, wenn man mit der neueren Literatur und Rechtsprechung als ihren maßgeblichen Grund eine Pflicht zur ordnungsgemäßen Organisation der unternehmensinternen Kommunikation ansieht.[64] Diese Pflicht zielt auf eine Verbesserung des Informationsflusses zwischen den einzelnen Unternehmenseinheiten. Das zeigt sich ganz deutlich daran, dass sie nach dem BGH die Verpflichtung zur Informationsweitergabe und -abfrage umfassen soll.[65] Eine Verletzung dieser Pflicht kann man den an der LIBOR-Manipulation beteiligten Banken jedoch gerade nicht vorwerfen. Denn das von ihnen zu verlangende Verhalten war nicht, den Informationsfluss zu verbessern, sondern ganz im Gegenteil jegliche Kommunikation zwischen den Mitarbeitern zu verbieten. Nur durch *chinese walls* oder ähnliche Maßnahmen hätten sich Absprachen zwischen den Derivatehändlern und den mit der Abgabe der Zinswerte betrauten Angestellten verhindern lassen. Das zeigt, dass der Gedanke der ordnungsgemäßen Organisation der internen Kommunikation nicht der richtige Ansatzpunkt für eine Zurechnung ist. Das Problem der LIBOR- und EURIBOR-Fälle ist nicht die Verbesserung der Kommunikation, sondern die Verhinderung

62 Dazu *Drexl*, in: Neues Schuldrecht und Bankgeschäfte, Wissenszurechnung bei Kreditinstituten, Bankrechtstag 2012, Schriftenreihe der bankrechtlichen Vereinigung Bd. 20 (2013), 85 ff.; *Nobbe*, a.a.O., S. 121 ff.; *Schröter*, a.a.O., S. 163 ff.

63 Siehe BGHZ 109, 327, 332 („Schlachthof-Fall“); 117, 104, 107; 132, 30, 35 („Altlastenfall“).

64 Grundlegend *Taupitz*, Karlsruher Forum 1994, Beilage zu VersR 1994, S. 16, 28 ff. Ihm folgend BGHZ 132, 30, 35.

65 BGHZ 132, 30, 35.

krimineller Machenschaften einzelner Mitarbeiter. Dieses Ziel lässt sich mit den herkömmlichen Methoden der Wissenszurechnung nicht erreichen. Die Rechtsprechung könnte diese zwar durch Rechtsfortbildung auf die hier diskutierten Fälle ausdehnen. Dazu bedürfte die Zurechnung aber einer anderen Begründung als bisher. Die Verbesserung der unternehmensinternen Kommunikation genügt als Rechtfertigung jedenfalls nicht.

5.2 Versteckter Dissens

Eine andere Möglichkeit wäre, einen versteckten Dissens nach § 155 BGB anzunehmen. Die Begründung dafür könnte folgendermaßen lauten: Die Vertragsparteien wollten durch die Bezugnahme auf LIBOR oder EURIBOR einen variablen Zinssatz vereinbaren. Dabei sind sie davon ausgegangen, dass dieser nach den geltenden Regeln berechnet wird. Ihnen ist jedoch verborgen geblieben, dass der Referenzzinssatz tatsächlich nicht regelkonform zustande kommt und dass ein regelgerechter Zinssatz für den jeweiligen Zeitraum nicht existiert. Also haben sie sich über einen Punkt in Wirklichkeit nicht geeinigt, über den eine Vereinbarung geschlossen werden sollte, nämlich über die Berechnung des Zinssatzes.

Rechtsfolge des § 155 BGB ist, dass die getroffene Regelung gilt. Der Vertrag wird also aufrechterhalten. Es verbleibt die Lücke hinsichtlich der Berechnung des variablen Zinssatzes. Insoweit ist auf eine ergänzende Vertragsauslegung zurückzugreifen.[66] Zu ermitteln ist dabei der hypothetische Parteiwille. Nach ständiger Rechtsprechung kommt es insoweit darauf an, „was redliche und verständige Parteien bei Kenntnis der planwidrigen Regelungslücke nach dem Vertragszweck und sachgemäßer Abwägung ihrer beiderseitigen Interessen nach Treu und Glauben (§ 242 BGB) vereinbart hätten".[67] An dieser Stelle steht der Interpret vor einem Problem, das sich nicht lösen lässt: Welche Methode der Berechnung eines variablen Zinssatzes hätten die Parteien vereinbart, wenn sie von den LIBOR- und EURIBOR-Manipulationen gewusst hätten? Die Auswahl an Referenzzinssätzen ist sehr begrenzt. Die meisten von ihnen wurden verfälscht. Andere Methoden zur Berechnung eines variablen Zinssatzes sind nicht ersichtlich. Daher führt § 155 BGB in eine Sackgasse.

---

66 *Busche*, in: MüKo-BGB, 6. Aufl. 2012, § 155, Rn. 14; Palandt/*Ellenberger*, 74. Aufl. 2015, § 155 Rn. 5; Staudinger/*Bork*, Neubearb. 2010, § 155 Rn. 16.

67 BGHZ 9, 273, 278 f.; 127, 138, 142; 158, 201, 207; 164, 286, 292.

5.3 Sittenwidrigkeit

Manche Autoren nehmen an, dass angesichts der Manipulationen der Tatbestand des § 138 Abs. 1 BGB erfüllt und ein Vertrag mit Bezug auf einen Referenzwert nichtig sein könnte.[68] Diese Auffassung ist jedoch abzulehnen. Eine objektive Sittenwidrigkeit kann man nur annehmen, sofern unabhängig von den Motiven der Beteiligten schon die Bezugnahme auf den Referenzwert als solche gegen die guten Sitten verstößt. Die Bezugnahme etwa auf den LIBOR durch eine Bank ist jedoch als solche nicht anstößig, sondern nur dann, wenn sie wusste, dass dieser manipuliert ist. Eine subjektive Sittenwidrigkeit setzt genau diese Kenntnis voraus. Der Gedanke des Sittenverstoßes enthält daher gegenüber dem der Arglist nichts Eigenes oder Abweichendes; er erschöpft sich ganz in der Frage, ob die Bank von den Manipulationen wusste und trotzdem ihrem Kunden den Referenzwert vorgeschlagen hat. *Sedes materiae* ist daher § 123 BGB und nicht § 138 BGB.

5.4 Informations- und Organisationspflichtverletzungen

In der Literatur erörtert wird außerdem die Frage, ob das Kreditinstitut durch die Vereinbarung eines Referenzwerts eine Pflicht zur Rücksichtnahme auf die Interessen des anderen Teils verletzt und daher gemäß § 280, § 311 Abs. 2 und § 241 Abs. 2 BGB zum Schadensersatz verpflichtet ist.[69] Als Rücksichtnahmepflicht kann etwa die Pflicht zur Information des Schuldners über die Manipulation oder die Manipulierbarkeit des Referenzwerts sein. Ebenso kommen Kontroll- und Organisationspflichten in Betracht, etwa die Pflicht, die mit der Abgabe der Meldungen für den LIBOR betrauten Mitarbeiter zu überwachen. Als Schaden des Bankkunden kann man die Belastung mit dem Vertrag sehen, der auf den Referenzwert Bezug nimmt. Schadensersatz in Form von Naturalrestitution (§ 249 Abs. 1 BGB) würde dann in der Rückgängigmachung des Vertrags bestehen.

Es bestehen zahlreiche Anhaltspunkte dafür, dass die Banken durch eine Verbesserung der unternehmensinternen Organisation (nicht Kommunikation!) die Manipulationen hätten verhindern können. Eine Verletzung von Kontroll- und Organisationspflichten liegt daher nahe. Die Krux der Ansprüche aus § 280 BGB besteht darin, dass es sich trotz ihres auf Rückgängigmachung gerichteten Ziels

---

68 *Weck*, KommJur 2013, 281, 287; in dieser Richtung auch *Schmieder*, WuB 2012, 721.

69 *Bausch/Wittmann*, WM 2014, 494, 499; *Buck-Heeb*, WM 2015, 157, 160-163; *Weck*, KommJur 2013, 247, 253.

um Schadensersatzansprüche handelt. Sie setzen damit sowohl einen ersatzfähigen Schaden als auch Kausalität und Verschulden voraus. Der Nachweis wird hier aber ebenso schwerfallen wie bei sonstigen Schadensersatzansprüchen. Zum Beispiel ist es alles andere als einfach, einen Nachteil des Kunden zu beweisen, da sich die Manipulation ebenso zu Lasten der Bank ausgewirkt haben kann. Auch der Kausalitätsnachweis dürfte angesichts der besonderen Berechnungsmethoden regelmäßig misslingen, ganz zu schweigen vom Nachweis des Verschuldens.

5.5 Störung der Geschäftsgrundlage

Naheliegend scheint es, eine Störung der Geschäftsgrundlage im Sinne des § 313 BGB anzunehmen. Insbesondere kommt dessen Abs. 2 in Betracht. Mit dem Bekanntwerden der Manipulationen dürften sich wesentliche Vorstellungen, die zur Grundlage des Vertrags geworden sind, als falsch herausgestellt haben. Diese wesentliche Vorstellung ist, dass mit LIBOR oder EURIBOR ein ohne Einfluss partikularer Interessen objektiv ermittelter variabler Zinssätze zur Verfügung stände, was tatsächlich nicht der Fall war. Rechtsfolge wäre ein Anspruch auf Anpassung des Vertrags an die tatsächlichen Umstände. Sollte diese nicht möglich sein – wie hier mangels der Ermittelbarkeit des „wahren" LIBOR oder EURIBOR zu vermuten ist –, so erlangt der benachteiligte Teil ein Kündigungsrecht, § 313 Abs. 3 S. 1 BGB.

Allerdings ist vor einer rein an den Buchstaben verhafteten, mechanischen Anwendung des § 313 BGB eindringlich zu warnen. Das gilt insbesondere für deren Abs. 2, einem rechtsvergleichenden Solitär. Die Vorschrift stellt im Gegensatz zu Abs. 1 nicht auf eine objektive Änderung der Umstände ab, sondern lässt eine Störung der sogenannten subjektiven Geschäftsgrundlage genügen. Fehlvorstellungen der Parteien können damit als Argument für eine Änderung des Vertrags angeführt werden. Die Vorschrift des § 313 Abs. 2 BGB hat das Potential, die Bindung an geschlossene Verträge zu untergraben. Für sie gilt in besonderem Maße, was *Werner Flume* der Lehre der fehlenden oder gestörten Geschäftsgrundlage allgemein vorgeworfen hat: Sie stellt eine ständige Versuchung für die Parteien dar, sich ihren Pflichten zu entziehen, und für den Richter, an die Stelle des Rechts sein eigenes Billigkeitsdenken zu setzen.[70]

Besonders ist vor einer allzu unbedarften Anwendung des § 313 Abs. 2 BGB auf Referenzwertmanipulationen zu warnen. Die Norm differenziert nur ungenügend auf Rechtsfolgenseite. Die Anwendung der Vorschrift hängt in keiner Weise

70 *Flume*, in: Hundert Jahre Deutsches Rechtsleben. Festschrift zum hundertjährigen Bestehen des Deutschen Juristentages 1860 - 1960, Bd. 1, 1960, S. 135, 237.

davon ab, dass die Bank verantwortlich für die Manipulation des Index ist. Auch völlig unbeteiligte Banken können sich einem Anspruch auf Anpassung oder auf Kündigung ausgesetzt sehen. Im Ergebnis könnten damit alle Kunden, deren Vertrag deutschem Recht unterliegt und sich auf einen manipulierten Referenzwert bezieht, sich von diesem lösen.

Neben diesem folgenorientierten Kalkül bestehen auch aus hermeneutischer Sicht Bedenken gegen die Anwendung des § 313 Abs. 2, 3 BGB. Zunächst kann man bezweifeln, dass sich bei den Parteien „wesentliche Vorstellungen" zur Berechnung des Referenzwerts gebildet haben, die zur Grundlage des Vertrags geworden sind. Meist werden sie sich über das Zustandekommen des Index keinerlei Vorstellungen gemacht haben. Vielmehr nehmen sie den festgestellten Wert schlicht als gegeben hin, wie bestimmte Vertragsklauseln nahelegen. In vielen Kreditverträgen wird der Referenzzinssatz technisch als der Wert definiert, der um 11 Uhr mitteleuropäischer Zeit auf den Bildschirmen der Nachrichtenagentur Reuters erscheint.[71] Damit sollen ganz offensichtlich Streitigkeiten über dessen Zustandekommen ausgeschlossen werden. Der angezeigte Wert wird also von den Parteien als *datum* akzeptiert, wofür auch spricht, dass er oft keinen wirtschaftlichen Zusammenhang mit ihrem Vertrag aufweist.[72] Nur soweit er völlig willkürlich zustande kommt, wird man eine Störung oder einen Wegfall der Geschäftsgrundlage annehmen können.

Des Weiteren besteht ein Rücktrittsrecht gemäß § 313 Abs. 3 S. 1 BGB nur für die benachteiligte Partei. Da Manipulationen aber sowohl in der einen als in der anderen Richtung vorgenommen wurden, lässt sich die benachteiligte Partei nicht leicht identifizieren. Außerdem müsste man, wenn sich ein konkreter Nachteil der Bank nachweisen lässt, konsequenterweise auch ihr ein Rücktrittsrecht von der Vereinbarung mit dem Kunden zugestehen. Das unterstreicht noch einmal die enormen Gefahren für die Bindung an geschlossene Verträge.

5.6 Kündigung

Am erfolgversprechendsten ist die Kündigung gemäß § 314 BGB. Die Vorschrift kann etwa auf Derivaterahmenverträge Anwendung finden, soweit diese nicht –

---

71 Siehe das Beispiel eines spanischen Kreditvertrags, erhältlich unter http://www.csital.org/sites/default/files/20120508%20CONTRATO%20DE%20PRÉSTAMO%20EELL-1.pdf (zuletzt besucht am 7.9.2015).

72 Siehe oben 2.2.

wie meist – besondere Regeln über die Beendigung enthalten. Sie gilt außerdem auch für Kreditverträge.[73]

Das Eingreifen des § 314 BGB ist an das Vorliegen eines wichtigen Grunds gebunden, der zur Folge haben muss, dass dem kündigenden Vertragsteil das Festhalten am Vertrag bis zu dessen Beendigung „unter Berücksichtigung aller Umstände des Einzelfalls und unter Abwägung der beiderseitigen Interessen" nicht zuzumuten ist.[74] Das wird man annehmen müssen, soweit die Verfälschungen eine solche Häufigkeit und ein solches Maß angenommen haben, dass es für den Kunden unzumutbar ist, weiterhin nach dem Index bestimmte Verpflichtungen erfüllen zu müssen.

Ob diese Voraussetzung gegeben ist, hängt von den Umständen des jeweiligen Einzelfalls ab. Wichtig wird zum Beispiel sein, ob der Vertragsteil an den Manipulationen mitgewirkt hat oder nicht. Im letzteren Fall dürfte dem Kunden das Festhalten eher zumutbar sein als im ersteren. Somit kann nach § 314 BGB zwischen beteiligten und unbeteiligten Banken differenziert werden. Eine Rolle spielen wird außerdem, ob Verfälschungen des Index in der Zukunft weiterhin möglich sind. Soweit sie ausgeschlossen sind, etwa weil die Berechnung des Index grundlegend reformiert wurde, dürfte regelmäßig kein Grund bestehen, den Vertrag vorzeitig zu beenden. Etwas anderes kann man jedoch dann annehmen, wenn das Vertrauen in die Bank und ihre Leitung unwiederbringlich erschüttert ist. Kriterien dafür könnten sein, ob der Vorstand von den Manipulationen Kenntnis hatte oder diese auf einfache Weise hätte verhindern können.

Insgesamt erlaubt § 314 BGB daher eine differenzierte Abwägung der einzelnen relevanten Gesichtspunkte. Die Norm scheint daher für die zivilrechtliche Bewältigung von Referenzwertmanipulationen geeignet.

6 Zusammenfassung

Schadensersatzansprüche gegen Referenzwertmanipulateure haben wenig Aussicht auf Erfolg. Sie werden regelmäßig am Nachweis eines ersatzfähigen Schadens, der Kausalität der Manipulation für diesen oder des Verschuldens der Leitungsorgane scheitern. Das dürfte auch der Grund sein, warum sie bisher kaum geltend gemacht wurden.

73 Siehe § 490 Abs. 3 BGB.

74 § 314 Abs. 1 S. 1 und 2 BGB.

Aussichtsreicher scheinen dagegen Rechtsbehelfe, die auf die Aufhebung oder Beendigung von Verträgen abzielen, die auf Referenzwerte Bezug nehmen. Insoweit ist genau danach zu differenzieren, ob die Bank als Vertragspartner des Kunden an der Manipulation beteiligt war oder nicht. Das zeigt neben einer ökonomischen Analyse auch ein Rechtsvergleich: Gerichte Englands, Spaniens und Italiens haben vertragliche Rechtsbehelfe gegen nicht beteiligte Institutionen abgelehnt.

Für Verträge mit an der Manipulation beteiligten Instituten kommt nach deutschem Recht eine Anfechtung gemäß § 123 Abs. 1 BGB in Betracht. Sie setzt voraus, dass der Vorstand der Bank von den Manipulationen gewusst hat. Eine Zurechnung des Wissens der manipulierenden Mitarbeiter zur juristischen Person ist nach den in der Rechtsprechung bisher entwickelten Grundsätzen nicht ohne Weiteres möglich.

Für alle Verträge kommt eine Kündigung nach § 314 BGB in Frage. Sie setzt voraus, dass dem Kunden ein weiteres Festhalten am Vertrag nicht zugemutet werden kann. Das ist vor allem dann anzunehmen, wenn das Vertrauen in den Vertragspartner unwiederbringlich zerstört ist oder die Manipulationsmöglichkeit auch für die Zukunft nicht ausgeschlossen werden kann.

Nicht operiert werden sollte mit der Störung der Geschäftsgrundlage gemäß § 313 BGB. Die Norm passt weder in ihren Voraussetzungen noch in ihren Rechtsfolgen. Insbesondere erlaubt sie keine Differenzierung nach der Beteiligung des Vertragspartners an der Manipulation.

Tagungsbericht[1]

1 Einleitung

Der 26. Bankrechtstag der Bankrechtlichen Vereinigung – Wissenschaftliche Gesellschaft für Bankrecht e.V. (BrV) fand am 26. Juni 2015 in Frankfurt a.M. statt.

2 Begrüßung

Univ.-Prof. Dr. *Mathias Habersack*, LMU München und Mitglied des Vorstandes des BrV, begrüßte die Teilnehmer und stellte die Themenauswahl des diesjährigen Bankrechtstages vor. Diese sei durch ihre gegenüber früheren Bankrechtstagen weniger strikte Trennung der beiden Abteilungen und die besondere Aktualität der Themen geprägt.

3 Erste Abteilung

Die Moderation der ersten Abteilung übernahm Dr. *Andreas Früh*, Chefsyndikus, München.

1. Univ.-Prof. Dr. *Elke Gurlit*, Universität Mainz, widmete sich in ihrem Vortrag zum Thema „Verbraucherschutz und Institutsaufsicht" nach einleitenden Anmerkungen zum sich wandelnden Rollenverständnis des Verbrauchers in der Finanzmarktregulierung zunächst der Frage nach der Bedeutung des kollektiven Verbraucherschutzes als Aufsichtsziel. Als entscheidend für dessen Stellenwert in der Zieltrias aus Funktions-, Anleger- und Verbraucherschutz erachtete sie die objektiv-rechtliche Befugnisnorm der BaFin nach § 4 Abs. 1a Satz 2 FinDAG. Näher ging sie dabei auf die Frage der kompetenzgemäßen Feststellung von Verstößen – insbesondere gegen zivilrechtliche – Verbraucherschutzgesetze ein. Zwingende Voraussetzung für eine den rechtsstaatlichen Anforderungen genügende Integ-

---

1 Auszug aus Dr. *Annemarie Grimm*, Bericht über den Bankrechtstag am 26. Juni 2015 in Frankfurt a.M., WM 2015, 1497-1505.

ration des kollektiven Verbraucherschutzes in das Aufsichtsrecht sei die Verzahnung der verbraucherschützenden Anordnungsbefugnis mit fachgesetzlichen Normen. Nach Ausführungen zur Rolle der BaFin im Rechtsdurchsetzungssystem des Verbraucherschutzes und zur durch das nur spärlich vorhandene Case-Law bedingten defizitären Entwicklung und Systembildung des Aufsichtsrechts schloss *Gurlit* mit dem Fazit, die neue Zuständigkeit der BaFin sei Konsequenz der Verbundstruktur der europäischen Institutsaufsicht, die bei Einhaltung des Gewaltenteilungs- und Rechtsstaatlichkeitsprinzips durch die Verzahnung mit dem privatrechtlichen Verbraucherschutz einen echten Mehrwert bringen könne.

[Beitrag *Gurlit*, S. 3ff.]

2. Prof. Dr. *Günter Hirsch*, Präsident des Bundesgerichtshofs a. D. und Ombudsmann für Versicherungen, Berlin, wies zu Beginn seines Vortrags zum Thema „Streitschlichtung in der Kreditwirtschaft nach Umsetzung der ADR-Richtlinie" zunächst auf das grundsätzliche Spannungsverhältnis zwischen Alternativer Streitbeilegung (AS) und Rechtsprechung sowie auf die Zielsetzung der Richtlinie, neben dem verfassungsrechtlich garantierten gerichtlichen Rechtsschutz außergerichtlichen Rechtsschutz zu garantieren und dadurch den Binnenmarkt zu stärken, hin. Bei der anschließenden Vorstellung des Gesetzentwurfs zur Umsetzung der Richtlinie (E-VSBG) im Einzelnen ging er unter anderem auf die Verbraucherschlichtungsstelle und den Streitmittler, das seiner Meinung nach problematische „Prinzip der Freiwilligkeit", durch das sich Unternehmen dem Verfahren jederzeit entziehen könnten, und den zu begrüßenden Ablehnungsgrund einer grundsätzlichen, nicht geklärten Rechtsfrage für die Schlichtungsstelle näher ein. Seine weiteren Ausführungen galten den Beweismöglichkeiten im Verfahren, dem als Soll-Vorschrift ausgestalteten „Rechtsmäßigkeitsprinzip" für Schlichtungsvorschläge und schließlich der Bedeutung der AS insbesondere für die Schlichtungsstellen und Unternehmen. *Hirsch* schloss mit einem Ausblick auf die zu erwartende Verdopplung der Streitbeilegungsanträge und die voraussichtlichen Kosten für die Wirtschaft.

[Beitrag *Hirsch*, S. 29ff.]

3. Die folgende Diskussion eröffnete *Habersack*, mit der Frage an *Hirsch*, inwieweit die Richtlinienvorgabe, Unternehmen zur Beteiligung an einem Streitschlichtungsverfahren zu ermutigen, als Interpretationshilfe bei einer Inhaltskontrolle nach § 307 BGB dienen könne, wenn Unternehmen durch AGB ihre Kunden zu einer Streitschlichtung verpflichteten.

Hirsch erklärte, dass er gegen ein entsprechendes Verbot seitens des Gesetzgebers grundsätzlich keine Einwände hätte. Er glaube aber nicht, dass Unternehmen tatsächlich darauf hinwirkten, Verfahren zum Ombudsmann zu leiten, denn viele der Verbraucher stünden nicht vor der Entscheidung, ein Verfahren bei Gericht oder beim Ombudsmann anzustrengen, sondern vor der Alternative, den Ombudsmann einzuschalten oder die Unternehmensentscheidung hinzunehmen. Die Praxis zeige, dass mehr als die Hälfte der Deutschen ein Gerichtsverfahren bis 1950 € zu vermeiden suchten, so dass es an der Motivation der Unternehmen fehle, ihre Kunden massenhaft zu einem Beschwerdeverfahren zu verpflichten. Das Gegenteil sei der Fall, das Problem also eher ein theoretisches.

Dr. *Torsten Fett*, Rechtsanwalt, Frankfurt a. M., richtete an *Gurlit* die Frage, ob angesichts einmal des fehlenden verwaltungsgerichtlichen Case-Law sowie des fehlenden Interesses der Institute, Streitigkeiten mit der BaFin vor Gericht auszutragen, und zum anderen der Befugnis der BaFin, nicht abschließend entschiedene Fragen des Verbraucherschutzrechts selbst zu entscheiden, nicht zu erwarten sei, dass künftig diese (Rechts-)Fragen durch die BaFin und gegebenenfalls zuungunsten der Institute entschieden würden.

Gurlit erwiderte, dass Prognosen hierüber schwierig seien. Verbraucherbeschwerden als Aufgreifkriterium der BaFin zur Prüfung, ob Verstöße gegen Verbraucherschutzvorschriften vorliegen, und für Prüfmaßnahmen nach § 44 KWG oder Anordnungen nach § 25a Abs. 2 KWG, zu verstehen, sehe sie aber als eine sinnvolle Verknüpfung i. S. eines in die Finanzmarktaufsicht integrierten Verbraucherschutzes. Bedenklich sei dagegen eine Verselbständigung des Verbraucherschutzes durch die BaFin derart, dass sie etwa selbständige Verfügungen zu seiner Durchsetzung treffe. Zu mehr gerichtlicher Auseinandersetzung werde aber wohl der einheitliche europäische Aufsichtsmechanismus führen, weil im Ausland erfahrungsgemäß eine höhere Bereitschaft zur gerichtlichen Auseinandersetzung bestehe.

Martin Wolters, Rechtsanwalt, Düsseldorf, fragte *Hirsch*, inwieweit nach der neuen Gesetzeslage von Einzelpersonen betriebene Gütestellen tätig sein könnten.

Hirsch antwortete, dass sie auch weiterhin tätig sein dürften, sich nur nicht Verbraucherschlichtungsstellen nennen dürften, da diese als Begriff und Institution durch das neue Gesetz geschützt würden.

Univ.-Prof. Dr. *Peter O. Mülbert*, Universität Mainz, richtete an *Gurlit* die Frage, welche konkreten Sanktionen bei angenommenem wiederholtem Verstoß gegen Verbraucherschutzvorschriften bzw. AGB-Klauseln vorstellbar seien; ob insbesondere im Anschluss an die früher einmal aufgeworfene These, Institute müssten hinsichtlich der Gesetzeseinhaltung größtmögliche Vorsicht und in Zweifelsfällen Zurückhaltung üben bzw. das Gesetzesverständnis der h. M.

zugrunde legen, sogar harte Maßnahmen wie die Infragestellung der Geschäftsleiter-Qualifikation oder die Anordnung einer Institutsprüfung, vorstellbar seien.

Unter Verweis auf das Rechtsstaatlichkeitsgebot betonte *Gurlit*, dass es sich bei der Anordnungsbefugnis nicht um eine Generalklausel handle, sondern die Norm derart im Zusammenhang mit dem spezialgesetzlichen Handlungsprogramm zu sehen sei, dass spezialgesetzliche Aufgreifbefugnisse dadurch konkretisiert würden, Formen des Handelns dort aber bereits lückenlos vorhanden seien. Ob konkret die Zuverlässigkeit oder Eignung eines Institutsleiters allein wegen eines solchen Verstoßes abgesprochen werden könnte, sei nicht zu sagen. Auch eine Ermessenreduzierung auf Null sei praktisch nicht denkbar, denn der Verstoß gegen Verbraucherschutzvorschriften sei wie die Anordnungsbefugnis ermessensleitendes Tatbestandsmerkmal, und weil auch die meisten spezialgesetzlichen Regelungen Ermessenbefugnisse seien, handle es sich um Kombinationen zweier Ermessenbefugnisse, die eine Reduzierung auf Null kaum zuließen. Nach ihrem Verständnis der Anordnungsbefugnis als letztlich einer Verweisungsnorm komme ihr daher keine allzu große eigenständige Bedeutung zu, sondern eher die eines auch zu bedenkenden Gesichtspunkts.

Auf die Frage nach der Relevanz der neuen Regelungen für die bei der BaFin eingerichtete Schlichtungsstelle nach dem KAGB, die für die Kreditinstitute faktisch eine Zwangsschlichtung sei, erklärte *Hirsch*, dass diese Schlichtungsstelle nicht über das Instrumentarium zur Lösung des konkreten Falles verfüge, sondern diesen als Anlass zur Überprüfung auf strukturelle Probleme des Unternehmens nehme. Die Schlichtungsstellen lösten dagegen den konkreten der eingelegten Beschwerde zugrunde liegenden Fall, so dass beide einen unterschiedlichen Ansatz verfolgten und keine Konkurrenzsituation bestehe.

4. Dr. *Henning Bergmann*, Abteilungsdirektor DSGV, Berlin, sprach zum Thema „Anlegerschutz im Kleinanlegerschutzgesetz" und gab zunächst einen Überblick über die Entstehungsgründe des Kleinanlegerschutzgesetzes (KlAnlSchG) und die wichtigsten Anlegerschutzregulierungen. Das KlAnlSchG diene danach der Schließung von Lücken und der vorgezogenen Teilumsetzung der MiFID II. Inhaltlich machte er drei Regelungsbereiche des KlAnlSchG – Produktregulierung/Prospektpflichten nach dem Vermögensanlagengesetz (VermAnlG) mit erweitertem Anwendungsbereich, die Kompetenzausweitungen der BaFin und die Änderungen im Kernbereich des WpHG – aus, auf die er sodann näher einging. Das KlAnlSchG habe Auffangfunktion und weite den Begriff der „Vermögensanlagen" (§ 1 Abs. 2 VermAnlG) aus. Das bei diesen gegenüber Finanzinstrumenten nach dem WpHG vom Gesetzgeber als höher erachtete Risiko werde gleichwohl in weniger detaillierten Anforderungen umgesetzt. *Bergmann* widmete sich sodann der Befugnis der BaFin nach § 8 VermAnlG und wies daraufhin, dass von der wün-

schenswerten Vereinheitlichung der Aufsicht über Institute und vertreibende Finanzanlagenvermittler zunächst abgesehen worden sei. Nach Ausführungen zum Aufsichtsziel des kollektiven Verbraucherschutzes und den einem paternalistischen Ansatz folgenden Produktinterventionsrechten der BaFin ging er auf das Produktfreigabeverfahren näher ein. Hier zeige sich eine Inkonsistenz der zu erwartenden Regelungen der MiFID II und des Regulierungsumfeldes des KlAnlSchG, die die Praxis beschäftigen werde. Die Anlegerschutzregulierungen seien auf Konsistenz und Effizienz zu prüfen, es müsse zudem über eine einheitliche Aufsicht und Regulierung seitens der BaFin nachgedacht werden.

[Beitrag *Bergmann*, S. 47ff.]

5. Dr. *Nikolas Zirngibl*, Rechtsanwalt, München, referierte zum Thema „Crowdfunding". Nach einer einleitenden Begriffsklärung des Crowdfunding, einem Überblick über dessen verschiedene Arten und die Beteiligungsstrukturen widmete er sich den Formen der rechtlichen Ausgestaltung, ging dabei etwa auf den typischen Ablauf des Crowdinvesting und des Crowdlending ein. Im Rahmen seiner Ausführungen zur Regulierung des Crowdfunding – insbesondere nach der Rechtslage bis zum Inkrafttreten des KlAnlSchG – begrüßte *Zirngibl* die Praxis der BaFin einer Einzelprüfung jeder Plattform auf ihre Erlaubnis- und Prospektpflicht, auf die er sodann näher einging. Praktisch würde vermehrt die Form dess partiarischen Darlehens gewählt, das bisher nur der Erlaubnispflicht nach § 34c GewO, nach dem KlAnlSchG künftig aber gemäß dem VermAnlG einer Prospektpflicht unterliege. Beim Crowdinvesting hingegen sei zu prüfen, ob der Darlehensnehmer oder Investor ein erlaubnispflichtiges Einlagen- bzw. Kreditgeschäft oder Factoring betreibe. Für alle praktizierten Formen des Crowdinvesting – außer für sog. Schwarmfinanzierungen – gelte künftig das VermAnlG; bei Privatanlegern frage sich aber wegen der normierten Schwellenwerte, ob dieses nicht doch unreguliert bleibe. Die klarstellende und moderate Regulierung des Crowdfunding durch das KlAnlSchG sei insgesamt zu begrüßen, abzuwarten sei aber, ob diese ausreiche.

[Beitrag *Zirngibl*, S. 83ff.]

6. Die anschließende Diskussion leitete Univ.-Prof. Dr. *Georg Bitter*, Universität Mannheim, mit der Frage nach der Wirksamkeit der dem Crowdfunding zugrunde liegenden Verträge ein. Gerade in einem solch insolvenzanfälligen Bereich wie dem Crowdfunding stelle sich die Frage, ob die Vereinbarungen eines Nachrangs und einer vorinsolvenzlichen Sperre nicht überraschend, jedenfalls überhaupt wirksam seien. Andernfalls handle es sich im Ergebnis um erlaubnispflichtige

Einlagengeschäfte. Insbesondere beim Crowdlending, bei dem durch entsprechende Anlageverträge das Risiko bei den Investoren läge, ergebe eine wirtschaftliche Betrachtung, dass diese Einlagengeschäfte vornähmen. Damit handle es sich aber bei der dort erfolgenden Abtretungskonstruktion um ein Umgehungsgeschäft, so dass man das KWG jedenfalls analog anwenden müsse.

Zirngibl erwiderte, dass vor allem die Ansicht der BaFin zu diesen Fragen von Interesse und angesichts der in diesem Bereich kaum vorhandenen Rechtsprechung auch eine gerichtliche Auseinandersetzung wünschenswert wäre. Zudem wies er darauf hin, dass es sich bislang wohl überwiegend eher um „Spielereien“ als um nachhaltige Investments der Anleger handle.

Bergmann ergänzte, dass sich dann die von *Gurlit* behandelte Frage stelle, ob die BaFin über die zivilrechtliche Wirksamkeit dieser Klausel überhaupt entscheiden dürfe, wenn mangels höchstrichterlicher Urteile eine klare zivilrechtliche Lage nicht bestehe.

Dr. *Manuel Lorenz*, Rechtsanwalt, Frankfurt a. M. fragte, ob eine behördliche Entscheidung über die Eignung eines Investments wirklich sinnvoll sei und ob nicht – vergleichbar der Lage in Frankreich und Italien – ein Eigenemissionsverbot und die Übertragung auf einen regulierten Finanzdienstleister, der eine Produktkontrolle bzw. Geeignetheitsprüfung durchführe und gegebenenfalls zivilrechtlich hafte, im KlAnlSchG sinnvoller gewesen wäre.

Bergmann stimmte dem grundsätzlich zu und erklärte, dies sei im Vorfeld des Gesetzgebungsverfahrens kurz diskutiert und beim Crowdfunding, bei dem ein Vertrieb nur über ein reguliertes Unternehmen erfolgen dürfe, auch partiell berücksichtigt worden. Der Gesetzgeber habe davon aber insgesamt abgesehen, weil er wohl befürchtete, bei einer entsprechenden Regelung auch andere Emissionen ungewollt zu erfassen.

Zirngibl ergänzte, es gehe um die Frage, wieviel Regulierung die Crowdfunding-Branche vertrage; das KlAnlSchG sei insoweit sehr zurückhaltend und eine Erlaubnispflicht und Prüfung durch die BaFin sicher zu begrüßen, eine Prospektpflicht mit dem Geschäftsmodell indes nicht zu vereinbaren. Es frage sich, inwieweit die Plattformen überhaupt selbst in der Lage seien, diese zu überwachen und ob man nicht durch eine Erlaubnispflicht diese Branche vernichte.

Thomas Richter, Rechtsanwalt, Frankfurt a. M., wies auf die in den letzten Jahren zunehmend bedeutsamer gewordene strafrechtliche Flankierung der Erlaubnispflicht nach KWG und die unterschiedliche Auslegungspraxis einiger Staatsanwaltschaften und der BaFin hin.

Auf den an *Bitter* anknüpfenden Einwand aus dem Publikum, der BGH habe in einer Entscheidung eine AGB-mäßige Nachrangklausel als zulässig erachtet, so dass eine Unzulässigkeit allenfalls im Einzelfall einmal in Betracht käme und überdies das Geschäftsmodell und nicht das Vorliegen oder Fehlen einer Nachrangklausel entscheidend sei, erwiderte *Bitter*, bei der genannten Entscheidung handle es sich um einen Einzelfall, sie treffe daher für die hier in Rede stehenden Produkte keine Aussage, zudem sei es dort nur um einen Nachrang, nicht auch um eine im Hinblick auf die Insolvenzantragspflicht und das Risiko dieser Anlageformen entscheidende vorinsolvenzliche Sperre gegangen.

Dr. *Uwe Eyles*, Rechtsanwalt, Frankfurt a. M., merkte an, dass es bei der Produktgestaltung im aufsichtsfreien Bereich vor allem auf die Produktkontrolle sowie die Einbindung von Kreditinstituten an den entscheidenden Stellen und weniger auf Investitionsverbote ankomme.

4 Zweite Abteilung

Die zweite Abteilung des Bankrechtstages moderierte Univ.-Prof. Dr. *Katja Langenbucher*, Universität Frankfurt a. M.

1. In seinem Vortrag zum Thema „Aktuelle Entwicklungen der Prospekthaftung (v. a. der bürgerlich-rechtlichen Prospekthaftung)" wies Univ.-Prof. Dr. *Carsten Herresthal*, Universität Regensburg, einleitend auf den infolge der Ausweitung der spezialgesetzlichen Prospekthaftung eingetretenen Bedeutungsverlust der bürgerlich-rechtlichen Prospekthaftung i.e.S. und die daher erforderliche Neukonzeption letzterer hin. Seine weiteren Ausführungen galten den Ansätzen einer dogmatischen Grundlage der Prospekthaftung allgemein, sodann den Tatbestandsvoraussetzungen und Rechtsfolgen der Prospekthaftung i.e.S. und schließlich der spezialgesetzlichen Prospekthaftung. Aus den Regelungen letzterer leitete *Herresthal* ein der Prospekthaftung zugrunde liegendes neues einheitliches gesetzgeberisches Leitbild hinsichtlich Voraussetzungen und Rechtsfolgen ab, zu dem die Prospekthaftung i.e.S. in Konflikt stehe. Einen Restanwendungsbereich sah er für diese in Altfällen und als Auslegungshilfe bei der spezialgesetzlichen Prospekthaftung, im Übrigen bedürfe es einer Neukonzeption, für die er sodann einen Vorschlag – anknüpfend an die den spezialgesetzlichen Regelungen zugrunde liegenden Grundsätze – vorstellte. Raum für die Prospekthaftung i.e.S. eröffneten danach unter bestimmten Umständen die Tatbestandvoraussetzungen des Prospekts und der Verpflichteten, so dass die bürgerlich-rechtliche Prospekthaftung i.e.S. bei entsprechenden Modifikationen und bei Einhaltung tatbestandlicher Grenzen neben der spezialgesetzlichen anwendbar bleibe.

[Beitrag *Herresthal*, S. 103ff.]

2. Seinen Vortrag zu den „Aufklärungs- und Beratungspflichten bei Swaps und ETFs“ leitete Dr. *Peter Clouth*, Rechtsanwalt, Frankfurt a. M., mit dem Hinweis ein, Swaps seien regelmäßig Gegenstand von Beratungshaftungsfällen, eine punktuelle Anwendung der hierzu ergangenen Rechtsprechung auch auf die (hochregulierten) ETFs sei jedoch möglich. Sodann stellte er den Stand dieser, im Wesentlichen durch drei seit 2011 ergangene BGH-Entscheidungen geprägten Rechtsprechung dar. Der erste von drei danach auszumachenden Themenkomplexen betreffe den anfänglichen negativen Marktwert, der die Verpflichtung einer Ausgleichszahlung im Falle sofortiger Lösung vom Swap darstelle und die Frage der Aufklärung über „schwerwiegende Interessenkonflikte“ betreffe. Sachlich anwendbar sei diese „Marktwert-Rechtsprechung“ nach dem BGH grundsätzlich auf alle Swaps, wenn die beratende Bank einen anfänglich negativen Marktwert in einem von ihr selbst aufgelegten Swap berücksichtigt, außer auf zur Absicherung konnexer Grundgeschäfte abgeschlossene Swapverträge. Im Rahmen des weiteren Themenkomplexes „nachgelagerter Fragen“ ging *Clouth* dann auf Fragen der „Vermutung aufklärungsrichtigen Verhaltens“, des Vorteilsausgleichs und der Verjährung ein. Die den dritten Themenkomplex bildenden Anforderungen an eine „anleger- und objektgerechte“ Beratung folgten im Wesentlichen schon aus der Bond-Rechtsprechung. Betont worden sei vom BGH aber die Erkundigungspflicht der Bank, hohe Anforderungen ergäben sich auch hinsichtlich der objektgerechten Beratung. Für die ETFs relevant seien insbesondere die Erkenntnisse zur anlegergerechten Beratung und zur objektgerechten Beratung im Hinblick auf die Funktionsweisen und Risiken der ETFs selbst sowie der ihnen zugrunde liegenden verschiedenen Indizes.

[Beitrag *Clouth*, S. 163ff.]

3. Die Diskussion eröffnete *Langenbucher* mit der an *Herresthal* gerichteten Frage, ob die deutsche (Anleger-)Prospekthaftung ein Hemmnis für die auf Unionsebene gewünschten Kapitalmarktinvestitionen und -finanzierungen darstelle.

Herresthal erwiderte, eine Hemmung komme nur in Betracht, wenn ein europaweiter „Flickenteppich“ unterschiedlicher Regelungen bestünde, was nicht der Fall sei. Jedenfalls national handle es sich um ein weitgehend einheitliches Konzept der Prospekthaftung und der Vertrauensgrundsatz – als Anknüpfungspunkt einer Prospekthaftung i.e.S. – sei europaweit als Rechtssatz anerkannt. In der zu dem europaweit einheitlichen Konzept der spezialgesetzlichen Prospekthaftung hinzutretenden ergänzenden Vertrauenshaftung sehe er daher keinen Hemmnisfaktor.

Bezugnehmend auf die von *Herresthal* aufgezeigten Divergenzen der spezialgesetzlichen und bürgerlich-rechtlichen Prospekthaftung(statbestände) fragte *Mülbert* präzisierend nach, ob die vorgeschlagene Übertragung des weiteren Tatbestands und Anwendungsbereichs der letzteren auf die spezialgesetzliche Prospekthaftung im konkreten Beispiel der „Konvolut-Haftung" bei zusätzlicher falscher Werbeaussage bedeute, dass trotz einwandfreien Prospekts eine bürgerlich-rechtliche Prospekthaftung bestehe, und ob dieser Vorschlag zu einer Haftungserweiterung auch in personaler Hinsicht führe.

Herresthal bestätigte dies. Im Beispiel würde durch die zum Prospekt zusätzliche Werbeaussage neben der spezialgesetzlichen Prospekthaftung ein weiterer Vertrauenstatbestand geschaffen; entsprechendes gelte, wenn zu den spezialgesetzlich adressierten Prospekterlassern und -veranlassern nach bürgerlich-rechtlicher Prospekthaftung etwa ein herausragender Werbeträger als Prospektgarant hinzutrete. Zur spezialgesetzlichen Prospekthaftung hinzutretende weitergehende Aspekte der bürgerlich-rechtlichen Prospekthaftung seien dort zu berücksichtigen, allerdings nur bei Schaffung eines konkreten Vertrauenstatbestands als Anknüpfungspunkt und nicht mit ihren weitergehenden Rechtsfolgen. Dem Einwand *Mülberts*, dieses widerspreche dem zentralen Verständnis der Einheitlichkeit der Prospektverantwortung, was insbesondere auch Wirtschaftsprüfer nicht begrüßen würden, stimmte *Herresthal* grundsätzlich zu und betonte nochmals das Erfordernis eines entstandenen konkreten Vertrauenstatbestands, auf den der Anleger dann aber auch müsse vertrauen dürfen, solange der Gesetzgeber keine andere Regelung treffe.

Sodann richtete *Bitter* an *Herresthal* die Frage, ob es sich nach seiner Neukonzeption überhaupt noch um bürgerlich-rechtliche Prospekthaftung handle. Er stimme insoweit zu, als es bei den von der Prospektpflicht ausgenommenen und damit begünstigten Sachverhalten – Crowdfunding usw. – nicht zu der schärferen bürgerlich-rechtlichen Prospekthaftung kommen dürfe, sehe darin aber eine Analogie zu den spezialgesetzlichen Haftungstatbeständen, wogegen er in den anderen Fällen – insbesondere der Erweiterung des Anwendungsbereichs in den „Konvolut-Fällen" – eine Einordnung als teleologische Extension erwäge.

Herresthal räumte zunächst ein, dass verschiedene methodische Betrachtungen denkbar seien. Sein Ansatz sei die Extrahierung des gesetzgeberischen Konzepts der Prospekthaftung aus den spezialgesetzlichen Regelungen und die Heranziehung dieses Konzepts, wenn ein entsprechender Vertrauenstatbestand als Anknüpfungspunkt vorhanden sei, um gravierende Wertungswidersprüche zu vermeiden; insofern ließe sich auch von einer Gesamtanalogie sprechen. Gegen eine konkrete Analogie spreche im Falle eines Ausnahmetatbestands das Fehlen einer (planwidrigen) Regelungslücke, er wolle sie aber – ebenso wie eine Einordnung als telelogische Extension im angesprochenen Fall des Konvoluts – für den Einzelfall nicht ausschließen.

Auf die Frage von *Eyles*, ob diese Neukonzeption im Hinblick auf andere denkbare Haftungsgrundlagen (aus Vertrag; § 826 BGB; C. i. c.) überhaupt erforderlich sei, erwiderte *Herresthal*, ein solches Erfordernis bestehe in jedem Fall, denn ein Vertrag zwischen Anleger und Emittent läge wohl selten vor und die hohen Anforderungen des § 826 BGB schlössen eine deliktische Haftung ebenfalls regelmäßig aus. Die Anwendung der c.i.c. wiederum führe wegen ihrer Haftung auf das negative Interesse und für einfache Fahrlässigkeit zu eklatanten Wertungswidersprüchen und konterkariere daher das gesetzgeberische Gesamtsystem.

Zum Vortrag von *Clouth* fragte Dr. *Detlef Irmen*, Rechtsanwalt, Düsseldorf, nach dem konkreten Umfang der Nachfragepflicht der beratenden Bank hinsichtlich eines dem Swapgeschäft zugrunde liegenden konnexen Grundgeschäfts als die Aufklärungspflicht bezüglich des anfänglichen negativen Marktwerts ausnahmsweise ausschließender Umstand.

Clouth betonte, dass hierzu eine abschließende Antwort derzeit nicht möglich sei, der Grundsatz der Aufklärungspflicht bei allen Swapgeschäften aber ausschließlich im Beratungsgespräch gelte, die Abgrenzung zur Nichtberatung damit an Bedeutung gewinne. Der BGH habe zur Aufklärungspflicht und insbesondere zur bedingten Absicherung jedoch nur eine abstrakte Umschreibung gegeben, deren Ausgestaltung durch die (höchstrichterliche) Rechtsprechung abzuwarten sei. Würde im Zeitpunkt des Abschlusses die Zielsetzung der Sicherung verfolgt, sei die Marktwert-Rechtsprechung wohl nicht anwendbar. Mangels Klarheit in diesem Bereich sei aber jedenfalls Vorsicht im Beratungsgespräch anzuraten.

Ausgehend von dem Grundsatz, dass der Kunde sich einen Zinsgewinn aus einem Swapgeschäft grundsätzlich nicht im Rahmen eines anderen anrechnen lassen müsse, richtete Prof. Dr. *Raimund Bollenberger*, Rechtsanwalt, Wien, an *Clouth* sodann die Frage, ob dies auch bei einem sog. „Gegen-Swap" gelte, wenn also ein zweites Swapgeschäft mit der Motivation geschlossen werde, ein Risiko aus dem ersten Swapgeschäft zu minimieren oder zu neutralisieren, und ob im Falle solcher Verträge, verbunden durch einen Rahmenvertrag, nicht beim zweiten als Absicherung geschlossenen Swap die Aufklärung über den anfänglichen negativen Marktwert entfallen könne.

Clouth wies daraufhin hin, dass der Abschluss beider Geschäfte jeweils in einer Beratungssituation erfolgte und der zweite Swap wohl eine Verlustrealisierung, keine klassische Absicherung des ersten Swap darstelle, so dass er dem Entfallen der Aufklärungspflicht im Folgegeschäft skeptisch gegenüber stehe. Eine Saldierung von Verlust und Gewinn aus mehreren Swapgeschäften habe der BGH zwar nicht im Hinblick auf den Rahmenvertrag zugelassen, jedoch das Festhalten des Kunden an den weiteren gewinnbringenden Verträgen als mögliches

Indiz gegen die Kausalität der Aufklärungspflichtverletzung angesehen. Eine klare (deutsche) Rechtslage zu diesen Fragen bestehe also derzeit noch nicht.

Oliver Prager, Rechtsanwalt, Düsseldorf, merkte schließlich zu den Ausführungen *Clouths* an, es erstaune, dass die Bank nicht über den einem Glücksspiel ähnlichen Charakter der Swaps und die zugrunde liegenden Wahrscheinlichkeitsrechnungen aufklären müsse, zumal die Bank als Profi insoweit über andere Mittel und Kenntnisse verfüge als der Anleger.

Darauf erwiderte *Clouth*, seiner Meinung nach herrsche in diesem (Tatsachen-)Bereich eine allgemeine Fehlvorstellung. Bei den Marktwertberechnungen würden zwar auch Wahrscheinlichkeitsmodelle eingesetzt, es würden aber gerade keine Wahrscheinlichkeiten über den Geschäftsausgang errechnet; der Ausgang etwa eines 10-jährigen Swap könne gar nicht errechnet werden. Es gebe also kein überlegenes Wissen der Bank über den Geschäftsausgang aufgrund solcher Berechnung und keine Wette gegen den intuitiv handelnden Kunden. Ergänzend merkte er an, dass seines Wissens die Rechtsprechung darauf gerichteten Angeboten eines Sachverständigenbeweises aufgrund eigener Sachkunde bislang nie nachgegangen sei.

4. Zuletzt sprach Univ.-Prof. Dr. *Matthias Lehmann*, Universität Bonn, zum Thema „Zivilrechtliche Auswirkungen von Referenzwertmanipulationen", wobei seine Betrachtungen vor allem den vertragsrechtlichen Folgen gelten sollten. Aus ökonomischer Sicht müssten allein die an der Ermittlung der Referenzwerte (Legaldefinition des Art. 1 Nr. 29 Marktmissbrauchs-VO) beteiligten Banken das Risiko einer Manipulation tragen, soweit sie von dieser Kenntnis hatten oder die Manipulation hätten vermeiden können. An drei in England/Wales, Spanien und Italien behandelten Fällen zeigte *Lehmann*, dass ein (vertraglicher/deliktischer) Schadensersatzanspruch wegen der Manipulationen problematisch, eine Vertragsaufhebung daher auf der Rechtsfolgenseite aussichtsreicher sei. Im Rahmen seiner anschließenden Ausführungen zu den Auswirkungen nach deutschem Recht ging er neben der Anfechtung nach § 123 Abs. 1 BGB, einem Schadensersatzanspruch nach § 280 Abs. 1 BGB und der Kündigung nach § 314 BGB insbesondere auch auf den Wegfall der Geschäftsgrundlage nach § 313 BGB ein. Wegen der enormen Sprengkraft dieser zur Rückabwicklung aller betroffenen Verträge – auch gegenüber an der Manipulation unbeteiligten Banken – führenden Regelung sprach er sich für ihre Nichtanwendung gegenüber diesen und insgesamt für eine vorsichtige Anwendung aus und schlug hierzu die analoge Anwendung oder teleologische Extension des § 10 Abs. 5 KWG bzw. die teleologische Reduktion des § 313 Abs. 3 BGB vor. Entsprechend der Rechtslage in anderen europäischen Ländern kämen damit zivilrechtliche Auswirkungen nur im Hinblick auf Verträge mit an der Manipulation beteiligten Banken in Betracht.

[Beitrag *Lehmann*, S. 207 ff.]

5. *Andreas Tilp*, Rechtsanwalt, Kirchentellinsfurt, merkte an, das Volumen der potenziell betroffenen Verträge könne für Überlegungen zum Ausschluss einer Anspruchsgrundlage nicht in Betracht kommen. Die Auswirkungen bestimmten sich zudem vor allem kartellrechtlich, weil die seitens der Kommission für einen Teil der Manipulationen erfolgte Feststellung eines Kartellverstoßes rechtlich bindend sei und eine Pflichtverletzung der beteiligten Banken damit feststehe. Der Schaden liege schlicht im Vertragsschluss, als Rechtsfolge trete die Rückabwicklung der Verträge ein.

Lehmann erwiderte, dass angesichts des Volumens der betroffenen Verträge von 300 Billionen US-Dollar volkswirtschaftliche Auswirkungen durchaus zu bedenken seien. Hinsichtlich des Vorliegens einer Pflichtverletzung stimme er *Tilp* zu. Der auch von § 33 Abs. 1, 3 GWB vorausgesetzte Schaden sei indes von der Kommission nicht festgestellt worden, daher sei unklar, ob es nicht beim bloßen Versuch der Beeinflussung geblieben sei. Im Vertragsschluss selbst den Schaden zu sehen, bedeutete, dass die manipulierenden Banken sämtlichen – eigenen und fremden – Kunden mit einem auf EURIBOR oder LIBOR bezugnehmenden Vertrag Schadensersatz in Form der Rückabwicklung leisten müssten, was zu weit ginge.

Dr. *Petra Leupold*, Wien, fragte, ob ein Schaden nicht im Wege richterlicher Schadensschätzung (§ 273 österr. ZPO bzw. § 287 ZPO) sowie unter Rückgriff auf die Schadensvermutung der neuen kartellrechtlichen Private Enforcement-Richtlinie zu bejahen sei. Auch das Problem der Kausalität der Manipulationen sei als klassischer Fall alternativer Kausalität bei feststehender Rechtswidrigkeit lösbar, so dass solidarisch gehaftet würde (§ 13 Abs. 2 ABGB analog); zudem läge die Beweislast bei den beteiligten Banken. Gegen die analoge Anwendung des § 10 KWG im Rahmen des § 313 BGB spreche, dass dies zu einer bloßen Verlagerung führte, letztlich die beteiligten Banken den unbeteiligten auf Schadensersatz haften müssten.

Dem schloss sich *Lehmann* grundsätzlich an, gab aber zu bedenken, dass die Kunden sich wohl nur von den ihnen nachteilig entwickelten Verträgen lösten, was dafür spreche, bei den unbeteiligten Banken entgegen § 313 Abs. 2 BGB an den Verträgen festzuhalten. Im Übrigen sei die genannte Richtlinie noch nicht umgesetzt, zudem unterschieden sich diese Fälle von einem klassischen (Preis-)Kartell insoweit, als sich Kartellanten hier nicht über eine Preisänderung einigten, sondern ein in anderen Verträgen freiwillig und unabhängig in Bezug genommener Referenzwert beeinflusst werde. Ein Fall der alternativen Kausalität sei nicht gegeben, denn es gehe nicht um einen festen Schadenseintritt bei gemeinschaftlicher Verursachung durch mehrere Beteiligte; vielmehr sei wegen des Ausschlusses der höchsten und niedrigsten Gebote bei der Berechnung der Referenzwerte die Frage offen, ob überhaupt eine Beeinflussung stattgefunden habe.

Sodann merkte *Mülbert* an, dass im Hinblick auf die gesetzgeberische Zielsetzung des § 10 Abs. 5 KWG die Ableitung eines allgemeinen Grundsatzes, nach dem die Eigenmittel eines Kreditinstituts gegenüber Schadensersatzansprüchen geschont werden müssten, zweifelhaft sei; insbesondere aber die aufgeworfenen Fragen der Reichweite der Wissenszurechnung bzw. Aufklärungspflicht der Banken hier enorme Brisanz hätten.

Lehmann räumte ein, dass § 10 Abs. 5 KWG keinesfalls zu einer Immunität gegenüber Schadensersatzansprüchen führen dürfe, doch zeige die Norm immerhin, dass die Anwendung des § 313 BGB eine gewisse Vorsicht verlange, weil sie in ihrer rechtsvergleichend betrachtet scharfen Ausprägung – insbesondere des Abs. 2 – zu erheblichen, hier eventuell gesetzgeberisch nicht bedachten Konsequenzen führen könnte.

Den Vorschlag *Eyles*, § 313 BGB grundsätzlich anzuwenden und eine Differenzierung zwischen den an den Manipulationen beteiligten und unbeteiligten Banken anhand des normativen Elements der „Unzumutbarkeit des Festhaltens am Vertrag" vorzunehmen, hielt *Lehmann* für erwägenswert.

Zum Abschluss des 26. Bankrechtstages dankte *Mülbert* den Referenten, den Leitern der Abteilungen, allen Teilnehmern und Helfern und wies darauf hin, dass der 27. Bankrechtstag am 24. Juni 2016 stattfinden werde.

Stichwortverzeichnis